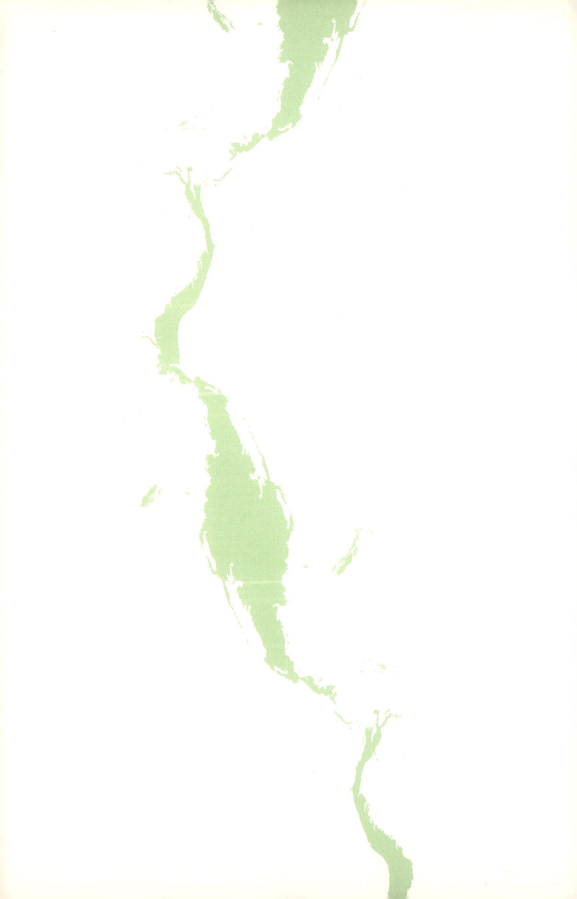

中国边疆学

邢广程 主编

第一辑

BORDERLAND STUDIES OF CHINA

Vol. 1

社会科学文献出版社
SOCIAL SCIENCES ACADEMIC PRESS (CHINA)

目 录

CONTENTS

RESEARCH ON THE RELATIONSHIP BETWEEN CHINA AND SURROUNDING AREAS

RESEARCH ON BORDERLAND NATIONALITIES AND CULTURES

CONTENTS

GEOGRAPHICAL RESEARCH OF BORDERLAND

RESEARCH TRENDS

欣慰的回顾

——纪念中国边疆史地研究中心建立 30 周年

吕一燃

今年是中国社会科学院中国边疆史地研究中心成立 30 周年。我从 1983 年中心成立时就参与中心的工作，1994 年 8 月退休，共在中心工作 11 个年头。我的这篇纪念性文字，主要是回顾这一期间中心的一些事情。

一 中国边疆史地研究中心建立的缘起和艰难的起步

从 1949 年中华人民共和国成立，至 20 世纪 80 年代初，我国在边疆史地学方面，已经取得了很大的成绩。中国科学院的地理研究所，中国社会科学院的历史、近代史、民族等研究所，边疆各省、区社会科学院的历史研究所、民族研究所，以及一些高等院校的历史系和其他研究单位，都有从事边疆史地研究的人员，并出版了一些具有较高学术水平的著作。可以说，在此期间，我国在边疆史地学研究方面，无论就其广度还是深度而言，都已超过了历史上任何一个时期。但是毋庸讳言，我们在边疆沿革史特别是中国近代边界变迁史研究方面，却无多大进展，甚至是停滞不前。这种情况，极不适应现实社会、政治、经济、文化、外交等方面发展的需要。

中国是由各民族在漫长的历史岁月中共同缔造的。中国疆域有个复杂的发展过程，随着历代王朝的兴衰更替，中国国境范围多有变迁。因此，历史上的中国边疆也不是固定不变的。边疆地区的历史发展、民族构成、文化习俗等方面，都有自己的一些特点。中国幅员辽阔，既有陆疆，也有海疆，有漫长的边界线，有十多个邻国。在古代，中国与邻国既有友好往来，也有兵戎相见。那时，中国与大多数邻国都没有签订边界条约，但却都有历史形成的习惯界线。在近代，由于帝国主义对中国的侵略，并把中国的许多邻国变成其殖民地，不时挑起领土争端，蚕食鲸吞中国领土，有的是强迫腐败的中国政府签订割让土地的不平等条约，有的则是赤裸裸的强占，致使遗留下若干历史悬案。在边界线已经划定的地段，以及中国海疆的一些岛屿，也存在着一些争议问题。所以，中国古代边疆沿革史和中国近代边界史亟待研究的问题是很多的。既然如此，为什么会出现中国古代边疆沿革史和中国近代边界史研究停滞不前的现象呢？依我之见，有以下几个原因：其一，边疆沿革史和边界史关系到国家领土主权和对外关系，也关系到国内一些比较敏感的民族问题，研究者怕担负政治责任。其二，1957 年，有的学者撰写文章，不同意苏联历史学家潘克拉托娃认为俄国没有通过中俄《瑷珲条约》和《北京条约》侵占中国领土的观点。他根据确凿的历史事实，指出沙皇俄国通过逼迫清政府签订这两个不平等条约，割占了中国黑龙江以北、乌苏里江以东的大片领土，潘克拉托娃的说法不符合历史事实。这本来是学术上的争论，但在"反右"中，却被一些人认为是"反苏"的政治问题，因而受到猛烈的批判，并被错误地打成"右派分子"。这种不顾事实、颠倒黑白的批判和定罪，致使历史研究者对边界问题望而却步。其三，查阅有关档案资料关卡重重，为研究带来诸多不便。其四，发表研究成果十分困难，报章杂志和出版社多采取多一事不如少一事的态度，把这类论著拒之门外，能够面世者寥寥无几，这就大大地挫伤了研究者的积极性。由于以上这些原因，多少年来，边界研究一直被学术界视为禁区，问津者甚少，造成了我们对这一学术领域内的许多问题缺乏研究，人才日见凋零，后继乏人。这种情况引起了有识之士的忧虑。

1982 年，乘着改革开放的春风，主管意识形态领域的领导同志有鉴于上述情况不适应我国政治、文化发展和对外关系的需要，因而提出了加强中外关系史和中国边疆沿革史研究的建议。他指出：近代中外关系史和我国边疆沿革史研究，"非集中专门人力进行经常工作不为功"，"过去我们都是临时抱佛脚，事后就撒手，致使资料无法积累（各国有关新资料日增），人才日见凋零，这比世界各重要国家落后太远，几乎同清末民国时期差不多"。因此，他"建议中央指定现有部门成立专门机构，进行长期研究，并下决心出一批书，这样才能培养新的专业人才，才能使我遇到有关问题时便于应付，不怕因此引起争论"。这一建议被中央领导同志所采纳。

为贯彻上述建议和指示，中国社会科学院于 1983 年 3 月 19 日做出决定：在本院建立"中国边疆史地研究中心"，以加强中国边疆沿革史的研究。中心由翁独健、邓锐龄、陈可畏、吕一燃四同志组成领导小组，翁独健同志为主任，邓锐龄同志为副主任。由民族研究所抽七人，历史研究所和近代史研究所各抽三人先开展工作，另由人事局拨给几个编制。中心办公地点设在民族研究所。科研成果和资料由院出版社出版，不另拨给出版基金。边疆中心的任务是：（1）以马克思主义理论为指导，在工作中坚持实事求是的原则；（2）搜集边疆沿革文献史料，逐步形成一个权威性善本资料中心，争取在二十年内建设成一个在亚洲有重要影响的中国边疆沿革历史文献资料馆；（3）整理、翻译、编辑有关边疆沿革史的史料和有价值的学术论著，出版资料性的《边疆史地丛刊》；（4）组织中心的研究人员并与全国协作开展边疆史地、民族、边界形成等方面的研究；（5）创办《边疆史地》或《边疆史地研究报告》等刊物，发表有关研究成果；（6）有计划地培养边疆史地人才；（7）向有关部门及时提供所需的资料。

中国社会科学院中国边疆史地研究中心的建立，是我国开展边疆史地研究的一个新的起点。为了推动国内边疆史地学的研究，中心成立不久，就在湖南长沙召开了一次全国性的边疆史地研究座谈会，出席座谈会的都是国内从事边疆史地研究的知名学者。讨论主题是如何进一步开展边疆史地学的研究。在这次座谈会上，学者们谈论了全国边疆史地研究的状况、存在的困难，并要求中国边疆史地研究中心加强与国内各有关研究机构和学者的合作，积极发挥组织和推动全国边疆史地研究的作用。这次会议，反映出学者对边疆史地学的发展和对中国边疆史地研究中心的期望。这对我们来说，既是鼓励，也是鞭策。此外，中国边疆史地研究中心还积极支持并参加发起在西安、长春、大连等处召开的中国边疆史地暨中俄关系史学术讨论会，目的也是为了唤起人们对中国边疆史地学研究的关注，以促进该学科的发展。

当然，在中国边疆史地研究中心成立后的数年中，它的工作重点还是放在内部的基本建设方面。这主要是：（1）图书资料的建设。除了在经费允许的条件下采购了一批新旧图书外，最值得重视的是从有关部门要来了一批极其珍贵的内部出版的地图。这些地图都是非卖品，它们成为中国边疆史地研究中心馆藏图书资料的一大特色。（2）研究队伍的建设。除了从民族、历史、近代史三个研究所抽出的人员外，还先后从其他单位调进两位研究人员，来加强中心的研究力量。（3）确定选题。边疆沿革史需要研究的课题很多，首先确定了《中国边疆沿革史》《中国近代边界形成史》《历代边政研究》《中朝关系史》《渤海国史》《高句丽史》《延边朝鲜族自治州史志》《东部西伯利亚问题》《唐努乌梁海问题》《清代蒙古史》《近代蒙古史》《伊犁史》《和阗史》《喀什噶尔史》《帕米尔问题》《拉达克史》《沿喜马拉雅山脉诸族研究》《中尼、中不关系史》《清代西藏史》《中印边界问题研究》《西藏边疆地域考古》《云南史》《西南边疆地区考古》《台湾史》《边疆跨境民族研究》等30多个研究题目，并拟逐步组织全国有关学者进行编写。(4) 科研成果和资料的出版。内部出版了《清实录·邻国朝鲜篇》《明实录·邻国朝鲜篇》《钓鱼列岛历史资料》，以及有关中印、中缅边界问题的论文等。

以上是1983年3月至1987年3月中国边疆史地研究中心的主要工作概况，也是中心发展过程中摸索前进的阶段，它为中心此后如何进一步开展工作提供了一些有益的经验。

二 中国边疆史地研究中心的调整

经过四年的实践，说明建立中国边疆史地研究中心是正确的，它在促进这门学科的发展中起了一定的作用，但在建制上也存在一些亟待改进的问题。主要是：(1) 专职人员太少，不适应加强边疆史地研究的要求。那时中心除了两位专职研究人员外，其他都是民族所、历史所、近代史所的兼职人员。这些兼职人员在本所都有工作，几乎没有多少时间能够顾及中心的任务。(2) 要促进全国边疆史地学的研究，要调动全国边疆史地研究者的积极性，就必须创办边疆史地研究的学术期刊和编辑边疆史地研究丛书，为研究者发表和出版科研成果提供方便。但从当时中国边疆史地研究中心的人力和财力看，都不具备这样的条件。

鉴于以上情况，中国社会科学院于1987年3月11日做出了关于调整中国边疆史地研究中心工作的三点决定：(1) 中国边疆史地研究中心作为我院领导下的一个开放性研究中心。该中心由民族所迁至近代史所，其行政工作由近代史所管理，业务工作直接对院负责。(2) 任命吕一燃为中国边疆史地研究中心主任，马大正为副主任。由吕一燃、马大正、余绳武、刘存宽、杜荣坤、邓锐龄、陈可畏七位同志组成中国边疆史地研究中心学术委员会，负责边疆中心的学术咨询和研究人员高级学术职称的评审工作。(3) 该中心的经费单独编制预算，由院拨付，委托近代史所管理，专款专用。

此外，中国社会科学院科研局还建议：（1）中国边疆史地研究中心组织自己的研究人员并采取委托、聘用兼职研究人员等形式，组织国内研究力量进行中国边疆史地的专题研究，着重研究近300年来我国边界形成的历史。（2）研究中心的人员编制定为12人。这些建议获得中国社会科学院院务会议的批准。

这次调整非常重要，一是明确了中心是直属院部的学术研究实体，加大了中心学术、人事、财务等方面的权限，把它提高到了与研究所相似的地位，使它能够独立自主地放手开展工作。二是进一步明确了中心的方针任务。可以这样说，调整后的中心更符合中央领导同志关于成立专门机构，集中专门人力，加强我国边疆沿革史研究的指示精神。

调整后的中国边疆史地研究中心确定以中国古代边疆沿革史、中国近代边界变迁史和20世纪中国边疆研究史为研究重点。由于中心是一个开放性的学术研究机构，所以除了自身的内部建设外，还要担负协调和推动全国边疆史地研究的任务。中心设有研究部、期刊编辑部、图书室和办公室，开始时有8位工作人员，以后逐渐增加到17人。他们是：中心主任吕一燃，副主任马大正；研究部林荣贵（主任），刘为，刘逖，李国强，阿拉腾奥其尔，房建昌；编辑部邢玉林（主编），牛平汉，毕奥南，范秀传；图书室闫芳，寇俊敏；办公室张书田（主任），徐京丽等。此外，还聘用了数名编外工作人员。人员少，要办的事情多，一身兼数职，这是中心的一大特点。令人欣慰的是，当时诸同仁都有一股坚毅的创业精神，为了把中心办好，大家出谋献策，自愿加班加点，甚至是超负荷工作。这种敬业精神，着实令人感动。从此，中国边疆史地研究中心开始走上了发展过程中的第二阶段。

三　破除"禁区"，多方寻求合作

为了贯彻开放性研究机构的方针，中国边疆史地研究中心除了安排本单位人员的工作，确定他们的研究课题外，还竭力调动全国边疆史地研究者的积极性。为此，中心领导除了与北京有关研究机构联系外，还分头奔赴西北、东北、西南、东南等地区，与当地有关研究机构和专家学者进行广泛接触，或开座谈会，或登门拜访，了解当地的研究情况，介绍中国边疆史地研究中心的方针任务，同他们一起磋商、确定研究项目，并把其研究成果纳入中心的出版计划之中。这对于消除研究者的思想顾虑，调动国内研究人员的积极性，培养一支专业的研究队伍，促进边疆史地研究，都有一定的作用。但要破除人们的禁区观念，还必须有更大的动作。

1988 年 10 月，在中国社会科学院领导的支持下，中国边疆史地研究中心与中国人民大学清史所在北京联合召开了中华人民共和国建国以来的第一次"中国边疆史地学术讨论会"。由戴逸、吕一燃、马汝珩、马大正组成会议领导小组。出席讨论会的有来自全国各省、自治区、市的一百多位边疆史地研究者。全国人民代表大会常务委员会副委员长、历史学教授周谷城和中国社会科学院副院长李慎之出席开幕式，并作了重要讲话。吕一燃《发扬优良传统，开创边疆史地研究新书面》的主题发言，强调加强中国历代疆域史和中国近代边界史研究的重要性和必要性，同时针对当时对于边界问题研究限制过严而被学术界视为禁区的现象，提出改革一些不适应这门科学发展的规章制度，呼吁进一步放宽研究人员查阅和利用边界档案资料的限制；放宽对疆域和边界问题研究成果发表的限制；对于国外一些歪曲中国疆域史和边界变迁史的观点，要允许中国学者做出反应。并再次申明，学术研究的成果反映的只是学者个人的意见，不代表政府的观点和政策。与会者围绕着中国边疆史地研究的状况与展望、中国近代边界问题、中国历代边疆政策等问题进行了热烈的讨论，对今后如何进一步开展中国边疆史地研究提出了不少宝贵的意见。

国内新闻媒体对这次会议也给予了充分的关注。中央电视台、新华社、光明日报社、民族画报社都派记者进行现场采访。中央电视台播放了大会的新闻录像，新华社播发了题为《破除学术禁区，首次中国边疆史地学术讨论会在京召开》的新闻稿。《人民日报》以《中国边疆史地不再是学术禁区——建国后第一次学术讨论会在京开幕》为题，发表了新华社的电讯。《光明日报》也报道了这次会议的消息。

这次会议的成功召开，国内传媒的广泛宣传报道，在全国学术界引起了强烈的反响。此后，从事边疆史地研究的人不断增多，不少人主动与中心联系，要求把自己的研究成果纳入中心主编的丛书之中。这次会议对打破学术禁区，对促进中国边疆史地研究的发展，起了不可低估的作用。

四　国家社会科学基金边疆史地临时评审小组的建立

国家社会科学基金办公室为扶持中国边疆史地学科的发展，从 1987 年起，在中国边疆史地研究中心设立国家社会科学基金边疆史地学评审小组，评审有关边疆史地学的申请课题。评审小组以中国边疆史地研究中心学术委员会组成人员为主体，邀请若干位学者参加。评审小组根据研究课题的学术价值和现实意义，研究计划的可行性，课题申请人完成该课题的条件和能力等方面，进行认真公平的评议。1987~1990年共评出"清代的边疆政策""中亚浩罕国与清代新疆""英俄侵略西藏史""英国侵略新疆史与中印西藏边界问题研究""中朝界务史""钓鱼岛岛屿归属研究——兼质奥原敏雄教授""中国西北屯田实边史""新疆经济开发史""叶尔羌汗国史""清代政区沿革图集""中国历代西北开发思想与政策""中国西部边疆发展史""20世纪中国边疆研究史""察哈台汗国史""7~10世纪青藏高原与外部交通""突厥语诸部在天山地区的活动及其伊斯兰化的发展（8~12世纪）"等16项。从1991年起国家社会科学基金边疆史地学的评审工作划归中国历史学评审小组办理，邀请中心领导同志参加。此后又有"唐努乌梁海史""中国古代疆域史""清代中俄恰克图贸易"等许多课题立项。这些研究课题大多已经保质保量如期完成，有的已收入中心编辑出版的丛书中，有的则采取其他方式协助其解决出版问题。

五　循序渐进，创办多种期刊

为了调动全国边疆史地研究者的积极性，解决研究成果发表难的问题，中心先后创办了学术研究专栏和多种学术期刊。

1987年9月，在《西北史地》杂志编辑部的支持下，我们在《西北史地》杂志开辟了一个"中国边疆史地研究"专栏，为研究者提供一个发表研究成果的园地。每期4万字，约可发表四五篇文章。开辟这个学术专栏，是中心在尚未创办自己的学术刊物之前的一种应急措施。该专栏得到了国内学者的重视和支持，从创办至1990年，共出10期，发表边疆学理论、中国近代边界史、中国古代疆域史、中国边疆民族史等方面的文章44篇，约45万字。这些文章大多是作者多年研究的结晶，有较高的学术水平，这使被冷落多时的边疆史地学研究重新出现了生机。

1987年9月，中心创办了《中国边疆史地研究报告》。这是一个以刊登边界研究文章为主的内部刊物。创办这个刊物的主要目的是为了鼓励学者们研究很少有人愿意研究的边界问题，积累边界研究成果和资料。我们在

《编者的话》中指出："研究中国疆域的发展变化，研究边疆地区的沿革和边界问题，总结经验教训，这不仅是本学科发展的需要，同时对于维护国家领土主权，解决边界争端，处理中国和邻国的关系，开展国际文化交流，进行爱国主义教育，加强国内各民族团结，都有十分重要的意义。""疆域史和边界史的研究，涉及国家领土主权，学术界一向把它视为禁区。一般刊物因怕承担政治责任，多望而却步，致使疆域和边界研究鲜人问津。为了改变这种状况，促进疆域史和边界问题的研究，我们创办了《中国边疆史地研究报告》这个学术性的内部刊物，为研究者提供了一个发表研究成果的园地。希望能得到广大史学工作者的积极支持，共同来把这个刊物办好。"我们的愿望，实际上也是许多研究者的愿望，因此这个刊物得到了广大学者的支持。该刊每辑约 16 万字，从创办到 1994 年停刊，共出 11 辑，发表文章和资料 113 篇，近 180 万字，其中研究边界问题的文章 77 篇，有关边界资料 17 篇。这些文章探讨的问题广泛，既有研究陆疆的，也有研究海疆的；既有研究历史上边界形成的，也有研究当代领土争端的，举凡中朝、中俄、中蒙、中印、中尼、中不、中锡、中缅、中越等边界问题，以及香港、台湾、南海诸岛、钓鱼列岛等海上岛屿，无一不在研究探讨之列。其中不少文章不仅具有较高的学术水平，而且还有重要的实用参考价值。

创办这么一个以登载边界研究文章为主的刊物，在短短的数年间，发表了这么多关于领土与边界问题的文章，这在我国历史上尚属首次。这个刊物的运作也符合建立中国边疆史地研究中心着重研究中国边界沿革史的初衷。但令人惋惜的是，这个刊物 1994 年停办了。如果能继续办下去，定能取得更好的成绩。

1988 年 6 月，中心创办《中国边疆史地研究导报》（以下简称《导报》）。《导报》是一个小型的双月刊，每期 7 万字。创办《导报》的目的有二：一是开辟一条信息通道，沟通我们与读者、作者之间的联系；二是摸索经验，为创办大型综合性的学术刊物做准备。《导报》开辟"学者论坛""探索与交流""边疆考察""史实考证""研究综述""研究动态""图书评论""学者介绍""研究机构介绍""群言堂"等栏目。《导报》篇幅虽小，但却办得有声有色，活泼有生气，因而深受读者欢迎。《导报》于 1990 年12 月告别读者，共出了 16 期。

1991 年 7 月，中心创办《中国边疆史地研究》季刊，每期 20 万字。

这是一个集理论性、综合性和信息性为一体的学术刊物，也是全国唯一专门发表中国边疆地区历史、地理、社会、文化、外交等方面研究成果和学术动态的刊物。这个刊物肩负着推动全国边疆史地研究的重任，它是中心诸刊物中最重要的刊物。为了办好这个刊物，该刊编辑部工作人员日以继夜地努力工作，想方设法开辟稿源，提高刊物质量，登载不少有深度的佳作，终于使它成为全国颇有影响的学术期刊之一。当时国内许多学术性期刊编辑部的工作人员，一般都在十人以上，而《中国边疆史地研究》编辑部却只有四位编辑。这么精干的队伍，也赢得了中国社会科学院有关部门的赞赏。现在这个刊物正以矫健的步伐向前迈进，我祝愿它越办越好。

六 编辑出版多部丛书

为了解决科研成果和资料出版难的问题，我们在创办多种期刊的同时，又编辑出版了多套丛书。

一是中国社会科学出版社出版的"中国边疆史地研究丛书"。这套丛书已出版了《中国古代边疆政策研究》《清代边疆政策研究》《中国边疆管理机构沿革史》《中亚浩罕国与清代新疆》等10种。

二是黑龙江教育出版社出版的"边疆史地丛书"。这套丛书已出版《马克思恩格斯论国家领土与边界》《中国北部边疆史研究》《外贝加尔地区和黑龙江流域各族与中原的关系史》《南海诸岛：地理、历史、主权》《叶尔羌汗国史纲》《两汉时期的边政与边吏》《安西与北庭——唐代西陲边政研究》《二十世纪的中国边疆研究》《中国古代海疆史纲》《东北亚国际关系史》《中国西北边疆史研究》等27种。

三是社会科学文献出版社出版的"中国边疆史地文库"。这套丛书已出版《南海诸岛史地研究》《中越边界历史资料选编》《中国边防史》《俄国护路军与东北边疆政局》等4种。

四是全国图书馆文献缩微复制中心出版的"中国边疆史地资料丛刊"，共出版《清代新疆稀见史料汇辑》《新疆乡土志》《清末蒙古史地资料荟萃》《达赖喇嘛三世四世传》《光绪朝黑龙江将军奏稿》等10种。

此外，我们还出版了《清代政区沿革综表》《明代政区沿革综表》《清代边疆史地论著索引》《西域史地论文资料索引》《海南及南海诸岛史地论著资料目录索引》《中俄关系史译名辞典》等工具书。

上述各书，无论是利用资料之丰富，还是显示出来的学术水平，都超过了前人的同类著作。其中有些课题是前人未曾深入研究过的，有些则是直接针对当代的领土争端而潜心研究的力作。这些书的作者和编者，除了中心的研究人员外，还有北京、吉林、黑龙江、内蒙古、河北、河南、新疆、陕西、甘肃、云南、广西、广东、福建、江苏、安徽等省、自治区、市的高等院校、科研机构和军事部门的专家学者。这么多的作者，编写出这么多的著作和资料，说明中国边疆史地研究已经告别了鲜人问津的冷落局面，开始形成了一个新的研究高潮，呈现了初步的繁荣。

在这里，我要感谢中国社会科学院原副院长丁伟志、中国社会科学出版社原社长余顺尧、社会科学文献出版社原社长沈恒炎、中国社会科学院近代史研究所研究员薛衔天、黑龙江教育出版社原社长张文达和原副社长王晓明、黑龙江社会科学院研究员郝建恒、全国图书馆文献缩微复制中心主任李竞等先生，如果没有他们的大力支持，这些丛书的顺利出版是不可能的。他们对边疆史地学发展的关怀和对中心工作的帮助，我们将永志不忘。

七　为政府有关部门提供研究报告和资料

边疆史地学是学术性和政治性都很强的学科，是以其研究成果的科学性及学术性来为国家、民族和社会服务的。中心发表的文章、出版的书籍，有的一时难以看出它的社会效益，有的则因其紧密结合现实问题而为社会所急需。此外，中心还在为当前社会政治服务方面做了几件事：（1）由于邻国侵占我国的南沙群岛，挑起领土争端，我们接受政府有关部门的委托，组织国内研究南沙群岛问题的知名学者，对南沙群岛的历史和地理、邻国侵占南沙群岛的经过及其论点，进行了深入研究，整理出系统的资料，撰写出实事求是的研究报告，提供给有关部门参考。（2）在我国和邻国为解决历史上遗留下来的边界问题时，我们也曾多次向有关部门提供历史资料和研究报告。（3）我国是一个多民族国家，许多少数民族分布在边疆地区，为了边疆地区的社会发展，我们参加了国家民族事务委员会组织的边疆地区民族调查，并参加撰写调研报告，为边疆地区的民族团结和社会发展作出了贡献。

八 1992年举办"20世纪西域考察与研究国际学术讨论会"

这是中国社会科学院中国边疆史地研究中心和瑞典国家民族博物馆等单位联合主办的国际学术会议。出席会议的有中国学者，有来自瑞典、美国、英国、日本和新西兰的外国学者。会议的宗旨是回顾和评价20世纪以来西域考察与研究的历史，总结1927～1935年中瑞西北科学考察团的工作经验和成果，交流西域研究的新观点，确定西域研究目标，寻求中外学者进一步合作的方法和途径。会后把中外学者提供的论文结集出版，名为《西域考察与研究》。对于中外学者到新疆进行历史考察活动的意义，马大正先生在《"20世纪西域考察与研究"考察记述》一文中说："通过考察，考察者目睹了新疆古代文化遗址的多姿多彩"，"将进一步激发他们深入研究西域历史文化的积极性，从而极大地推动我国西域考察与研究的深入"。"通过考察生活的日日夜夜，为中外学者交流提供了极好的机会，增进了彼此了解，建立了友谊"。

九 一个充满活力的新型科研机构的确立

中国边疆史地研究中心与中国社会科学院的一般研究所不同，是一个人数很少但面向全国的开放性研究机构。建立这种类型的研究机构，本来就是探索科研机构改革而进行的一种尝试。经过多年实践证明，中心不失为一种新型的行之有效的科学研究机构。中心的工作成绩，一向得到学术界的肯定和好评。

作为学术研究单位，边疆中心与别的研究所一样，主要的任务是出学术研究人才和出优秀科研成果。在培养年轻研究人员方面，边疆中心主要是根据本单位工作的需要和年轻同志各自的基础，帮助他们确定研究方向，为他们创造必要的研究条件，但最主要的还是要靠他们自己的刻苦钻研和坚持不懈的探索，在研究工作中发挥自己的创造性。应该说，边疆中心在培养人才方面，基本上是成功的。昔日的研究实习员、助理研究员，而今都已成为高级研究人员和学术带头人，有的还成为国内某一学术领域的知名之士。在出成果方面，成绩也颇为可观。经过边疆中心全体人员的努力，在七八年时间里，完成了数百篇论文、20多部专著。这些论文和专著，有些是前人没有研究过的，有些是在前人研究的基础上前进一步，有些是直接为现实服务的，总之，都有一定的新意和学术水平，不是人云亦云之作。其中十多部著作曾先后获得中国社会科学院优秀科研成果奖、黑龙江省优秀图书一等奖、北方十五省市优秀图书奖、中华优秀出版物图书奖和中国出版政府奖图书奖等奖项。

中国边疆史地研究中心经过 30 年的努力奋斗，已展现出一个新型的开放性的科学研究机构的活力。值此中心建立 30 周年之际，我祝愿中心越办越好，为国家、为社会作出更多的贡献。

疆域理论研究

从地名演变看中国南海疆域的
形成历史*

李国强

摘　要：本文通过对南海诸岛古今地名变化的梳理，认为，对于中国大陆而言，中国南海从模糊的区域概念到明确的地理界线，恰恰反映了中国南海疆域形成的历史过程。从古代历史上的"有疆无界"到以"U"形断续线为标志的南海疆域的底定，经过了漫长的历史发展过程。在这一过程中，中国人不仅发现、命名并长期开发经营了南海诸岛，而且历代中国政府行使了连续不断的管辖权，从而确立了中国在南海诸岛及其附近海域的主权地位。

关键词：地名演变　南海疆域　形成历史

作者简介：李国强，1963 年生，中国社会科学院中国边疆史地研究中心党委书记兼副主任、研究员、博士生导师。

南海疆域是在中国人对南海认识以及活动范围不断扩大的基础上逐步形成的，中国历代文献所记录的南海地名，对我们考察中国南海疆域的形成历史，无疑提供了重要基础。本文就此展开研究，并求教于方家。

一　从"涨海""珊瑚洲"等地名看唐代之前中国人
对南海的认识和活动范围

早在两千多年前的秦汉时期，中国人已经开始了在南海的航行和生产活

---

* 作者的主要论点已刊发于《光明日报》（2011 年 5 月 5 日），此文是在此基础上增补完成的。

动。随着航海活动持续开展，以及造船技术的提高和渔业范围的扩大，中国人首先发现了南海诸岛，并对南海有了初步认识。

东汉杨孚《异物志》记载："涨海崎头，水浅而多磁石，徼外大舟，锢以铁叶，值之多拔。"[①] 三国时期万震著《南州异物志》记录了从马来半岛到中国的航程："东北行，极大崎头，出涨海，中浅而多磁石。"[②] 这两条史料的记述十分一致，其中所言"崎头"是中国古人对礁屿和浅滩的称呼，而"涨海"即中国古代对南海最早的称谓，"涨海崎头"指南海诸岛的礁滩。杨孚和万震的记载表明，至少在东汉时期，中国人已经初步了解了南海的基本特点。

此外，三国康泰《外国杂传》、晋张勃《吴录》、裴渊《广州记》、郭璞《尔雅注》，以及南朝沈怀远《南越志》、谢灵运《武帝诔》、鲍照《芜城赋》等文献或记录了"涨海"的地理状况，或记载了"涨海"的物产。在中国早期史籍中关于"涨海"的记录频繁出现，可以确定，在古代历史时期以"涨海"泛称南海已被人们普遍接受和采用。

当然，古代文献中有关"涨海"的记述比较模糊，从当时的实际情况来推论，"涨海"的范围还难以涵盖现今南海诸岛的全部，主要是指东沙群岛及西沙群岛局部海域。下述两条史料对于考察早期南海的范围提供了重要线索：

其一，三国吴孙权时期，康泰和朱应前往扶南（今柬埔寨）巡游，康泰据此经历撰写了《扶南传》，其载："涨海中，到珊瑚洲，洲底有盘石，珊瑚生其上也。"[③]

其二，晋裴渊《广州记》[④] 载："珊瑚洲，在〔东莞〕县南五百里。"

从里程和方位上考论，上述史料所记载的"珊瑚洲"指今东沙群岛及其海域。"珊瑚生其上"即指东沙群岛的岛屿和沙洲是由珊瑚礁形成的。

至隋唐两代，"焦石山"和"象石"两地名的出现，表明中国人在南海的活动范围已经达到了西沙群岛。据《隋书》记载，隋代大业三年（607）十月，"（常）骏等自南海郡乘舟，昼夜二旬，每值便风，至焦石山，而过

---

① （明）唐胄：《正德琼台志》卷9《土产下药之属》，引《异物志》，上海古籍书店1964年据宁波天一阁藏明正德残本影印，第14页。

② （宋）李昉：《太平御览》卷790《四夷部十一句稚国》，中华书局1963年据上海涵芬楼影印宋本复制，第3501页。

③ （宋）李昉：《太平御览》卷69《地部三十四洲》，清嘉庆十七年（1812）鲍氏校宋版，第3页。

④ （宋）乐史：《太平寰宇记》卷156《岭南道一广州东莞县》，木刻本，第12页。

东南，泊陵伽钵拔多洲，西与林邑相对，上有神祠焉。"① 其中记载的陵伽钵拔多，即陵山，在今越南归仁的燕子岬，梵语为 Lingapurrata，英文为 Capyarella。林邑即今越南中部，"焦石山"即礁石，从航程来看确指西沙群岛。唐代杜佑所著《通典》也有与上述大致相同的记载，同样以"焦石山"指称西沙群岛。

而以"象石"指称今西沙群岛，则是唐代的又一命名。贾耽《广州通海夷道》载："广州东南海行二百里，至屯门山，乃帆风西行二日，至九州石，又南二日，至象石，又西南三日行，至占不劳山，山在环王国东二百里海中。"② 据著名史学家冯承钧先生考证，其所言九州石即七洲，地当今海南省文昌市七洲列岛；占不劳山即今越南占婆岛；环王国即占婆国，在今越南中部。从航程来计算，"象石"即西沙群岛。在后代，顾炎武《天下郡国利病书》、顾祖禹《读史方舆纪要》中都有"象石"为西沙群岛的记载。

从上述史料可以清楚地看到，至晚在汉代中国人已经对南海有了初步认识，至晚到隋唐中国人的活动范围已经达到东沙群岛和西沙群岛，标志着南海疆域范围的雏形已经初现。

二 从"石塘""长沙"看宋至清中国人对南海的认识以及活动范围

宋代以来，中国人对南海诸岛的认识日渐深入，在南海的活动范围进一步扩大。从宋代到清代，关于南海诸岛的地名具有以下突出特点：

其一，名称繁多。如果说宋代以前，对南海大多以"涨海"泛指的话，那么从宋代到清代，则出现石塘、长沙、千里石塘、万里长沙或万里石塘、千里长沙等若干名称。据厦门大学林金枝教授的统计，"仅宋元明清四代，记述南海诸岛石塘、长沙之类的文献、图籍多达百种，名称叫法二十余种。其中宋代有七种图籍，五种叫法；元代有四种图籍，三种叫法；明代有二十二种图籍，八种叫法；清代有七十余种图籍，二十一种叫法。不仅如此，而且还对南海诸岛岛礁、沙、滩、洲起了许多形象生动的名字"。③

① 《隋书》卷82《赤土传》。
② 《新唐书》卷43下《地理志》。
③ 林金枝：《中国最早发现、经营和管辖南海诸岛的历史》，《南海诸岛：地理、历史、主权》，黑龙江教育出版社，1992，第28~29页。

其二，地名相对集中，表明人们对南海诸岛的认识趋向一致。从宋到清代，基本上都采用了以石塘和长沙命名各群岛。石塘又作石堂、千里石塘、万里石塘，长沙又作千里长沙、万里长沙、万里长堤。史籍中所言"千里""万里"，形容绵延之长和广，并非指实际数字。从航线的记载考证，宋代史籍中的长沙多指今西沙群岛，而石塘多指今南沙群岛。同时，出现了专用地名，如用"七洲洋"专指西沙群岛。

其三，文献图籍记载频率高，表明人们对南海的关注和了解程度大大提高，对南海的认识更加具体、翔实。史籍记载证明，当时中国人不仅对南海的水流、风向等有了一定的掌握，而且对南海海底复杂的地理结构也有了认识，大体上区分出南海航行的危险地带，因此有所谓"上怕七洲、下怕昆仑"的航海谚语。

在宋代文献中，值得关注的是赵汝适所著的《诸蕃志》，其载："暇日阅《诸蕃图》，有所谓石床、长沙之险，交洋、竺屿之限。"[1] 由于当时南海中沙、南沙均为航海的险要之地，即"石床、长沙之险"，且在中国界限之内，所以这一记载表明，至宋代人们已认为中国与东南亚国家的界限在交洋（即交趾洋，今北部湾）与竺屿（PuloAor，今马来西亚半岛东岸外的海岛）一线，[2] 中国南海疆域更加清晰。

此外，史料表明，至宋代中沙群岛、西沙群岛、南沙群岛及其附近海域不仅成为中国渔民经常活动的区域，而且西沙群岛及其附近海域更成为水师巡防的重要海域。1043 年宋仁宗敕命集贤校理曾公亮编写了《武经总要》，这是宋代记载军事制度和国防大事的一部重要文献，具有极高的权威性。宋太祖在开宝四年（971）平定南汉刘铥后，建立了巡海水师，巡管范围包括了西沙群岛。《武经总要》对此有详细记载，并指出："用东风西南行，七日至九乳罗洲。"此即宋代巡海水师所到达的地点。根据韩振华先生的研究，上述记载中在屯门山与占不劳山之间的九乳罗洲，就是唐代贾耽所说的介乎屯门山与占不劳山之间的九州石和象石，也就是今天的七洲列岛和西沙群岛。[3]

元代文献记载虽不多，但叙述较为详尽，最为突出的特点是，元代已经

① 冯承钧：《诸蕃志校注》，商务印书馆，1940，第 1 页。
② 参见韩振华《我国历史上的南海海域及其界限》，《南洋问题》1984 年第 1 期。
③ 参见韩振华《七洲洋考》，《南洋问题》1981 年第 4 期。

开始将南海诸岛区分为四个岛群。1329～1345年中国航海家汪大渊曾亲赴南海和印度洋一带，其所著《岛夷志略》记述："石塘之骨，由潮洲而生，迤逦如长蛇，横亘海中。越海诸国俗云：万里石塘。以余推之，岂止万里而已哉？舶由玳屿门，挂四帆，乘风破浪，海上若飞，至西洋，或百日之外，以一日一夜行里计之，万里曾不足。"①经考证，文中所说地处"玳屿门"（今福建泉州市东南）、"爪哇"（今爪哇中部北岸地区）、"渤泥"（今加里曼丹）、"古里地闷"（今帝汶岛）和"昆仑"（今加里曼丹附近的海域）诸地之间的"万里石塘"，即指包括今西沙、中沙、东沙和南沙诸群岛在内的南海。可以说元代是中国人在南海活动区域由中沙群岛、西沙群岛向南沙群岛延展的过渡期。

至明清时期，中国人在南海的活动范围涵盖了整个南海，南海疆域范围由此大大延伸。

有明一代关于南海诸岛的史载、图籍大量增多，各类地名林林总总，但总体而言相对集中在石塘、长沙以及由此演化出来的相近的地名，如石星石塘、万生石塘屿；千里长沙、万里石塘；千里石塘、万里长堤；万里石塘、万里长沙以及万里石塘山等。从现有史料来看，明代最早标绘南海诸岛的地图，当属建文四年（1402）李荟和权近绘制的《混一疆理历代国都之图》。该图是根据元代1330年前后李泽民的《声教广被图》和1370～1380年天台僧清睿的《混一疆理图》合绘而成的。图中在南海海域自东北至西南的方位上，分别标绘有"石塘""长沙""石塘海"等地名，根据吴凤斌先生的研究，它们分别是今东沙、西沙、中沙、南沙。②

至清代，中国人涉历南海的人数日益增多，在南海活动的范围逐步得到稳固；南海四个岛群得到了明确、清晰的区分，南海疆域范围日渐明朗。这一事实大量反映在清代史籍中。从地名的变化上，我们可以窥见其轨迹：

（1）石塘、长沙：该地名多见于地图或附图，主要有《四海总图》《皇朝内府舆地图》。《四海总图》标绘出四个岛群，其中石塘即今南沙，清代有12种图籍仿效该图。《皇朝内府舆地图》标绘出四个岛群，但有两个长沙、一个石塘，两长沙的确指有待考证，仿效该图的有《历代地理沿革图》

---

① （元）汪大渊：《岛夷志略校释》，苏继顾校释，中华书局，2009。
② 参见吴凤斌《古地图记载南海诸岛主权问题研究》，《南海诸岛：地理、历史、主权》，黑龙江教育出版社，1992，第59页。

之《舆地图》和《舆地图》之《环海总图》等。

（2）石塘海、长沙海：清代官修广东地方志，自省志至府志，皆言万州有石塘海、长沙海，并说万州石塘海有万里石塘（指今西沙海域），万州长沙海有千里长沙（指今南沙海域）。以蒋廷锡《古今图书集成》的记载为最早，又见于郝玉麟《广东通志》、胡端书《万州志》、明谊《琼州志》。

（3）千里石塘、万里长沙：以《海国闻见录》《海录》《厦门志》载述为详，其中万里长沙即今中沙，千里石塘即今南沙。

（4）万里长沙、万里石塘：见于《指南正法》，其载万里石塘指今西沙（可能包括中沙），万里长沙指今南沙。另见于《大清中外天下全图》《清直省分图》中之"天下总舆图"、《皇清各直省分图》之"天下总舆图"。乾隆时期的地图，明确将南海诸岛分为四个岛群，即绘有南澳气（东沙）、七洲洋（西沙）、万里长沙（中沙）、万里石塘（南沙）。

（5）千里长沙、万里石塘：见于屈大均《广东新语》及一些方志，大约千里长沙即今西沙一带，万里石塘即今南沙一带。

（6）万里石塘（又名万里长沙）：见《南洋蠡测》《海国图志》，指整个南海，尤指南沙。

（7）万里长沙：一是专指今南沙，见《龙溪县志》《漳州府志》。二是混指今西沙和中沙，见郑光祖《一斑录》。三是泛指今南海诸岛，见严如煜《洋防辑要》。

（8）石塘：各图、书所载并不固定，如《一斑录》中指今南沙；《广舆图》中指今西沙；《更路簿》中指今西沙之永乐群岛；《广东水道图》中专指今东沙。

最值得注意的变化，就是在清代同一部文献记载中把南海诸岛区别为几个群岛。如成书约当清康熙末年的《海道针经》（乙）《指南正法》，该文献针对中国到东南亚国家的航线，有十分详细的记载，兹节录如下：

凡船到七洲洋及外罗，遇涨水退数，乃须当斟酌。初一至初六、十五至二十，水俱涨，涨时流西。初八至十三、念二至念九，水退，退时流东。亦要至细审看。风看大小，流水顺逆，可准正路。慎勿贪东贪西，西则流水扯过东，东则无流水扯西。西则海水澄清，朽木漂流，多见拜风鱼。贪东则水色黑青，鸭头鸟成队，惟箭鸟是正路。若过七洲，贪东七更，则见万里长沙，远似舡帆，近看二三个船帆，可宜牵舵。使

（驶）一日，见外罗，对开，东七更，便是万里石塘，内有红石屿，不高，如是看见舡身低水，可防。①

结合该史料所记载的航路、航程、水流以及方位等要素加以考证，其记载的"七洲洋"指今西沙群岛洋面；此处的"万里长沙"应为"万里石塘"，即今西沙群岛；"红石屿"是今西沙群岛中的石岛。

外罗山东高西低，内有椰子塘。近山有老古，打水四十五托。贪东，恐见万里石塘……②结合该史料所记载的航路、航程以及方位等要素加以考证，此处的"万里石塘"即今之中沙群岛。

南澳气南澳有一条水屿。东边有一个屿仔，有沙湾托尾，看似万里长沙样。近看南势有一湾，可抛舡，是泥地，若遇此山可防。西南边流界甚急，其中门后急可过舡。西北边有沉礁，东北边有沙坡，看似万里长沙，托尾在东势，流水尽皆托东，可记可记。若见此山，用乾戌使陇，是大星。③

结合该史料所记载的地势地貌、水流以及方位等要素加以考证，此处之"南澳气"即今东沙群岛。

上述史料的记载如此详细、完备，无论是航线、航程、地理地势，还是对不同群岛的分别命名，都足以表明在清代人们对南海诸岛的认识已经十分具体详实。

而另一部重要文献，引起笔者更大的关注。因为在这部文献中，对南海诸岛诸多方面的认识不仅更为深入，而且对南海诸岛四个群岛有了更加详尽而精确的记载。这部史籍就是曾担任过高雷廉总兵官的陈伦炯撰著的《海国闻见录》，兹将其中两段重要内容节录如下：

厦门至广南，由南澳，见广之鲁万山，琼之大洲头，过七州洋，取广南外之咕哔啰山，而至广南，计水程七十二更。交趾，由七州西绕北

① 向达校注《两种海道针经》，中华书局，1961，第107~108页。
② 向达校注《两种海道针经》，第117页。
③ 向达校注《两种海道针经》，第121页。

而进。厦门之交趾，水程七十四更。七州洋，在琼岛万州之南，凡往南洋者，必经之所……每更约水程六十里。风大而顺，则倍累之，潮顶风逆，则减退之，亦知某处，心尚疑之，又应见某处远山，分别上下山形，用绳驼探水深浅，若于驼底带腊油，以粘探沙泥，各各配合，方为准确。独于七州大洋、大州头而外，浩浩荡荡，罔有山形标识，风极顺利，对针亦必六、七日，始能渡过，而见广南咕哔啰外洋之外罗山，方有准绳，偏东则犯万里长沙、千里石塘，偏西则恐溜入广南湾，无西风，不能外出……七州洋中，有种神鸟，状似海雁而小，啄尖而红，脚短而绿，尾带一箭，长二尺许，名曰箭鸟。船到洋中，飞而来示……①

南澳气居南澳之东南，屿小而平，四面挂脚，皆喽古石。底生水草，长丈余。湾有沙洲，吸四面之流，船不可到，入溜则吸阁不能返。隔南澳水程七更，古为落祭。北浮沉皆沙垠，约长二百里，计水程三更余。尽北处有两山，名曰东狮象。与台湾沙马崎头对峙，隔洋阔四更，洋名沙马崎头门。气悬海中，南续沙垠至粤海，为万里长沙头，南隔一洋，名曰长沙门。又从南首复生沙垠至琼海万州，曰万里长沙。沙之南，又生喽石至七州洋，名曰千里石塘。长沙一门，南北与南澳、西南与平海之大星，鼎足三峙。长沙门，南北约五更。广之番舶洋艘，往东南洋吕宋、文莱、苏禄等国者，皆从长沙门而出。北风以南澳为准，南风以大星为准。惟江、浙、闽省往东南洋者，从台湾沙马崎头门过，而至吕宋诸国。西洋呷板从昆仑七州洋东、万里长沙外，过沙马崎头门，而至闽、浙、日本，以取弓弦直洋。中国往南洋者，以万里长沙之外，渺茫无所取准，皆从沙内粤洋而至七州洋。此亦山川地脉连续之气，而于汪洋之中，以限海国也。沙有海鸟，大小不同，少见人，遇舟飞宿，人捉不识惧，搏其背吐鱼虾以为羹。②

通过对上述两段引文的考证，其所言地处"琼岛万州之东南"，即今海南省万宁东南的"七州洋"，指今西沙群岛；从地理形势的描述中，可以认定，"南澳气"即指今东沙群岛，而"万里长沙、千里石塘"分别指今中沙群岛和南沙群岛。这一史料所展现的不仅是对南海地理形势和部分资源情况

---

① （清）陈伦炯：《海国闻见录》卷上《南洋记》，乾隆五十八年刻本，第20页。
② （清）陈伦炯：《海国闻见录》卷上《南澳气》，乾隆五十八年刻本，第38页。

的记录，而且是对南海诸岛四个海域极为清晰的划分。这种认识，是元代汪大渊对南海诸岛认识的深化和发展，充分反映了清代对南海诸岛的认识进入一个崭新阶段。

综上所述，至宋元明清时期，中国人民在南海的活动范围已经不再局限于东沙群岛和西沙群岛，而是逐步拓展到南海四大岛群，从而奠定了中国南海疆域的基本范围。

三 从《更路簿》看明清时期沿海渔民对南海的认识和活动范围

流传于海南民间的《更路簿》（又称《南海更路经》①）为我们深入了解明清时期沿海渔民在南海的活动范围提供了佐证。

《更路簿》是海南渔民在南海诸岛进行生产活动的航海指南，它是海南渔民在西沙、南沙群岛等地通过航行实践和渔业生产积累而成的经验总结。目前至少发现 12 个版本，有学者分析，《更路簿》成书的年代大约在康熙末年（即 18 世纪初期），有些甚至可以追溯至明代。

《更路簿》记录了海南渔民在南海诸岛的作业路线以及渔民对南海诸岛，尤其是西沙、南沙有关岛、礁、滩、洲的命名情况。据统计，各抄本《更路簿》共记录南海诸岛地名大约 120 个，记载的更路（即航线）有 200 余条。其中反映渔民对西沙群岛和南沙群岛习用的传统地名分别有 33 个和 73 个；所记载的航海针位和更数，大多是我国渔民从今海南文昌清澜港或琼海潭门港出发，航行至西沙、南沙等海域。

各种抄本的《更路簿》所记载的航海针位和更数基本上是正确的，与今天的经度和纬度相比较，其误差极其微小，而且在《更路簿》的记录中已经注意到了海流方向与航行的关系。《更路簿》反映的南海诸岛地名，是建立在渔民对南海诸岛的岛屿、沙洲、暗沙、暗礁和暗滩的地貌特征的感性认识基础上而命名的，而且广泛采用了当地渔民的专用词和习惯名称。如渔民称岛和沙洲为"峙"，所以将西沙群岛的甘泉岛称为圆峙，珊瑚岛为老祖

---

① 实际名称还有《南海水路经》《南海定时经针位》《西南沙更簿》《顺风得利》《注明东、北海更路簿》《去西、南沙的水路簿》等，原本没有统一书名，后人为方便即统称为《更路簿》。

峙，金银岛为尾峙，中建岛为半路峙；将南沙群岛的太平岛称为黄山马峙，中业岛为第三峙，北子岛为奈罗上峙，南子岛为奈罗下峙。渔民称暗沙为"沙排"，所以将曾母暗沙称为沙排。

渔民分别以"线""门""孔""石""大""仔"等来指称不同类型的暗礁。退潮时，暗礁浮于海面，远望似成一线，此类暗礁即为"线"，如南屏礁被称为墨瓜线。有水道可进入潟湖，即为"门"，并以出入口的数目与"门"同时冠名，如称美济礁为双门。有数个小礁分布其边缘的暗礁即为"孔"，如称五方礁为五孔。退潮时有礁石出露的暗礁即为"石"，如称毕生礁为"石盘"，弹丸礁为"石公厘"。

渔民将环礁称为"圈""匡"，所以西沙群岛的华光礁被称为大圈，玉琢礁被称为二圈，浪花礁被称为三匡；南沙群岛的榆亚暗沙被称为深匡。

除了上述以习惯称谓命名之外，还有其他多种方式。或用中国式罗盘的方位命名，如：西八岛，今西沙群岛永乐群岛；丑未，今南沙群岛渚碧礁；东头乙辛，今南沙群岛蓬勃暗沙。或用方言命名，如：无乜礁，今同；火艾礁，今同。或以特产命名，如：赤瓜线，今南沙群岛赤瓜礁；墨瓜线，今南沙群岛南屏礁。或以岛礁形状命名，如：月牙岛，今东沙群岛东沙岛；三脚，今西沙群岛琛航岛；鸟串，今南沙群岛仙娥礁；双担，今南沙群岛信义礁。或以某种实物命名，如：干豆，今西沙群岛北礁；锅盖峙，今南沙群岛安波沙洲；秤钩峙，今南沙群岛华阳礁。或以水道数目命名，如：四江门，今西沙群岛晋卿岛；六门，今南沙群岛六门礁。这些名称既形象生动，又通俗易记，所以在渔民中广为使用，有些名称还沿用至今。①

《更路簿》所记载的这些地名和航线，深刻地反映了我国渔民经过长期的生产活动后对南海诸岛的认识，充分表明最晚到明代南海四大群岛及其附近海域已经成为中国渔民传统的作业范围。

通过对中国古代史籍文献所记录的南海诸岛地名的分析，大体上可以梳理出中国人民在南海活动范围的历史轨迹以及古代南海疆域的形成过程：

（1）从汉代至唐代，中国人在南海活动的主体范围限于近海以及东沙群岛、西沙群岛局部海域，但对南海有了初步认识，并勾勒出概念上并不十分准确、海域范围极广的地理范畴。

（2）至宋、元两代，中国人民在南海的活动范围延展到了中沙群岛、

---

① 参见刘南威《现行南海诸岛地名中的渔民习用地名》，《热带地理》2005 年第 2 期。

西沙群岛的整个海域和南沙群岛局部海域。中国水师在西沙群岛的巡视，是这一时期中国政府行使管辖权的主要方式。

（3）至明、清两代，中国人民在南海的活动范围几乎扩展到了南海诸岛整个海域，从而确立了南海疆域的基本范围；中国水师在南海诸岛实施巡视，成为管辖南海海域的惯例。

四　从南海诸岛地名的规范看近代以来中国政府管辖疆域范围的确定

近代以来，中国政府一方面继承了历代南海范围的传统疆域观，另一方面着力从地名、地图等层面加以规范，从而使南海诸岛的疆域范围最终得以确定。

"石塘""长沙"等传统地名的影响深远，晚清之际仍在使用，但新地名也陆续出现，如晚清时期已经开始使用"东沙岛"，到1909年已基本统一使用"西沙群岛"。1909年广东总督张人骏命广东水师提督李准前往西沙群岛甘泉岛附近海域巡视。不久之后，广东省政府成立了"筹办西沙群岛事务处"。这是目前所见西沙群岛名称较早的官方表述。

1933年6月7日，由民国政府内政部召集参谋部、外交部、海军司令部、教育部、蒙藏委员会成立了"水陆地图审查委员会"。该委员会在1934年12月21日召开第25次会议审定了中国南海各岛礁中、英文名称，并公布《关于我国南海诸岛各岛峭中英地名对照表》，这是中国政府对南海诸岛的第一次"准标准化"命名，首次将南海诸岛明确区分为4个部分：东沙群岛、西沙群岛、南沙群岛（今中沙群岛）和团沙群岛（亦称珊瑚群岛，今南沙群岛）。表中列出了南海诸岛132个岛礁滩洲的地名。1935年3月22日，该委员会第29次会议决定绘制政区疆域各图必须画出东沙群岛、西沙群岛、南沙群岛（今中沙群岛）和团沙群岛（今南沙群岛）。1935年4月，水陆地图审查委员会出版了《中国南海各岛屿图》，这是民国政府公开出版的第一份具有官方性质的南海专项地图，图中较为详细地绘制了南海诸岛，并将南海最南端标绘在大约北纬4°曾母滩，南海疆域首次得到完整体现。

需要指出的是，各类地图对南海的标绘，也从一个侧面反映出地名的变化以及南海疆域范围逐步确定的过程。1911~1949年，我国官方或私人印行、出版的各类政区或专业地图数量之多，超过了任何一个历史时期。其中有上百种地图都标绘了南海诸岛。但由于缺乏规范，对南海诸岛的标绘在不同的时期并不统一。

根据 1911～1949 年对南海诸岛标绘的地图情况，可将这一时期大体划分为 3 个阶段：第一阶段是 1911～1933 年法国入侵中国南沙群岛九小岛。在这个阶段的地图上，南海海域中一般只标绘东沙岛，或只标绘东沙岛和西沙群岛。其中标绘东沙岛的有 1913 年 5 月上海商务印书馆编译所编、陈镐基校、商务印书馆印行的《中国新舆图》，1914 年童世亨编、上海中外舆图局出版的《中华民国分道新图》，1920 年中华书局印行的《中华全图》等。而同时标绘出东沙岛和西沙群岛的地图在 20 世纪初就已出现，到了 20 年代和 30 年代则十分集中，如 1914 年童世亨著、上海中外舆图局出版的《七省沿海形胜图》，1927 年 2 月参谋本部制图局制《中国舆图》，1929 年 8 月广东陆军测量局编《西沙群岛图》，1930 年 3 月欧阳缨编、武昌亚新地学社印行的《新中华民国分省图》等。

第二阶段是 1933 年 7 月至 1935 年 4 月水陆地图审查委员会出版《中国南海各岛屿图》之前。在这个阶段的地图上，南海海域中标绘了东沙岛、西沙群岛、中沙群岛和南沙群岛九小岛。此类地图有 1933 年 12 月童世亨著、商务印书馆印刷兼发行的《中国形势一览图》；1934 年 5 月版、东方舆地学社印行、李长傅和洪懋熙编的《东方中华新地图》（一册、色印）第三十图《广东省广西省图》中附《南海诸小岛图》；1935 年 5 月版、上海商务印书馆印行的《中国地势图》（单幅、色印）中附《南海之群岛图》等。所谓南海九小岛、南海九岛、琼南九岛等，均指 1933 年被法国人侵占过的南沙群岛九小岛，有的地图还称南海九岛为堤闸板群岛或提沙浅洲群岛等。属于此类地图还有 1934 年 8 月版、上海商务印书馆印行、陈铎编的《新制中国地图》（一册、色印），1935 年 1 月版、东方舆地学社印行、洪懋熙编《中华地理新志》（一册）附图，同年 2 月版（内政部水陆地图审查委员会审查后第一版）、武昌亚新地学社发行的［甲种］《中华形势讲授地图》（单幅、色印），同年 5 月版、上海商务印书馆印行的《中国地势图》（单幅、色印）等。其中武昌亚新地学社发行的《中华形势讲授地图》于珊瑚岛（提闸板，即南沙九岛）图旁边还注明"1933 年为法人所占领"，以此提示国人，毋忘南沙群岛九小岛被他国侵占之历史教训。

第三个阶段是 1935 年 4 月至 1948 年 1 月。这个阶段的地图，完整地标绘了南海海域中的东沙群岛、西沙群岛、中沙群岛和南沙群岛。此类地图当首推 1935 年 4 月由水陆地图审查委员会编印的《水陆地图委员会会刊》附图《中国南海各岛屿图》。此后，中国印行的地图基本上都将南海诸岛 4 个岛群完整地加以标绘。如 1935 年 5 月修订版、商务印书馆印行、童世亨编、陈镐基校的《袖珍世界新舆图》（一册），第 4 图《中华民国及日本》之附图标有团沙群岛（即今南沙群岛）、东沙群岛、西沙群岛和南沙群岛（即今中沙群岛）。1939 年版、依据《水陆地图审查委员会会刊》第二期附图改制、由中华舆地学社印行的《中华民国南海各岛屿图》（单幅、色印）中，详细绘明南海诸岛计有 132 个岛、礁、沙、滩及各小岛礁的详细名称，还附有南海诸岛的岛屿中英文名称对照表。属于这类地图的还有 1946 年 1 月版、中国地理研究所编印、王吉波和房国翔编的《南洋群岛全图》（单幅、色印），1947 年 1 月版、广东省政府秘书处编的《南中国岛图》等。这些地图凡色印的，都用同一颜色表示归属和放大比例的附图形式展示，表明南海各群岛属于中国主权管辖的疆域。

同时标绘有南沙群岛归属中国的范围线，并将曾母暗沙作为中国最南国界线的地图也相继出现。属于此类画法的政区地图或专业地图不少于 20 种，其中最具代表性的是 1936 年北平建设图书馆发行、白眉初著《中华建设新图》第 2 图《海疆南展后之中国全图》，图中标绘有团沙群岛（即今南沙群岛）、东沙群岛、西沙群岛和南沙群岛（即今中沙群岛）。同时于团沙群岛南部海域标绘有至北纬 4°"曾母暗沙"的范围线，以示该群岛属于中国。图中注明："（民国）廿二年七月，法占南海九岛，继由海军部海道测量局实测得南沙团沙两部群岛，概系我渔民生息之地，其主权当然归我。廿四年四月，中央水陆地图审查委员会会刊发表中国南海诸岛图，海疆南展至团沙群岛最南之曾姆暗滩，适履北纬四度，是为海疆南拓之经过。"

从上述三个阶段的发展情况不难看出：

（1）1933 年之前，我国地图上标绘的南海疆域最南端大体上在北纬 15°左右。

（2）1933 年 7 月到 1935 年 4 月出版的地图，大多只标绘至琼南九岛，也就是说南海疆域最南端大体在北纬 7°左右。

（3）1935 年 4 月后，我国出版的地图不仅完整标绘了南海四大群岛，而且最南疆域基本上都标绘在北纬 4°左右。

1947 年 4 月 12 日，国民政府内政部致函广东省政府，确定为纪念收复南海诸岛，将西沙群岛武德岛改名为"永兴岛"，将南沙群岛长岛改名为

"太平岛"。4月14日内政部召集各有关部门就《西南沙范围及主权之确定与公布案》予以讨论，该会议决定："南海领土范围最南应至曾母滩，此项范围抗战前我国政府机关、学校及书局出版物，均以此为谁，并曾经内政部呈奉有案，仍照原案不变。"① 据此，10月在内政部给国民政府主计处呈送有关疆界各项资料的函件中，再次明确我国四至极南点为北纬4°曾母暗沙。12月1日内政部重新审定东沙、西沙、中沙、南沙四群岛及其所属各岛礁沙滩名称，正式公布了南海诸岛新旧地名对照表，其中东沙群岛3个、西沙群岛33个、中沙群岛29个、南沙群岛102个，合计167个岛礁沙滩洲。较之1935年公布的地名，此次审定首先规范了南海诸岛4个海域的名称；其次规范了167个岛礁沙滩洲的名称；再次以新订名称为主，附之中外旧名，并对一些新订名称的命名缘由做了简明扼要的解释。此外，在图中西起北仑河口，南至曾母暗沙，东至台湾东北共标绘11段线，构成了呈"U"形的断续线。1948年2月内政部公布了《中华民国行政区域图》，其附图即《南海诸岛位置图》，该图所标示的南海诸岛名称、11条断续线成为规范，而以"断续线"为基础的中国南海疆域格局得以形成。

　　新中国成立后，仍然延续了11条断续线的标绘。1953年删减了北部湾的两段线，其他各段线的位置也进行了调整。1962年地图出版社出版发行的《中华人民共和国地图》确认南海断续线为九段，这一画法一直延续至今。

　　从上述可见，近代以来中国政府进一步规范了南海诸岛地名以及地图的标绘，其中以曾母暗沙为中国最南端，以断续线为南海疆域范围线，从而最终确立了中国南海疆域的四至范围。

结　语

　　通过对南海地名演变的考察，笔者认为，中国南海疆域的形成并非偶然，它是中国人发现、认识、命名南海诸岛历史发展的产物，是中国人在南海活动范围不断拓展、变化的历史产物。从模糊的区域概念到明确的地理界线，恰恰反映了中国南海疆域形成的历史过程。这一过程不仅符合一般历史

---

① 参见《测量西沙南沙群岛沙头角中英界石》，广东省档案馆全宗号14，目录号4，案卷号2。

规律，而且在疆域发展史上也并非南海独有。

与中国人在南海活动范围逐步发展形成明显对照的是，在汉、唐、宋、元，乃至明、清时期，越南、马来西亚、菲律宾等南海周边国家对南海诸岛几乎一无所知，既没有其先民在南海活动的历史依据，也没有其先民发现命名南海诸岛的确凿证据。因此，中国南海疆域范围的形成，不仅是历史发展的必然，而且具有唯一性和连续性。因此，"中国人百千年来的居住、使用这些岛屿"，"对南沙群岛有了某种'原始性权利'"。①

从古代历史上的"有疆无界"到以"U"形断续线为标志的南海疆域的底定，经过了漫长的历史发展过程。在这一过程中，中国人不仅发现、命名并长期开发经营了南海诸岛，而且历代中国政府对之行使了连续不断的管辖权，从而确立了中国在南海诸岛及其附近海域的主权地位。在这一过程中，从来没有任何一个国家对中国在南海的主权、管辖权提出过挑战。即使在 1948 年以"U"形断续线确立中国南海疆域之时，不仅没有任何一个国家对此提出异议，而且多数国家在各自地图的标绘上沿用了南海断续线的标示方法，反映出各国对中国在南海主权地位的承认。

通过对历代地名的深入研究，中国南海疆域形成、发展、演进的历史过程十分清晰地得以展现，可以确定的是，中国拥有南海诸岛及其附近海域主权具有确凿的、无可争辩的历史依据。

---

① 傅崑成：《南海的主权与矿藏——历史与法律》，台北，幼狮文化事业公司出版，1981，第81 页。

试论中国疆域形成和发展的分期与特点

李大龙

摘　要：本文在总结以往研究的基础上，对中国疆域形成和发展历程进行了分期研究，认为我们研究的"中国疆域"应该是指康熙二十八年（1689）《尼布楚条约》签订到 1840 年鸦片战争爆发期间清朝的疆域。这一疆域的形成和发展大致经历了：自然凝聚时期，时间从中华大地人类文明的出现，到《尼布楚条约》的签订；疆域明晰时期，时间从《尼布楚条约》的签订到 1840 年鸦片战争爆发；列强的蚕食鲸吞时期，时间从鸦片战争爆发到中华人民共和国成立；现代疆域巩固时期，时间从 1949 年中华人民共和国成立后至今。

关键词：中国疆域　发展历程　分期特点

作者简介：李大龙，1964 年生，历史学博士，中国社会科学院中国边疆史地研究中心编审。

关于中国疆域形成和发展的分期与特点，是中国疆域理论研究需要深入探讨的基本问题之一。尽管以往的众多论著对此问题多有论及，但多数学者不是从多民族国家疆域形成的角度进行研究，而且或多或少都以历代王朝的疆域作为探讨的主要依据，同时存在诸多分歧，因而尚有进一步探讨的必要。下面，笔者试图从多民族国家疆域之形成的角度，对中国疆域形成和发展历程进行分期，不足之处敬请指正。

一

关于中国疆域形成和发展的历史分期，很早即得到了国内学者的关注，也有很多论著发表。20 世纪 40 年代出版的几部中国疆域史著作可以视为对中国疆域形成和发展历史分期进行研究的开端，新中国建立后陆续出版的一些疆域史论著对此也有论及，并大致形成了以下几类观点。

第一类观点：以历代王朝的疆域作为标准，对中国疆域形成和发展进行分期。这种分期方法应该是继承了我国的史学传统，代表了 20 世纪尤其是上半期一种普遍的认识，以顾颉刚、史念海著《中国疆域沿革史》①、童书业著《中国疆域沿革略》② 为代表。《中国疆域沿革史》分列 26 章，以夏民族之历史传说及其活动范围、殷商民族之来源及其活动区域、西周之疆域范围及东周王畿之区域、春秋列国疆域概述、战国疆域变迁概述、嬴秦统一后之疆域、西汉疆域概述、王莽改制后之疆域、东汉复兴后之疆域、三国鼎峙中之疆域、西晋统一后之疆域及其地方制度、东晋南北朝疆域概述、隋代疆域概述、唐代疆域概述、五代割据时期疆域概述、宋代疆域概述、辽国疆域概述、金国疆域概述、元代疆域概述、明代疆域概述、清代疆域概述、鸦片战后疆土之丧失、民国成立后疆域区划及制度之改革等为各章标题，概述中国疆域的历史沿革。《中国疆域沿革略》第一篇"历代疆域范围"有对中国疆域形成和发展的分期，各章分别以传说中之古帝疆域、夏夏之范围、殷商之势力范围、西周之殖民帝国、春秋时代之中国范围、战国时代之中国疆域范围、秦汉之疆域范围、三国晋南北朝之疆域范围、隋唐之疆域范围、五代宋辽夏金之疆域范围、元明之疆域范围、清及民国之疆域范围为题，概述中国疆域的形成和发展。这类观点影响很大，其他各类分期的观点多在此基础上形成。

第二类观点：以人类社会的发展阶段作为划分的依据，以夏威的《中国疆域拓展史》③ 为代表。该书分别以上古疆域（黄帝、唐尧、虞舜、夏、商、周、秦）、中古疆域之一（两汉、三国）、中古疆域之二（两晋、十六国、南北朝）、中古疆域之三（隋、唐、五代）、中古疆域之四（宋附辽金、元、明）、近世疆域（清）、现代疆域（中华民国）为题，概述中国疆域形成的历史。

第三类观点：新中国建立后在第一类观点基础上出现了一些新的分期方

① 顾颉刚、史念海：《中国疆域沿革史》，商务印书馆，1938，2000 年再版。
② 童书业：《中国疆域沿革略》，开明书店，1946。
③ 夏威：《中国疆域拓展史》，文化供应社，1941。

法，但这些新观点之间也存在细微差异。代表性的观点主要有：一种以刘宏煊的《中国疆域史》为代表，认为："中国历史疆域形成是一个漫长、渐进和复杂过程，大致可分为如下五个大的时期：第一时期，中国疆域准备时期。这一时期，从中华大地星罗棋布的地域性的村落组织产生，到数不胜数的奴隶制国家建立与更迭。大致为传说中的炎黄战争到两周……第二时期，中国疆域初步形成时期。这一时期，从春秋战国到东汉王朝末年，为时约1000年……第三时期，中国疆域发展时期。这一时期，从三国两晋南北朝到唐朝末年，为时700多年……第四时期，中国历史疆域正式形成时期。这一时期，从唐末分裂割据，到元明清大统一，为时900多年……第五时期，为保卫中国疆域完整统一而奋斗时期。这一时期从中国人民在鸦片战争中抗击英国侵略开始，到今天我们所进行的统一台湾、收复港澳等失地的斗争，已为时150多年。"① 一种以葛剑雄的《中国历代疆域的变迁》② 为代表，该书先后以中国疆域经过了走向统一的漫长的历史——先秦时期；中原王朝疆域的扩大和稳定——秦汉时期；长期的分裂和短暂的统一——三国至南北朝；从大统一到大分裂——隋、唐、五代；分裂的延续和结束——宋辽金元时期；退缩中的中原王朝——明朝时期；统一中国疆域的最终形成——清朝时期；统一的中国疆域的形成是历史的必然等为题，来划分和阐述中国疆域的形成和发展。一种是以马大正的《中国疆域的形成与发展》③ 为代表，认为"中国疆域的形成经历了数千年的时间，发展道路十分漫长、曲折，可以分为形成、发展、奠定、变迁四个阶段"，进而以秦汉、隋唐至元、清代、清中叶以来至民国时期中国的疆域分别对应四个阶段。一种是以林荣贵主编的《中国古代疆域史》为代表，该书将中国疆域的形成和发展分为"统一多民族国家初步形成和发展时期的中国疆域（旧石器时代至公元220年）"，"统一多民族国家进一步形成和发展时期的中国疆域（公元220～907年）"，"统一多民族国家全面形成和发展时期的中国疆域（公元907～1840年）"。④

值得说明的是，新中国建立后出现的疆域史论著，在具体阐述过程中绝大多数基本上还是以历代王朝的疆域为依据来构建论述体系，如林荣贵主编的《中国古代疆域史》依然是以历代王朝的疆域为跨度来确定章节。

---

① 刘宏煊：《中国疆域史》，武汉出版社，1995，第6～8页。
② 葛剑雄：《中国历代疆域的变迁》，中共中央党校出版社，1991。
③ 马大正：《中国疆域的形成与发展》，《中国边疆史地研究》2004年第3期。
④ 林荣贵主编《中国古代疆域史》，黑龙江教育出版社，2007，目录。

应该说，就中国疆域的形成历程而言，上述诸多观点都有其根据，而且这些观点的出现也有助于我们对中国疆域形成和发展的历史进行系统阐释。特别是新中国建立后出现的众多新观点，不仅纠正了以往以王朝疆域代替中国疆域的不科学的做法，而且试图将"中国疆域"作为一个整体，依据其形成和发展的阶段特点来进行分期。这种探索尤其值得肯定，也是研究不断深入的表现。但是，我们也应该看到，由于对一些关键性问题上述诸多论著并没有论及，诸如："中国疆域"的含义是什么？"中国疆域"何时形成？形成的标志是什么？所以在此基础上出现的有关中国疆域历史分期的各种观点差别也很大。这是在情理之中的，也是新中国建立后出现长期争论而难以形成多数认同的原因所在，不过这也为我们进一步探讨留下了广阔空间。实际上，对"中国疆域"及其相关问题的认识不仅制约着我们对中国疆域形成历程进行分期，也是我们构建多民族国家疆域理论不能回避的问题。

二

既然是探讨中国疆域形成和发展的分期，那么将"中国疆域"作为一个整体，依据不同时期的发展特点确立分期自然是一个相对准确的思路，关键的问题是如何界定"中国疆域"。换言之，何时的疆域能够称为"中国疆域"制约着我们的认识，这也是出现诸多分歧的原因所在。只有在这方面达成更多认同，才能出现为更多学者认同的观点。

关于"中国疆域"的含义，国内外学术界早就给予了很多关注，国内相关研究的展开是在 20 世纪 50 年代之后。白寿彝在 1951 年 5 月 5 日《光明日报》上发表《论历史上祖国国土问题的处理》一文，提出"祖国国土"的问题，初衷是纠正传统的以历代"皇朝"的疆域作为"中国疆域"的做法，作者认为"一直到现在，我们历史工作者对这个问题的处理，似乎都还在历代皇朝的疆域里兜圈子"，并进而指出"以历代皇朝的疆域为历代国土的范围"的做法是错误的，"因皇权统治范围的不同而历代国土有所变更或伸缩"，而"用中华人民共和国的国土范围来处理历史上的国土问题是正确的办法"①。应该说该文发表之初并没有引起学界的关注，但《光明日报》

---

① 白寿彝：《论历史上祖国国土问题的处理》，《光明日报》1951 年 5 月 5 日。该文后来被收入《中国民族关系史论文集》（上），民族出版社，1982。

1959 年 7 月 5 日又发表何兹全《中国古代史教学中存在的一个问题》一文，不仅完全赞同白寿彝的观点，而且认为出现这一问题的原因是学界对中国史范围的概念模糊不清，往往不自觉地以汉族史代替中国史，而过去中国史著述中根深蒂固的王朝史体系，助长了这种模糊认识。^①不过该文的发表遭到了孙祚民《中国古代史中有关祖国疆域和少数民族的问题》的反对。该文作者认为以中华人民共和国的疆域作为历史上中国疆域的做法忽略了一个国家疆域存在的发展过程，"任何一个国家和民族都有其形成和发展的历史，而不是也不可能是从一开始出现就成为一个永远不变的'定型'"，认同以历代皇朝的疆域作为历代国土范围的做法，进而认为"'以汉族代替中国'或'以宋朝代替中国'，乃是客观历史的必然结果"。^②何、孙文的先后发表，引发了我国学界延续至今的广泛讨论，不仅一些史学大家纷纷撰文阐述自己的观点，形成了众多不同认识，而且导致 20 世纪五六十年代和八九十年代国内学术界出现了两次讨论高潮。参与讨论的学者往往以"历史上的中国"来称呼讨论的主题，并形成了各种不同的说法。讨论初期即形成了两种不同的观点：一种观点主张以今天中华人民共和国的疆域为框架，去上溯框定历史上中国统一多民族国家的疆域；另一种观点则认为中国统一多民族国家的疆域有一个历史发展过程，其间也是不断变化的，对于不同历史时期的中国疆域只能以当时的王朝统治范围来确定。其后，在这些观点的基础上又出现了以"1840 年前的清朝疆域""各民族共同活动范围"和"中原统一王朝疆域"等为历史上中国疆域范围的不同观点。^③

笔者认为这些讨论对于我们认识中国疆域的形成和发展是有益的，但所谓"历史上中国"的提法模糊了一个史实，即清代之前中华大地上并不存在一个以"中国"为名的政治体，没有政权作为依托，何来"疆域"？因为我们探讨的疆域是以政权为依托的，是政权的疆域。即便是我们认同存在一个"历史上的中国"，那么同时也出现了一个难以明确且歧义众多的问题，即历史上谁可以代表"中国"。从中国历史的发展进程看，"中国"的含义

① 参见何兹全《中国古代史教学中存在的一个问题》，《光明日报》1959 年 7 月 5 日。该文后来被收入《中国民族关系史论文集》（上）。
② 孙祚民：《中国古代史中有关祖国疆域和少数民族的问题》，《文汇报》1961 年 11 月 4 日。该文被收入《中国民族关系史论文集》（上）。
③ 有关讨论情况，参见刘清涛《60 年来中国历史疆域问题研究》，《中国边疆史地研究》2009 年第 3 期；达力扎布主编《中国民族史研究 60 年》，中央民族大学出版社，2010，第 37 ~ 47 页。

虽然内容丰富，但在政权或地域意义的层面上更多的情况下是对以中原地区为核心的辽阔区域的称呼，而实现以"中国"为核心的"大一统"，则是活动在中华大地上众多民族或政权为之奋斗的最高政治目标。也就是说，历史上虽然没有存在过一个以"中国"为国号的王朝，但在中华大地众多民族的心目中却存在一个以"中国"为核心的"大一统"梦想。历史上，在中华大地上存在过众多的民族或政权，各民族或政权之间的关系既有激烈的流血冲突，也有经济、文化上的友好交往，但一条贯串始终的主线是这些民族或政权对"中国正统"的争夺。甚至可以说，争夺对"中国"的控制权，进而成为"中国正统王朝"不仅是汉族（华夏族）内部众多政权尤其是实现了局部统一的政权努力奋斗的最高目标，也成为边疆民族尤其是北疆众多草原民族政权南下中原建立政权的主要动力之一。也正是各民族或政权对"中国正统"的持续争夺，导致了"中国"虽然在历史上不是一个"政治体"的名称，但中华大地上众多民族的心目中有"大一统"的梦想，由此它的指称范围也在不断扩大，最终在清代人们意识中和现实中以"皇权"为核心的"天下"和"中国"实现了重合。因此，清朝虽然没有明确以"中国"作为国号，但开始以"中国"的身份立足于世界政治舞台，并以"中国"的身份和邻国签订国际条约，中国疆域由此最终形成。① 也就是说，笔者认为清朝的疆域才是我们探讨的"中国疆域"的范围，更具体地说是康熙二十八年（1689）《尼布楚条约》的签订到 1840 年鸦片战争爆发期间清朝的疆域。

确定这一时期清朝的疆域作为"中国疆域"不仅仅是因为清朝是我国历史上最后一个王朝，是第一个让人们理想中的"中国"（"大一统"）和现实的"天下"（皇帝的有效管辖区域）逐步吻合的王朝，另一个更重要的理由是：这一时期中国的疆域完成了由王朝传统疆域向近现代主权国家疆域的转换，清朝通过一系列条约的签订确立了中国和邻国的边界，中国疆域的范围因为有了国界也使模糊的"天下"而逐渐清晰起来，不仅使我们探讨的"中国疆域"有了明确的主权归属，也具有了近现代主权国家疆域的诸

---

① "天下"是一个难以明确具体范围的词汇，不同时期具有不同的涵盖范围，但它是中国古人经常用于表示"中国""正统"的皇帝理想中管辖范围的词语，其含义和"中国"的指称范围在清代才实现重合。相关的阐述可以参见拙文《"中国"与"天下"的重合：古代中国疆域形成的历史轨迹——古代中国疆域形成理论研究之六》，《中国边疆史地研究》2007 年第 3 期。

多特征。①

值得说明的是，虽然我们可以将 1689～1840 年清朝的疆域确定为我们要探讨的"中国疆域"，但并不是认为中国疆域的形成只有 150 余年的历史，因为这一结果是中华大地上众多民族的活动区域或政权疆域经过数千年的自然交融，不断碰撞、重组，分裂和统一交替出现而凝聚到一起的最终发展结果，1840 年鸦片战争的爆发不仅中断了这一自然凝聚的过程，而且改变了中国疆域发展的内外环境。

此外，将 1689～1840 年鸦片战争爆发期间清朝的疆域作为"中国疆域"，也可以避免陷入历史上谁是"中国"代表的无休止的争论之中。新中国建立以后我国学界对历史上中国疆域问题的大讨论，之所以持续 60 年之久尚未形成一个大致统一的认识，对历史上谁可以代表"中国"认识的歧义即是其中的一个关键问题。实际上，史学界对此问题的争论已有数千年的历史。早在汉代，为了迎合汉朝"大一统"王朝的构建，司马迁编撰《史记》将众多民族或政权的历史纳入汉王朝"一体"之下，不仅树立了汉王朝的"正统"地位，也开启了后代各朝对"正史"的编撰，由之伴随着历史上众多王朝或政权对"中国正统"的争夺，至清代先后出现了被称为"中国正史"的"二十四史"，似乎谁可以代表"历史上中国"的问题已经有了答案。遗憾的是，在清代已经构建完成的"二十四史"和清朝"大一统"政治格局的实现也并没有终结人们的争论。清朝雍正皇帝在位期间，以曾静、吕留良等为代表的汉族儒士，为了反对清朝的统治，以先秦时期的夷夏观为理论基础，从"华夏中心"出发，大肆宣传对清朝统治民族——满族（满洲）的歧视。对此，雍正皇帝带头进行了驳斥，其有关言论载于《大义觉迷录》之中。依据该书卷一的记载，雍正皇帝不仅批驳了汉族儒士的认识，而且认为"汉、唐、宋全盛之时，北狄、西戎世为边患，从未能臣服而有其地，是以有此疆彼界之分"，由此进一步认为"夷夏"的划分影响了对边疆的积极经营乃至阻碍了中原和边疆融为一体的进程，并将开拓辽阔中国疆域的功绩完全归于清朝："自我朝入主中土，君临天下，并蒙古，极边诸部落俱归版图，是中国之疆土开拓广远，乃中国臣民之大幸，何得尚有华夷中外之分论哉。"雍正皇帝的说法虽然有夸大

---

① 有关这方面的详细论证，笔者另有《中国疆域形成的几个理论问题》（《西北民族论丛》第 8 期待刊）进行系统阐述，此不赘。

的成分，不过也从一个侧面说明了多民族"中国疆域"的形成并非汉族一族之功，而是中华大地上各民族（包括已经消失的众多民族）共同努力的结果，汉族聚居的中原地区可以称之为"中国"，其他民族分布的边疆地区也是"中国"的有机组成部分，同样也可以视其为"中国"的代表。唐代人早已将汉族（中原地区）和边疆民族（边疆地区）看作一个整体，认为："中国，天下本根，四夷犹枝叶也。"① "本根"和"枝叶"都是"树"的组成部分，尽管存在主次之分，但都可以作为"树"的代表，不能分开来认识。遗憾的是，制约中国古人的争论依然左右着我们现在的认识，也说明从某个民族或王朝的视角都不能如实反映中国疆域的形成历程，而从多民族国家形成和发展的角度进行探讨，或使我们的认识更加客观，也有助于取得更多的共识。

三

如果将《尼布楚条约》的签订到 1840 年鸦片战争爆发期间清朝的疆域作为"中国疆域"，那么其形成和发展的历程笔者以为可以做如下分期：

（一）自然凝聚时期：从中华大地人类文明的出现，到《尼布楚条约》的签订。这一时期的中国疆域的形成和发展处于自然凝聚状态，其发展历程呈现以下特点。

（1）"中国"的概念首先在中原地区出现，并形成了独具特点的以"中国"为核心的"天下观"。人类文明的曙光虽然很早就照亮了中华大地，但中国疆域开始萌芽却是传说中第一个政权——夏朝建立之后。尽管现有的文献和考古资料不能给我们提供夏朝疆域的具体情况，但伴随着王权的出现，夏朝自然也有了实施王权的范围，这就是夏朝的疆域。夏之后的商、周两朝，不仅承袭了夏的王权和疆域，而且随着王权的不断强化和服事制统治秩序的完善，出现了与王权紧密结合的"中国"概念。最迟在西周时期"中国"概念已经出现，② 其含义尽管有地域、民族乃至文化等诸多方面的解

---

① 《新唐书》卷 99《李大亮传》。
② "中国"一词最早出现在 1963 年陕西宝鸡贾村出土的何尊之上，何尊上的铭文中有："……惟武王既克大邑商，则廷告于天曰，余其宅兹中国，自之辟民……"这一表述也得到了文献的印证，《尚书·梓材》有："皇天既付中国民越厥疆土于先王。"

释，但"中国，京师也"① 已经明确说明了"中国"所具有的鲜明的政治含义，即"中国"在古人天下观中位居中央，是"王"或"天子"施政的核心区域，据有此地是"正朔"的重要表现。《诗·小雅·北山》所载"溥天之下，莫非王土；率土之滨，莫非王臣"是对王权为"天下"权力中心的经典表述，也是先秦乃至中国古代天下观的重要内容，并成为指导中华大地上众多民族或政权追求"中国正统"王朝进而实现"大一统"的重要理念。而"中国"的含义由"京师"向华夏乃至中原的泛化，既是这种争夺的结果，也是"大一统"政治格局演变在人们头脑中的反映，最终促成了多民族国家中国疆域的形成。②

（2）秦汉对中原地区的长期统治，使中原地区在政治、经济、文化诸多方面凝聚为一体，高度发达的文明成为中国疆域进一步凝聚发展的核心。春秋战国（公元前 770 ~ 前 221）长达 5 个半世纪的分裂状态并没有遏制住人们对"大一统"的期盼，非华夏人建立的楚国和秦国先后被纳入"中国"行列即是人们这种愿望的表现，而秦王嬴政在公元前 221 年也终于实现了人们的愿望。多民族统一的秦朝之出现对中国疆域的形成而言具有非同一般的意义，其中嬴政对中原的统一在人们的心目中被认为是"今陛下兴义兵，诛残贼，平定天下，海内为郡县，法令由一统，自上古以来未尝有，五帝所不及"③，皇权于是取代王权并不断强化成为"天下"主宰，成为中华大地上众多民族普遍接受的根深蒂固的观念，影响着政治格局不断由分裂走向统一。而嬴政在实现"一统"之后，"分天下以为三十六郡，郡置守、尉、监"，并在"地东至海暨朝鲜，西至临洮、羌中，南至北向户，北据河为塞，并阴山至辽东"的辽阔地区，"一法度衡石丈尺，车同轨，书同文字"④，不仅结束了中原地区诸侯分立的局面，实现了政令的统一，而且在经济、文化上中原地区也日益凝聚为一个整体，并以"中国"称之，成为中国疆域进一步凝聚的内核。

（3）活动在中华大地上的众多政权以其中较强大的政权为核心构成大

① 《毛诗注疏》卷24。
② 关于"中国"的含义，参见拙文《"中国"与"天下"的重合：古代中国疆域形成的历史轨迹——古代中国疆域形成理论研究之六》，《中国边疆史地研究》2007 年第 3 期；费孝通主编《中华多元一体格局》，中央民族大学出版社，1999，第 211 ~ 244 页等。
③ 《史记》卷 6《秦始皇本纪》。
④ 《史记》卷 6《秦始皇本纪》。

小不同的众多藩属体系（或称之为政治体），① 而分别以北方游牧政权、中原农耕政权为核心的两大藩属体系对"正统"的争夺主导着众多藩属体系的碰撞、重组，中华大地上的政治格局由此呈现分裂—统———再分裂—更大范围的统一，为中国疆域的形成和发展提供了动力。历史上，尽管秦汉王朝的出现已经将中原地区凝聚为一个整体，但中华大地上的政治格局在一般情况下依然呈现众多藩属体系并存的状态。包括中原地区在内，不同时期的政治格局往往表现为以较强大的政权为核心，形成不同的藩属体系，其中以中原地区的王朝或政权、北方游牧政权为核心而形成的藩属体系长时期持续存在着，强盛时期几乎囊括了中华大地上其他弱小的藩属体系，推动着众多藩属体系的重组。自秦朝建立之后，两大藩属体系就在争夺"正统"的过程中不断碰撞、重组。甘露二年（公元前52）匈奴呼韩邪单于降汉，使两大藩属体系第一次融为一体，现实中的表现就是西汉王朝真正实现了"大一统"。隋唐时期，两大藩属体系碰撞、重组的结果依然是以隋唐两朝为核心建立的藩属体系居于强势地位，很多情况下将以游牧政权为核心的藩属体系控制在自己的体系之内，主导着不同藩属体系的运转，并实现了两大藩属体系的第二次融为一体，现实中的表现即是唐"大一统"的出现。五代之后，以游牧政权为核心的藩属体系不断强盛，在"正统"的争夺中，不仅将中原地区的北部纳入了自己的藩属体系之中，而且逐渐成为藩属体系运动的主导力量，最终将中原地区完全纳入了自己的藩属体系之内，实现了第三次两大藩属体系的融合，其表现即是元朝的"大一统"。明清时期，先是两大藩属体系重现于明代，但最终还是以游牧政权为核心的藩属体系实现了两大藩属体系的第四次融为一体，其表现即是清朝"大一统"的出现。中国疆域就是在这些藩属体系的碰撞过程中不断凝聚，最终定型于清代，由王朝国家变为近现代主权国家。

（4）中国疆域的形成是各民族共同努力的结果，而众多民族或政权对"中国"的认同以及这些民族相互之间长期的融合，成为中国疆域形成的黏合剂。以"中国"为中心的天下观形成之后，不仅引导着中原地区的众多政权由分裂走向"一统"，先后出现了汉唐两个"大一统"王朝，而且这种

---

① 关于藩属的研究，可参见拙著《汉唐藩属体制研究》，中国社会科学出版社，2007；拙文《不同藩属体系的重组与王朝疆域的形成——以西汉时期为中心》，《中国边疆史地研究》2006年第1期；拙文《关于藩属体制的几个理论问题——对中国古代疆域理论发展的理论阐释》，《学习与探索》2007年第4期等。

观念也为众多的边疆民族尤其是北疆民族所接受和认同，由此也出现了北疆民族或政权持续不断地对"中国正统"的争夺。先是匈奴人刘渊为首的匈奴、鲜卑、羯、氐、羌（所谓的"五胡"），拉开了"入主中原"的帷幕，之后是拓跋鲜卑、契丹、女真、蒙古、满洲紧跟其后，最终北魏、辽、金、元、清在中国的史书序列中都成了"中国正统"。值得关注的是这些民族或政权在实现局部或北部乃至中华大地"大一统"的同时，并没有自绝于"中国"之外，而是想方设法融入其中。从匈奴人刘渊假托汉室后裔，永兴元年（304）称"昔汉有天下久长，恩结于民，吾汉氏之甥，约为兄弟，兄亡弟绍，不亦可乎"①，到清朝雍正皇帝为清的地位而辩称"在逆贼等之意，徒谓本朝以满洲之君，入为中国之主，妄生此疆彼界之私，遂故为讪谤诋讥之说耳。不知本朝之为满洲，犹中国之有籍贯。舜为东夷之人，文王为西夷之人，曾何损于圣德乎"②，从中我们不难看出北疆民族对"中国"认同做出的种种努力。也正是众多边疆民族，尤其是北疆民族对"中国"的认同，中国疆域的凝聚过程才没有中断，而在这一过程中各民族不断融合，相互之间结成了紧密的血肉联系，最终成为中国疆域稳定的黏合剂和凝固剂。

（二）疆域明晰时期：从《尼布楚条约》的签订到1840年鸦片战争爆发。这一时期中国疆域内部的凝聚依然存在，外部边缘逐渐清晰，疆域性质也由王朝传统疆域向近现代主权国家疆域转化，其发展呈现以下特点。

（1）中国疆域内部各地区的界限日益模糊，边疆内地化特征日益明显，边疆与内地的关系更加密切，已经成为牢固的一体。在中国疆域自然凝聚时期，由于"德被四夷"天下观的影响，王朝疆域被想象成没有界限的"天下"，但内部不同地区、不同政权之间却有相对清晰的"边界"。这种疆域界限不明确的状况，既是人类社会发展不同阶段的反映，也有助于中国疆域的自然凝聚。清朝建立之后，尤其是随着"大一统"的逐步实现，经过数千年的自然凝聚，不仅始自秦汉以来的郡县区域日益"一体化"（南部地区的"改土归流"即是顺应了这种要求），而且人为制造的阻隔北方草原和中原农耕地区进一步融为一体的长城防御线也被放弃，清朝对边疆地区的统治也由传统的羁縻统治向间接乃至直接统治过渡，蒙古地区的盟旗制度、新疆

---

① 《资治通鉴》卷85，惠帝永兴元年十月条。
② 《大义觉迷录》卷1。

和西藏的军府制度等都体现了这一趋势。

（2）中国疆域的外缘由于一系列条约的签订呈现逐渐明晰的状态，具有了近现代国家疆域的特征。随着内部的不断凝聚，至清朝康熙时期，中国疆域的外缘随着一系列条约的签订以及划界活动开始明晰起来。清代以前中国疆域是没有明确边界的，多数情况下是笼统地说"天下"，康熙二十八年（1689）清朝和俄国签署《尼布楚条约》之后，"天下"在东北边疆开始有了明确的近现代意义上的边界。雍正五年（1727）七月十五日清朝和俄国签订《布连斯奇界约》，确定了由沙毕纳依岭到额尔古纳河的边界；九月初七日，签订《恰克图界约》，划定恰克图附近疆界；九月初十日，签订《阿巴哈依界约》。乾隆三十三年（1768）九月十九日，签订《修改恰克图界约第十条》；乾隆五十七年（1792）正月再签《恰克图市约》，对双方边界及其相关权利做了进一步明确。① 通过这些条约的签订及划界活动，中国疆域由王朝传统疆域开始向近现代主权国家疆域转化。

（3）周围藩属国逐渐游离于中国疆域形成的轨道，边界也逐步清晰。受到传统天下观的影响，历代王朝尤其是"大一统"王朝，一般视中华大地外围存在的民族或政权为藩属，谋求和其保持政治的隶属关系，这也是中国疆域的外缘一直不清晰的主要原因之一。这种状况在清朝康熙时期之后也逐渐发生改变，清朝和藩属国也开始划定边界，中朝之间边界的划定即是其表现。康熙五十年（1711）、康熙五十一年，随着打牲乌拉总管穆克登两次前往长白山区踏查边界，清朝基本上明确了中朝在长白山地区的边界走向："大清乌喇总管穆克登奉旨查边，至此审视，西为鸭绿，东为土门，故于分水岭上勒石为记。康熙五十一年五月十五日。笔帖式苏尔昌，通官二哥，朝鲜军官李义复、赵台相，差使官许梁、朴道常，通官金应瀗、金庆门。"② 朝鲜国王于当年十一月向清廷进《谢定界表》，将此事奉为"克正边疆"之举。③

（4）鸦片战争的爆发打断了中国疆域的凝聚过程，由王朝传统疆域向

① 有关上述边界条约的内容，参见王铁崖编《中外旧约章汇编》第一册，三联书店，1957。
② 刘建封：《长白山江岗志略》，吉林文史出版社，1987，第74页。
③ 《同文汇考原编》卷48《疆界》，圭庭出版社，1978。关于穆克登查边定界的情况，参见刁书仁《康熙年间穆克登查边定界考辨》，《中国边疆史地研究》2003年第3期；马孟龙：《穆克登查边与〈皇舆全览图〉编绘——兼对穆克登"审视碑"初立位置的考辨》，《中国边疆史地研究》2009年第3期等。

近现代疆域转变的过程并没有完成，不仅使中国和一些传统的藩属国之间的国界尚未明确划定，而且和一些邻国的边界也没有完成划界。1840年，以英国为首的列强开始用坚船利炮打开中国大门，中国疆域外缘逐渐明晰的过程不仅被迫中断，而且开始进入了急剧萎缩的阶段。

（三）列强的蚕食鲸吞时期：从鸦片战争爆发到中华人民共和国成立。

这一时期，中国疆域的内部凝聚虽然依然延续，但列强的蚕食鲸吞不仅使外围藩属国彻底脱离了中国疆域凝聚的轨道，而且通过一系列不平等条约的签订，鲸吞了大量的边疆地区，中国疆域呈现急剧萎缩的态势，具有以下特点。

（1）清朝失去了对传统藩属国的控制，界限也趋向明晰。随着鸦片战争的爆发，作为中国历代王朝传统藩属区域的越南、朝鲜、缅甸、琉球等渐次沦为列强的殖民地。如光绪十一年（1885），法国与清朝签订《越南条款》，不仅明确规定"凡有法国与越南自立之条约、章程，或已订者，或续立者，现时并日后均听办理"，确立了法国对越南的殖民统治地位，而且也写明"自此次订约画押之后起，限六个月期内，应由中、法两国各派官员，亲赴中国与北圻交界处所，会同勘定界限。倘或于界限难与辨认之处，即于其地设立标记，以明界限之所在"①。由此，清朝和越南的界限开始明晰，只不过划界对象是法国取代了越南。光绪十二年（1886），英国和清朝签署《缅甸条约》，"中国允英国在缅甸现时所秉一切政权，均听其便"，"中、缅边界应由中、英两国派员共同勘定，其边界通商事宜亦应另立专章，彼此保护振兴"，②清朝和缅甸的藩属关系也由此中断，开始划定边界，划界对象是英国取代了缅甸。日本明治维新之后，将朝鲜列为殖民的目标，日本于光绪二十一年（1895）通过《马关条约》的签订，迫使清朝从朝鲜半岛撤军并承认了朝鲜的"自主独立"，清朝和朝鲜的藩属关系也结束了。随着这些藩属国分别沦为英、法、日等国的殖民地，这些藩属国和清朝的关系演变为国际关系。

（2）大片边疆地区通过不平等条约被侵占，中国疆域急剧缩小。1842年，英国通过《南京条约》强行割占了香港岛，这是列强割占的第一块中国领土。1858年，沙俄强迫清朝签订《瑷珲条约》，1860年又迫使清政府

---

① 《越南条款》（1885年6月9日），王铁崖编《中外旧约章汇编》第一册，第466~467页。
② 《缅甸条款》（1886年7月24日），王铁崖编《中外旧约章汇编》第一册，第485页。

签订《北京条约》，其中关于中俄东段边界的划分使中国丧失了 100 万平方公里的领土。自此，由《尼布楚条约》确定的中国东北边疆发生了重大变化。1864 年，沙俄强迫清朝签署《勘分西北界约记》，原属清朝的北起阿穆哈山，南达葱岭，西自爱古斯河、巴尔喀什湖、塔拉斯河一线，东临伊犁九城、塔尔巴哈台绥靖约 44 万平方公里的领土被划入俄境。① 就这样，中国疆域在列强的吞噬下急剧缩小。

（3）列强策动边疆地区"独立"，外蒙古等脱离中国疆域形成的轨道。在鲸吞中国领土的同时，列强也积极策动中国部分边疆地区"独立"，外蒙古、唐努乌梁海是其中的典型代表。1911 年 12 月，在沙俄策动和积极扶持下，哲布尊丹巴活佛宣布"独立"；1915 年 6 月中、俄、蒙签订《中俄蒙协约》，承认外蒙古自治，哲布尊丹巴宣布取消"独立"；1921 年 7 月，在苏俄支持下蒙古人民政府成立，哲布尊丹巴被尊为"大汗"。1925 年 5 月，外蒙古宣布为共和国。② 位于外蒙古西北的唐努乌梁海，1912 年在沙俄的策动下也宣布"独立"；1918 年，严式超出任唐努乌梁海佐理专员；1921 年 8 月，唐努乌梁海再次宣布"独立"，成立"唐努图瓦共和国"，9 月苏俄政府宣布承认其"独立"；1944 年 8 月"图瓦人民共和国"通过宣言，"请求"苏联接纳唐努乌梁海，10 月纳入俄罗斯联邦。虽然中国历届中央政府从未承认唐努乌梁海"独立"，但唐努乌梁海还是脱离了中国疆域形成的轨道。③

（4）面对近代以来列强对中国疆域的蚕食鲸吞，生活在中华大地上的众多民族也完成了凝聚的过程，"中华民族"由"自在的民族实体"变成了"自觉的民族实体"，④ 中国疆域缩小的趋势不仅得到了遏制，而且抵御住了 1931 年开始的日本发动的侵华战争。抗战胜利后，中华大地虽然又陷入了内战，但随着中华人民共和国的成立，中国疆域进入了稳定和巩固时期。

（四）现代疆域巩固时期：中华人民共和国成立后为维护疆域完整而做出种种努力。这一时期中国疆域虽然尚未实现完全统一，但恢复对香港和澳

---

① 关于一系列割地的不平等条约，参见王铁崖编《中外旧约章汇编》第一册。

② 关于沙俄策动外蒙古"独立"的历史，参见编写组编《沙俄侵略我国蒙古地区简史》，内蒙古人民出版社，1979。

③ 关于唐努乌梁海脱离中国疆域形成轨迹的历史，参见樊明方《唐努乌梁海历史资料汇编》，西北大学出版社，1999。

④ 参见费孝通主编《中华民族多元一体格局》，中央民族大学出版社，1999。

门行使主权，和多数邻国的陆路边界已经划定，中国疆域进入稳定时期，呈现以下特点。

（1）中华人民共和国成立后通过与邻国签署和平条约的方式，顺利划定了和多数陆路邻国的边界。1949年10月，中华人民共和国成立之后，确立了以"和平共处五项原则"为核心的睦邻友好政策，先后和众多邻国通过谈判顺利划定了边界。1960年，中缅两国总理签订《中华人民共和国和缅甸联邦政府关于两国边界问题的协定》，这是新中国与亚洲邻国签订的第一个边界条约。至2005年，"中国已与12个陆地邻国签订了边界条约，解决了历史遗留的边界问题。中国与印度、不丹的边界问题正在朝积极方向发展"，① 中国疆域更加巩固。

（2）通过艰苦的谈判，恢复对香港和澳门行使主权。1984年12月，中英两国政府签署了关于香港问题的联合声明，确立了香港回归的日期，1997年7月1日中华人民共和国国旗和香港特别行政区区旗的升起标志着中国政府开始对香港恢复行使主权。继其后，澳门也踏上了回归的路途，1986年6月中国与葡萄牙政府开始谈判，1987年4月13日双方签署《中葡联合声明》，1999年12月20日零时完成了政权移交。自近代以来被列强割占的香港、澳门重新纳入中国版图。

（3）中国疆域虽然尚未实现完全统一，但"九二共识"的达成表明实现统一是大势所趋。海峡两岸分治是中国疆域自1949年形成的政治格局，但实现中国统一是海峡两岸人民的共同愿望。1979年1月，中华人民共和国全国人民代表大会常务委员会发表《告台湾同胞书》，呼吁海峡两岸就结束军事对峙状态进行商谈；1982年1月，邓小平进一步明确提出"一个国家、两种制度"，在国家实现统一的大前提下，国家主体实行社会主义制度，台湾实行资本主义制度；1992年10月，中共中央总书记江泽民指出："我们坚定不移地按照'和平统一、一国两制'的方针，积极促进祖国统一"，"和平统一，一国两制"由此成为实现中国统一的方针。值得关注的是，1992年海协会与海基会在香港就两岸事务性商谈中对如何表述坚持一个中国原则的问题进行讨论时，双方形成了"九二共识"，说明对"中国"的认同依然是维系中国疆域走向统一的一个非常关键的因素。

---

① 中华人民共和国国务院新闻办公室：《中国的和平发展道路》（2005年12月），中央政府网站（www.gov.cn/jrzg/2005 - 12/22/content - 133974.htm），2011年5月19日。

（4）新形势下海疆问题凸显，维护海洋权益面临重重考验。1946年10月，按照《开罗宣言》的规定，日本侵占的南海诸岛为国民政府接收，其后出版的《中华民国行政区域图》在南海区域绘制了"断续线"以表明中国的主权，周边国家对此并没有表示反对。20世纪中叶之后，菲律宾、越南等周边国家先后对我国南海岛屿提出主权要求，1971年美国将其托管的中国钓鱼列岛交给日本更是严重损害了中国主权，而1994年《联合国海洋法公约》开始生效，由此带来的对专属经济区的划分更使我国海疆问题出现了严峻形势。在如此形势下，中国维护海洋权益面临重重考验，任重道远。

（原载《中国边疆史地研究》2011年第3期）

从邑土国家到领土国家的边疆

——先秦时代边疆形成考察

毕奥南

摘　要： 邑土国家指以都邑为中心、以属邑为基础的国家形态。商王国狭义边疆，指王畿四境，相当于四戈地区，王畿外缘的边邑或边鄙是其边境；广义边疆还包括"四土"中附属于商王的诸侯方国。商朝实行内外服制度，因生产力不发达，商王不能对分布于辽阔地域的各类方国实行直接统治，只能通过臣服首领、索取贡物的方式建立间接统治关系。周王国的疆域格局由王畿和封国组成。按封建制度，各封国的土地、人民受自周天子，周室强大时诸侯国属西周边疆。周室不振，周天子逐渐成为名义上的共主，诸侯国便不能算周朝边疆。周朝边界唯以郊外遂人所居边邑、边鄙为限了。

关键词： 先秦　邑土　领土

作者简介： 毕奥南，1956 年生，内蒙古高校人文社科中国北疆史地基地教授、中国社会科学院中国边疆史地研究中心研究员。

　　先秦是古代中国由原始社会阶段发展为封建国家的历史时期。在这一历史时期内，夏、商、周三朝的国家疆域分别经历了不同形式的拓展，初步奠定了为后世相继相承的版图基础，并形成与此相应的"九州""天下""四土""中国"等疆域概念。在王权、神权合一的天命论政治理念影响下，商、周王朝在其势力范围内，确立了以天子为天下共主的政治秩序；王朝推行的等级制度规定了由此派生的各类归属关系；周天子以宗法思想为指导进行的封建，又衍生出新的疆域统治层次。进入春秋战国以后，诸侯国的崛起逐步动摇了"天下共主"的政治理念;战国以降的兼并战争,在破坏原有疆域格局的同时,开始形成新的郡县政区。这种历史转折,不仅带来了疆域概念的变化,而且对后世产生深刻影响。

上述历史进程,在先秦史研究中均有不同形式的论及,并有诸多成果可资借鉴。在抉择众家结论的基础上,本文拟对在上述历史进程中出现的疆域观念作些相应的分析,以求演变之迹。

一 邑土国家的形成与发展

研究古代中国的国家起源,一般以夏王朝为开端。关于传说的夏史(约公元前2200~前1700年),现有考古成果尚不足说明其国家结构和疆域构成。今人仅从其后世文献得知,"当禹之时,天下万国;至于汤而三千国"。① 《战国策·齐策》也说"古大禹之时,诸侯万国"。由此推测,原始国家初期带有浓厚的部落联盟色彩。传说中的"禹画九州"曾被附会为"画野分州"的肇始。② 九州之说影响甚大。《叔夷钟》铭文曰:"咸有九州,处禹之堵(土)。"《左传》襄公四年引《虞人之箴》也说"芒芒禹迹,画为九州,经启九道"。成书于战国的《尚书·禹贡》称"禹别九州,随山浚川,任土作贡"③。在距夏亡近千年后的春秋战国时代(公元前841~前221年),许多人坚信夏禹曾划九州,但对九州范围的解释,囿于地理知识,众说互歧,这显然由于说者带有各自的时代特征所致。与种种理想化或规范化说法相比,可能夏禹九州以"夏王朝中心区"④ 为范围更为合理。我们不必拘泥于九州具体点位的考释,应该看到,尽管"禹画九州"是否具备恩格斯所说的"按地区来划分它的国民"⑤ 那种早期国家的特征很有疑问,但透露了由血缘团体向地缘团体转变的消息。⑥ 这正是国家疆域产生的萌芽,而夏代由不同氏族部落组成的原始居民聚落,则是夏后氏纠合同族立邦建国的基础。

---

① 《吕氏春秋·用民》。按:"万""三千"均为概数,诸多而已,不必视为实有其数。

② 《汉书》卷28上《地理志上》。

③ 参见顾颉刚《禹贡新解》,《中国古代地理名著选读》第一辑,科学出版社,1959。

④ 郑杰祥:《夏史初探》,中州古籍出版社,1986,第62~72页。

⑤ 恩格斯:《家庭、私有制和国家的起源》,人民出版社,1972,第168页。

⑥ 参见金景芳《中国奴隶社会史》,上海人民出版社,1983,第18页。

根据后世文献推测，夏王朝是以伊、洛流域为中心区（夏邑），并领有若干同姓和异姓氏族部落的国家。对夏王朝以夏邑为中心区，学界似无疑义，但对夏王朝与各部落方国的关系，存在夏朝是否实行过分封两种不同意见。就疆域考察而言，与夏后氏同姓的氏族部落，究竟是经过分封后"用国为姓"①，还是自然的增殖裂变，都可暂置不问，重要的是它们是否服属于夏王；异姓氏族部落作为"自然长成的结构"，简单地将其归入夏王朝的地方政权，是否忽略了早期国家初期所具有的原始性？有学者指出："虽然夏朝对所属部落有一定的控制权力，但并不稳定，而且缺乏明确的领土观念。"② 这个判断不乏史实支持，例如，周人祖先不窋，曾放弃夏后氏所任的"后稷"之职，"自窜于戎、狄之间"③。这种迁徙并不受夏王控制。考虑到夏邑外的氏族部落与夏王朝时战时和的关系，很难简单地将其列为夏王朝地方势力。因此，只有在夏王征服其邑落（居民聚居点）后，这些氏族部落所居地区才构成夏王朝国土。从这个意义上讲，笔者同意"夏王朝是一个邑土国家"的判断④，以区别于西周分封后的领土国家。

何谓邑土国家？简单地讲，是指以都邑为中心、以属邑为基础的国家形态。早期的邑是由氏族或家族聚居的农村公社发展来的，即所谓村邑。在甲骨文中，邑字结构上面作方块形和圆圈形，下面像人跪坐形，表示有人守着一片供人生产和栖息之地⑤，这表明邑是由居住区和生产区（田）及樵采牧猎等区域构成。夏、商代的邑，除都邑外，一般多指村落而言，而且规模不大（这与周代的邑有很大区别）。此外，商王在征服他部、他国后，曾建立过直属王室的邑，即所谓"作邑"，又写作"作中（史）"或"立中"，胡厚宣认为"当是为军队驻扎、武装垦殖，或是原始社会立旗圈地、开辟疆土的孑遗"⑥。诸邦国则有隶属自己的邑。有学者对不同类的邑作了如下图示：⑦

---

① 《史记》卷2《夏本纪》。
② 谢维扬：《中国早期国家》，浙江人民出版社，1995，第367页。
③ 《国语·周语上》。
④ 参见周书灿《中国早期国家结构研究》，人民出版社，2002，第31页。
⑤ 参见彭邦炯《卜辞"作邑"蠡测》，《甲骨探史录》，三联书店，1982，第273页。
⑥ 胡厚宣：《甲骨续存序》。转引自彭邦炯《卜辞"作邑"蠡测》，《甲骨探史录》，第273页。
⑦ 参见宋镇豪《夏商社会生活史》，中国社会科学出版社，1994，第46页。

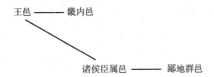

考虑到早期国家由于生产力不发达，交通又受山川险阻的制约，国家机构简单，行政能力不能用后世国家标准衡量，因此以邑为行政单位是很可能的。这也为商周制度证实。

商革夏命后建立了商王国。商王国继承并发展了夏王国的国家结构，疆域大致由商王直辖区（相当于后世的王畿）和若干服属于商王的方国构成。商王直辖区域，见诸卜辞的有"商""大邑商""天邑商""中商"等。对于上述卜辞，学者们的看法不尽一致。罗振玉、王国维认为皆指殷都安阳。董作宾认为大邑商是商丘，天邑商是泛称，无固定地区。陈梦家以为商或丘商指商丘，大邑商在沁阳附近，天邑商可能指淇县东北的朝歌，中商可能在安阳。① 诸多分歧一是对王都定位不同所致，一是对王都、王畿理解不同。不过诸家都承认都邑和王畿的区别。此外，许多学者在讨论商王国疆域时都提到政治区域或行政区划，对卜辞中诸如都邑、鄙、单、奠、戈、四方、四土等词进行了阐说，并对商代的内外服制进行了讨论②，这为我们考察商王国边疆提供了方便。

如前所述，卜辞中的邑有多种。都邑是一种，亦即王城。卜辞中有"墉"字，《说文》释为"城垣也"，说明商代确有筑城之举。考古也证明了这一点。城垣既是防御工事，也是别内外的标志，对此毋庸多语。但是邑，即使是都邑，也并不只是一座孤零零的城池，它应包括农田以及放牧、采集樵薪和狩猎地区。在靠近城垣的外围，有卜辞写为"奠"的地区，并有西奠、北奠、南奠的记录。③ 一般认为此处的"奠"与金文的"甸"是通假字，是远郊甸地的意思。卜辞中表示边远地区的字还有"鄙""戈"。

---

① 参见陈梦家《殷虚卜辞综述》，科学出版社，1956，第 255～258 页；郑杰祥：《商代地理概述》，中州古籍出版社，1994，第 14 页。为印刷方便，本文所述甲骨文材料均转引自相关论文论著，特向相关作者致敬。

② 如陈梦家《殷虚卜辞综述》第 9 章《政治区域》；李雪山：《商后期王畿行政区划研究》（《郑州大学学报》2001 年第 2 期）；周书灿：《中国早期国家结构研究》；王宇信、杨升南：《中国政治制度通史》（先秦卷，人民出版社，1996）第 3 章、《甲骨学一百年》（社会科学文献出版社，1999）第 11 章等。

③ 参见陈梦家《殷虚卜辞综述》，第 324 页。

鄙的解释主要有三种：县鄙、都鄙、边鄙。前两者是西周以后的建制，可略而不论。边鄙是都城以外的居住区，有人认为鄙与奠是城邑之外同一行政区的不同叫法。① 值得注意的是，奠与鄙作为区域都存在若干邑，如卜辞中言及沚夏向商王报告，称东鄙遭到土方侵袭，被夺两邑；西鄙田也受到邛方入侵。② 这表明鄙是靠近边境易受敌国侵犯的区域。不过即使边鄙有邑有田（奠也如此③），商代的鄙能否作为领有属邑的行政区域，还缺乏有力的证据。

比鄙更边远的是戈，卜辞常加方位词表示所在，如东戈、西戈、南戈、北戈，合称四戈。陈梦家说"卜辞中的四戈疑是四或四国，但因为于四戈乎诸侯出伐，则'戈'当指边境之地"，并认为戈地可能就是金文中的"殷边"④。说戈地比奠、鄙更边远，是因为戈地有诸侯存在。据《逸周书》孔晁注："侯，为王者斥候也。"即为王巡守边境，因此四戈可能就是四境。

卜辞中还有四土、四方名称。四土是否就是四方？虽有不同意见，但大部分人认为两者相同。至于四土或四方是在商王畿内还是王畿之外，说者意见不一。依陈梦家的意见，四土是商王国的"都邑四境"，商王占卜关心四土是否"受年"（有收成），证明四方四土在商王国四境之内。⑤ 王玉哲也认为是指距王都不远的地方，并补充说，四土不等同"四方诸侯"⑥。

另一些学者认为，四土在王畿之外。有学者明确指出："王畿以外是四土。四土是商朝的本土，是商人向四方移民扩张的区域"，"商朝四土的形状像个巨大的十字，这是商人从豫北冀南向东西南北四个方向扩张移民的过程中受自然环境和人文环境制约而形成的"⑦。杨升南则认为四土是王畿和商朝中心区以外各类地方势力管辖地区。⑧ 谢维扬对此说总体表示同意，但指出，在广大四土地区，有些人群并不从属于商，从族体看，可能包括与商不同的民族。⑨ 有的学者在谨慎地认可四土远在商王畿之外的结论后，还指

---

① 参见李雪山《商后期王畿行政区划研究》，《郑州大学学报》2001年第2期。
② 参见陈梦家《殷虚卜辞综述》，第322页。
③ 参见陈梦家《殷虚卜辞综述》，第323页。
④ 陈梦家：《殷虚卜辞综述》，第321、325页。
⑤ 参见陈梦家《殷虚卜辞综述》，第316、319页。
⑥ 参见王玉哲《中华远古史》，上海人民出版社，2000，第337页。
⑦ 叶文宪：《商代疆域新论》，《历史地理》第8辑，上海人民出版社，1990，第111页。
⑧ 参见杨升南《卜辞所见诸侯对商王室的臣属关系》，《甲骨文与殷商史》，上海古籍出版社，1983，第139页。
⑨ 参见谢维扬《中国早期国家》，第406页。

出商代四土的边境并不是一个明确的地理概念。①

如果按第一种意见，四土作为"都邑四境"，与前言"四戈"相类，则对商王国的边境似不难判断。所以有学者径直指出："殷商王国的真正国界或边界只局限于大邑商附近之地，在这个地区边界之内，统属商王管辖，至于其远处四方的所属方国，只是其据点而已。"② 不过，卜辞反映的史实似乎并不那么清晰，尽管专家们对已知的数十个方国和数百古地名③详加考证，但想要将四土范围说明清楚，事实上非常困难。实际上卜辞讲的东土、西土、南土、北土，是相对于中商的方位概念，我们不必由此将商王国国土视为一个四四方方的形状。因为王畿以外土地广袤，人口不多，各方邦的分布也相当疏略。就当时形势而言，邦境的划分几乎是不可能的，而且也无必要；与其说商王注重开辟四土榛莽之地，毋宁讲更希望占有众多的人口，因为当时人口比土地更重要，而这一点是邑土国家的重要特征。因此，将一个模糊的方位概念作为疆域来认定，想得出准确的结论是困难的。

照上所述，以为四土非商王国疆域也不对，因为这样就忽略了附属于商王的方邦的存在。正是这些方邦又构成了商王国疆域的另一层次。周人所述殷商内外服制度，有助于我们理解商朝疆域的外延。据周公对康叔讲，殷商制度是"越在外服：侯、甸、男、卫、邦伯；越在内服：百僚、庶尹、惟亚惟服、宗工越百姓里居"④。周康王时期的《大盂鼎》铭文，记述了康王对臣子的告诫，称"我闻殷坠命，唯殷边侯甸于殷正百辟，率肆于酒"。这里的"殷边侯甸"与前述"外服：侯、甸、男、卫、邦伯"相当。所谓内服，简单而言，指商王廷的各类职官。外服讲的是臣服或从属于商王的方国首领。从大量卜辞记录来看，在商王直辖区外，存在大量的同姓或异姓的方国、部族。这些方国或部族有一部分从属于商王，为商王承认，处于从属地位，由此构成商王的外服；但有许多方国或部族并不附属于商王，有些甚至与商王处于敌对状态，即卜辞所书的不廷方。⑤ 在存在这种现象的情况下，简单地将王畿外的方位概念"四土"视为商朝"本土"，是否有些孟浪？当然，随着奴隶制度的发展，在商王对多方和不廷方不断进行的兼并战争中，

---

① 参见周书灿《中国早期国家结构研究》第 54、71 页。
② 王玉哲：《殷商疆域史中的一个重要问题》，《郑州大学学报》1982 年第 2 期。
③ 参见陈梦家《殷虚卜辞综述》，第 249 页。
④ 《尚书·酒诰》。
⑤ 参见谢维扬《中国早期国家》，第 407 页。

原来敌对的方国或部族，在失败后被纳入商朝版图，这也是事实。① 张政烺曾通过对商人衰田（到别国去开荒，或曰寄田）活动的分析指出，在经济社会发展不平衡时期，农业先进的商人人口增多后，四处寻找荒地，把邻国牧区或猎区变为农田，在别国开垦的田地耕种久了，自然不肯放弃，于是商人所衰田必然要成为商王国疆土的一部分。例如商汤征葛伯、对羊方的衰田和征伐，讲的都是开拓疆土的故事。② 这不妨作为商王国疆域不断扩展的说明，或者是商王"作邑"的原因。同时我们也看到，商王国在受到邻近地区敌对方邦，尤其是周边以游牧为主的方邦，为牲畜或粮食向商王国发动袭击之际，也会使商王国失去若干领土。③ 上述两种情况提示我们：商王国疆域并非一成不变。

作为商朝外服的方邦，有学者认为，"诸侯国具有后世地方行政机构的性质"，其国君是王朝中央的职官之一④；或明确指出，诸方国首领是臣属于商王的地方势力，他们对商王的义务主要表现在以下四个方面：为王戍边、服从征调、缴纳贡物、服杂役⑤；或者是"商王直接获取资源的领土单位"⑥。对于上述看法，一些学者提出了异议。一种意见认为，商王国是由诸多同姓和异姓方国、族群组成的政治共同体，商王则是盟主，甲骨文中的"令"，既可以是商王令某侯，也可以是诸侯令商王，因此"令某侯"不是后世君主命令地方长官的同义语。⑦ 陈梦家指出，商代的地方势力"有自己的土地人民，似非殷王国所封赐，与后代的封土式情形自有不同"⑧。周秉楠也认为，商王国是由许多方国、部族组成的共同体，盟邦向盟主的纳贡仍然没有摆脱礼尚往来（相互赠贻）的性质，并指出，商和一部分族邦在关系上的不稳定性，是商共同体的一个特征。这种现象在大一统的国家形态出现以前的早期国家里往往是不可避免的。⑨ 周书灿则在肯定商王对附属型诸侯、方伯具有支配权的同时，认为："商代诸侯国根本不具有以后分民而不

---

① 参见陈梦家《殷虚卜辞综述》，第8章《方国地理》。
② 参见张政烺《卜辞衰田及其相关诸问题》，《考古学报》1973年第1期。
③ 参见于省吾《从甲骨文看商代社会性质》，《东北人民大学学报》1957年第2~3期。
④ 参见李学勤主编《中国古代文明与国家形成研究》，云南人民出版社，1998，第415页。
⑤ 参见杨升南《卜辞所见诸侯对商王室的臣属关系》，《甲骨文与殷商史》，第139页。
⑥ 张光直：《商代文明》，北京工艺美术出版社，1999，第216页。
⑦ 参见林沄《甲骨文中的商代方国联盟》，《古文字研究》第6辑，中华书局，1981。
⑧ 陈梦家：《殷虚卜辞综述》，第332页。
⑨ 参见周秉楠《商周政体研究》，辽宁人民出版社，1987，第19~27页。

分土的地方行政区划的性质，其国君也并非皆是商王朝中央的职官之一。"①
笔者以为，前一种意见可能是过多关注商王国强盛时期材料所致，从总体形
势看，后一种意见更为合理。在方国林立的形势下，商人建国之初，通过军
事征服，将分布在周围广大地区的许多邑落联为一体，形成以商人为核心的
地域性政治集团，这是王畿形成的基础。当商王国强盛以后，远近诸邦方不
能与之抗衡，遂有附属诸侯出现，与商王形成所谓外服关系。同时我们也应
看到各族邦社会发展虽不平衡，但本族社会仍完全自治，由族民组成自己独
立的武装，各方邦拥有属于自己的土地。② 在这种情况下，各方邦具有独立
性是不难理解的。商王势衰则不朝，压迫过甚则反抗，这是屡屡发生的事。
文丁杀季历引发周人攻商即是著例。

对商王国的政治地理结构，陈梦家曾分为三个层次，即王都、王畿
（包括奠、四土、四方或殷国、殷邦、大邦殷）、诸侯方国（包括四戈或殷
边、四方、多方、邦方或大小邦）。③ 上述划分除了卜辞与西周铭文或文献
用词不同外，关于四土或四方的解释也稍嫌含糊。相比之下，王玉哲的观点
比较明确。他认为，商王畿以外的服属方伯诸侯，只是"商王朝势力在远
方安置的据点。这些方国各自为政，对商的关系只是名义上的服属和道义上
的支持"，真正国土是王畿地区。④

综合上述分析笔者的判断是：商王国狭义的边疆，指的是王畿四境，相
当于四戈地区；广义的边疆，还包括"四土"中附属于商王的诸侯方国，
亦即作为外服的"殷边侯甸"。需要说明的是，由于受到服叛不定、时有迁
徙等因素影响，加上文献材料的匮乏，外服的边缘区域难以一一确指，因而
具有模糊性质。还应该指出的是，虽然考古发现的商代遗址所表现的文化特
征或文化类型，对判断商人活动范围不乏参考意义，但不能简单地将遗址与
疆域等同，因为国家是一个政治单位，而非文化或种族单位。

二 领土国家的出现与发展

按内外服观点，周人原是商王国外服方国。商衰之际，周武王以方伯身

---

① 周书灿：《中国早期国家结构研究》，第 63～67 页。
② 参见周秉楠《商周政体研究》，第 26～27 页。
③ 参见陈梦家《殷虚卜辞综述》，第 325 页。
④ 王玉哲：《殷商疆域史中的一个重要问题》，《郑州大学学报》1982 年第 2 期。

份联络众诸侯，灭商自立。新朝的出现使商王国原有的疆域格局发生变化。这个变化的标志是周朝实行分封制。推行分封制后，周朝统治势力经过由内向外的扩张，逐渐改造了殷商邑土国家结构。在这一历史过程中，与之相关的边疆观念也因此发生变化。

周朝取代殷商，号称"嗣若功"，即继承商王国的统治权。因此对商王国政权主体标志——属民和统治区必须加以接受、改造。周初的分封制正是这一改造的措施。所谓分封，也称封建，即封诸侯建邦国。西周的分封，以封人授民为主要内容。周王授予被封者待拓殖的新征服地区，准予分领若干人群，命以国号，赐予诰命、仪仗礼器等，从而形成隶属于周王的封国。据史书记载，周初曾对同姓的召公、毕公、荼伯等进行分封，其范围是王畿内，不在本文讨论范围。大规模的畿外分封则始于周公东征之后。封国的国民大致由四部分人组成，即受封者私属和家族、随封去的有司官员及土著官长、随封去的友族人群或归附人群、封地原住的土著族群。其中把商王国的贵族分别授予各封主是重要内容。其具体办法是将商邦畿内及所属方国的贵族"士"（包括所属族人和奴隶）分配给某些封君，由封君携往远方封国使其成为该封国的"国人"。如此一来，在使封君获得可资利用的政治、军事力量的同时，也消化了商人的反抗因素。① 根据卫国的祝佗所说，周公分封给鲁的是"殷民六族：条氏、徐氏、萧氏、索氏、长勺氏、尾勺氏，使率其宗氏，辑其分族，将其丑类，以法则周公，用即命于周，是使之职事于鲁，以昭周公之明德"；分给卫的是，"殷民七族：陶氏、施氏、繁氏、锜氏、樊氏、饥氏、终葵氏"；分给唐的是，"怀姓九宗，职官五正"②。以上所列，都是商王国贵族世族。怀姓九宗原是商的方国。用他们充实封国，自然会加强封主的力量。

周朝分封对象，按不同情况大致可分为六类。

第一，同姓王室子弟。《左传》僖公二十四年，"昔周公吊二叔之不咸，封建亲戚，以藩屏周。管、蔡、郕、霍、鲁、卫、毛、聃、郜、雍、曹、滕、毕、原、邦、郇，文之昭也；邘、晋、应、韩，武之穆也；凡、蒋、邢、茅、胙，周公之胤也"。这些国大致分布在今河南、山东、山西、陕

---

① 参见杨宽《西周史》，上海人民出版社，1999，第4章"西周初期的分封制"。
② 《左传》定公四年。怀姓又作隗姓，是赤狄族族姓之一。怀姓九宗应是服属于商的方国。参见杨宽《西周史》，第376页。

西、河北一带。

第二，异姓功臣，如姜姓后裔封于齐、许、申、吕、纪、厉等。

第三，前代帝王之后。如神农之后封于焦，黄帝之后封于祝，帝尧之后封于蓟，帝舜之后封于陈，大禹之后封于杞等。成王时封商裔于宋。

第四，原始部落演进而来的方国。用分封方法使之列为服国，如徐、莱等。

第五，自行开辟为周承认者，如秦。

第六，势力不及姑且承认者，如越、楚等。

分封对象不同反映了周王朝不同的用意。对王室子弟和功臣的分封，主要是利用他们对王室的忠心，镇压殷顽，占领战略要地，防御敌对势力侵扰，并进一步扩张周王政治势力。同时，出于抵御夷狄侵扰考虑。文王之子封于郕、滕，武王之子封于晋、韩，周公之子封于鲁、邢、蒋，这些封国都边于夷狄地区，自然成为周王国藩屏。春秋时有人说，"周之有懿德也，犹曰：莫如兄弟，故封建之。其怀柔天下也，犹惧有外侮。捍御侮者，莫如亲亲，故以亲屏周"①，说明了"封建"与"以亲屏周"的关系；分封前代帝王之后，除了表示周受天命外，另有包围殷顽加以防范的用意；对助周方国的肯定，有利于巩固周王国的统治基础；对势力不及或自行开辟者的承认，其中包括一些原来附属商王国的方国，不仅有助于边疆稳定，而且是开拓边疆的基础。

关于封国多少，各书记载不同。春秋时人称，"武王克商，其兄弟之国十五人，姬姓之国四十人"②；《荀子·儒效》记"周初立七十一国，姬姓五十三人"；《吕氏春秋·观世》曰"周之所封四百余，服国八百余"；司马迁云"武王成康所封数百，而同姓五十五人"③。此外散见于西周金文及其他文献者还有百数十个。④ 由于分封不是一次完成的，历时既久，加上诸侯国之间时有兼并，因此要搞清确切数目相当困难。又因为封国是周王朝边疆的外延，封国数目不清，使人们在很长的历史时段中对西周疆域难以作出准确判断。迄至春秋战国，经过兼并重组，列国范围才较清楚地展现出来，不

---

① 《左传》僖公二十四年。

② 《左传》昭公二十八年。

③ 《史记》卷22《汉兴以来诸侯王年表》。

④ 参见王玉哲《中华远古史》，第580页；李学勤主编《中国古代文明与国家形成研究》，第453页。

过此时的诸侯国，已从周朝边疆蜕变为相对独立的国家了。

分封诸国后，如何控制诸侯无疑是至关重要的。周王控制同姓诸侯国的方法是以宗法制为基础的。所谓宗法，是与宗庙制度、祖宗崇拜、血缘关系、尊卑制度等相关的习惯、规定。《礼记·大传》对宗的解释是："尊祖故敬宗，敬宗，尊祖之义也。"由于远古以来祖先崇拜的影响，祭祀祖先的同族聚集之地——宗庙，遂成为族人们精神上共同尊崇的中心。主持祭祀习惯上由嫡长子担任，而宗法制度的核心正在于在氏族繁多的情况下突出大宗、宗子的崇高地位。据研究，"大宗在同族的地位，实际与君无异"①。将这种原本仅在氏族内推崇嫡长的习俗移植到分封制度，在血缘关系和盟誓的影响下，周王与各同姓封主结为上下相维的关系。按宗法制观点，"王者，天下之大宗"②。这与金文称西周京师为"宗周""皇宗"同义。虽然宗统体现族权，与体现政权的君统并不相同，但在西周时代，正如王国维所言，"天子、诸侯虽无大宗之名，而有大宗之实"③，两者往往合而为一。这是周王被视为天下共主的思想基础。

根据周朝规定，诸侯国有如下义务：受王册命，确定主从关系，并定期朝觐，以示臣服；以"贡"的形式向王提供物资；奉命随王出征等。如有违反，将受周王讨伐。④ 此外，周王往往在册命中因地制宜地规定了各封国的治国思想。例如鲁、卫原是殷商故地，分封时又移去已归附的"殷民六族""殷民七族"，封主受命"启以商政，疆以周索"，即尊重殷商的习俗，启用能为周朝所利用的"商政"，同时又按周朝法度疆理土地，实施统治；唐（晋）地为戎狄居地，又有随封而去的"怀姓九宗"，封主受命"启以夏政，疆以戎索"，即实施夏朝统治方式，同时迁就戎狄的游牧生活习俗，所谓"匡有戎狄"⑤；齐国封地原是风偃族群所居，封主"太公至国，修政，因其俗，简其礼，通商工之业，便鱼盐之利，而人民多归齐"⑥。总之，建国之初，受封者大多体现了周王因地制宜的统治思想。

由上述可知，周王国的分封，不论是子弟功臣还是原有方国，都有着授

---

① 金景芳：《论宗法制度》，《古史论集》，齐鲁书社，1981，第140页。
② 《诗经》毛传。
③ 王国维：《殷商制度论》，《观堂集林》卷10。
④ 参见谢维扬《中国早期国家》，第424～429页。
⑤ 《左传》昭公十五年。
⑥ 《史记》卷32《齐太公世家》。

土、授民的实质或形式，表示受封者的土地、人民得自周天子之赐。这是进入领土国家的开始。周朝以此与诸侯国建立的大小相系、上下相维的主从关系，为奠定周天子为天下共主的政治秩序打下重要基础。自然，这里的"天下"，仅指周朝势力所及地区而已。

周王国的疆域格局由王畿和封国组成。王畿在前代基础上有所改进，实行一种所谓国野制度。① 按《周礼》划分，周王直辖的王畿由"国"和"野"构成。经过"体国经野"，即对王畿格局的规划，形成乡遂制度。具体言之，王城城郭内叫"国中"；城郭以外相当距离的周围地区称"郊"或"四郊"，四郊分设"六乡"；郊以外有相当距离的地方称"野"，野设"六遂"。据《周礼·大司徒》记载的六乡组织是："令五家为比，使之相保；五比为闾，使之相受；五闾为族，使之相葬；五族为党，使之相救；五党为州，使之相赒；五州为乡，使之相宾。"此即所谓乡党组织。在这个组织中，聚族而居的血缘关系仍占重要地位。再据《周礼·遂人》记载，六遂组织是："五家为邻，五邻为里，五里为酂，五酂为鄙，五鄙为县，五县为遂。"在这个组织中，地域关系显然强于血缘关系。之所以有这种区别，是两地居民身份不同所致。居住郊内者是贵族中的中下层，称"士"，属于自由公民，是贵族统治的基础，即文献中常提到的"国人"，主要对国家提供兵役和力役；居郊外者是所谓"野人"，又被称"氓""萌"等，本指"田民""野民"，是农业劳动承担者，除负担田赋外，还须应付种种需索，属于被统治阶级。由此观之，乡遂制度比殷商属邑制度显然复杂得多。王畿的乡遂制度又被诸侯国所改造仿效。以齐国为例。据《国语·齐语》记载，齐国实行的是"叁其国而五其鄙"制度，以"定民之居，成民之事"。在"国"的范围内设二十一个乡（六个工商之乡、十五个士乡）；在五个"鄙"的范围内，以三十家为邑，十邑为卒，十卒为乡，三乡为县，十县为属，各设长官统领。其他各国大致也有类似的乡遂制度。②

在乡遂制度中，邑仍是国家结构中的基本单位，也是分封单位。不过邑有大小之别。"凡邑有宗庙先君之主曰都，无曰邑。"③ 小至十家、三十家，大到百家不等。郊外多是农村聚落之邑。

---

① 参见杨宽《西周史》第五章"西周春秋的乡遂制度和社会结构"。
② 参见杨宽《西周史》第五章。
③ 《左传》庄公二十八年。

在乡遂制度中，西周城邑的属级化，实际上体现了划地置民的原则，这点与殷商邑土无属级有很大区别。属级化城邑的划分、排列，让人对王畿的边境所在有了一个大致的判断：周王直辖区的边界，应在郊外六遂居民点"邻"或"里"地区所在。对于周天子"天下"而言，边远封国皆是其边疆；对受封的诸侯国而言，所属与邻国相近的"邑"为其边疆；对受国君分封的公子、大夫来讲，属邑之下的边鄙是其边疆。

西周时期，各封国作为周王统治势力的延伸，受控于周天子，所以有学者将其总结为实际上是武力驻防性质，其目的在于做王室的助手，以监视被征服的各族人民。① 又由于人口有限，生产力不高，地宽人稀的局面长期存在，因此周初的封国从地域上讲并不大，大致若孔子所言，"方七八十（里），如五六十（里）"。据《孟子·告子下》讲，"周公之封于鲁，为方百里也"，"太公之封于齐，亦为方百里也"。楚国"土不过同"②。晋国初封，"在河汾之东……方百里"。所以司马迁说："齐、晋、秦、楚，其在成周甚微，封或百里，或五十里。"③ 所封疆土，有些是指明的。如卫国，"封畛土略，自武父以南，及圃田之北竟（境）；取于有阎之土，以共王职；取于相土之东都，以会王之大蒐"；鲁国"封于少皞之虚"，唐国"封于夏虚"等。④ 据《周礼·地官·封人》讲："封人掌诏王之社壝，为畿封而树之。凡封国，设其社稷之壝，封其四疆，造封邑之封域者亦如之。"郑玄注："壝谓坛及堳埒也。畿上有封，若今时界也。"这说明封国原来是有"四疆"范围的。这种封疆制度，可能直接源自为明晰所有权的田地封疆制度。⑤ 封国呈据点分布，国与国之间隙地尚多，彼此并不相连，其中不仅有充斥榛莽的隙地，而且往往有戎狄蛮夷杂处其间。诸侯就封后，首先筑城立国，以为自保据点，继而将管内领土扩至近郊，再向远方拓展，逐渐形成一定规模。例如齐征东夷，秦开西戎，晋、燕向北拓展，楚向南、向北发展等。在这一过程中，统治族群与归附友族、封地所在地土著以及征服地族群经政治糅合，开始形成人地结合的新族群，于是有了后世华夏的出现。

---

① 参见赵光贤《周代社会辨析》，人民出版社，1980，第20、114~115页。
② 《左传》昭公二十三年。
③ 《史记》卷14《十二诸侯年表序》。
④ 《左传》定公四年。
⑤ 参见杨宽《西周史》，第222页。

周天子向"四土"经营对周王朝疆域的影响很大①,《左传》昭公九年记载詹桓伯对晋人讲周初的四境,称:"我自有夏以后稷,魏、骀、芮、岐、毕,吾西土也。及武王克商,薄姑、商奄,吾东土也。巴、濮、楚、邓,吾南土也。肃慎、燕亳,吾北土也。"四土经营又与分封诸侯有密切关系,因为有些封国就是在周王经营四土中建立起来的。例如周公东征,灭薄姑、践奄,建齐、鲁两国,势力进一步东渐;昭王南征虽然失败,但周王朝通过封建吕国、申国及汉阳诸姬姓,将势力推进至江汉、巴楚;穆王西征犬戎,虽开拓了若干疆土,但也激化了与西北族群的矛盾。共王灭同姓密国,自坏藩篱,招致懿王时戎狄交侵。孝王封建秦国后,真正的西土开拓是由秦人来完成的;西周对北土的经营,主要是通过封建晋、韩、邢、燕诸国来实行。西周晚期,史伯为郑桓公分析形势时提到成周时的四土,说:"王室将卑,戎狄必昌,不可偪也。当成周者,南有荆蛮、申、吕、应、邓、陈、蔡、随、唐;北有卫、燕、狄、鲜虞、潞、洛、泉、徐、蒲;西有虞、虢、晋、隗、霍、杨、魏、芮;东有齐、鲁、曹、宋、滕、薛、邹、莒。"② 这与前引詹桓伯讲的略异。显然不同时期有不同形势,四土范围随之变化是很自然的事。考虑到西周王朝对四土的经营既不是同时进行,也不是一次完成的,因此,说周王朝的边疆处于动态发展之中可能更符合实际。

西周时代,金文中出现了与"周邦"并列的"中国"一词,这也是重要的疆域概念。卜辞中无"国""或"字,这早经前人指出③,国的本意指的是有城墙围筑的防御基地,与商代的都邑相同。"中国"之"中",是与四方相对应的概念,这在商代已有表示。与东土、西土、北土、南土并列的大邑商,又作"中商",实与西周的"中国"同。"中国"初指王城(京师),后包括王畿,以后扩大至华夏诸国,成为疆域实体。与"天下"相比,"中国"的范围更具体明确。

与"中国"相对的是"天下"。除了前述的四土、四方外,金文中还有周天子有控制"万邦"权力的记载。④ 所谓"万邦",不过是当时各类地方小国的概称,与《尚书·大诰》中的"多邦"、《酒诰》中的"庶邦"同

---

① 参见杨宽《西周史》,第4章"西周王朝历代对四方的征伐和防御";周书灿:《西周王朝经营四土研究》,中州古籍出版社,2000。
② 《国语·郑语》。
③ 参见于省吾《释中国》,《中华学术论文集》,中华书局,1981。
④ 参见谢维扬《中国早期国家》,第414页。

义，也与"四方"相当。①"万邦"或"多邦"的总和便是"天下"。在周天子看来，他有权（源自天命）统治所有已知的各类人群或政治实体。当然，实际上他只能控制其中的一部分而已。至于春秋战国时期所传说的畿服制，因其过于理想，缺乏史实根据，在此可以略而不论。

综上所述，可以得出以下结论：

商王国实行内外服制度其背景是，在生产力不发达情况下，商王不能对分布于辽阔地域的各类方国实行直接统治，只能通过臣服首领、索取贡物的方式建立间接统治关系。狭义而言，王畿外缘的边邑或边鄙是其边境；广义而言，边远臣服于商王的方国，可视为商王国的边疆。

西周边疆的形成与商朝有本质不同，这主要指西周实行的封建制度而言。按封建制度，各封国的土地、人民受自周天子，其陪臣身份无可置疑，其地列为西周边疆也属当然。不过这只是在周室强大时才是事实。至周朝中晚期，周室不振，诸侯自立，进入春秋以后，周天子逐渐成为名义上的共主，"礼乐征伐自诸侯出"②。此时的诸侯国便不能算周朝的边疆，周朝边界也就唯以郊外遂人所居边邑边鄙为限了。

虽然商王国内外服疆域构成与西周分封制并不相同，但两者都有直接统治与间接统治的区别。换言之，就直辖地区边界而言，商、周两朝都较明确；相比之下，作为边疆的商之外服、周之封国，变动因素很大，具有不稳定性，这无疑是由不同的统治基础造成的。事实上，这种直接统治较稳定、间接统治不稳定的现象，以后又成为古代中国王朝疆域的特质，而两者之间的变化，正展示了疆域演变的进程。

（原载《中国边疆史地研究》2011 年第 4 期）

---

① 参见赵伯雄《周代国家形态研究》，湖南教育出版社，1990，第 17 页。
② 《论语·季氏》。

论"辽东渔猎耕牧文明板块"在中国疆域底定过程中的地位

于逢春

摘　要： 以今东北为中心的广阔地带，在近代以前呈现着渔猎耕牧交汇或兼备的四大经济形态，并与华夏、东胡、涉貊、肃慎四大族系相对应。纵而言之，中国统一多民族国家得以缔造的核心力量多次集中在这里孕育呈现：从商朝南下到"五胡乱华"、从鲜卑人在中原建立北朝到辽金两朝开拓中原，再到元、清两朝分别统一中国全部陆疆与中国整个陆海疆，大凡开局与收关的"重头戏"，都在这个舞台上登场。推究其深层原因，则与该区域塑造的经济生产方式、军政体制与文化性格息息相关，辽东历史上诸政权之统治民族正是凭借其尚武崇文的军政体制、勇于融合异族的民族政策、开放进取的文化心态，开疆拓土，统一辽东乃至最终底定中国。

关键词： 辽东渔猎耕牧文明板块　中国疆域　经济类型　军政体制　文化性格

作者简介： 于逢春，1960 年生，教育学博士，中国社会科学院中国边疆史地研究中心研究员、博士生导师。

一　引言

"中国"疆域自公元前 200 年左右匈奴冒顿单于首次统一大漠游牧区、公元前 100 年左右汉武帝首次统一农耕区到 1820 年最终底定，是一个渐进的过程。① 在该疆域没有被完全统合之前，就各地域的生产方式而言，先后出现过大漠游牧、泛中原农耕、辽东渔猎耕牧、雪域牧耕、海上等五大文明板块。在此诸板块上，各色人等曾建立过各种各样的王朝，或单于朝、汗朝、赞普朝、王国等。五大板块并不是简单的地理划分，而是着眼于其彼此不同的文化渊源、特征和发展道路，以及相互影响、最终统合为一体的内在机理。

位于大兴安岭山系以东，日本海与鄂霍次克海以西，战国秦汉长城之辽东长城、辽东故塞②，及该故塞终点至日本海西岸之咸兴一线以北，勒拿河上中游流域及外兴安岭山脉以南的广阔地带，在元末明初以前的古代中国历史上③，其东南部与中部适于粗放农业辅之以渔猎，东北部是纯渔猎者的故乡，北部是游猎者的天地，西南部与西部宜于放牧，总体呈现渔猎耕牧交汇的经济形态，我们称之为"辽东渔猎耕牧文明板块"（以下简称"辽东板块"）。

今日之东北地方在古代有多种称呼，如辽东、辽海、辽左、关东、东北、满洲等。其中"辽东"之称是春秋战国时代中原地带的人们最早用来描述今大东北地域的，直至清末仍沿用不辍。"关东"作为区域概念发端于明朝建筑山海关以后，而盛行于清代。用"东北"确指今天之东北地方，当始自民国时代，以至于今日，"关东"与"辽东"之名逐渐被淡化。在本研究中，之所以用"辽东"而舍弃"东北"之名，是基于对历史原貌的尊重。这是因为本文所界定的"辽东板块"，发轫于战国之全燕时代，初步成型于辽代，最终奠定于金代。而在当时，无论是"关东"，还是"东北"，作为一个包含着今大东北全境的名词，尚未产生。故从地理、历史与文化诸方面来看，"辽东"之名仍是今天描述东北地域的诸名称中表意较为恰当的一个。

位于该板块以南的今大凌河、辽河中下游流域，早在春秋时期，孤竹国就在此繁衍生息；在辽东半岛与大同江中下游流域，早在殷末周初，箕子就

---

① 于逢春：《论中国疆域最终奠定的时空坐标》，《中国边疆史地研究》2006 年第 1 期。
② 战国秦汉长城辽东段从今赤峰市区北，大致呈东西走向至清原县西北部。在此转而呈西北—东南走向，以障塞（称"辽东故塞"）形式经过今抚顺大伙房水库以东，穿越浑江、苏子河、太子河东南走，经宽甸县东部，穿过鸭绿江，到达朝鲜半岛清川江下游西岸之博川结束。
③ 15 世纪中叶中朝两国正式以鸭绿江、图们江为国界；17 世纪 30 年代沙俄在勒拿河中游建立勒拿堡砦（后改名为雅库茨克），开始踏上占领勒拿河流域及东西伯利亚之路。

率领殷商遗民前来披荆斩棘，定居立国。该地域更是以 "龙" 为图腾的红山文化的发祥地。经过两汉魏晋四百多年的涵化（acculturation），这一地带已成为一个汉语方言区，并以农业为主要生计手段。基于此，笔者在构建中国疆域形成的 "板块学说" 时，便将该地域纳入 "泛中原板块" 中。

至迟在战国时代中期，以燕国辽东长城与辽东故塞为界限，辽东地域大体上分布着四大族系的人群：该长城以南的滦河下游左岸以东至清川江右岸为华夏系人群；辽东长城以北与辽东故塞以东之地，由西至东分布着东胡系人群（位于大兴安岭山脉东麓及老哈河与西拉木伦河流域）、涉貊系人群（位于从东北中部之松嫩平原向南纵断吉林哈达岭山脉、龙岗山脉、狼林山脉，直至朝鲜半岛东北部迄南临海之地）、肃慎系人群（位于长白山以北滨海之地）。

在 "辽东板块" 上，东胡系人群先后建立起檀石槐部落联盟、柔然汗国、辽朝等政权；涉貊系人群先后建立起夫余、高句丽等国；肃慎系人群先后建立了渤海、金朝、清朝等。其中，高句丽、渤海及辽、金、清三朝与 "辽东版块" 的构建关系最为密切，特别是后者对中国疆域的底定更是起到了不可替代的作用。有鉴于此，本文拟以高句丽、辽朝、渤海、金朝、后金—清朝为事例，首先探讨 "辽东板块" 的地理环境及由此产生的经济类型问题，并在此基础上考察 "辽东板块" 诸政权的军政体制与民族文化性格。最后，厘清 "辽东板块" 诸政权在中国疆域底定过程中的作用。

二 "辽东板块" 的地理环境及经济类型

1. 辽东板块的地理态势与气候

"辽东板块" 东部的咸镜山地、长白山地与锡霍特山脉，沿着日本海、鞑靼海峡大体上呈南北向纵列，锡霍特山脉北部与外兴安岭相连；呈东西走向的外兴安岭西端又与大兴安岭山脉北端相接，大兴安岭略呈东北—西南走向，南端至西辽河上游。这三面环山的地理态势，使得该板块形成了一个坐北面南的圈椅形的地貌特征。其中，圈椅的后背为高达2300多米的外兴安岭，锡霍特山脉与大兴安岭有如圈椅的左右扶手，中间地带之北部为山岳地带，南部则是东西狭长的阿穆尔平原与一望无垠的东北平原。亚根佳山、小兴安岭等好像圈椅座面上没有刨平的横棱，圈椅座面的尽头是辽东半岛丘陵地带。东北平原总面积多达35万平方公里，加上与之相连的阿穆尔平原，面积多达五六十万平方公里。这种地形地貌，可以概括为中部平原地区、东部山地地区、西部草原地区和北部山岳江河地带的四大地理区域。同时，"辽东板块"由南至北，地跨北纬 40° 左右至北纬 60° 以上，分别属于暖温带、温带、亚寒带、寒带气候。与这种地理、气候特征相联系，该板块也大体分布着农渔综合经济、农猎综合经济、游牧经济与渔猎经济四大经济类型。

当然从历史上看，辽东地区的气候在不同的历史时期有很大的差异。旧石器时代早期，辽东地区为暖温带的湿润气候，适宜早期人类的生息繁衍；到了中期，气候转凉，为温带半湿润半干旱气候；到了晚期，气温持续转冷，为寒带或亚寒带湿润气候。距今 12000 年左右，气候又开始转暖，直到距今约 5000 年，依然比较暖和。这为"辽东板块"早期的经济生产生活提供了必要的自然条件。从距今 7300 年的沈阳新乐下层文化遗址来看，当时的人们业已定居，以谷物为主要食物来源，家畜饲养业也有了一定的发展，但渔猎业在当时仍应该是经济生活来源之一。① 辽东地区东部距今约 6000 年的新开流文化，则是一个典型的渔猎混合经济类型的文化。② 实际上，数千年来，辽东东部地区始终是渔猎活动的大本营。直到 20 世纪五六十年代，乌苏里江下游的赫哲族人，仍以捕鱼与狩猎为主要生产方式。而主要分布于西拉木伦河以北的大兴安岭南端、距今约 5300 年的富河文化，应属于农牧与渔猎并举的综合性经济类型。③

从约 2500 年前至今，辽东之地依次为亚寒带、温带、暖温带气候。从先秦至清末，辽东地区的气候大体上出现四次温暖期与寒冷期交替的变化时段：（1）先商至周初—周初至春秋；（2）战国至西汉中叶—西汉中叶至隋末；（3）唐初至唐末—五代至宋末；（4）元朝初期—元初至清末。而辽东地区民族的南北迁徙也与上述温暖期和寒冷期的交替变化密切相关。从先商到清初，辽东地区的民族先后有 6 次大规模南下。它们分别是商族（夏代）、鲜卑族（4 世纪）、契丹族（10 世纪）、女真族（12 世纪）、蒙古族（13 世纪）、满洲族（17 世纪中叶）。饶有趣味的是，每当该板块的各类政权入主中原之后，马上就大规模移民中原，他们的故乡逐渐荒芜，成为孕育下一个渔猎耕牧民族重新崛起的摇篮。

---

① 沈阳市文管办：《沈阳新乐遗址第二次发掘报告》，《考古学报》1985 年第 2 期。
② 黑龙江省文物队：《密山县新开流遗址》，《考古学报》1973 年第 4 期。
③ 中国科学院考古研究所内蒙古工作队：《内蒙古巴林左旗富河沟门遗址发掘简报》，《考古》1964 年 1 期。

2. 辽东历史上诸政权的基本经济类型

(1) 高句丽的基本经济类型

高句丽的初期疆域，无论是公元前37年建国于纥升骨城（今辽宁桓仁县城北部），还是公元3年迁都于国内城（今吉林集安市区），均在长白山脉与江南山脉等高山密林、鸭绿江与浑江等大川溪流之中。故"无良田，虽力佃作，不足以实口腹"，进而产生了"其俗节食"的传统①。

但这种温和湿润的自然环境，特别是人口稀少的社会条件，为高句丽开展渔猎经济提供了生生不息的动植物链条。关于渔猎在高句丽社会经济中的地位，无论是文献，还是考古发掘，都有非常充分的描述与证明。首先，高句丽从国王到庶民都非常重视渔猎生活与生产。关于渔捞事业，类似于太祖大王"七年夏四月，王如孤岸渊观鱼，钓得赤翅白鱼"等记载②，比比皆是。下层社会更要负担上流社会的粮谷与鱼肉的供应，所谓"国中大家不佃作，坐食者万余口，下户远担米粮鱼盐供给之"③，即指此。这些记载被今日之考古发掘一一印证。1984年集安高句丽墓葬发掘中，JYM 3283古墓出土了铁鱼钩41件，陶网坠250多件，其中完整的有167件，数量惊人。④从中也可以看出渔捞事业在高句丽社会中的地位。这种情形在高句丽壁画中也有反映，如三室墓藻井玄武图右侧绘有鹤鸟啄鱼形象，惟妙惟肖。⑤ 关于狩猎，相关记载更是俯首即拾，如太祖大王"十年秋八月，东猎得白鹿"；"五十六年秋九月，王猎质山阳，获紫獐"⑥；另一位国王"位宫有力勇，便鞍马，善猎射"⑦。现已发现的集安高句丽古墓壁画可谓墓主人生前生活与信仰的真实再现。根据耿铁华的研究，绘有各种各样、丰富多彩的狩猎图的壁画墓占目前集安已发现壁画墓的40%左右，充分反映了狩猎在高句丽人生活中不可替代的地位。⑧

高句丽建国后不久，手工业从农业、渔猎业生产中分离出来，并与之鼎

---

① 陈寿：《三国志》卷30《高句丽传》，中华书局，1959，第843、845页。
② 金富轼：《三国史记》卷15《高句丽本纪第三·太祖王》"七年"条、"八年"条与"五十六年"条，韩国首尔大学奎章阁藏本。
③ 陈寿：《三国志》卷30《高句丽传》，中华书局，1959，第843、845页。
④ 这批文物藏于吉林省集安市博物馆。
⑤ 耿铁华：《高句丽壁画中的社会经济》，《北方文物》1986年第3期。
⑥ 金富轼：《三国史记》卷15《高句丽本纪第三·太祖王》"七年"条、"八年"条与"五十六年"条，韩国首尔大学奎章阁藏本。
⑦ 陈寿：《三国志》卷30《高句丽传》，中华书局，1959，第843、845页。
⑧ 耿铁华：《高句丽壁画中的社会经济》，《北方文物》1986年第3期。

足而立。手工业者与其他城市居民一起，被称之为"城民"，而有别于从事农业、渔猎业的"谷民"①。社会分工的细致化，必然促进了生产品的精良化。其手工业最值得骄傲的是筑城业，还有自己的冶金和金属制造业，特别是金器制造和鎏金工艺，在同时代的北方诸国中名列前茅。耿铁华认为高句丽依据自然条件而发展生产，繁荣经济，"初步形成了农业、渔猎经济并重，手工业进步的社会经济结构"②。

（2）渤海的基本经济类型

据《新唐书·渤海传》载：渤海国"俗所贵者，曰太白山之菟，南海之昆布，栅城之豉，扶余之鹿，郏颉之豕，率宾之马，显州之布，沃州之绵，龙州之绸，位城之铁，庐城之稻，湄沱湖之鲫"③。其中，与农业有关的则为豉、豕、马、稻等，凸显出渤海人具有比较发达的农业，《新唐书》称渤海"有车马，田耦以耕，车则步推，有粟、麦"④，实际上，渤海人在粟、麦之外，还种植麻、黍、稷，以及水稻、高粱、豆类等。根据考古发掘，辽东地区早在高句丽时代就已将铁器用于农业，即便相对落后的今三江平原一带也已进入了早期铁器时代。渤海遗址中发现了不少铁镰、铁铲、铁锸、铁锹等，在当时是相当先进的耕耘与收割工具。⑤

而上文所提渤海名产中的菟、昆布、鹿、鲫等，则和渔捞、狩猎与采集山货、撷取海产品密切相关，《隋书》称渤海人"皆射猎为业，角弓长三尺，箭长尺有二寸。常以七八月造毒药，傅矢以射禽兽，中者立死"⑥。上文所提渤海名产中的布、绵、绸、铁等，则与渤海的手工业发达程度相关。⑦渤海的锻工已掌握生铁铸造、锻造等一系列的工艺工序，其铁匠已有很细的专业划分。⑧渤海人在建筑方面，运用很高的技术兴建了规模宏大的五京、十五府、六十二州及上百个城池。渤海先民们早就掌握了大型船舶制

---

① 在集安市发现的冉牟墓之墨书题记中有"城民谷民并馈前王恩育如此"之记载。
② 耿铁华：《高句丽壁画中的社会经济》，《北方文物》1986年第3期。
③ 欧阳修：《新唐书》卷219《渤海传》，中华书局，1975，第6183页。
④ 欧阳修：《新唐书》卷219《黑水靺鞨传》，中华书局，1975，第6178页。
⑤ А. И. 克鲁沙诺夫主编《苏联远东史——从远古到17世纪》，成于众译，哈尔滨出版社，1993，第243页。
⑥ 魏征等：《隋书》卷81《靺鞨传》，中华书局，1973，第1821～1822页。
⑦ 魏国忠：《渤海国史》，中国社会科学出版社，2006，第364～387页。
⑧ В. Д. 列尼科夫著《渤海人的黑色金属冶炼业和加工业》，王德厚译，《东北亚考古资料译文集》（渤海专号），《北方文物》杂志社，1998，第145～146页。

造及其航海技术。① 如靺鞨人早在 7 世纪前期便开辟了鄂霍次克海航线,乘海船至流鬼人所在的今堪察加半岛一带进行"货易,陈国家之盛业"②。渤海人至迟于 8 世纪末开通了日本海航线,使得该海域"商贾之辈,漂宕海中,必扬火光,赖之得全者,不可胜数"③。另外,渤海与唐朝登州之间也进行直接的海上贸易。

(3)契丹人的基本经济类型

公元 10 世纪初契丹人建立辽朝时,以老哈河与西拉木伦河为中心的西辽河流域已经成为游牧—渔猎民族的天下。"契丹旧俗,其富以马,其强以兵";"马逐水草,人仰湩酪,挽强射生,以给日用,糗粮刍荛,道在是矣"④。《辽史》说得更清楚:"大漠之间,多寒多风,畜牧畋渔以食,皮毛以衣,转徙随时,车马为家。"⑤ 这里的"挽强射生""畋渔"即狩猎和渔猎。对于生活于森林草原地带的游牧民族而言,渔猎业与畜牧业经常具有同样重要的地位,契丹人更是如此,故《辽史》称:"朔漠以畜牧射猎为业,犹汉人之劭农,生生之资于是乎出。自辽有国,建立五京,置南北院,控制诸夏,而游畋之习,尚因其旧。"⑥ 这种情况在北宋出使辽朝的使臣笔下,也比比皆是。姜夔的《契丹风土歌》是这样描述此事的:"契丹家住云沙中,耆车如水马若龙。春来草色一万里,芍药牡丹相间红。大胡牵车小胡舞,弹胡琵琶调胡女。一春浪荡不归家,自有穹庐障风雨。平沙软草天鹅肥,胡儿千骑晓打围。阜旗低昂围渐急,惊作关角凌空飞。海东健鹘健如许,韝上风生看一举。万里追奔未可知,划见纷纷落毛羽。平章俊味天下无,年年海上驱群胡。一鹅先得金百两,天使走送贤王庐。天鹅之飞铁为翼,射生小儿空看得。腹中惊怪有新姜,元是江南经宿食。"⑦ 苏东坡的《虏帐》诗也有类似的描述:"虏帐冬住沙陀中,索羊织苇称行宫。从官星散依冢草,毡庐窝室欺霜风。春粱煮雪安得饱?击兔射鹿夸强

---

① 藤原良房等编《续日本後纪》卷 18,嘉祥元年五月十二日,黑板胜美编辑《国史大系》第 3 卷,东京:吉川弘文馆,2000。

② 杜佑:《通典》卷 200《边防十六·流鬼》,王文锦等点校本,中华书局,1982,第 1078 页。

③ 藤原绪嗣等编《日本後纪》卷 8,延历十八年五月十三日,黑板胜美编辑《国史大系》第 3 卷,东京:吉川弘文馆,2000。

④ 脱脱等:《辽史》卷 59《食货志上》,中华书局,1974,第 923 页。

⑤ 脱脱等:《辽史》卷 32《营卫志中》,中华书局,1974,第 373 页。

⑥ 脱脱等:《辽史》卷 68《游幸表》,中华书局,1974,第 1037 页。

⑦ 姜夔:《白石道人诗集》卷上《七言古诗·契丹歌》,清光绪十年娱园丛刻本。

雄。……礼成即日卷房帐，钓鱼射鹅沧海东。秋山即罢复来此，往返岁岁如旋蓬。弯弓射猎本天性，拱手朝会愁心胸。"① 辽朝建国后，辽廷曾从中原与渤海迁移了数十万农民到西辽河流域开荒种田，以补充游牧与渔猎之不足，使许多草原变成田园，农业得到了一定的发展，但在长城以北，农业在辽朝社会经济结构中所占比重始终不大。韩茂莉据此认为："辽赖以存在的根本是草原，而不是农田，尽管拥有大片汉地和众多汉民，但这仅是统治中心的附属部分，汉地的农业经济始终无法完全取代草原游牧经济。"②

（4）女真人的基本经济类型

女真人完颜部崛起的"辽东板块"中部，早就有农耕经济。新乐文化、西团山文化③以及后来的挹娄、夫余国④都以农耕经济为主。生女真完颜部起初生活在仆斡水（今牡丹江）一带，"无室庐，负山水坎地，梁木其上，覆以土，夏则出随水草以居，冬则入处其中，迁徙不常"。大约10世纪初左右，"献祖乃徙居海古水，耕垦树艺，始筑室，有栋宇之制"，"自此遂定居于安出虎水之侧矣"⑤。该处"土多林木，田宜麻谷，以耕凿为业，不事蚕桑"⑥，因定居于松花江中游流域肥沃的土地，完颜部的社会经济得到了一定的发展。金初，宋朝使节许亢宗出使金朝，在金上京看到了类似的情景："至馆，馆唯茅舍数十余间，墙壁全密，堂室如帘幕，寝榻皆土床，铺厚毡褥及锦绣、貂鼠被，大枕头等"；"次日，馆伴使副同行。马可六七里，一望平原旷野，间有居民数十百家，星罗棋布，分蹂错杂，不成伦次，更无城郭里巷，率皆背阴向阳，便于牧放，自在散居。"⑦ 《大金国志》卷39

---

① 苏辙：《栾城集》卷16，曾枣庄等校点本，上海古籍出版社，1987，第399页。
② 韩茂莉：《草原与田园——辽金时期西辽河流域农牧业与环境》，三联书店，2006，第87页。
③ 西团山文化大致存在于周初至秦末，分布在东起张广才岭，西至伊通河中游，南起辉发河、伊通河上游，北止拉林河的广阔地带。见刘景文《西团山文化经济形态初探》，《黑龙江文物丛刊》1983年第1期。
④ 《后汉书·东夷传》载曰：夫余国"于东夷之域，最为平敞，土宜五谷"；"挹娄，古肃慎之国也。在夫余东北千余里……有五谷、麻布"。见范晔《后汉书》卷85《东夷传》，中华书局，1965，第2811、2812页。
⑤ 脱脱等：《金史》卷1《世纪》，中华书局，1975，第3页。
⑥ 徐梦莘：《三朝北盟会编》卷3《政宣上》帙三，清光绪三十四年许涵度校勘本。
⑦ 许亢宗：《宣和乙巳奉使行程录》，徐梦莘《三朝北盟会编》卷20引，清光绪三十四年许涵度校勘本。

《初兴风土》也有类似记载："其居多依山谷，联木为栅，或覆以板与桦皮如墙壁，亦以木为之。冬极寒，屋才高数尺，独开东南一扉。扉既掩，复以草绸缪之。穿土为床，煴火其下，而寝食起居其上。"① 农业和手工业虽然有相应的发展，但渔猎业在生产中仍占据着重要地位。《大金国志》卷39《初兴风土》记载："善骑射，喜耕种，好渔猎，每见野兽之踪躔而求之，能得其潜伏之所，又以桦皮为角，吹呦呦之声，呼麋鹿而射之。"② 此处"好渔猎"说明渔猎在其经济生活中仍占有主要地位。与此同时，畜牧业、手工业与采集业在女真人社会经济中也占有一定的地位："土产名马、生金、大珠、人参及蜜蜡、细布、松实、白附子。"③《契丹国志》也说生女真"居民自意相率赍以金、帛、布、黄蜡、天南星、人参、白附子、松子、蜜等物，入贡北番。或只于边上买卖，讫却归国"④。特别是名马，在辽朝中后期以降，作为女真人进贡给辽廷的贡品及其与后者互市交易的商品，越来越重要，数量也多得惊人。⑤ 与北宋、辽朝之间长时期的马匹贸易，不但加速了女真人经济的发展，也大大增强了女真人的军事实力与作战的机动性，这是女真人倏然兴起的关键所在。

（5）建州女真——满洲人的基本经济类型

满洲人在入主中原以前，就已经有比较发达的农耕文明。他们集中居住在筑有城墙的城镇、设有防御工事的堡寨和村庄之中，"无墅不垦，至于山上，亦多开垦"，且"土地肥饶，禾谷甚茂，旱田诸种，无不有之"，以至于"屋居耕食，不专射猎"⑥。这对他们汲取与农耕文明密切相连的汉文化，提供了心理与现实的保障。

伴随着农业的发展，女真人已能"炒铁，开金银矿"⑦，且能养蚕以织绸缎，种棉以织布帛⑧。但采集—渔猎业在女真人社会中仍然占有重要地

---

① 宇文懋昭：《大金国志》卷39《初兴风土》，崔文印校点本，中华书局，1986，第551页。
② 宇文懋昭：《大金国志》卷39《初兴风土》，崔文印校点本，中华书局，1986，第551页。
③ 徐梦莘：《三朝北盟会编》卷3《政宣上》帙三，清光绪三十四年许涵度校勘本。
④ 叶隆礼：《契丹国志》卷22《州县载记》"四至邻国地理远近"条，承恩堂藏版乾隆癸丑刻本。
⑤ 史载，辽圣宗统和二十八年十月，女真曾进献给辽朝良马万匹，见脱脱等《辽史》卷15《圣宗六》，统和二十八年冬十月丙午朔，中华书局，1974，第168页。
⑥ 方孔炤辑《全边略记》卷10《辽东略》，崇祯刻本；严从178简：《殊域周咨录》卷24《女真》，徐思黎点校，中华书局，1993，第742页。
⑦ 《满洲实录》卷3《王格张格来贡》，据旧抄本重印本，1934，第52页。
⑧ 李燕光等：《重译满文老档》太祖朝，第一分册，辽宁大学历史系刊印，1978，第37页。

位。与女真人武功相伴而生的行猎，法令严禁，进退有序，所获亦多。其畜牧业亦较发达，"六畜惟马最盛，将胡之家千百为群，卒胡家亦不下十数匹"①。

总体上明代建州女真人的经济形态是农耕、渔猎、采集三业一体，缺一不可，但值得注意的是，农业虽然日益重要，并不占主导地位。这从当时的明朝人与朝鲜人的记载中可以看得很清楚。如处于建州女真核心地区的婆猪江流域女真人，在明正统三年的状况是"虽好山猎，率皆鲜食，且有田业以资其生"②。过了半个世纪后，这种状况仍然延续着。临近该地域的朝鲜官员证实说："野人以野兽为生，农业乃其余事。"③ 至于采集，时人记载说：建州女真"独擅人参、松子、海珠、貂皮之利，日益富强，威制群雄"④。

三 "辽东板块"诸政权的军政体制

与上述"辽东板块"上的四大经济类型相联系的是涉貊、肃慎、东胡、华夏四大族系，以及由此诸人群创造出来的各种国家政权。在此拟就诞生于该板块的各种政权的军政体制予以简单剖析，以解析其经常崛起、纷纷走上主宰古代中国历史的大舞台的深层机理。

1. 高句丽人的五部与国人集团

公元前37年，夫余人朱蒙凭借数量有限的亡命部属，通过融合当地数量不多的涉貊族系人群，建立了自治政权，直至700多年后亡于唐朝。高句丽借一小国之力，四面出击，进退有据，不但南下占领了汉魏的玄菟、辽东、乐浪、带方等四郡，北上击败了夫余国，而且屡败新罗、百济等王国，甚至与隋唐王朝相颉颃了70余年。那么，朱蒙集团及其后继者们取得偌大成果的内在动力与力量源泉究竟来自何处呢？

首先是五部及其以此为基础所组成的武士集团。《三国志·高句丽传》称"有涓奴部、绝奴部、顺奴部、灌奴部、桂娄部"。至于五部人员的地

---

① 辽宁大学历史系编《建州闻见录校释》，原著李民寏，《清初史料丛刊》第九种，辽宁大学历史系，1978，第43页。
② 《李朝世宗实录》卷77，世宗十九年六月己巳。
③ 《李朝世宗实录》卷77，世宗十九年六月己巳。
④ 彭孙贻：《山中闻见录》卷2《建州》，潘喆等编《清入关前史料选辑》第三辑，中国人民大学出版社，1991，第9页。

位，雍公叡注《翰苑》说："皆贵人之族。"① 如此说来，五部既不应是高句丽的全民性的组织，也不仅仅是单纯的地缘组织。由于实施军事民主制，故五部的军事首长拥有很大的权力，对高句丽王本身及王位继承，均有约束权与选举权，这为后来高句丽王大都精明能干密切相关。南北朝以后，五部的内部结构与外在形式也发生了变化，五部渐渐与国土相对应，成为地域的、行政区划的概念。五部首长渐次成为一方的首领，即耨萨，其所在的中心大城演变成五方的中枢之地，这对于最大限度地调动区域内人力与物力资源，打下了坚实的基础。五部不但与后来渤海、辽、金所实行的五京制有一定的关系，与渤海之首领制、女真之猛安谋克制、满洲之八旗制均有关联。"贵人"又称"国人"或"大家"，是高句丽所依赖的核心力量，是专门从事军事征战的武士集团。雍公叡所说的"国中大家不佃作，坐食者万余口"的"大家"②，就是指这些人。当然，这些国人不仅是专业武士，而且拥有很高的政治地位，可以参与国事，闵中王就是由"国人推戴以立之"③。

这万余国人是高句丽国的核心武装力量，应该是作为各部或国家军队的各级统领者，负责指挥军队行军打仗，而不是高句丽军队的总数。其数量虽少，但屡屡战胜由农夫组成的中原王朝或割据王朝兵团，习于农耕的新罗与百济军队更不是其对手。之所以如此，是因为高句丽国初期的核心地域位于龙岗山与老岭山之中，"无良田，虽力佃作，不足以实口腹"④，故不得不以渔猎经济与生计性劫掠作为其生活与生存的重要补充形式。渔猎生活锤炼了高句丽人翻山越岭、团队合作、身手矫健、擅长骑射的本领；作为生计补充的手段，其劫掠之风长时间存在，从而使其具有舍生忘死、英勇斗狠的精神⑤；加之"国人"生来便以武艺立命，以战斗为职业，最后形成了"国人有气力，习战斗"的传统。⑥

---

① 张楚金：《翰苑·蕃夷部·高丽》，雍公叡注，金毓黻主编《辽海丛书》第4册，辽沈书社，1985，第2518页。

② 张楚金：《翰苑·蕃夷部·高丽》，雍公叡注，金毓黻主编《辽海丛书》第4册，辽沈书社，1985，第2518页。

③ 金富轼：《三国史记》，孙文范等校勘本，吉林文史出版社，2003，第187页。

④ 陈寿：《三国志》卷30《高句丽传》，中华书局，1959，第843、844页。

⑤ 据《三国史记》卷14记载，即使到了其第三代王大武神王统治时期，仇都、逸苟、焚求等三位沸流部长还"夺人妻妾、牛马、财货，恣其所欲，有不与者即鞭之"。见金富轼《三国史记》卷14《高句丽本纪·大武神王》，孙文范等校勘，吉林文史出版社，2003，第185~186页。

⑥ 陈寿：《三国志》卷30《高句丽传》，中华书局，1959，第843、844页。

2. 渤海人的"五京制"与首领制

697年，大祚荣聚合了四散亡命的靺鞨之众，以一旅逃亡之师于辽东森林地带立国。盛时，渤海形成了一支由10万人组成，勇猛顽强、体格健壮、装备精良的攻坚兵团，并依靠他们同盛唐在海上较量，在陆上亦屡败对手新罗，攻城略地，最终成为"地方五千里"的海东盛国。① 渤海的军事能力源于武器的精良与军人的优秀。首先，渤海人的弓矢、战马、战舰等武器在当时具有良好的声誉。其次，渤海国军人体健可以搏虎，骑射技艺亦为后人所称道。其骑射技艺来自于其渔猎、狩猎及采集等重要生计来源方式。② 靺鞨人"常以七八月造毒药，缚矢以射禽兽"③，并能猎杀虎、熊类、野猪等大型凶猛动物，有"三人当一虎"之谚④，甚至渤海人的舞蹈也始终保持着靺鞨人传统的"曲折多战斗之容"⑤。

渤海国的社会动员能力与国家基干力量分别来自于五京制与首领制。五京及府、州、县之设，主要为了统治非靺鞨人，该制既充分考虑到对内政治安定、经济发展的问题，又考量了对外攻守进退的战略因素，更希冀通过网状交通线，将其作为聚集与动员全国力量的手段。对于国家的基干力量——靺鞨人，则实施首领制。关于此制，日本史料记载说："其百姓靺鞨多，士人少，皆以士人为村长。大村曰都督，次曰刺史。其下百姓皆曰首领。"⑥ 金毓黻先生认为："首领为庶民之长，亦庶官之通称也。""百姓有别于庶民，金代猛安谋克之制，即以军制部勒百姓而为之长。渤海之首领制，即猛安谋克之制之所出也。"⑦ 这些百姓系渤海国中坚力量，而由农民、手工业者和其他劳动者构成的"编户"，以及部曲、奴婢等，则承担纳税和徭役的义务。

3. 女真人的"猛安谋克制"

引导金朝由弱到强、从胜利走向胜利的是其独具特色的集军事、行政、

① 欧阳修：《新唐书》卷219《渤海传》，中华书局，1975，第6180页。
② 3. B. 沙弗库诺夫等：《渤海国及其俄罗斯远东部落》，宋玉彬译，东北师范大学出版社，1997，第119页。
③ 魏征等：《隋书》卷81《靺鞨传》，中华书局，1973，第1821页。
④ 洪皓：《松漠纪闻》，照旷阁本，七帙左。
⑤ 魏征等：《隋书》卷81《靺鞨传》，中华书局，1973，第1822页。
⑥ 管原道真编《類聚國史》卷193《殊俗·渤海上》，《國史大係》本，東京：經濟雜誌社，大正5年（1916），第1272页。《類聚國史》在传抄过程中，有的版本也将"士人少"中的"士"误写作"土"的，这显然是违常识的误写。
⑦ 金毓黻：《渤海国志三种》之《渤海国志长编》卷15《杂职·首领》，天津古籍出版社，1992，第499页。

生产为一体的"猛安谋克制"。猛安谋克制又与其骑射与围猎习俗密切相关。

关于骑射,《三朝北盟会编》卷244"用师"条记载曰:

> 虏人用兵专尚骑……骑不以多寡,约五十骑为一队,相去百步,而行居常以两骑自随。战骑则闲牵之,待敌而后用。又有一贴军曰阿里喜,如遇正军病,即以贴军代行。至兵都官曰天下兵马大元帅,次曰左副元帅,右副元帅,左帅,左翊都统,又其次曰随军万户,每一万户所辖十千户,一千户辖十谋客,一谋客辖两蒲辇。自万户至蒲辇,阶级虽设,寻常饮酒食略不闲别,与兄弟父子等,所以上下情通无阂塞之患,每有事未决者,会集而议之,自下而上各陈其策,如有可采者,不择人而用之。其临大敌也,必以步军当先,精骑两翼之或进或退,见可而前,弓矢亦不妄发,虏流有言曰:不能打一百余个回合。何以谓马军,盖骑先贵冲突而已,遇败亦不散去,则逐队徐徐而退,弓力止七斗,箭极长,刀剑亦不取其快,利甲止半身护膝微存,马甲亦甚轻。[①]

关于围猎,《三朝北盟会编》卷244"田猎"条记载曰:

> 虏人无他技,所喜者莫过田猎。……每猎则以随驾之军密布四围,名曰围场。待狐兔猪鹿散走于围中,虏主必射之,或以雕鹰击之。次及亲王、近臣出围者,许人捕之,饮食阴处。而进或以亲王、近臣共食,遇夜则或宿于州县,或宿于郊外无定。亮以子光英年十二获獐,取而告太庙,衰立尤甚有三事令臣下谏,曰饭僧曰作乐曰围场,其重田猎也如此。[②]

关于女真人的军事力量,《金史》卷25《兵志》说:

> 金兴,用兵如神,战胜攻取,无敌当世,曾未十年遂定大业。原其成功之速,俗本鸷劲,人多沉雄,兄弟子姓才皆良将,部落保伍技皆锐

---

① 徐梦莘:《三朝北盟会编》卷244《炎兴下》,帙144,"用师"条,清光绪三十四年许涵度校勘本。

② 徐梦莘:《三朝北盟会编》卷244《炎兴下》,帙144,"田猎"条,清光绪三十四年许涵度校勘本。

兵。加之地狭产薄，无事苦耕可给衣食，有事苦战可致俘获，劳其筋骨以能寒暑，征发调遣事同一家。是故将勇而志一，兵精而力齐，一旦奋起，变弱为强，以寡制众，用是道也。及其得志中国，自顾其宗族国人尚少，乃割土地、崇位号以假汉人，使为之效力而守之。猛安谋克杂厕汉地，听与契丹、汉人昏因（婚姻）以相固结。迫夫国势浸盛，则归土地、削位号，罢辽东渤海、汉人之袭猛安谋克者，渐以兵柄归其内族。①

关于女真人骑射之威力，以《三朝北盟会编》卷36"靖康元年九月"的记载特别典型：

> 和议已定，金人遣十七骑持文字报其国中，经由磁州。李侃以身为兵官，且承掩杀之旨，（中略）乃率禁军民兵二千往击之。与十七骑相遇，金人曰：不须用兵，今城下已讲和矣。我乃被太子郎君差往国中干事。侃不信，欲与之战。十七骑者分为三，以七骑居前，各分五骑为左右翼，而稍近后。前七骑驰进，官军少却，左右翼乘势掩之。且驰且射，官军奔乱，死者几半。②

对此，《三朝北盟会编》作者徐梦莘在该书中为事件确立的标题倒是一语中的："河北路兵马钤辖李侃以兵二千与金人十七骑战，败绩。"③ 女真人铁骑以一当百之实力，跃然纸上。

4. 满洲人的"八旗制"

奠定人寡兵少的满洲人入主中原、最终统一中国陆疆与海疆的是其八旗制度。该制度起源于女真族的牛录制，这是一种生产和军事合一的社会组织。女真人狩猎或征战，按家族村屯依据壮丁比例派人并自带武器。每十人为一牛录，其首领称牛录额真（佐领）。明万历二十九年（1601），努尔哈赤对牛录制进行了改造，在此基础上建立了黄、红、白、蓝四旗。嗣后，狩

---

① 脱脱等：《金史》卷44《兵志》，中华书局，1975，第991页。
② 徐梦莘：《三朝北盟会编》卷36《靖康中》，帙11，"河北路兵马钤辖李侃以兵二千与金人十七骑战败绩"条，清光绪三十四年许涵度校勘本。
③ 徐梦莘：《三朝北盟会编》卷36《靖康中》，帙11，"河北路兵马钤辖李侃以兵二千与金人十七骑战败绩"条，清光绪三十四年许涵度校勘本。

猎或征战以旗色加以引领并区分不同人群。万历四十三年（1615）又增添了镶黄、镶红、镶白、镶蓝四旗，合计八旗。各旗的组织是：每300人设一牛录额真，五个牛录设一甲喇额真（参领），五个甲喇设一固山额真（都统）。每个固山一般有25个牛录，共计7500人左右。固山即汉语"旗"之义，旗主由努尔哈赤的子侄担任。八旗的最高统帅则为"汗"。汗与各旗旗主都有精锐的巴牙喇（卫队）。清太宗时，又仿照满洲八旗体制添设了蒙古八旗和汉军八旗。该制度的典型特征是兵民合一，全民皆兵，以旗统人，合军事、行政和生产等多方面职能于一体。正如清太宗皇太极所说："我国出则为兵，入则为民，耕战二事，未尝偏废。"① 八旗设立之初，旗丁平时从事狩猎或农耕生产，战时则披甲从征，并自备武器粮草。八旗按旗色定旗籍，旗丁大体上三年编审一次，分正户、另户、另记档案及旗下家人等。定鼎燕京后，旗丁成为职业军人，不再从事生产劳动，并与绿营共同构成清朝赖以统治全国的军事力量。

四 "辽东板块"上诸政权与中国疆域的形成与底定

这一部分是本文的重点，实际上包括"辽东板块"的逐渐成形、辽东诸政权在中国疆域底定中的作用两部分内容，下面分别予以阐发。

1. "辽东板块"的逐渐成形

"辽东板块"的形成也是一个渐进的过程，夫余国诞生于该板块内部，虽然还处于国家的初级阶段，但却为其他政权统合该区域打下了基础；高句丽崛起于该板块东南缘而向北拓展空间；渤海则在高句丽的基础上继续北进；辽朝则借灭亡渤海之余威，第一次统合了该板块；金朝、清朝自觉不自觉地分别担负起再次统合、在沙俄到来之前巩固该板块的责任。

（1）卵生鸭绿：高句丽崛起于"辽东故塞"之外

西汉建昭二年（公元前37），从今吉林中北部与黑龙江南部一带逃亡到汉朝玄菟郡高句丽县（今新宾、桓仁、清原县）境内的夫余人朱蒙，以其随行的夫余部人员为核心，联合其他部族人群，在纥升骨城（今桓仁县城北部）建立了一个部族自治政权。耐人寻味的是，此地恰好也是1600年后的满洲人发祥之地。该政权初期依附于高句丽县，并接受其管

---

① 《清太宗实录》卷7，天聪四年五月壬辰。

理，但后来渐渐自立，变成割据政权。该政权鼎盛时期，其疆域之西南毗邻黄、渤海交汇处；东南穿越今朝鲜半岛之大同江流域，逾越龙兴江流域，抵达汉江北岸；东临日本海；西界辽河东岸；北部达到今俄罗斯海参崴，中国图们、临江、磐石、长春、松源，至松花江与嫩江汇合处一线以南之地。

高句丽疆域虽然僻处"辽东板块"东部偏南，但为后来的渤海国进一步扩大统治范围打下了基础。

（2）海东盛国：渤海进一步扩大"辽东板块"

唐万岁通天二年（697），靺鞨人大祚荣率领以粟末靺鞨人为主体的移民队伍从其移居地营州（今朝阳市）出逃，摆脱唐军追击之后，"东保桂娄之故地，据东牟山，筑城以居之"①。此东牟山在今吉林省敦化市附近，为靺鞨人故地。翌年，大祚荣在此建立靺鞨国。唐先天二年（713），改称渤海。② 全盛时，其疆域南界至泥河（今朝鲜龙兴江）一线及溟水（今朝鲜大同江）中游一带，与新罗为邻；北界到那河（今东流松花江及黑龙江中游段）一带，分别与南室韦及北黑水靺鞨诸部接壤；东至日本海，尽有今俄罗斯的南滨海地区；西北至今吉林省农安、梨树、昌图一带与契丹地相连；西南方面则达到辽河东岸。③

与高句丽领域相较，渤海国在今朝鲜半岛与辽东半岛的领域大幅度地北退，西北疆域大体上维持在辽河东岸，向北则推进到今黑龙江南岸，掩有松花江流域大部与整个乌苏里江流域，为辽朝统合整个"辽东板块"奠定了局部的基础。

（3）风起松漠：契丹人首次统合"辽东板块"

辽神册元年（916），契丹族首领耶律阿保机以临潢（今巴林左旗林东镇）为都城立国，国号契丹，后改称辽。在此之前，"辽东板块"始终处于分割状态，辽朝首次予以统合，其疆界的西北部起自今勒拿河中上游之斯塔诺夫高原东北部与外兴安岭西端以北的交界之处，由此沿着外兴安岭一直东行到鄂霍次克海，越海便是库页岛北端；东北部及东部疆界则沿着靺鞨海峡南下，沿日本海西岸南行，直达今咸兴湾西岸之高

---

① 刘昫等：《旧唐书》卷 199 下《渤海靺鞨传》，中华书局，1975，第 5360 页。
② 欧阳修：《新唐书》卷 219《渤海传》，中华书局，1975，第 6180 页。
③ 魏国忠：《渤海国史》，中国社会科学出版社，2006，第 182 页。

丽千里长城①东端的都连浦（今广浦）；南部疆界则沿着高丽千里长城横过朝鲜半岛中部，在保州（今朝鲜义州）到达鸭绿江左岸，在此南行过鸭绿江口，沿着黄海北岸西南行到达旅顺口外老铁山角。由此越过渤海在今山海关附近上岸，西北行至今宁城县，在此北上穿过老哈河、西拉木伦河上游，顺着大兴安岭北上，越过黑龙江，沿着今俄国阿穆尔州与赤塔州交界处北上到外兴安岭西端以北。"辽东板块"的统合，为后来的金朝迅速崛起并瞬间灭辽勘宋、拓疆至淮河流域预留了经济基础、人力资源与效仿样板。

（4）龙飞金源：女真人再次巩固"辽东板块"

12 世纪初期，渔猎耕牧于松花江南岸支流——阿什河领域的女真完颜部首领阿骨打起兵抗辽。嗣后，仅用 10 多年时间便消灭了辽、北宋王朝，把领土远远地拓展到淮河流域。

金廷在辽东地区则设立上京路、咸平路、东京路和北京路以统辖该地。至于其四至，张博泉等认为其西北部、北部、东部与辽朝大致相同，东南与东北则有所不同。② 在东南部，因金朝将保州一带赐给高丽，双方以鸭绿江下游入海地段为界。其余的疆界与辽朝相比没有太大变化，金丽之间仍以高丽北部千里长城一线为界，以北归属金朝，以南归属高丽。在东北部，"金之壤地封疆，东极吉里迷、兀的改诸野人之境"③，其疆界当在黑龙江下游、乌第河流域，东及库页岛一带。此外，在西北部，根据《三朝北盟会编》卷 9《燕云奉使录》之记录，蒙古和阻卜诸部在辽朝濒临灭亡之际便投附金朝，使得贝加尔湖流域以及色楞格河、土拉河和鄂尔浑河等大河流域，均成为金朝的辖地。

2. 高句丽、渤海、辽、金、清五政权与中国疆域的底定

（1）高句丽

高句丽政权对"辽东板块"奠定所作的贡献，主要在于向南遏制新罗、百济的北进，向北荡平夫余等政权，初步统合该板块的东南部地区。

---

① 高丽千里长城始自鸭绿江入海口，向东经由威远（今新义州东南 25 里）、安水（今价川）、孟州（今孝山）和朔州等 14 城，抵达和州（今永兴地区），延伸到定州（今定平）海岸的都连浦（广浦），绵延 1000 多里，横断今朝鲜半岛中部，城高 25 尺，宽 25 尺。参见郑麟趾《高麗史》卷 94《柳韶传》，东京：國書刊行會，明治 42 年（1909），第 3 册，第 90~91 頁。
② 张博泉等：《东北历代疆域史》，吉林人民出版社，1981，第 209 页。
③ 脱脱等：《金史》卷 24《地理志上》，中华书局，1975，第 549 页。

高句丽建政之初，仅据有浑江、鸭绿江中游一带。后汉初期大致北至浑江上游一带，东至今狼林山脉，南至今清川江，西至今辽宁新宾水陵镇汉代古城。①

魏晋南北朝时期，高句丽趁中原板荡之际，四面出击，迅速拓展疆域。在南线，南下占领西晋之乐浪郡、带方郡地，并于427年迁都平壤。嗣后二百余年间，高句丽与新、百二国在朝鲜半岛上反复搏杀。全盛时期，千宽宇认为其"南方境界，大致是今牙山湾经乌岭至迎日郡一线"②。在东线，沃沮、涉貊等因"国小，迫于大国之间，遂臣属句丽"，使高句丽势力抵达日本海西岸。在北线，约在大武神王时期，夫余南部领域被纳入高句丽王囊中。在西线，高句丽的边界一直在今辽河东岸一线。

（2）渤海

与高句丽相比，渤海国疆域南部有所退缩，但北部却大大地拓展，总面积远远多于高句丽。具体来说，渤海国东南部疆域由汉江北岸回缩到泥河（今朝鲜龙兴江）至浿水（今朝鲜大同江）中游，再至泊汋水（今宽甸县境浦石河与鸭绿江汇合处西岸）一线，并以浿水两侧为基点，东与新罗为界，西与唐朝安东都护府平壤城辖境为界，原高句丽所拥有的朝鲜半岛中东部与西朝鲜湾以西、以北之地不复归渤海所有；西南部疆域则失却高句丽所占有的今铁岭以南的辽东半岛；西部与西北部，二者大体上相当；北部则越过高句丽疆域的北界，即今俄罗斯海参崴至松花江与嫩江汇合处的内弧形线以南。向北远远拓展到西起今嫩江口，在此沿松花江东行，在方正县境内转向东北行，在同江市与黑龙江汇合。在此沿黑龙江东行，经过哈巴罗夫斯克下水处继续向东横断锡霍特山脉，直至北纬45°左右处的鞑靼海峡南部之日本海岸一线以南。

（3）辽朝

辽朝对辽东各政权与各民族的统合，采取的是征服，辅之以招抚之策。经过了二三十年的战争，室韦、渤海、鞯鞨（女真）等部先后被辽朝征服，首次结束了辽东地区的割据状态。辽朝不但在"辽东板块"构建与东北边疆各民族统合过程中起着其他王朝所没有的作用，而且在中国历史上占有重

① 参考李健才《高句丽的都城和疆域》，载于《东北亚史地论集》，兰州大学出版社，2010。
② 千宽宇：《广开土王时期高句丽的领域》，刘兴国译，《东北亚历史与考古信息》1986年第1期。

要地位。辽朝实施因俗而治的经济管理模式：汉族、渤海人及其他一些被征服的农耕民族仍以农业为主，契丹及其他有亲缘关系的草原民族仍以游牧和渔猎为主。与此相应，在政治上实施南北面官制度。这为保持游牧民族战力、发挥农耕民族生产优势提供了制度保障，并以此开启了游牧民族入主中原、融合 "大漠板块" 与 "泛中原板块" 的前奏，为后来数大板块的统合打下了基础。辽朝仿照渤海，在其核心统治区域内设有五京，其中东京、上京和中京三道的绝大部分在辽东地区。至此，贝加尔湖以东、鞑靼海峡与日本海以西，外兴安岭以南、咸兴湾—鸭绿江口一线，以及黄、渤海以北的广阔地带，或直接、或间接地隶属于辽朝之下，故其疆域治理手段坚实而稳固，使得 "辽东板块" 呱呱坠地。

1125 年辽朝灭亡，辽宗室耶律大石率残部西行，1132 年前后在今新疆与中亚一带建立西辽。辽朝文化在此被直接延续了下来，这个王朝虽然是短命的，但却依靠其政治及军事组织的效能征服了阿姆河、锡尔河流域及西域的广大领域，给后来的蒙古帝国增添了一块巨大而安定的遗产。

嗣后，继承辽帝国衣钵的女真人，在征服中原、统治广大汉族过程中，毫不迟疑地汲取辽朝的行政经验和军事举措。

（4）金朝

辽朝虽然统合了 "辽东板块"，但对境内林立的族群只是因俗而治，仍是一盘散沙。生女真完颜部首领阿骨打继承父兄之位后，通过抗辽建立金朝而领有整个 "辽东板块"，从而催生了一个统一而强大的女真民族。通古斯系族群首次作为一个统一的人民共同体，作为一个强大的政治力量，出现在中国与世界历史舞台上。金朝后来虽然覆灭了，但女真民族却没有随之从人们的视野中消失。300 年后，女真人的继承者满洲人复兴其祖业并一统天下。这不但是辽东历史上的划时代事件，对中国乃至于世界历史进程而言，也是影响巨大的事件。

由殷周时代的肃慎部，经过一千数百年的衍化而成为汉魏时代的挹娄部，再经勿吉、靺鞨诸部，其中的一部分人最终形成女真民族，这是辽东地域一系列部族经过长时段发展、经常蜕变、不断融合的结果。其间，生女真诸部逐渐凝固，随后渤海人与熟女真人相继自愿或被迫加入，同时女真族又通过武力征服非女真族群的铁骊与兀惹、黄头室韦与达卢古、胡里改、五国、蒲卢毛朵等部族并渐次将其融合其中。伴随着女真族的形成，女真族成为近 300 万平方公里的 "辽东板块" 的主人。金朝的建立对 "辽东板块"

的进一步巩固、对中国疆域的底定均有着不可替代的意义。金朝的余韵在金亡以后很长时间还以其精华滋养着仍然生活在辽东的女真人及通古斯系其他民族，金朝的辉煌历史也成为嵌入后世辽东女真人内心深处的潜能，成为满洲人复兴并光大祖业的内在动力。

（5）清朝最终统合中国陆疆与海疆

满洲族最终以辽东为基础掩有天下。因受到长时段民族融合历史过程的浸润，清皇室及其满洲核心统治集团大多数成员抱有"不分华夷""天下一家"的理念。如清世祖福临强调"我国家荷天休命底定中原，满汉官民、俱为一家"、圣祖康熙则实践其"满汉皆系朕之臣子，朕视同体，并不分别"的政治理念①，从而形成空前之统一局面："东极三姓所属库页岛，西极新疆疏勒，至于葱岭，北极外兴安岭，南极广东琼州之崖山，莫不稽颡内向，诚系本朝，于皇铄哉，汉唐以来，未之有也。"②清世宗对此有自己的见解：清世祖"君临万邦，圣祖重熙累洽，合蒙古、中国成一统之盛"③。周良霄盛赞此说，认为"元统一是清朝统一国家的直接基础"④。应该说，清朝最终底定古代中国疆域，于陆上则继承了元朝的遗产，在海上则远胜历朝历代，使得近世中国成为陆海兼备的大国。

五 余论

以往，国内外的人们由于受到中原中心论史观的影响，对于高句丽、渤海与金朝的崛起，往往认为这些高度文明根本没有本地的基础，它是该地历史上的一个特殊的、偶然的插曲，这些文明是偶然飘落到这片蛮荒之地的异域奇葩。经过中外考古学者的长期不懈努力，现在我们"有充分的把握说，这种观点是同实物资料不相符合的"⑤。综观5000年前的古代中国各地的发展状况，距今约5500年的红山文化，农牧经济已达到较高的水平，走在全国的前列。即使遥远的黑龙江中下游流域，其新石器文化水平已不亚于中原

---

① 《清世祖实录》卷14，顺治二年夏四月辛巳；《清世祖实录》卷40，顺治五年八月壬子；《清圣祖实录》卷251，康熙五十一年十月乙卯。
② 赵尔巽：《清史稿》卷54《地理志一》，中华书局，1976，第1891页。
③ 上海书店出版社编《〈大义觉迷〉谈》，上海书店出版社，1999，207页。
④ 周良霄：《论忽必烈》，《元史论集》，人民出版社，1984，第107页。
⑤ A. II. 奥克拉德尼科夫：《滨海遥远的过去》，莫润先等译，商务印书馆，1982，第190、190页。

地区。①

同时，因受根深蒂固的中华大一统观念的影响，人们习惯于把汉族史看成是正史，把本来具有不同文化渊源的王朝间的关系，如夏、商、周、秦、汉，像穿糖葫芦一样，一个个穿下来，成为一脉相承的改朝换代。少数民族与境外接壤的周边地区的历史则被几笔带过。实际上，对于中原地区而言，夏商周三朝都是彻头彻尾的"外来户"，夏源自于东南，商人视东北为故土，先周则起源于西北。对此，苏秉琦可谓一语中的："把黄河中游以汾、渭、伊、洛流域为中心的地域，称作中华民族的摇篮并不确切，如果把它称作在中华民族形成过程中起到最重要的凝聚作用的一个熔炉，可能更符合历史的真实。"②

"辽东板块"不但是东北居民迁移到美洲大陆的始发地与通道③，而且是连接"泛中原板块"与"大漠板块"的中间环节，是该地居民强势南下中原、西进大漠的始发地。唯其如此，"辽东板块"在中国疆域底定过程中具有特殊的不可替代的地位和作用：中国统一多民族国家得以缔造的核心问题，几乎都集中地显现在这里，从商朝由此南下到"五胡乱华"，从鲜卑人建立北朝，到辽、金开拓中原，再到元、清分别统一中国全部陆疆与中国整个陆海疆，大凡开局与收关的"重头戏"都是在这个舞台上登场的。

以渔猎为底色的生活于"辽东板块"上的族群没有天生狭隘的地域观念与文化界限，高句丽、渤海、金朝与清朝统治阶层的汉文化修养都不亚于汉族王朝的统治阶级。满族自诞生之日起就有一种善于汲取其他民族文化、融合其他民族民众壮大自己的智慧和能力。延续几千年、用来分隔农耕与游牧、渔猎耕牧民族的万里长城，被康熙帝、雍正帝、乾隆帝用承德避暑山庄废而代之。

"辽东板块"上诸政权之统治民族，其强悍与骑射乃渔猎民族之所长，此乃优于农耕民族、不亚于游牧民族之处；其吸收其他民族文化与文明之本领，更不亚于农耕民族。金太祖阿骨打仅凭 2500 多名铁骑起兵抗辽、灭宋，并于十数年间掩有整个"辽东板块"及"大漠板块"大部与"泛中原板

---

① A. Π. 奥克拉德尼科夫：《滨海遥远的过去》，莫润先等译，商务印书馆，1982，第 190、190 页。

② 苏秉琦：《中国文明起源新探》，三联书店，1989，第 65 页。

③ 唐德刚：《从挹娄、阿留、阿伊努之史迹看一个中日亚美民族文化圈之兴亡》，《传记文学》（台北）第 71 卷第 5 期。

块"的核心部分，其后任皇帝亦个个擅长武功，精通文墨；清太祖努尔哈赤借祖先留下的十三副遗甲起兵，其子孙以不满 20 万八旗铁骑不但缔造了具有 1300 万平方公里的陆疆本部，而且领有了北起鄂霍次克海、中经日本海、渤海、黄海、东海，直至南海的辽阔海域，领有众多的属国或属部。饶有趣味的是，努尔哈赤的继任者亦大都弓马娴熟，汉文化水平极深。金朝也好，清朝也罢，其得天下莫不依托着在"辽东板块"上铸造出来的军事力量及其军政体制。

总之，金朝与清朝的立国基础绝不是野蛮的原始社会，而是高度发达自有来源的文明社会。具体而言，"辽东板块"南部的最初国家共同体是箕子朝鲜、孤竹国，后经燕国、秦、前汉的开拓，此地域成为辽西、辽东、玄菟、乐浪、临屯、真番等六郡辖地，衍变成"泛中原板块"的一部分。但随着立足于"泛中原板块"上的秦汉帝国的解体，周边族群纷纷建立国家。其中，"大漠板块"与"辽东板块"上各族群建立的国家，对中国统一多民族国家的最终形成所起作用最大。前汉晚期，高句丽崛起于"辽东板块"上，并向北征讨夫余国，开拓领地；渤海国紧踵其后在"辽东板块"上立国，继续向北拓展；辽朝则以渤海国领域为基础，第一次统合了"辽东板块"；迨至 12 世纪初，女真人将其再度铸造成型。高句丽也好，渤海国也罢，抑或是金朝，它们既是清朝得以建立的社会基础与精神源泉，也是清朝最终一统中国的一次次预演。金朝灭亡 350 年后，即 1583 年，女真人后裔努尔哈赤起兵于高句丽发祥地，经其数代子孙的努力，始以辽东一隅之势，继举全国之力，最终于 1820 年将"五大板块"彻底统合，缔造出了一个空前绝后的帝国。

（原载《社会科学辑刊》2011 年第 6 期）

边疆治理研究

中国边疆学

（第一辑）

中古时期中原王朝和地方政权治理西域的经验与教训

李　方

摘　要： 中古时期中原王朝或河西地方政权皆认识到西域的重要性，都根据自身的实力和条件或迟或早经营西域，这既是争正统的需要，也是实际利益的需要。中原王朝和地方政权都采取“恩威并用”的方式经营西域，具体做法是：经济上优惠、政治上拉拢、文化上宽容、军事上镇压。中原王朝和地方政权大多还在西域条件较成熟的地方建立郡县，以此作为经营西域的牢固的根据地。而中原政权不稳定，或统治者的认识局限性或错误决策，都影响了西域的稳定与治理。

关键词： 中原王朝　西域　治理　经验　教训

作者简介： 李方，博士，中国社会科学院中国边疆史地研究中心研究员。

公元 220 年，中国历史进入魏晋南北朝时期。这一时期除西晋短暂统一全国之外，中国基本上处于分裂割据或南北对峙的状态。公元 581 年，隋朝建立，结束了这种状态，统一中国。隋朝存在的时间较短，仅 37 年而亡。公元 618 年，唐朝建立，再度统一全国，中国封建社会进入鼎盛时期。中古时期（魏晋南北朝隋唐），中原王朝和河西地方政权经营西域，既有成功的经验，也有沉痛的教训，值得总结。

一　历史经验

（一）中原王朝和地方政权都认识到西域的重要性

自汉代将西域纳入中国版图以后，魏晋南北朝隋唐时期，无论是统一王朝，还是地方政权，无论是汉族统治者，还是少数民族统治者，都认识到西域的重要性，大都将收复西域作为自己的历史使命，或将西域视作自身版图的组成部分，从而根据自身的实力和条件，或迟或早开通西域，经营西域。

西晋、隋朝、唐朝是这一时期统一了全国的王朝，这三个统一王朝都相继收复、治理过西域；曹魏、前秦、北魏是这一时期统一了北方中原的王朝，这三个占据半壁江山的王朝也都曾经开辟、经营过西域；前凉、后凉、西凉、北凉是这一时期盘踞河西走廊的地方政权，这四个地方政权也都不同程度地开通、管辖过西域①；柔然、高车（铁勒）、哒哒、突厥、回鹘、吐谷浑、吐蕃（今西藏）是这一时期北方草原民族或青藏高原民族，这些民族政权（或国家）也都曾经占领、统治过西域。在上述这些王朝、地方政权（包括地方民族政权）中，曹魏、前凉、西凉、隋朝、唐朝的统治者是汉族，前秦、后凉的统治者是氐族，北魏的统治者是鲜卑族，北凉的统治者是卢水胡②，而其他少数民族的统治者在上述有关民族政权中已提及。由此可见，这一时期各族统治者都认识到西域的重要性，都积极经营西域。

这一时期各个王朝或政权积极经营西域的原因有二：

一是争正统的需要。入主中原的王朝，不分民族和大小，都自认为是秦汉王朝的继承者，都以恢复秦汉旧业为己任，而开通西域，是恢复汉朝完整版图最好的体现，因此，各个王朝都积极经略西域，借以证明自身的正统性与合法性。比如前秦，其统治者苻坚在统一北方以后，即于建元十九年（383）征讨西域。他说："二汉力不能制匈奴，犹出师西域。今匈奴既平，易若摧朽，虽劳师远役，可传檄而定，化被昆山，垂芳千载，不亦美哉！"③继承两汉，开通西域，流芳千载的意图是很明显的。北魏太武帝拓跋焘基本统一北方之后，即于太延二年（436）开始经营西域。他说："自古帝王虽云即序西戎，有如指注，不能控引也。朕今手把而有之，如何！"④古今比较，自恃经营西域的手段高于前朝。唐朝，"太宗方事外讨，复修孝武旧迹，并南山至于葱岭为府镇，烟火相望焉"⑤。恢复汉武帝旧业，设府置镇，

---

① 五凉政权以占据凉州辖地或统治者任凉州刺史而得名。凉州刺史向有管辖西域的职责。五凉政权中唯南凉未能染指西域。

② 北凉初期前由汉族段氏执政 5 年。

③ 《晋书》卷 114《苻坚载记下》。

④ 《魏书》卷 102《西域·焉耆传》。

⑤ 崔融：《拔四镇议》，载《全唐文》卷 219、《文苑英华》卷 769、《唐会要》卷 73、《册府元龟》卷 964《外臣部·封册二》。又，葱岭指帕米尔高原，代指西域。南山指阿尔金山。

将西域纳入管辖的决心也是很明确的。

前凉、后凉、西凉、北凉虽然是河西地方政权，但名义上大多臣属于东晋南朝或前秦北魏。① 他们经营西域既是自身利益的需要，也是为自身依附的王朝争正统。如前凉以晋臣自居，奉东晋正朔②，其经营西域，是远播晋德。③ 前凉也曾接受前秦"西域都护"的册封，为前秦管辖西域。④ 西凉亦称藩于东晋⑤，自称凭东晋之威，管理西域（"冀凭国威"，"统摄崐裔，辑宁殊方"）⑥。南朝刘宋取代东晋以后，亦委任西凉都督高昌。⑦ 北凉沮渠氏亦称藩于东晋，受东晋"凉州刺史"之职，凉州刺史例辖西域。⑧ 这些地方政权中，唯后凉未明确称臣受封，但立国者吕光是在奉前秦之命伐西域途中，闻前秦淝水战败而自立的，其治理西域，从某种角度来说，也可以视为前秦统治西域的继续。所以说，这些地方政权实际上也是代表自身依附的王朝经营西域，为自身依附的王朝争正统。⑨

二是实际利益的需要。在长期的历史发展过程中，西域已与北方草原和中原连成整体，不可分离。北方草原势力往往联络西域，将之作为抗衡中原王朝的力量，在失利的情况下，则将西域作为退守的后方，以便东山再起；而中原王朝则必须切断北方草原民族与西域的联络，将西域纳入自身的统治范围。河西地方政权也有这种扩大势力范围的需要。隋唐时期，由于吐谷

---

① 为保全实力，这些地方政权常两属之。前凉臣属于东晋，又接受前秦的册封；北凉接受东晋的官爵，又称臣于北魏。西凉称臣于东晋，又年年朝贡北魏。后凉虽未明确称臣受封，但也两次遣使朝贡北魏。

② 《晋书·哀帝纪》："升平五年（361）十二月，其统治者张玄靓受东晋册封"；"加凉州刺史张玄靓为大都督、陇右诸军事、护羌校尉、西平公"。《建康实录》卷8略同。前凉则奉东晋之正朔，行东晋升平之年号。

③ 西凉王李玄盛曾盛称前凉张轨囊括西域，远播晋德。见《晋书》卷87《凉武昭王李玄盛传》。

④ 咸安元年（371）前秦署其主张天锡为"使持节、散骑常侍、都督河右诸军事、骠骑大将军、开府仪同三司、凉州刺史、西域都护、西平公"。《晋书》卷113《苻坚载记上》。

⑤ 《晋书·安帝纪》载义熙元年（405）"凉武昭王玄盛遣使奉表称藩"。

⑥ 《晋书》卷87《凉武昭王李玄盛传》载其表："今资储已足，器械已充，西招城郭之兵，北引丁零之众，冀凭国威，席卷河陇，扬旌秦川，承望诏旨，尽节竭诚，陨越为效。……又敦煌郡大众殷，制御西域，管辖万里，为军国之本，辄以次子让为宁朔将军、西夷校尉、敦煌太守，统摄崐裔，辑宁殊方。"

⑦ 《宋书·大且渠蒙逊传》："高祖践祚，以歆为使持节，都督高昌、敦煌、晋昌、酒泉、西海、玉门、堪泉七郡诸军事，护羌校尉，征西大将军，酒泉公。"

⑧ 《宋书·大且渠蒙逊传》：义熙十四年（418），"蒙逊遣使诣晋，奉表称藩，以蒙逊为凉州刺史"。

⑨ 北凉流亡政权统治高昌不属此例。

浑、吐蕃和大食（今阿拉伯）的崛起与扩张，拥有西域还成为中央王朝抵御西南和西方势力入侵的实际需要。

比如北魏，鲜卑拓跋氏入主中原后，北方草原上的柔然成为北魏的劲敌。柔然经常侵扰北魏。始光元年（424），北魏开始主动反攻，并于神䴥二年（429）大败柔然。柔然受到重挫后退守西域，天山南北都成为柔然的势力范围。[①] 为了防范柔然借助西域力量卷土重来，太延二年（436），北魏开始经略西域。

隋朝为了抵御北方草原上强大突厥汗国的进犯，建国之初隋文帝远交近攻，与西突厥联络结盟。开皇元年（581），派太仆元晖出使西域，赐西突厥达头可汗狼头纛[②]，揭开了隋朝经营西域的序幕。

唐朝时，吐蕃联合西突厥残余势力不断侵扰西域各地，西域成为吐蕃与唐朝争夺势力范围的主战场，迫使唐朝不得不多次兴兵征讨，重兵镇守。

（二）中原王朝和地方政权都采取"恩威并用"的方式经营西域

隋文帝诏令突厥"畏威怀惠"而"永为臣妾"[③]，典型地表达了这一方式及其目的。"恩"指恩惠，包含经济、政治、文化方面的内容；"威"指震慑，包括军事镇守、武力征伐方面的内容。

1. 经济方面。由于中原王朝开通西域主要从政治需要出发，而不是从经济利益出发，因此，经营西域都有意夸耀中原王朝的物质财富，提供优厚的物资给西域诸国，以此吸引西域，达到诸国自愿依附的目的。比如前秦，建元十四年（378），苻坚派凉州刺史梁熙携大量丝绸赴西域，宣秦威德，"于是朝献者十有余国。大宛献天马千里驹，皆汗血、朱鬣、五色、凤膺、麟身，及诸珍异五百余种"[④]。北魏太延二年（436），拓跋焘遣董琬、高明携众多金银、丝绸赴西域，董琬等人东还时，西域诸国跟随使团朝贡者有十

---

① 《宋书芮芮传》载："芮芮（柔然）一号大檀……与中国亢礼，西域诸国焉耆、鄯善、龟兹、姑墨东道诸国并役属之。"大檀可汗在位时间约为公元414～429年。《通典·边防十二》记载，柔然辖境东达朝鲜，北渡沙漠，南临大碛，西抵焉耆之北。二书所载可以说明这个问题。

② 开皇五年（585），派大将军元契出使西域，会见西突厥阿波可汗，等等。

③ 隋开皇五年《颁下突厥称臣诏》："和气普洽，使其迁善，屈膝稽颡，畏威怀惠，虽衣冠轨物，未能顿行，而禀训承风，方当从夏，永为臣妾，以至太康。"日藏弘仁本《文馆词林》卷664，中华书局，2001，第243页。

④ 《晋书》卷113《苻坚载记》上。

六国之多，"自后相继而来，不间于岁，国使亦数十辈矣"①。隋朝大业五年（609）炀帝西巡，令武威、张掖士女盛饰服装车马，周亘数十里，以示中国之盛，吸引西域二十七国来朝。中原王朝对西域各国朝贡的回赐品，还大大超过了朝贡品的价值。中原王朝或政权在西域设官驻军，以屯田方式自给自足，也是经济恩惠的一种表现形式，这种方式不仅减轻了西域诸国的经济负担，而且将内地先进的生产力引进西域。这些经济措施的实施，大大加强了中原王朝的凝聚力。

与中原王朝或政权恰恰相反的是，北方草原民族和青藏高原民族政权占领西域的主要目的，是为了攫取当地的经济利益。比如西突厥在西域设官吐屯，主要责任就是收取贡赋。

2. 政治方面。中原王朝或政权都依靠当地首领管理当地，因此，历朝历代都采取羁縻手段册封当地首领。如曹魏赐车师后部王壹多杂守魏侍中，号大都尉，受魏王印，西晋封鄯善王、龟兹王、焉耆王、于阗王、疏勒王为"晋守侍中、大都尉、奉晋大侯"，北魏授车师前国王车伊洛为平西将军、前部王，授高昌王麴嘉为车骑将军、司空公、都督秦州诸军事、秦州刺史、金城郡开国公，隋朝册西突厥处罗可汗为曷萨那可汗。如果说这些王朝对西域诸国的册封或者是有封无册②，或者是有册无封，或者涉及面不甚广泛，那么，唐朝的册封则无论在内容上还是在范围上都大大超过了前朝，达到了一个高峰。

唐朝在南疆塔里木盆地设龟兹、毗沙、焉耆、疏勒 4 个羁縻都督府及 34 个羁縻州，配合安西四镇管理当地；在北疆设崑陵、濛池二羁縻都护府，下辖 26 个羁縻都督府州，分押突厥十姓部落；在葱岭以西根据国别设置羁縻府州：河中粟特地区（今中亚地区）设康居、大宛等 8 个羁縻都督府州；吐火罗地区（今阿富汗等地）设月氏、大汗、波斯（今伊朗）等 16 个羁縻都督府及 72 个羁縻州，又设 110 个羁縻县，126 个军府。这些羁縻都护府、都督府、州县的首领由西突厥可汗或当地国王首领担任，册封既有少数民族

---

① 《魏书》卷102《西域传》。如太延三年（437）三月，就有龟兹、悦般、焉耆、车师、粟特、疏勒、乌孙、渴盘陀、鄯善诸国遣使朝献。十月，又有破洛那、者舌国遣使朝献，奉汗血马。

② 册与封内涵不同：册是对少数民族政权最高统治者可汗的认可，所册为少数民族的王位（可汗）系列；封是授予少数民族首领官爵，所封为中原王朝的官爵系列。

的王位（可汗）又有中央王朝的官爵。① 这些王位官爵可以世袭，辖区不交贡赋。

羁縻册封本质上是对西域首领自治权力的认可，前提则是西域承认（服从）中央王朝的统治。因此，这种政治恩惠受到西域的普遍欢迎。在当时的条件下，羁縻册封制度发挥了稳定政局的作用，形成了蕃汉共同维护西域的局面。就政治体制而言，羁縻府州具有羁縻制度与州县制度相结合的性质，体现了唐朝在西域的治理正从羁縻制度向州县制度过渡的特色。但是，这种制度并没有改变西域内部政权结构及其基层组织，因此存在许多隐患，一旦中原形势有变，西域即有覆巢之险。

3. 文化方面。主要体现在两个层面，一是尊重当地风俗习惯，不干涉当地的文化传统；二是根据当地需要，传播儒家先进文化教育。儒家思想强调以"王道""德政"治理国家②，主张"和而不同"，历朝统治者受此影响，在文化上都比较宽容，不强求同化。前秦苻坚说："西戎荒俗，非礼义之邦。羁縻之道，服而赦之，示以中国之威，导以王化之法"，"黎元应抚，夷狄应和"③。唐太宗说："朕受天之命，君临四海。地无远近，人靡华夷，咸加抚育，使得安静。"④ 都是这种宽容思想的体现。正因为如此，西域得以创造灿烂的艺术文化。

儒家思想同时主张教化。西域东部高昌麴氏王国曾向北魏遣使奉表，"自以边遐，不习典诰，求借五经、诸史，并请国子助教刘燮以为博士。"⑤ 北魏欣然同意。吐鲁番出土了高昌时代诸多经史典籍写本：《毛诗》《论语》《孝经》《孝经解》《汉书》《三国志》《晋阳秋》《谥法》《急就章注》，大约不少就是这次引进的。唐朝在西域东部州府置官立校，设经学博士、医学博士，培养了大批人才，传播了先进文化，促进了儒学教育。

---

① 如册立西突厥阿史那弥射为兴昔亡可汗、左卫大将军、崑陵都护，册立阿史那步真为继往绝可汗、右卫大将军、濛池都护。

② 建元十九年（383）正月，苻坚送吕光进军西域时嘱托说："西戎荒俗，非礼义之邦。羁縻之道，服而赦之，示以中国之威，导以王化之法。"也表达了苻坚的这种儒家思想。

③ 分别载《资治通鉴》卷103孝武帝宁康元年条，第3267页；《晋书》卷114《苻坚载记下》。

④ （唐）许敬宗编，罗国威整理《贞观年中慰抚高昌文武诏》，《文馆词林校证》，中华书局，2001，第247页。

⑤ 《魏书》卷101《高昌传》。

4. 军事方面。中原王朝皆在西域设军政机构，镇抚当地。如曹魏设西域戊己校尉，西晋设戊己校尉府、西域长史府，前凉设西域长史、戊己校尉、伊吾都尉，北魏设鄯善镇、焉耆镇。而唐朝设置的军政机构是最成系统的。唐朝设安西都护府、北庭都护府两个最高军政机构，分辖南北疆及葱岭以西。安西都护府下设疏勒、龟兹、于阗、焉耆四个军镇（史称"安西四镇"）①，镇守南疆，东疆则有折冲府等军事机构（详下）。

其时西域形势非常复杂，北面有西突厥残余势力（以后又有突骑施）反叛，东北面有东突厥第二汗国捣乱，西面有大食挑战，南面有吐蕃威胁。吐蕃与西突厥残余势力联合进犯则是唐朝西域守军的最大威胁，公元660～691年，迫使唐朝势力三次撤退东疆。长寿元年（692），唐军加强军事力量，派遣 3 万汉兵镇守西域，从此结束了拉锯战状态，西域局势稳定，以后约 100 多年时间内，再没有发生大的战争。此后，唐朝在西域设伊吾军、天山军、瀚海军、清海军、静塞军、保大军，军以下有守捉、城、镇、烽、戍、铺等基层军事组织，驻守西域各地，严防来犯。唐朝还在西域交通要道广设驿站、馆铺、长行坊，与烽戍相配合，保证军事情报的传递，又严格实行过所（通行证）制度，稽查行旅。这些军政措施保证了西域的安定。

历代中原王朝对于破坏"天下秩序"、危害西域安定的各种势力及行为，也给予了坚决打击，武力征伐。封建国家维持"天下秩序"包含政、德、礼、刑四个要素。"政"指中原王朝以册封等形式与周边部族、国家结成臣属关系；"德"指中原王朝以儒家学说、政治理念、文化制度教化周边部族和国家；"礼"规定朝贡等礼节和政治秩序；"刑"为刑罚，与"礼"互为表里，违礼失礼必须施刑，轻者斥责，重者削官爵，最重者出兵征伐，所谓"失礼入刑"，"大刑用甲兵"②。因此，惩罚破坏西域统治秩序的武力征伐，既是维护西域安定的实际需要，也是符合封建国家治国之道，合乎维持"天下秩序"的道义规范的。

比如北凉统治者沮渠氏，占据河西，阻挠北魏进入西域。北魏太武帝遣其阻塞交通，背叛北魏，"备防王人，候守关要，有如寇雠"③，亲自率军征

---

① 公元 679～719 年，焉耆镇改为碎叶镇。

② 参见高明士《从天下秩序看古代中韩关系》，载台北韩国研究学会主编《中韩关系论文集》，台北：商务印书馆，1983，第 1～49 页。

③ 《魏书》卷 99《沮渠蒙逊传》。

之，灭其政权，不仅扫清了河西走廊上阻塞西域交通的障碍，而且完成了北方中原地区的统一。

唐朝任命的瑶池都督西突厥阿史那贺鲁，趁唐太宗逝世之机发动叛乱，攻陷西域州县，兼并西突厥乙毗射匮可汗之众，建牙双河及千泉，又与西突厥乙毗咄陆可汗连兵，处月、处密及西域诸国多附之。① 唐朝三次出兵征伐，历时 7 年，终于于显庆三年（658）平定叛乱。从此，西突厥汗国彻底灭亡，唐朝进入全面统治西域的时代。

历代中原王朝在经济、政治、文化、军事四方面贯彻"恩威并用"策略的做法，归结起来就是：经济优惠、政治拉拢、文化宽容、军事镇压。这种做法效果较好。西域诸国皆心向中原，盼望统一。隋初西域商人"密送诚款，引领翘首"②，盼望统一，就是这种愿望的典型反映。

（三）中原王朝和地方政权多在西域条件较成熟的地方建立郡县

郡县制度和官僚制度是中央集权封建国家的两大支柱，二者相互配套，是维护中央集权、实施封建统治的最佳模式，也是"法令由一统"从政治理想变为政治现实的最佳途径。因此，封建统治者在凡是有可能的地方，都积极推行郡县制度。最早在西域实行郡县制度的是前凉。咸和二年（327），前凉在西域东部设高昌郡，下设高昌、田地二县。其后，前秦、后凉、北凉、西凉承袭此制，皆设置了高昌郡县。《魏书·高昌传》："晋以其地为高昌郡，张轨、吕光、沮渠蒙逊据河西，皆置太守以统之。"③ 记载了前凉、后凉、北凉设置高昌郡的史实（张轨、吕光、沮渠蒙逊分别为前凉、后凉、北凉的统治者）。而吐鲁番出土的《前秦建元二十年（384）三月高昌郡高宁县都乡安邑里籍》和《建初十四年（418）八月廿九日高昌郡高（昌）县都乡孝敬里民韩渠妻随葬衣物疏》④，则说明前秦不仅在此建立了高昌郡，而且将郡下辖县扩展为三个，高昌、田地之外又增添了高宁县，县以下还设

① 史称阿史那贺鲁自号沙钵罗可汗，胜兵数十万。
② 《隋书》卷 67《裴矩传》。
③ 《周书》卷 50《高昌传》、《北史》卷 97《高昌传》、《通典》卷 191《车师高昌附》所载略同。唯西晋并未置高昌郡，此处误。
④ 文书分别见《吐鲁番出土文书》第 1 册，文物出版社，1983，第 14～15 页；《新获吐鲁番出土文献》，中华书局，2008。又，《资治通鉴》卷 104 孝武帝太元元年（376）条、《晋书·吕光载记》都记载了前秦以"高昌杨干（或作'杨翰'）为高昌太守"事。有高昌太守必有高昌郡。

置了乡、里，并实行了严格的户籍管理制度。建初是西凉年号，说明西凉也在此设立了高昌郡县及其乡里。

此后，北魏在西域南部鄯善、西域中部焉耆建立了军镇。军镇是北魏推行于全国各地各民族的重要地方制度。① 《魏书·西域传》载，鄯善镇"赋役其人，比之郡县"，说明军镇征民赋役，军民兼治，具有郡县性质。军镇之下有戍，与县平级。② 鄯善镇、焉耆镇的设立，标志着中原王朝第一次在西域中部和南部推行了相当于郡县的制度。

隋朝炀帝在西域设置了三个郡。大业五年（609）灭吐谷浑，在其故地设鄯善（今若羌）、且末（今且末）、西海（今青海湖南）、河源（今青海兴海东南）四郡，其中鄯善、且末二郡属西域（在东南方向）。大业六年（610），在西域东部又置伊吾郡（今伊吾）。

唐朝在西域东部设置了三个州（等同于郡）：伊州、庭州、西州，分别下辖3县、4县、5县。③ 唐朝在这三个州推行了乡里、城坊、邻保制度，以及经济上与内地等同的均田土地制度和租、庸、调赋税制度，军事上的府兵制度、镇戍制度、烽铺制度、交通馆驿制度，文化方面的学校教育制度，入仕为官的考试铨选制度等，确保唐朝政策法令在此贯彻执行。

上述这些地方大多在西域东部或东南部（北魏所建军镇除外），距离内地较近，汉族较多，推行郡县制度的条件较成熟。如高昌两汉时，设高昌壁、高昌垒，大批汉人来此戍守，魏晋南北朝时期，为避战乱，大批汉人又移民至此，这里早已是以汉人为主的地方。这里以农业为主，生产方式、经济结构等同中原，风俗习惯、文化教育乃至政治、军事制度也约同中原。唐太宗说："高昌之地，虽居塞表，编户之甿，咸出中国。自因隔绝，多历年所。朕往岁出师，应时剋定，所以置立州县，同之诸夏。而彼土黎庶，具识朕新，并变夷俗，服习王化。家慕礼让之风，人事农桑之业。"④ 将这里的民族构成及其来源、生产方式及民众赞成统一的态度交代

---

① 北魏有四种统治地方的制度：州郡县制——治理汉民；领民酋长制——治理鲜卑族；护军制——治理汉人以外的被征服民族；军镇制——普遍推行于全国各地各民族。

② 北魏前期"州镇并称，而论其实，镇之地位远在州上"。严耕望：《中国地方行政制度史乙部——魏晋南北朝地方行政制度下》，台北：学生书局，1997，第794页。

③ 伊州辖伊吾、纳职、柔远3县15乡，庭州辖金满、蒲类、轮台、西海4县9乡3城，西州辖高昌、天山、柳中、蒲昌、交河5县24乡。

④ 《贞观年中巡抚高昌诏一首》，《文馆词林校证》，第249页。

得一清二楚。

隋朝先在汉朝故伊吾城以东建新城，留甲卒千余人戍守（两城应有不少汉族）。大业五年，炀帝西巡张掖，西域 27 国来朝，伊吾吐屯设等慑于隋朝声威，"献西域数千里之地"①。有汉民又有土地，炀帝于是置伊吾郡。隋朝置鄯善、且末等郡，"发天下轻罪人徙居，大兴屯田"②。徙居此地的汉族人为数亦当不少。

郡县制度在这些地方的建立，对于中原王朝和河西政权统治西域发挥了巨大作用。隋朝裴矩《西域图记》序称："伊吾、高昌、鄯善，并西域之门户也，总凑敦煌，是其咽喉之地。"③ 可见这些地方的重要性。中原王朝掌控这些地方，就等于掌控了西域的要害部位。如隋朝设伊吾、鄯善二郡，控制了西域南北二道的要冲，为隋朝进一步深入西域铺平了道路。而唐朝设置的伊、西、庭三州，则成为唐朝经营西域的牢固根据地，当唐朝势力深入西域中西部时，这里成为唐在西域的大后方，当唐朝势力退回东部时，这里又成为唐朝西进反攻的前沿阵地。公元 670～692 年，安西都护府、安西四镇迫于当时的形势，三次从西域中部龟兹（今库车）及以西退回东部，而唐军每一次都能够组织反攻并取得胜利。如果没有西域东部这块牢固的根据地，这种胜利是不可能实现的，唐朝对西域的全面统治也是不可能实现的。

二　历史教训

（一）中原政权不稳定，西域统治就不稳定

魏晋南北朝隋唐时期，除西晋、隋朝、唐朝三个统一王朝之外，其他王朝或政权都处在分裂割据或南北对峙状态之下，政权本身不稳定，存在的时间较短暂，统治西域的时间当然不长久，统治的程度亦难加深。

比如曹魏，其主要精力放在与刘蜀、孙吴争夺天下之上，并不积极经营

---

① 《隋书》卷 2《炀帝纪》。
② 《隋书》卷 83《吐谷浑传》，《隋书》卷 24《食货志》。
③ 原书已佚，此据《隋书·裴矩传》转引。

西域，加强中原与西域的政治经济联系。

前秦进军西域胜利的同时，主力军却在淝水被东晋打败，王朝面临土崩瓦解，经营西域的计划亦付之东流。

西晋、隋朝虽然是统一王朝，但寿命亦不长久，统治西域也难以深入。比如隋朝，虽然在西域东部、东南部建立了三个郡县，设立了西域校尉，准备大展宏图，但还来不及深入西域腹地，王朝就被农民起义推翻。

北魏和唐朝是这一时期存在时间较长的王朝，但由于政权内部不稳定，统治西域的时间则大大短于其存在的时间。北魏于太延二年（436）开始经营西域，5世纪70年代即逐渐退出西域。皇兴四年（470），柔然侵于阗，于阗求北魏出兵，北魏不救。延兴三年（473）左右，北魏又废鄯善、焉耆二镇。① 北魏退出西域的原因主要有二：一是北魏处于南朝、柔然的南北夹击之中，其主要任务是统一中国，"以混一为心"②，不能长期用兵西域；二是朝廷最高集团斗争激烈，统治者更迭频繁③，主政者无意于西域。

唐朝经过长时间的经营，在西域建立了较牢固的统治，但天宝十四载（755）中原"安史之乱"爆发，玄宗出逃长安，西域组织精兵强将赴难勤王，西域空虚，吐蕃、回鹘等趁机占领西域各地，唐军虽然在西域东部伊、西、庭州等地坚守数十年，直至8世纪90年代④，但已不能挽回整个局势。而此时距唐朝灭亡还有一百余年。

所以说，中原政权不稳定，西域统治也不可能稳定或有成效。

---

① 将鄯善镇改置于今青海乐都。见周伟洲《中国中世西北民族关系研究》，西北大学出版社，1992，第152页。

② 《魏书·西域传》："史臣曰：西域虽通魏氏，而中原始平，天子方以混一为心，未遑征伐。其信使往来，深得羁縻勿绝之道耳"。指明北魏的主要任务是统一南北，"以混一为心"，北魏统治西域的手段主要是"信使往来"，羁縻勿绝。

③ 和平六年（465）五月，拓跋弘即皇帝位，文成文明皇后尊为皇太后。此后，丞相乙浑谋逆，太后诛浑，临朝听政。不久，太后还政于拓跋弘。皇兴五年（471），太后逼拓跋弘禅位于太子拓跋宏（孝文帝），其时拓跋宏年仅5岁，文明太后冯氏第二次临朝听政。这一系列的政权动荡，必然会对北魏的西域政策产生影响，致使当权者无暇顾及西域。文明太后冯氏主政以后，忙于培植自己的政治集团，推行汉化，亦无意于武功。因此，西域拱手让给了柔然。

④ 有出土材料证明，个别地区9世纪初还有唐朝纪年文书、题字。

（二）封建统治者认识的局限性及错误决策影响了西域治理

自西汉武帝下轮台罪己诏以后①，后世朝廷常有反对经营西域的意见。如前秦统治者苻坚拟进军西域，其弟"苻融以虚耗中国，投兵万里之外，得其人不可役，得其地不可耕，固谏以为不可"②。北魏有司"奏依汉氏故事，请通西域"，"太祖曰：'汉氏不保境安人，乃远开西域，使海内虚耗，何利之有？今若通之，前弊复加百姓矣。'遂不从。历太宗世，竟不招纳。"③ 唐朝贞观十四年（640）灭高昌国，唐太宗拟在此设州县，大臣魏征强烈反对④，黄门侍郎褚遂良亦说："此河西者方于心腹，彼高昌者他人手足，岂得糜费中华，以事无用！"皆主张实行羁縻制度。

这些反对意见的核心有两点：一是"华夷之辨"的考量。认为内地汉族是根本，边疆四夷是枝叶，只想强根固本"肥中国"，不想费力耗财"守四夷"；二是经济利益的权衡。中原王朝经营西域人力物力投入很大，而经济上收获很少，得不偿失。这种认识上的局限性，影响了西域的治理。这些反对意见虽然在当时未被采纳⑤，或以后有所改变⑥，但形成一股极大的压力和历史积淀，每当西域遇到困难时，就会在朝廷高层引起震荡、反思，甚至出台错误的决策。如贞观十六年（642）西突厥寇西州，唐太宗后悔设立西州。⑦

7世纪下半叶，吐蕃与西突厥残余势力联手进攻西域安西四镇，唐高宗

---

① 汉武帝下轮台诏，实际上是在武功盛世之后转向"守文"，以巩固取得的胜利，其真正用意在于不继续向西扩张，而不是后悔以往的军事行动，更不是放弃已取得的成就。这种"罪己诏"是必要的，是文武之道一张一弛的需要，也是因时变易、长治久安的需要。见李方《唐代安西四镇弃置辩论分析》，中国人民大学汉唐研究丛书《汉唐盛世的历史解读——汉唐盛世学术研讨会论文集》，中国人民大学出版社，2009。

② 《晋书·苻坚载记下》。

③ 《魏书·西域传》。

④ 魏征说："今若利其土壤以为州县，常须千余人镇守，数年一易，每来往交替死者十有三四，遣办衣资、离别亲戚，十年之后，陇右空虚，陛下终不得高昌撮谷尺布以助中国，所谓散有用而事无用！"《贞观政要》卷9。

⑤ 前秦仍然出兵西域，唐太宗仍在其地建立州县。

⑥ 北魏太祖、太宗二代君主未经营西域，第三代君主太武帝拓跋焘开始经营西域。

⑦ 《贞观政要》卷9载：太宗说："朕闻西州有警急，虽不足为害，然岂能无忧乎。往者初平高昌，魏征、褚遂良劝朕立麴文泰子弟依旧为国，朕竟不用其计，今日方自悔责。"说明太宗在困难面前曾经动摇过，也说明古代开疆拓土、守土卫边的艰难，即使像唐太宗这样英明的帝王，也有怀疑和动摇的时候。

下令放弃四镇，撤退西域东部。结果，"吐蕃果骄，大入西域"①，不仅践踏西域东西部，而且兵临河西敦煌，造成整个西北局势的紧张。以后经过两次规模大的反击战役，才挽回局面，复置四镇。长寿元年（692），遣 3 万汉兵镇守，西域局势才稳定下来。

神功元年（697），吐蕃遣使请和，请求唐朝罢四镇。唐朝廷又爆发一轮新的争论，宰相狄仁杰等人赞成弃四镇，右御史大夫崔融等人反对弃四镇。崔融对汉代以来反对经营西域的各种观点进行了总的清算②，并提出来一个大智慧的辩证观点："小慈者大慈之贼，前事者后事之师。""向之所得，今之所失，向之所劳，今之所逸。"指出不愿劳师费财经营西域是"小慈"，这种"小慈"必定妨害国家整体利益、长远利益这个"大慈"。西域是内地的屏障，西域不保，河西、内地皆不保。过去图安逸，将给今天造成损失，过去多劳费，则给今天带来安逸。这是对反对经营西域者核心观点的最好驳斥。经过激烈的辩论，朝廷最终未弃四镇。

建中四年（783），唐朝将领朱泚发动泾原兵变，唐德宗仓皇出逃长安。吐蕃请发兵助朝廷，条件是唐朝割让西域及泾、灵等四州。唐德宗同意了吐蕃的要求。③ 以后，在大臣们的坚决反对下，唐朝以吐蕃没有践约为由，拒绝割让西域。

由此可见，中原王朝对西域与中原的关系认识不到位，对局部利益与整体利益、眼前利益与长远利益的关系认识不明晰，都关系到西域的"得"与"失"，都可能导致错误决策的出台，影响西域的治理。

（原载《南京师大学报》2011 年第 2 期）

---

① 崔融《拔四镇议》：高宗"励精为政，不欲广地，务其安人……复命有司拔四镇"，结果"吐蕃果骄，大入西域，焉耆以西，所在城堡，无不降下，遂长驱东向，逾高昌壁，历车师庭，侵常乐县界，断莫贺延碛，以临我敦煌"（载《全唐文》卷 219、《文苑英华》卷 769、《唐会要》卷 73、《册府元龟》卷 964《外臣部·封册二》）。

② 详见李方《唐代安西四镇弃置辩论分析》。

③ 德宗《慰问四镇北庭将吏敕书》载：唐"已共西蕃定议，兼立誓约，应在彼将士、官吏、僧道、耆寿、百姓等，并放归汉界……然后以土地隶属西蕃。今故遣太常少卿兼御史大夫沈房及中使韩朝彩等往彼宣谕，仍便与西蕃交割"。见《全唐文》卷 464。

论清代的疆域统合与地方政制变革

——以东北地方为讨论中心

高 月

摘　要：有清一代，伴随着中华世界秩序的崩溃和满族统治者对"中国"认同的加强，东北地方在清朝的疆域构造中经历了由中心到边缘的变化；近代以降，西方列强的入侵从内部、外部两个层面侵蚀着中国传统国家认同，传统国家认同趋于瓦解。为达到统合东北边疆、重建民众国家认同的目的，清王朝采取了变革东北地方政制的办法，其中包括变革官制，实行地方自治，变革财政、教育体系等内容。综合来看，东北政制变革是清朝重新建构或修补自己的以民族为界的多元型帝国构造、确认主权领域范围的重要举措，是清朝再次界定旗人与民人的关系、抛弃以往让各族群互相牵制的政治体制和统治策略、彻底放弃"满洲"民族政权性质的标志，最能够体现清王朝再建国家认同、强化疆域统合的意图。

关键词：地方政制　国家认同　疆域统合　东北

作者简介：高月，1980 年生，历史学博士，中国社会科学院中国边疆史地研究中心副研究员。

　　清承明制，在入关之初即建立起一套完善的中央集权政制体系，依靠这套体系，清王朝实现了对中原地区的有效统治。咸同以降，地方势力坐大，中央权威式微，加之列强势力的介入，至庚子一役，中央已然失去了对部分地方的有效控制，中央集权趋于瓦解。为挽救颓势，清王朝采取了变革地方政制的方法以加强对地方的控制，将原本游离于王朝有效统治之外的地方重新统合进王朝疆域构造中。关于清代地方政制，前辈学者已进行了深入探索，成果可谓汗牛充栋，但现有成果多为对史实的考证与梳理，少有理论建构层面的创新。有鉴于此，本文拟从疆域统合的角度重新审视清代东北地方政制及其变革，探查清政府为达到统合东北边疆、重建民众国家认同的目的实施了怎样的改革措施，这些措施的效果如何。不当之处，尚祈方家指正。

一 从中心到边缘——清代疆域构造中的东北地方

从地理上来看，清代东北地方与俄罗斯、朝鲜毗邻，处于王朝疆域的边缘，其范围在康熙二十八年（1689）中俄《尼布楚条约》签订后定型。据《嘉庆重修一统志》载，东北地方"东至海四千三百余里，西至山海关直隶永平府界七百九十里，南至海七百三十余里，北逾蒙古科尔沁地至黑龙江外兴安岭俄罗斯界五千一百余里，东南至锡赫特山朝鲜界二千九百余里"[①]。从清朝的疆域构造，即中央政府对疆域各部分的统辖方式来看，东北地方处于核心位置。清朝的疆域按照中央政府对各部分统治力的强弱包括五种类型：（1）满族的发祥地——东北地方；（2）汉族占多数的内地直辖省；（3）南部和西南部的非汉族统治地域；（4）内外蒙古、新疆、西藏地方——藩部；（5）处于周边地域的属国。[②]这种呈同心圆、放射状衰变的层级结构既是清朝作为非汉族王朝对于统治秩序的制度安排，同时也勾画出了清朝的疆域构造，这种构造经过清初的调试，一直稳定地维持到19世纪中叶。

可见，东北地方具有双重属性，即地理上的边疆属性与疆域构造中的核心地位，二者在清前、中期并行不悖、和谐共存。之所以如此，是因为存在着以下两种因素。

其一，征服型王朝的认同资源。中国历史上由北方民族建立的王朝可分

[①] 嘉庆帝敕撰《嘉庆重修一统志》卷57，上海书店，1984，第4页。

[②] 关于此点，中外学者已有较为深入的研究，并取得了基本一致的观点，茂木敏夫和于逢春的观点较具代表性。详见茂木敏夫《清末近代中国的形成与日本》，孙江译，载于复旦大学历史学系、复旦大学中外现代化进程研究中心编《近代中国的国家形象与国家认同》，上海古籍出版社，2003；于逢春：《中国国民国家构筑与国民统合之历程——以20世纪上半叶东北边疆民族国民教育为主》，黑龙江教育出版社，2006，第19页。

为渗透型和征服型两种，清朝属于征服型王朝。① 征服型王朝的特点在于它们都在一个很短的时间里将一大部分汉地社会纳入自己的版图；同时始终把位于内陆亚洲或其伸延地区的"祖宗根本之地"视为疆域构造中的核心部分，把它当作自己种族和文化认同的珍贵资源。基于此，清王朝自定鼎燕京起，就对其"祖业"——东北地方实行土地封禁和文化封禁政策，隔绝满族、蒙古族与内地汉民族的交流。同时，在盛京设陪都体制，在保留八旗制度的基础上，将王朝统治架构复制、移植于东北地方。应该说，清初以降至19世纪中叶，在扫除了外部威胁并维持了百余年安定的过程中，东北地方在清统治者心中的地理边疆属性逐渐淡化，而疆域构造中的核心地位则被强化。这可从清康熙、乾隆、嘉庆、道光诸帝的历次东巡行为中窥见一斑。康熙三次东巡均对东北边防予以关注，采取移民实边、驻军屯垦、营建水师等举措加强东北防务，当然，这与清初边境未靖不无关系。乾隆以降，清帝历次东巡渐次变成了追宗认祖的形式，乾隆曾谆谆告诫其嗣位者："凡我子子孙孙绍登大统者，可不体朕志以为志，眷怀辽沈旧疆，再三周历，薪于祖宗遗绪，身亲而目睹哉？"并明确告谕后人："或轻视故都而惮于远涉，或偶诣祖陵视同延揽古迹而莫不动心，是则忘本而泯良。设有其人，则为国家之不幸，实不愿我后嗣之若此也。"② 其后，东巡的内容逐渐内化，由注重边防变为拜谒祖陵、拓建行宫、加恩赏赐、奖励文教等③，与此相伴的是东北地方地理边疆属性的弱化和疆域核心地位的上升。

其二，牵制汉人的需要。历史上由非汉族建立的王朝一般会采用多元型帝国构造，即利用内地汉人对北方民族的恐惧感对其进行牵制，以便维护自己的统治。④ 从这个角度来看，东北是与内地行省相对立的一元，清朝采用各种手段保持当地人民的相对封闭性，阻止其认同中原和汉族文化，使东北

① 姚大力先生认为10世纪上半叶之前的北族王朝，在入主中原之前，多经历过一个漫长的渗透过程：其初，在汉族社会周边地区长期活动，以雇佣军身份介入汉地社会的政治斗争，其后逐渐演变为支配汉族政治、军事局面的重要势力，最后在那里建立自己的政权。此类北族王朝即为渗透型，包括北魏及其继承政权东魏、西魏、北齐、北周，五代时的后唐、后晋、后汉。10世纪上半叶以后建立的辽、金、元、清等王朝属于征服型王朝，它们都在一个很短的时间里征服大部分汉地社会。参见姚大力《中国历史上的民族关系与国家认同》，《中国学术》2002年第4期。
② 《清高宗实录》卷1066，乾隆四十三年九月丁亥，中华书局，1985，第22册，第251页。
③ 参见王佩环主编《清帝东巡》，辽宁大学出版社，1991。
④ 非汉族王朝一般都保留有强烈的种族本位主义的意识，元代在地方行政长官设置上蒙古人、色目人、汉人相牵制的做法以及清朝的满汉双员制，便是明显的例证。

成为与内地行省对立存在的特殊地方。

总之，清代前中期出于巩固王朝统治的需要，地理上偏于一隅的东北在政治上并未被边缘化。

东北地方在清朝疆域构造中的边缘化始于清后期，其过程与两种趋势相伴而生：地理边疆属性的上升趋势和疆域核心地位的下降趋势。

地理边疆属性的上升与传统中华世界秩序的崩溃紧密相连。咸丰八年（1858）中俄《瑷珲条约》和咸丰十年（1860）中俄《北京条约》的签订不但使东北地方的面积减少了100余万平方公里，同时也以这种惨痛的方式重新确定了清王朝在东北东部与北部的疆域界线，使清王朝切身感受到了来自界线之外的他者的威胁。在东北东南部，甲午战败后，清朝与朝鲜之间宗藩关系瓦解，清朝的政治、军事势力完全退出朝鲜。迨至光绪二十九年（1903）《中韩边界善后章程》和宣统元年（1909）《图们江中韩界务条款》签订，经过近代条约体系重塑的东北地方不再具有任何缓冲地带，完全暴露在邻国的视野之下，变成地地道道的边疆。

与疆域核心地位下降过程形影相随的是满族对于"中国"认同的加强。种族认同与"中国"认同之间应该是此消彼长的关系，这在历代北族王朝中并不鲜见。[①]清咸、同以降，满族统治者越来越依赖于被征服地的本土资源，即农耕地带的资源来维持自己在整个疆域内的统治，对于本族群的认同趋于淡化。比较明显的例证是光绪初年清政府对盛京旗民二元管理体制进行了改革，其结果是旗署的管理职能大部分让渡给民署，事权走向单一，民署的地位随之上升，成为盛京管理体制的基础。这种扬民抑旗的做法固然与清末关内移民大量涌入东北有关，但其内核是"祖制"的松动和"满洲"认同的淡化。

综上，有清一代东北地方在其疆域构造中的地位由政治、文化核心逐渐边缘化。这种边缘化和分离的趋向直到光绪以后清政府重建东北地方政制体系才有所缓解。

---

① 最典型的例子是北魏。建立北魏的鲜卑部落在定鼎中原后仍派官员到家乡祭奠祖先居住的石室（20世纪70年代在呼伦贝尔地区发现的嘎仙洞）。但北魏统治者在保留与故地的象征性联系的同时，却在实际上中断了与同族部落之间真正的联系。直接的证据便是居住在其祖居地的鲜卑人恰恰是在北魏时期被改称为室韦。北魏统治者与故地血亲部落的联系也随之中断。参见姚大力《中国历史上的民族关系与国家认同》，《中国学术》2002年第4期。

二 国家认同危机与地方政制体系变革

在中国古人建构的以华夏中心主义为基石的华夷秩序中，国家认同包含两个层面。第一个层面是对君主和王朝的认同，通过拥戴君主而认同国家，通过认同国家而形成共同体意识，王朝是传统政治文化中国家认同的基本层面。第二个层面是超越了王朝的历时性政治共同体符号——"天下""中国"。历史上的王朝更迭、鼎祚轮移催生了儒家传统文化价值体系对于夷夏之辨和国家认同的新解释。在开放夷夏界限的前提下，这种新解释认为族类差异的实质是文化差异，对华夏文明的信奉与否是辨别夷夏的根本因素。这种解释即所谓的"文化至上主义"。由此解释出发，对华夏文明的归属感超越了对王朝国家的归属感，文化认同取代了种族认同成为国家认同的核心，种族征服与文化冲突对于国家认同的冲击在这种解释下消解。

具体以清王朝而言，满族统治者通过对儒家文化的自觉皈依和以明朝后继者自居的文化策略赢得了统治中原的合法性权威；通过强有力的中央集权政权的建立将汉地社会纳入版图，经过清初期的冲突融合后，清王朝成为汉人士大夫的国家认同对象。这表明两种认同在"异族"王朝清王朝身上均有所体现，王朝认同通过文化认同得以确立，二者在清前中期并行不悖，是夷夏之辨思想在中国历史上的又一次成功实践。

1840年以降，西方列强的入侵从内部、外部两个层面侵蚀着中国传统国家认同。在内部，清朝统治200年间积累的政治危机和社会矛盾在王朝统治者与列强交涉过程中所表现出来的腐败无能面前被极度放大，吏治腐败、鸦片流毒及咸同以后军政财政权力的下移，地方势力的坐大，引起中央政治权威的衰落。清王朝作为国家认同对象的地位开始动摇。在外部，西方列强的出现导致以中国为中心的东亚朝贡体系瓦解，并进而摧毁了国人的天下观。国人逐渐意识到中国非但不是天下的中心，且随着殖民地化的加深，中国在制度及器物层面的劣势逐渐显现，成为世界的下层、边缘。

面对两个层面国家认同行将解体的危局，清王朝试图将两种认同资源进行重新拼接，加以西方世界的技术文明，重建国家认同，即在保留传统文化优越性和王朝存在合理性的基础上，接受西方的器物文明，排斥西方的制度文明。其突出表现是以洋务运动为背景的"中体西用"模式。但随后甲午之战的惨败证明此种努力的失败，战败不但没有激起国人对于战胜一方的仇恨和对己方凝聚力的加强，反而出现了向日本学习的高潮。这种情况正如列文森所说："体用模式是一种谬误，近代技术之用不可能保卫中国之体，而只能改变社会，从而使老体多了一个竞争对手而不是一副盾牌。"① 这同时也是传统夷夏之辨中由夷变夏思想在华夏中心主义解体后的另类表现，此时决定夷、夏即落后、先进与否的决定性因素已不是儒家的文化至上主义，而是"进步至上主义"，即日本及西方制度文明相对于王朝国家的进步性得到国人的认可。

初次重建国家认同努力的失败，迫使王朝统治者必须进行更为深层的制度变革以开发出新的认同资源。但甲午以降，重建国家认同有了更多的困难。其一，以文化至上主义为核心的夷夏之辨解体后，相对于外部心理优越性的消失，内部种族、语言、地域的差别就会突显出来。清朝是征服型王朝，满族是"异族"统治者，在这种情况下，皇权与国家不能做到天然的契合，且随时有可能由于皇权的举措失当而激起主体族群的异族记忆从而形成排满风潮。其二，庚子之役使王朝半殖民地化，王朝的政治权威进一步弱化，对地方的统驭力日渐式微。缘此，再建国家认同必须克服这两方面困难，即重新树立非种族性的、均质地施于全部疆域的、能够得到国人认同的政治权威，欲达此目的唯有对王朝政制架构及中央对地方的统驭机理进行深度变革，将统一的国家权力作为国家认同的符号。为达此目的，清王朝的办法是在全国范围内变革地方政制机理，这个变革过程通过清末新政得以实现。清末新政对传统中央、地方政制进行了变革，通过加强中央各部对地方事务的垂直管理重构了中央地方关系，并借此将国家权威渗透到地方；重建了中央政权的政治权威。由于国家权力是国家认同的基础，国家认同在很大程度上表现为对国家权力的归依，即服从国家权力或者利用国家赋予的权力谋求自己的利益，因而，新政通过权力渗透重建中央权威的同时，亦使国家认同从观念符号上升为国家制度建构层面。

从王朝再建国家认同的脉络来看，再建国家认同的过程也是对疆域进行统合的过程。通过改革地方政制，中央与地方实现了一个双向互动，一方面将原有疆域构造中的特殊地方改造成行省体制，并通过新的地方政制与中央政制的纵向连接及建立官绅合作的新模式将国家权力渗透到基层；另一方面

① 列文森：《儒教中国及其现代命运》，郑大华、任菁译，中国社会科学出版社，2000，第61页。

通过权力渗透和由国家主导的国民教育体系的确立，国民对国家权力的归属和认同得到加强。疆域构造既是地理概念也是政治概念，清王朝再建国家认同的努力实际上是从政治空间层面加强疆域各部分对于王朝中央政权的向心力，达到中央政权对疆域各部分实现有效统治和国民认同中央政权的目的。①这一历史脉络在东北边疆有非常突出的体现。

三 清末对东北边疆的统合与东北政制变革

关于清朝统合东北边疆对东北政制变革的作用，本文拟从官制、地方自治、财政、教育四方面加以探讨。

东北官制改革通过采用与内地同质的行省制度取代传统的陪都体制与军府构造，结束了东北地方在王朝疆域构造中延续了200余年的种族属性，意味着满族统治集团彻底抛弃了维系自己种族和文化认同的一种至关重要的资源，走上了构建非种族性的、同质的国家权力的道路；东北官制改革的意义不在其自身，而在于彻底铲除了在传统清朝政治体制中横亘于满汉与蒙汉之间的人为屏障，让其浑然一体，不仅让清朝最高统治者放弃了八旗政权的性质，同时也是中央政府向东北地方渗透权力、将权力重心上移的重要手段；这种同质性改革的象征意义尤甚，它标志着东北与内地一样，都是国家领土主权的构成部分，它给中国带来了一个确认国民范围、走进近代国家政治体制的契机。东北官制的均质化改革可看作是清朝满族统治者融入"中国"进程的结束和"大一统"观念在其统治行将落幕之际的重大变革。换言之，此时的东北地方在统治者眼中，已不再是借以慑驭内地汉人、稳固统治基础、有别于内地行省的特殊地方。王朝的"征服性"至东北建省已彻底退去，满汉界线在制度层面上被废止，正如时人所言："今东省而改督改抚，亦将化满汉为

---

① 不能忽略的是，在清末这一特殊历史时空中，与王朝统合疆域努力并存的是咸同以来久已存在的地方主义倾向。地方主义以维护和强调地方利益而与中央分庭抗礼，要求重新分配权力。这种要求在制度变革带来的利益重新分配面前表现得尤为明显。清末新政期间，地方督抚、绅士是地方利益的代表，在与中央的权力斗争中将中央政府置于对立地位而产生抵触情绪，甚至不惜违背中央政府政令。但尽管如此，笔者认为地方主义对中央政府的疆域统合的影响尚属有限，地方主义虽然盛行于清末，但彼时中央地方矛盾仍属于传统政治体制内的权力斗争，它并没有突破中央政府设定的政治改革框架，而且恰恰是地方的抵牾与抗拒将清王朝再建国家认同、统合疆域的必要性和历史脉络反衬得更加清晰。

一家，合种合群……且不独平满汉之界也，嗣且推广而大合种，大合群。"①

清初至清中期，清统治者对儒家经典的尊崇与绅士阶层古已有之的儒教文化至上情结使得皇权与绅权实现了合作。同时，在儒教文化至上主义与君权至上意识形态的强力作用下，绅士阶层逐渐泯灭了"华夷之辨"的思维，迨至咸同军兴，绅士已然成为基层社会的控制力量。至清末，清政府通过地方自治开始有计划地利用绅士，强化对地方社会的控制，加强中央政府的权力渗透。在清末东北，官权通过与绅权的合作建立起一套新的在官权控制下的基层统治机制，实现了中央权力向州县以下基层的渗透。与传统的官绅关系一脉相承的是，官权在制度设计方面对地方自治进行了严格限制，这表现在横向、纵向两方面。从横向来看，清廷颁布的《城镇乡地方自治章程》明确规定军人和地方巡警没有选举权和被选举权，这实际上是切断了地方自治与其他基层治理体系的横向联系；从纵向来看，宪政编查馆规定各省咨议局议员只准办理学务，不得兼任地方自治会成员②，切断了地方自治与省咨议局之间的纵向联系，确保官权在基层的绝对主导地位，避免重蹈省咨议局被绅士把持的覆辙。可见，官权是有意识地将地方自治孤立，让其独立运转，将地方绅士固定在疆域的最底层，并加以利用，以达到统合疆域底层、巩固政权的目的。

清末东北的财政改革往往为研究者所忽视，事实上，财政改革的意义不仅仅在于增加财政收入用于新政事业，更在于可以借此加深当地人民的国家意识。清朝此前在东北实行的财政制度业已不能适应大量汉人出关的形势，税制混乱，不仅使大部分税收为当地统治阶层中饱私囊，而且造成了当地居民只知当地统治阶层不知有清朝的局面。而清末东北的财政改革实行与内地相同的制度，税收统一到国家，这虽然有经济榨取的成分，但其意义不仅在于支持财政，更在于可以加深当地人民的国家意识。同时，清末实行的预算制度、国地两税划分，也是清政府向下渗透权力、向上集中权力的重要举措之一。清政府试图通过这两项政策收督抚之财权，并掌

① 《论东三省改设行省》，《盛京时报》光绪三十三年三月十六日，第4版。
② 吉林省对省咨议局议员兼办地方自治的情况进行了严查，如吉林府、榆树厅、伊通州等地由省咨议局议员兼任的自治公所职员被饬令改派，详见《批吉林府拟选自治筹办公所正副所董并饬筹设情形赶速补报以凭核办由》《批榆树厅详送设立自治筹办公所员役衔名册并预算案分别准驳由》《批伊通州禀设城自治筹办公所派副所董与馆章限制议员兼差不合应即改派并发图记式样由》，载于清吉林全省地方自治筹办处《吉林全省地方自治筹办处第一次报告书》，宣统二年铅印本，吉林省图书馆藏。

控全国财权。其中中央政府与地方政府之间的争论往还、讨价还价的过程尤为值得关注，它反映出清末中央—东北地方政制权力格局的实态，也是评估清政府疆域统合实效的重要指标。由于地方督抚的抵拒，财政集权的效果虽然不甚明显，但清政府的集权努力毕竟是对咸同以来中央、地方财政倒置的一次清算。

清末东北的教育改革包含两方面内容，一是创建西式教育体制，二是改良传统教育模式——私塾。以新式学堂为代表的新式教育制度不能适应清末中国的社会特点和人口教育结构，与传统教育理念发生冲突，新制与旧体之间的不契合使得私塾之于清末社会仍具有存在的合理性。于是，清政府在创建新式教育体制的同时，着手对私塾进行改良，与其说是改旧趋新，不如说是借此将国家权力向底层民众教育领域渗透，将原本徘徊在国家教育体制之外的由民间自发组织的私塾教育纳入中央政府主导的教育体系之中。对国民教育权的争夺是清政府主导的国民教育的核心内容，甚至超过了国民教育本身。对小学、私塾，清王朝一方面在国家创建的新式国民教育体系中保留王朝安身立命的纲常伦理，以增强国民的王朝（国家）认同；另一方面，在传统教育体系中加入超出私塾和塾师能力的西学，并通过设立改良私塾管理机构将私塾、塾师纳入官方控制之下，实现对传统教育模式的掌控和利用，进而在实质上将其纳入由国家主导的新制国民教育体系中。对小学堂和私塾采取的表面上的矛盾政策隐含的是国家对基层国民教育权的掌控。一言以蔽之，"为我所用"才是清末东北教育改革的内核。

应该说，由具有"满洲故地"历史烙印的特殊地方到与内地同质的行省体制并在诸多改革举措中走在全国前列，清末东北地区的政制变革最能够体现清王朝通过实施新政再建国家认同、强化疆域统合的意图。

四 结语

清朝清算传统政治体制的过程开启于新疆建省①，终结于清末东北的政制变革。变革东北政制是清朝重新建构或修补自己的以民族为界的多元型帝国构造、确认主权领域范围的重要举措，是清朝再次界定旗人与民人的关

---

① 王柯：《国际政治视野下的"新疆建省"》，（香港）《二十一世纪》2007 年第 1 期。

系、抛弃以往让各族群互相牵制的政治体制和统治策略、彻底放弃"满洲"民族政权性质的标志。清朝统治者通过放弃"祖制"来复兴"祖业"的过程，同时也是确认主权领域和铸造新式国民、建立近代民族国家政治体制的过程。其间，东北地方在王朝疆域构造中的特殊性开始消解，在疆域属性上实现了与内地同质。

（原载《社会科学辑刊》2012 年第 2 期）

乾隆朝西藏体制变革

——以珠尔默特那木扎勒事件为中心

吕文利

摘　要：清代珠尔默特那木扎勒事件是影响西藏的标志性事件。这一事件促使清政府对西藏的政策进行了较大调整，提升并维护了达赖喇嘛的政教地位，加强了驻藏大臣的权力，并建立了此后二百年相沿不替的噶厦政府。这是清政府对西藏的再一次体制变革和制度安排。

关键词：西藏　驻藏大臣　珠尔默特那木扎勒

作者简介：吕文利，1980 年生，历史学博士，中国社会科学院中国边疆史地研究中心副研究员。

清代西藏政局跌宕起伏、风云百变，中央政府对西藏地方可谓煞费苦心，其政策也是在探索中一变再变，西藏地方对此也有诸多反应，其中珠尔默特那木扎勒事件尤为令人关注。迄今为止，相关研究论著有：陈志刚《清代前期珠尔默特那木扎勒总理藏政研究》（《求索》2006 年第 6 期），邓锐龄《1750 年珠尔默特那木扎勒事件的再思考》（《中国藏学》2006 年第 2 期），杨群、李红坦《探析珠尔默特那木扎勒事件与清治藏政策的转变》（《青海民族研究》2005 年第 4 期），汤池安《论珠尔默特那木扎勒之死》（《中国藏学》1988 年第 3 期），佘万治《珠尔默特那木扎勒事件的真相》（《西南民族大学学报》1992 年第 6 期），等等。这些文章的研究角度各有不同，对此问题的研究也逐渐深入，其中，邓锐龄先生的文章是对珠尔默特那木扎勒事件研究的总结，该文说："关于乾隆十五年（1750）珠尔默特那木扎勒事件，《清实录》所记最有系统，《清史列传》中的傅清、拉布敦传大致本诸官书行状，与《清实录》基调一致，私人著述如《西域遗闻》《金川草》则记传闻轶事，颇有价值，《皇朝藩部要略》综括始末，简赅清晰。这些都是汉文文献。至于藏文史料，章嘉活佛《七世达赖喇嘛传》写成于乾隆二十三年（1758），上距事件仅 10 年，有关记载不多，此后几年，策凌旺扎勒的《噶伦传》成书，记亲身经历，比较珍贵，然于此事件用墨也有限。丹津班珠尔于 19 世纪初脱稿的《多仁班智达传》仅有寥寥数笔。"① 其实，虽然《皇朝藩部要略》是私人著述，但它是《蒙古回部王公表传》的底册，于乾隆四十四年（1779）开始修纂，仅仅与珠尔默特那木扎勒事件相隔 29 年，很多当事人还保留着对当年事件的鲜活记忆，可以说，这是清代记述此事件的第一部文献，它与后来成书的《清高宗实录》在史实记载上有很大出入，不过其真实性要比《清高宗实录》高很多。②

前人研究大多只是关注珠尔默特那木扎勒事件本身，本文拟在前人研究的基础上，充分挖掘《皇朝藩部要略》等史料，并变换研究角度，以乾隆君臣围绕珠尔默特那木扎勒事件前后所做商议为中心，探讨清政府以此突发事件为契机，对西藏所做的体制变革和制度安排。从不同角度来看珠尔默特那木扎勒事件，或许会更加接近真相本身。

一　珠尔默特那木扎勒其人及其事件的背景

珠尔默特那木扎勒系颇罗鼐之次子，承其父荫，袭封郡王。《皇朝藩部要略》载："（乾隆）十一年，谕［颇］罗鼐曰：'尔素效忠诚，勤劳懋著，自朕御极以来，悉心靖共，凡事竭力奋勉，办理妥协，甚属可嘉，著加恩于尔子内封一长子日后承袭王爵，总理藏务，所系甚要，其善择才堪嗣尔，悦服众心，裨益公务者以闻。'颇罗鼐子二，长珠尔默特策布登，次珠尔默特那木扎勒。珠尔默特策布登病足，以长子让弟，珠尔默特那木扎勒诡让兄，颇罗鼐爱少子，请以珠尔默特那木扎勒为长子，允之。上闻珠尔默特策布登之让，嘉之。谕曰：'珠尔默特策布登虽有疾，前曾出兵效力，著加恩封镇

① 邓锐龄：《1750 年珠尔默特那木扎勒事件的再思考》，《中国藏学》2006 年第 2 期。
② 《皇朝藩部要略》是《蒙古回部王公表传》各部总传的底册，《蒙古回部王公表传》各部总传为据此改定。参见吕文利《〈蒙古回部王公表传〉与〈皇朝藩部要略〉之关系考述》，《新疆社科论坛》2007 年第 1 期。

国公.'"① 然而,《清高宗实录》的记载与上述内容有所不同:"前以西藏郡王颇罗鼐一心肫诚奋勉,特施恩于伊二子内封一长子,命伊指出具奏。今据颇罗鼐以伊长子珠尔玛特策卜登已属残疾,次子珠尔默特那木扎勒堪以奋勉出力。伊兄弟互相逊让,并无争竞,即彼处噶卜伦、第巴、大喇嘛等亦皆心服等因具奏。应如所请,将珠尔默特那木扎勒封为长子。珠尔玛特策卜登因从前带兵在边境出力,曾施恩封为辅国公,今虽有残疾不能效力,并著加恩封为镇国公。"②

那么,珠尔默特那木扎勒袭封郡王一事,到底是其父颇罗鼐偏爱珠尔默特那木扎勒,还是兄弟谦让呢? 如上文所述,《皇朝藩部要略》于乾隆四十四年(1779)始纂修,《清高宗实录》则是从嘉庆四年(1799)开始纂修,至嘉庆十二年(1807)修竣。二者虽然都是依据奏折等档案纂修,但《清高宗实录》所用资料的原始性要比《皇朝藩部要略》差。且《皇朝藩部要略》又记云:"(乾隆)十二年,(镇国公)珠尔默特策布登疾痊,驻藏副都统傅清等请遣屯阿里克汛,允之。"③ 由此看来,珠尔默特策布登足疾无碍,颇罗鼐实心中偏祖珠尔默特那木扎勒。此条史料其他史书无载。

珠尔默特那木扎勒上台后,面对的是西藏早就潜伏着的因阿尔布巴事件带来的种种不安定因素。康熙六十年(1721),清朝决定改革西藏的行政体制,不再在西藏册封蒙古和硕特部汗王掌政,废除第巴职务,代之以委任数名噶伦共同处理政务。"噶伦"是"发布命令的官员"之意。当时噶伦为抗击准噶尔军有功的康济鼐、阿尔布巴、隆布鼐等人,后又于雍正元年(1723)增加了颇罗鼐和扎尔鼐为噶伦。这五名噶伦早有矛盾,康济鼐、颇罗鼐同属后藏贵族,结成一派;而阿尔布巴、隆布鼐是前藏人,再加上达赖喇嘛系统的扎尔鼐,以及新坐床的七世达赖喇嘛之父索南达杰,结成另一派。两派之间的斗争日益激烈。

雍正五年(1727)六月,阿尔布巴等人抢先下手,杀死了康济鼐,又发兵往后藏攻打颇罗鼐。颇罗鼐一面抗击阿尔布巴,一面奏报雍正帝。次年,颇罗鼐率兵攻入拉萨,擒阿尔布巴等人,但他未对阿尔布巴等人擅做处

① 参见包文汉整理《清朝藩部要略稿本》,黑龙江教育出版社,1997,第302页。对于张穆整理《皇朝藩部要略》时删除的文字,包文汉先生整理时用"( )"表示;增添的文字,用"[ ]"表示,下同。
② 《清高宗实录》卷256,乾隆十一年正月甲戌条。
③ 包文汉整理《清朝藩部要略稿本》,第302页。

治，而是请清朝官员决断。雍正六年（1728），清朝官员查郎阿等以叛逆罪处死了阿尔布巴、隆布鼐、扎尔鼐三人。这一事件史称阿尔布巴事件。阿尔布巴事件是西藏贵族间以及夹杂着达赖喇嘛在内的一场复杂的权力之争，颇罗鼐是胜利者。雍正六年到乾隆十二年（1728～1747），清廷任命颇罗鼐主持西藏事务，并在雍正六年十二月，把达赖喇嘛迁至理塘，至雍正十三年（1735）七月，达赖喇嘛才返抵拉萨。

此后，僧俗势力又明争暗斗。《七世达赖喇嘛传》记载："郡王颇罗鼐宿业积重，善谋英武，有时执政合于法道，然人心难测，彼一度福泽减弱，臣属群小包围，欲图更高地位权势和惟我独尊，一再找机会对喇嘛（指达赖喇嘛——笔者注）抗衡，对敬信喇嘛者加罪凌辱，吹捧收买来世蠢材，行为不正，令人畏惧。"[1] 乾隆十一年（1746），双方的矛盾一度激化，起因是达赖喇嘛之管事苍结指使达赖喇嘛之弟工格丹津家人，做镇压符咒诅颇罗鼐。[2] 颇罗鼐"大疑，谓从前达赖喇嘛之父谋杀台吉康济鼐，原有宿仇，此人明系达赖喇嘛指使"[3]。《七世达赖喇嘛传》中对此事也有详细记载，此书云，曾与颇罗鼐友善的仲益仓吉罗丹（即苍结）因敬信达赖喇嘛，引起了颇罗鼐的不快，后在一次机会中把仲益的一名仆人抓去，教唆他诬说仲益令其行窃，颇罗鼐又贿赂别人，诬说仲益对自己"诅咒厌胜"，并诬陷索本扎巴塔益亦参与其事，"以莫须有的罪名将仲益仓吉（罗丹）捕入协噶狱中"[4]。由此可知，《七世达赖喇嘛传》认为"诅咒"颇罗鼐一事是颇罗鼐诬陷，是"莫须有"之事。

无论如何，被达赖喇嘛之人用符咒"镇压"一事虽经驻藏大臣开导，颇罗鼐从轻处理，并得到了皇帝的夸奖，暂时平息，但颇罗鼐与达赖喇嘛的冲突却更加深了。其实，据《清高宗实录》，早在几年前，颇罗鼐还有一次被"镇压"的事。乾隆十一年（1746）十二月初四，乾隆帝敕谕藏王颇罗鼐："达赖喇嘛看茶之绥绷喇嘛扎克巴达颜将尔镇压，经书写人桑寨拿获，尔从傅清之言，将此事如同无事，从轻完结。经傅清奏闻，扎克巴达颜系达

---

① 章嘉若贝多杰著《七世达赖喇嘛传》，蒲文成译，中国藏学出版社，2006，第253页。

② 据苏发祥考证，此事件发生的时间当为1745年。参见苏发祥《清代治藏政策研究》，民族出版社，2001，第71页。

③ 《庆复等奏报颇罗鼐与达赖喇嘛失和情形折》，乾隆十一年十二月初九日，《元以来西藏地方与中央政府关系档案史料汇编》（2），中国藏学出版社，1994，第492页。

④ 章嘉若贝多杰著《七世达赖喇嘛传》，蒲文成译，中国藏学出版社，2006，第253页。

赖喇嘛服役之人，惟恐关系达赖喇嘛，如此办理，甚合机宜。达赖喇嘛系执掌阐扬西方佛教之人，尔系约束管理藏内人众之人，尔二人同心协力，以安地方，使土伯特向化，一应事务皆赖尔等办理。朕视尔二人俱属一体，从无畸重畸轻之见。若尔二人稍有不合，以致地方不宁，甚负朕信任期望之恩。再，朕知镇压左道，断不能有损于人。即以近事而论，扎克巴达颜四五年前将尔镇压，此时朕先将尔子封为长子，又加恩封长子为镇国公，并施尔恩典甚重，岂非不能镇压之明效大验乎！观此，尔可以无疑矣。"① 乾隆给颇罗鼐的密谕有两个目的，一是表扬颇罗鼐处理此事"甚合机宜"；二是打消颇罗鼐被"符咒镇压"的恐惧心理，其中重要的理由就是扎克巴达颜四五年前也将颇罗鼐"镇压"，颇罗鼐不但毫发无损，还继续享受荣华富贵。乾隆皇帝是以一个"外人"的角度一厢情愿地来劝说颇罗鼐，完全不了解宗教在西藏人心中的地位，其实，"符咒镇压"可以对西藏人产生很恐惧的心理作用。被两次"符咒镇压"的颇罗鼐其实也一直耿耿于怀，这从乾隆亲自劝慰也可见此事的严重性。乾隆十二年（1747）三月十二日，颇罗鼐抱病身亡，当时的西藏人自然而然地想到了是被"符咒镇压"致死的②，这更使西藏的僧俗关系雪上加霜。

颇罗鼐死后，达赖喇嘛要去吊唁，被珠尔默特那木扎勒拒绝。对此，乾隆帝也早有预料，他谕军机大臣等云："再上年有达赖喇嘛属下人镇压颇罗鼐一事，伊等彼此已露不和之意。今颇罗鼐暴殁，珠尔默特那木扎勒或念伊父，动生猜疑，与达赖喇嘛不睦，或达赖喇嘛又信人言，即照所行于颇罗鼐者，行之于珠尔默特那木扎勒，则更有关系。"③ 乾隆帝此谕透露了两个信息：第一个是珠尔默特那木扎勒确实怀疑其父的死亡和被"符咒镇压"有关系；第二个是达赖喇嘛"又信人言，即照所行于颇罗鼐者，行之于珠尔默特那木扎勒"，一个"又"字，透露出达赖喇嘛之人以"符咒镇压"颇罗鼐一事，确系达赖喇嘛指使。乾隆帝担心的是，颇罗鼐暴殁，给达赖喇嘛等

① 《庆复等奏报颇罗鼐与达赖喇嘛失和情形折》，乾隆十一年十二月初九日，《元以来西藏地方与中央政府关系档案史料汇编》（2），中国藏学出版社，1994，第492页。
② 《七世达赖喇嘛传》云：颇罗鼐"临死时，脖上出一大金伤夹核，破裂后流血不止而亡，自受与自己以往作业相合之果"。此即指上文所记颇罗鼐诬陷仲益仓吉罗丹等人对其"符咒镇压"一事，说其自作自受而亡。但是不相信颇罗鼐诬陷他人的人，则都纷纷怀疑颇罗鼐之死和被人"符咒镇压"有莫大的关系。因此，不论从哪方面来说，颇罗鼐之死都被人们怀疑和"符咒镇压"一事有关。
③ 《清高宗实录》卷286，乾隆十二年三月乙巳条。

人用这种手段致人于死以极大的信心，怕他们以这种手段继续"行之于珠尔默特那木扎勒"，那样的话，西藏的僧俗关系将更加恶化，但无论如何，此时西藏僧俗关系紧张已经尽人皆知了。

珠尔默特那木扎勒上台后，乾隆帝除了对珠尔默特那木扎勒与达赖喇嘛的矛盾表示担心外，还对驻藏大臣谆谆教导，要求其理顺珠尔默特那木扎勒与达赖喇嘛的关系："西藏地方关系甚要。颇罗鼐经事练达，下人信服，伊亦能奋勉效力，诸事毋庸置念。今颇罗鼐已故，虽命伊子珠尔默特那木扎勒袭封，总理藏卫事务，而藏地素属多事，众心不一，值珠尔默特那木扎勒年幼新袭之时，未必即能如颇罗鼐收复众人之心。颇罗鼐在时，凡事俱由伊主张，不过商同傅清斟酌办理。今非颇罗鼐时可比，著传谕傅清，逐处留心访查。如有珠尔默特那木扎勒意见不到之处，即行指示，不得稍有疏忽……颇罗鼐总理藏务多年，皆因能用其属下可信之人，凡事皆属妥当。珠尔默特那木扎勒宜令其用伊父信用旧人，协力料理，方为有益……此际彼处众人意见情形，及珠尔默特那木扎勒袭爵办事后各处人心输服与否，俱著一一加以体访，具折奏闻。"[①]

乾隆对驻藏大臣的教导颇有深意。颇罗鼐当权时，凡事都由颇罗鼐做主，大事"不过商同傅清斟酌办理"，但此刻不同了，要求驻藏大臣要以强势姿态来面对藏王，"如有珠尔默特那木扎勒意见不到之处，即行指示"。由"商同办理"到"即行指示"，这是一个质的变化。另外，除了上述珠尔默特那木扎勒与达赖喇嘛的矛盾外，还有颇罗鼐"旧人"和新藏王的矛盾问题。因此，珠尔默特那木扎勒刚一上台，面临的就是和达赖喇嘛、驻藏大臣、父亲"旧人"甚至还有其兄珠尔默特策布登等的诸多矛盾，可说是孤军奋战。他要么选择和这些势力妥协而分散权力，要么调整这些关系，维护藏王权力。结果，他选择了后者。但是，他在破解这些矛盾的过程中措施不当或操之过急，最后迅速败亡。

陈志刚在《清代前期珠尔默特那木扎勒总理藏政研究》一文中，对珠尔默特那木扎勒调整藏内关系有很好的研究。他认为，珠尔默特那木扎勒上台后，采取的主要措施有：全面压制达赖喇嘛一系，拉拢班禅一系；集中藏王体制内部的军政权力，去旧布新以及杀死其兄珠尔默特策布登。[②] 但是，珠尔

---

① 《清高宗实录》卷286，乾隆十二年三月乙巳条。
② 参见陈志刚《清代前期珠尔默特那木扎勒总理藏政研究》，《求索》2006年第6期。

默特那木扎勒的措施是失败的，他激化了与达赖喇嘛的矛盾，集中权力的步伐太快，尤其是杀死其兄珠尔默特策布登更使自己臭名远扬。驻藏大臣纪山在乾隆十四年（1749）奏称："到藏以来，留心访察珠尔默特那木扎勒，看来情性乖张，属下俱怀怨望，且伊又有疑忌达赖喇嘛之心，恐日久众怨愈深，达赖喇嘛亦不能忍，致生事端。"① 藏文文献《噶伦传》亦有记载："王（达赖巴图尔，即珠尔默特那木扎勒——笔者注）被鬼魅所缠身，任所欲为无法控制，恣意妄为，狂妄欺诈。本性狂怒如鳄鱼，遇事不调查，随意处之，草菅人命在所不惜。正如人们比喻：'见人就杀，听到就得逃跑。'所有这些令人毛骨悚然。我们各自虽然没有罪恶，但是以心怀恐惧之情跟随于其后。正直的人好言相劝，对此他面带怒色，（使劝者）反遭怀恨和谩骂；恶人献以温雅悦耳的一连串的狂言妄语，他听后却面带笑容。见他在玩耍时，而我们则像冬季的杜鹃一样不敢讲话。即使如此，他仍然施展各种方法损害于他人。"②

由此可见，珠尔默特那木扎勒的一系列措施使得各种矛盾更加激化，而珠尔默特那木扎勒事件的发生，正是珠尔默特那木扎勒和驻藏大臣的矛盾以及其他各种矛盾的总爆发。

二 珠尔默特那木扎勒事件及乾隆君臣在此事件前后所做的商议

乾隆十五年（1750），发生了珠尔默特那木扎勒事件，《皇朝藩部要略》记载此事云：

（乾隆）十五年，珠尔默特纳木扎勒以兵戕其兄珠尔默特策布登于阿里，诡以兄暴疾闻，请收葬，并育兄子，上允之。时珠尔默特策布登子朋素克旺布及珠尔默特旺扎勒皆居后藏，珠尔默特纳木扎勒以兵往戕，朋素克旺布阳称逃亡，珠尔默特旺扎勒奔扎什伦布，依班禅额尔德尼为喇嘛，乃免。驻藏都统傅清，左都御史拉布敦以珠尔默特纳木扎勒携兵离藏告。盖是时珠尔默特纳木扎勒忌其兄珠尔默特策布登袭杀之，

---

① 《清高宗实录》卷351，乾隆十四年十月丙寅条。
② 策凌旺扎勒著《噶伦传》，李风珍译，中国社会科学院民族所历史室、西藏历史档案馆编《藏文史料译文集》，1985年7月印，第57页。

私携炮至后藏，诬籍噶卜伦辅国公班第达及第巴布隆赞等，旋达木，距前藏三百余里，拥众二千余不归，奏至，上不忍即诛之。谕曰："此或珠尔默特纳木扎勒以部众不皆顺，拥兵自护，且或因弟兄启衅，惧朕问罪，妄意离巢穴可苟免，此时惟应静以镇之。待其自起自止，在我原无治罪之心，则彼亦不生猜疑之念也。"嗣傅清等密疏叛状。诏候副都统班第自青海赴藏讨罪。复谕四川总督策楞、提督岳钟琪等驰兵往会。而是时贼猖盛梗驿道，军书不达者旬日，傅清偕拉布敦计，不急诛，贼必据唐古特为变，召珠尔默特纳木扎勒至，待诸楼，甫登，起责其罪曰："尔违天子命，且忘尔父，无君无父，罪不可赦。"傅清趋前扼其臂，拉布敦拔佩刀刺之，谕胁从罔治。有罗卜藏扎什者，趋下呼贼千余突至，聚围楼，集薪焚，达赖喇嘛遣番僧往护，不得入，傅清、拉布敦死之。①

这就是历史上有名的珠尔默特那木扎勒事件。其实在此事件发生前，乾隆君臣就商议用多种方案收服珠尔默特那木扎勒。

第一种方案是用珠尔默特策布登的力量来剪除珠尔默特那木扎勒。乾隆十四年（1749）十二月十四日策楞等人的奏折中提到："倘因番众以珠尔默特那木扎尔暴虐之故，勾通伊兄发兵剿灭，则强为劝其和息，亦不过安静于一时，莫若就事设法遣人密授意于珠尔默特车布登（朱批：此事恐不能行），令其以伊弟之暴戾，不比伊父婆罗鼐之恭顺，用兵缚献于臣傅清、臣纪山之前，代为奏请候旨发落，并恳天恩，即准其管理西藏事务，较为捷便，并可望将来藏地安静无事。"② 这个方案被乾隆帝否定。

第二种方案是策楞等以助珠尔默特那木扎勒为名，出兵擒获珠尔默特那木扎勒。"遣策楞、岳钟琪酌派满汉官兵一二千名，明告以伊兄攘夺称戈，恐与彼不利，特令派兵相助，俟策楞等至藏，即可乘其不备，将珠尔默特那木扎勒正法，再行出示晓谕，以出于该督等便宜行事，安众人之心，众人素怨其酷虐，自必帖然；更召珠尔默特车布登，晓以大义，令袭伊父颇罗鼐贝勒职衔，统辖旧部，不使管理嘎陇事务，似可为分彼重权，久远宁谧之计。"也就是说，策楞等以助珠尔默特那木扎勒出兵为名，行擒获珠尔默特

---

① 包文汉整理《清朝藩部要略稿本》，第304页。
② 《策楞等奏遵旨会商应付珠尔默特弟兄构衅之策折》，乾隆十四年十二月二十四日，《元以来西藏地方与中央政府关系档案史料汇编》(2)，第501页。

那木扎勒之实。但是这个方案"念川省兵戈甫息，更事征调，未免骚动，督提俱往，人心更觉张皇，又不知果否能如此办理，倘有差失，则所伤实多，是以迟迟未定"。①

第三种方案是以进藏熬茶之名，遣兵进藏剪除珠尔默特那木扎勒。"遣章嘉呼图克图赴藏熬茶，或督或提遣兵护送，或另遣大臣前往，于熬茶之便，随宜相度，即行剪除，使迅雷不及掩耳。"但对这个方案亦犹疑不决："亦未知可否如此办理？于事势能与不能？办理后人心是否允服？"这个方案只是一些想法而已，"总不能得彼中实在情形，所有筹画皆不过泛论，未得确然定见"。后策楞、岳钟琪等人商讨了这个方案，得出的结论是："若以熬茶之便权宜办理，而熬茶事所时有，恐将来无以取信于藏地，似亦不可不虑之事。"乾隆帝对此批示："熬茶从权之计，实非王道，且恐失信将来，今不必再题矣。"②

第四种方案是于策楞、岳钟琪中派一人直接领兵前往西藏弹压。"以现在纪山会同珠尔默特那木扎尔以抢马之事具奏，藏地甚属紧要，于臣等两人（指策楞、岳钟琪——笔者注）之内特命一人领兵前往西藏弹压声援，先行晓谕；仍另行密颁汉夷字谕旨一道，申明珠尔默特那木扎尔之暴虐乖戾、弟兄构衅之罪，令臣等会同明正典刑，以彰国法。"但是乾隆帝在批示中亦说此方案"恐行之过险，事不能成，所失者大。今遣拉卜敦前往，俟彼至藏，得其实情，再办可耳。总之地处极边，与其失之急而偾事，宁可失之缓以待时耳"。③

总之，在珠尔默特那木扎勒事件发生前，对于怎样处置珠尔默特那木扎勒，乾隆君臣有过多次的商议，但因种种考虑而全告放弃。而此时，远在万里之外的西藏，珠尔默特策布登已被珠尔默特那木扎勒杀害。

清廷面对突如其来的情况变化，不得不另想计谋。策楞等奏称以珠尔默特策布登的二子中选一子承袭其职，还是管理阿里地方，"既足以资外御，亦不致增益藏内之权势矣"。但乾隆帝否定了这一想法：

---

① 《清高宗实录》卷355，乾隆十四年十二月庚子条。
② 《策楞等奏遵旨议复处理藏事办法折》，乾隆十五年正月初九日，《元以来西藏地方与中央政府关系档案史料汇编》(2)，第507页。
③ 《策楞等奏会商珠尔默特车布登已死请以其子一人袭职管理阿里不致益增藏内权势折》，乾隆十五年正月二十七日，《元以来西藏地方与中央政府关系档案史料汇编》(2)，第510页。

将珠尔默特车布登二子内准以一人承袭其职之处，则所见于事势未
协。夫以珠尔默特那木扎勒之乖张暴戾，伊兄在日，尚与称兵构衅，不
能相容，以致陷兄于死，今伊兄已死，无所顾忌，又何有其兄之子？即
使令其承袭，伊又何甘令其晏然抚有故土？是徒多生一枝节，而于事毫
无实济也。且理无两是，珠尔默特那木扎勒之告称伊兄称兵抢夺，已有
不遵王法之形，身后自有当得之罪，伊子岂可复令承袭？如谓珠尔默特
那木扎勒诬陷其兄，则又当明正其罪，非命将用兵大为办理不可。于二
者之中，权其轻重，则珠尔默特车布登既经身故，其果否病死，无从致
诘，而珠尔默特那木扎勒乖张暴戾，将来亦未必长久。若因此劳师动
众，实乃费有用于无益之地，有所不必，虽明知为彼所愚，亦不妨姑且
从权，置之不问。①

这里，乾隆帝是从一个统治者的高度全面分析了西藏的形势，指出不宜
出兵，且为了不致让珠尔默特那木扎勒生疑，特告诉驻藏大臣对此事"置之
不问"。但珠尔默特那木扎勒还是惧怕清廷因其杀害兄长事而追究责任，于是
"前往萨海地方，有调动部兵、搬运炮位等情形"②。面对此等危机情况，傅
清、拉布敦的策略是"俟珠尔默特那木扎尔由打克载地方回来，接见之时即
为擒拿，剪除此孽"，并奏明不待请旨即行乘机办理。③ 可见二大臣已觉危机
重重，欲先下手而后快。乾隆帝虽然令其不可轻举妄动，然则"道途遥远，
难以预定"④，因此命令策楞和岳钟琪等征调川兵，以为防备之计。乾隆帝
给傅清等人的谕旨经他计算后，认为约十一月初可到西藏，但是傅清和拉布
敦没有看到这道谕旨，他们于乾隆十五年（1750）十月十三日动了手。

三 清政府对西藏的体制变革和制度安排

珠尔默特那木扎勒事件发生后，清廷积极处理善后事宜。《皇朝藩部要
略》云：

---

① 《清高宗实录》卷358，乾隆十五年二月己卯条。
② 《清高宗实录》卷364，乾隆十五年五月丙午条。
③ 《策楞等奏遵旨备兵预防情形折》，乾隆十五年十月十九日，《元以来西藏地方与中央政府
关系档案史料汇编》（2），第515页。
④ 《清高宗实录》卷374，乾隆十五年十月丁丑。

先是，傅清等将除（逆）（密与班第达谋珠尔默特纳木扎勒）［珠尔默特纳木扎勒，密与班第达谋］，（果就诛）罗卜藏扎什乘乱攫帑二万余挺走，班第达［复］奔告达赖喇嘛集兵捕［逆］，翌日擒禁之。遣番众屯要汛，谕勿伤汉民，抗官军，达赖喇嘛善之，奏令班第达暂理藏务。时四川总督策楞等赴藏定乱。谕曰："班第达不能救护驻藏大臣，念其势孤力弱，尚属无过，然亦无功可录，但不附逆党，犹知尊向天朝，著以辅国公爵，管理噶卜伦务，应候徐加恩赐。"①

《皇朝藩部要略》在这段记载中明确了班第达的功劳，"集兵捕逆"，且受到了达赖喇嘛赏识，奏令班第达暂理藏务。但是乾隆皇帝的谕旨却说班第达无功可录，可见乾隆帝惧再出现第二个珠尔默特那木扎勒，已决心废除王制，另想他途。② 这样两相一对照，乾隆帝之心可谓昭然若揭，而查《蒙古回部王公表传》记此事为："罗卜藏扎什攫帑二万余挺走，翌日，达赖喇嘛擒禁之。"③ 把班第达改为达赖喇嘛，人名一变，其义不同，从此抹杀了班第达的功绩，更使人不易觉察到乾隆之心。一段文字，前后几经修改，已然面目全非。

紧接着，乾隆又给策楞谕旨："此措置唐古特一大机会也，若经理得宜，自可永远宁谧，否则久复别生事端。珠尔默特纳木扎勒敢怀逆，萌于地广兵强，事权专一。嗣此唐古特应多立头目，以分其势，尔等其详议善后事宜，为一劳永逸计。"④ 遵从乾隆帝的这一最高指示，乾隆十六年（1751）二月初一日策楞抵达西藏后，提出"达赖喇嘛得以主持，驻藏大臣有所操纵，噶伦不致擅权"的改革藏政原则，在这一原则的思路下，制定了"酌定西藏善后章程"十三条。主要内容就是把藏王班第达降为噶伦，提升达赖喇嘛和驻藏大臣的地位。如：

---

① 包文汉整理《清朝藩部要略稿本》，第304页。《皇朝藩部要略》的这个记载很有意思，本来祁韵士原文是："先是，傅清等将除逆，密与班第达谋，珠尔默特纳木扎勒果就诛，罗卜藏扎什乘乱攫帑二万余挺走"，语义连贯，但后经张穆改为"先是，傅清等将除珠尔默特纳木扎勒，密与班第达谋，罗卜藏扎什乘乱攫帑二万余挺走"，尤其是把"果就诛"三个字删去后，语义不明，造成了阅读困难。
② 邓锐龄先生据其他史料也有此论，见邓锐龄《1750年珠尔默特那木扎勒事件的再思考》，《中国藏学》2006年第2期。
③ 包文汉、奇朝克图整理《蒙古回部王公表传》第一辑，内蒙古大学出版社，1998，第617页。
④ 包文汉整理《清朝藩部要略稿本》，第304~305页。

凡地方之些小事务，众噶隆秉公会商，妥协办理外，其具折奏事重务，并驿站紧要事件，务须遵旨请示达赖喇嘛并驻藏大臣酌定办理，钤用达赖喇嘛印信、钦差大臣关防遵行。嗣后凡遇补放碟巴头目等官，噶隆等务须秉公查办，公同禀报达赖喇嘛并驻藏大臣酌定，俟奉有达赖喇嘛并钦差大臣印信文书遵行。

嗣后凡碟巴头目等官，遇有犯法，或应抄没，或应革除，噶隆、代奔等务须秉公查明，分别定拟，请示达赖喇嘛并驻藏大臣指示遵行。

嗣后凡遇调遣兵马，防御卡隘，均应遵旨，听候达赖喇嘛并驻藏大臣印信文书遵行。代奔等仍不时留心地方，如遇有应行防范事宜，亦即禀明钦差大臣指示遵行。

除现有并添设之噶隆、代奔，均查取花名，造册送部，奏请颁发外，嗣后遇有缺出，驻藏大臣商同达赖喇嘛拣选应放之人，请旨补放，仍报部一并颁给敕书。将来或有不遵奉达赖喇嘛，并犯法不能办理地方，应行革除者，亦由达赖喇嘛会同驻藏大臣参奏，革除后，原颁之敕书，一体撤回缴部。

凡一切加派之差徭，亦应禀明达赖，概行减免，俾百姓苦乐得均。倘遇有出力有功，应行酌赏之人，噶隆、代奔等，即秉公禀明达赖喇嘛并驻藏大臣，酌定赏给遵行。达木蒙古……食用口粮，仍照旧例，向达赖喇嘛商上支取。一切调拨，均依钦差大臣印信文书遵行，噶隆、代奔等不得私自差遣。一切革除补放，俱由钦差大臣商明达赖喇嘛施行。[①]

这些措施极大地提升了达赖喇嘛和驻藏大臣的地位。在这一前提下，设立三俗一僧四个噶伦，成立噶厦政府，是清政府对西藏又一次重要的体制变革与制度安排。

这一政教合一的体制在此后的近二百年再未发生大的变化。这是自阿尔布巴事件后甚至是西藏与清朝有联系始，清廷治藏政策不断调整完善的结果。在珠尔默特那木扎勒事件前，清朝奉行的是政教分离的政策，意图也是不让权力过于集中；但是经过近百年的实践，清朝统治者发现，在宗教势力无孔不入的西藏，把宗教势力排除在政务管理之外，几乎是不可能的，政治权力和宗教权力成为一对不可调和的矛盾，而达赖喇嘛地位不可动摇，是因

① 张羽新主编《清朝治藏法规全编》（五），学苑出版社，2001，第 1826～1828 页。

为不止安抚西藏人民，还要怀柔蒙古。《高宗纯皇帝御制喇嘛说》云："兴黄教，即所以安众蒙古。……盖以蒙古奉佛，最信喇嘛，不可不保护之，以为怀柔之道也。"① 因此，唯一动摇的就只有世俗势力了，提高达赖喇嘛的地位，让他与驻藏大臣管理新的西藏地方政府，"这是一个历史性的突破，它标志着清朝不仅承认达赖喇嘛为藏区最高的宗教领袖，而且也承认了达赖喇嘛的政治地位"②。而且从权力制衡考虑，清政府也极大地提高了驻藏大臣的地位，重要事务达赖喇嘛都必须和驻藏大臣商同办理，清政府对西藏的控制力大大加强了。

清廷经过近百年的摸索，以珠尔默特那木扎勒事件为契机，探索出了此后近二百年相沿不替的治藏道路，维护了西藏的稳定和发展。

（原载《中国边疆史地研究》2009 年第 1 期）

---

① 《高宗纯皇帝御制喇嘛说》，《卫藏通志》卷首，全国图书馆文献缩微复制中心，《西藏史志》第 1 部，第 5 册，第 58~59 页。
② 苏发祥：《清代治藏政策研究》，民族出版社，2001，第 74 页。

清朝消极治台政策与台湾
行政区划的设置

安 京

摘 要：清朝统治者攻占台湾的目的是为了铲除反清势力在海上的根据地，而非开发台湾的自然资源、利用台湾的地理优势。因此，清廷采取了消极的治台政策。本文分析了清廷消极治台政策的产生过程，以及由此导致台湾行政区划设置迟缓等恶劣结果。

关键词： 清廷 治台政策 行政区划

作者简介： 安京，1954 年生，中国社会科学院中国边疆史地研究中心副研究员。

康熙二十二年（1683），清朝拥有了对全台湾的统治权。翌年，即在台湾设置一府三县，将台湾西南地区纳入其直接统治的范围，而对其他地区则实行间接统治。由于清廷采取了消极的治台政策，使其直接统治的行政区划范围扩展缓慢，导致列强大造"番地为无主土地"的舆论，以实现其侵占台湾这一海上战略要地的野心。

一

清朝统治者统一台湾的目的是为了铲除反清势力在海上的根据地，而非开发台湾的自然资源、利用台湾的地理优势。在这样的背景之下，清朝统治者采取消极治台政策便不足为奇了。当清朝统治者剪灭郑氏集团后，曾考虑要不要在台湾建立统治的问题。之所以如此是因为：

清朝统治者根本不了解台湾的基本情况——台湾的面积、人口、资源等等。康熙二十二年十月十日（1683 年 11 月 27 日），九卿、詹事、科道以海寇底定，请加尊号。康熙极力推辞，说了一些轻视台湾的话："上曰：加上尊号，典礼甚大。台湾属海外地方，无甚关系。因从未向化，肆行骚扰，滨海居民迄无宁日，故兴师进剿。即台湾未顺，亦不足为治道之缺。"不久，大学士等又奏请加尊号，康熙再次推辞："海贼乃疥癣之疾，台湾仅弹丸之地，得之无所加，不得无所损，若称尊号颁赦诏，即入于矜张粉饰矣，不必行。"① 这种对台湾地理情况十分生疏的状态直到康熙末年清朝聘请欧洲人在台湾进行测绘后才得以改变，但所及范围也仅限于台湾西部地区。

由于不了解台湾的实际情况，因而一些官员认为花费大量人力、物力、财力占据台湾得不偿失。以福建巡抚金为首的地方官吏就认为，台湾土地狭小，人口稀少，财赋无多，又远隔重洋，如派兵驻守，不仅靡费粮饷，而且鞭长莫及。他们主张坚守澎湖，放弃台湾，将台地居民，至少将郑氏集团属下官兵迁往内地。朝内重臣李光地也认为："台湾隔在大洋之外，声息皆不相通，故应弃之。即空其地，任夷人居之而纳款通贡。即为（荷）兰有亦听之。"实际上，康熙皇帝最初也有这样的想法。康熙嘱咐赴闽工部侍郎苏拜认真办理"官兵粮饷与各项钱粮"时就说："倘其（指郑克）来归，即令登岸，善为安插，务俾得所，勿使余众仍留原地。"②

清帝国是个大陆国家，以农为本的思想根深蒂固，对贸易特别是海上贸易对经济的影响认识不足，因而并不了解台湾在海上航运中的重要地位。当时的航海条件十分落后，大多是近岸航行，在航行一段距离后，必须登陆补给食物、淡水。因此在跨洋航行时能有一个小岛逗留，补充给养，对进行海上贸易的国家来说非常重要。但当时中国的海上贸易活动大多由沿海居民自发进行，因而清朝统治者对此少有体会。若干年后，当外国的坚船利炮打上门来，清朝统治者才猛然醒悟。

此外，受儒家理论的影响，清朝统治者认为台湾原住民非我族类，并不适宜以管辖汉人的方式进行管辖，因而不必管辖。清朝统治者认为："（台湾）海外泥丸，不足为中国加广；裸体文身之蕃，不足与共守。日费天府

---

① 张本政主编《清实录——台湾史资料专辑》，福建人民出版社，1993，第 60～61 页。
② 张本政主编《清实录——台湾史资料专辑》，第 58 页。

金钱于无益，不若迁其人而弃其地。"① 尽管以今天的眼光来看，这种观点十分荒谬，但在当时，这种观点却是清朝统治者治理台湾的基本出发点。

由于清福建总督姚启圣、福建水师提督施琅力争，康熙皇帝才最终决定不惜花费大量人力、物力、财力占据台湾。之所以如此，并不是康熙皇帝看到了开发台湾会带来巨大的经济利益，而是看到了占据台湾对防备浙、闽、粤沿海"盗贼"及"红毛"（荷兰人）有重要意义，姚启圣、施琅也是以此为重点说服康熙皇帝的。

康熙二十二年八月十七日（1683 年 10 月 7 日），姚启圣在密奏中提出："今幸克取台湾矣，若弃而不守，势必仍做贼巢，旷日持久之后，万一蔓延再如郑贼者，不又大费天心乎？""况台湾广土众民，户口十数万，岁出钱粮似乎足资一镇一县之用，亦不必多费国帑。此天之所以为皇上广舆图而大一统也，似未敢轻言弃置也。"②

施琅在著名的《恭陈台湾弃留疏》中提出了五点据守台湾的理由：

其一，施琅力陈台湾并非"弹丸之地""不毛之地"，指出台湾土地肥沃，资源丰富，地理位置十分重要。"窃照台湾地方，北连吴会，南接粤峤，延袤数千里，山川峻峭，港道迂回，乃江、浙、闽、粤四省之左护……臣奉旨征讨，亲历其地，备见野沃土膏，物产利溥，耕桑并耦，渔盐滋生。满山皆属茂林，植修竹。硫矿、水藤、糖蔗、鹿皮以及一切日用之需，无所不有。向之所少者，布帛耳。兹则木棉盛出，经织不乏。且舟帆四达，丝缕踵至，饬禁虽严，终难杜绝。实肥饶之区，险阻之域。"

其二，施琅力陈据守台湾在打击沿海盗贼方面具有重大作用。"善后之计，尤宜周详。此地若弃为荒陬，复置度外，则今台湾人居稠密，户口繁息，农工商贾，一行徙弃，安土重迁，失业流离，殊费经营，实非良策。况以有限之船，渡无限之民，非阅数年，难以报竣。使渡载不尽，苟且塞责，则该地深山穷谷，窜伏潜匿者实繁。有徒和同土番从而啸聚，假以内地之逃军闪民，急则走险，纠党为祟，造舟制器，剽掠滨海，此所谓藉寇兵而赍寇粮，固昭然较著者。"

其三，施琅力陈"红毛"（荷兰人）占据台湾对祖国大陆的危害。"甚

① 转引自黄秀政、张胜彦、吴文星《台湾史》，台北：五南图书有限公司，2002，第 75 页。
② 厦门大学台湾研究所、中国第一历史档案馆编辑部编《康熙统一台湾档案史料选辑》，福建人民出版社，1983，第 300～301 页。

至此地原为红毛聚处，时即不贪涎，亦必乘隙以图。一为红毛所有，则彼性狡黠，所到之处，善能蛊惑人心，重以夹板船只，精壮坚大，从来海外所不敌。未有土地可以托足，尚无伎俩，若再得此地数千里之膏腴，附其依泊，必倡合党伙，窥窃边场，逼近门庭，乃种祸后来。沿海诸省，断难晏然无虞。彼时复动师远征，两涉大洋，汪波不测，恐未易再见成效。"

其四，施琅力陈澎湖与台湾唇齿相依的紧密关系。"如仅守澎湖而弃台湾，则孤悬海中，土地单薄，界于台湾，远隔金、厦，其不受制于彼而能一朝居哉？是守台湾，则所以固澎湖也。台湾一守，兼之沿边水师，汛防严密，各相犄角，声气关通，应援易及，可以宁息。况昔日郑逆之所以得负抗通诛者，亦台湾为老巢，以澎湖为门户，四通八达，游移肆虐，任其所之，我舟师往来有阻。今地方既为我得，在官兵星罗棋布。风期顺利，片帆可至，虽有奸萌，不敢复发。"

其五，施琅驳斥了"枉费天朝府帑"的言论，展现了台湾必守的信念。"然当此地初辟设地，正赋杂饷，殊宜蠲豁。见在一万之兵食权行全给，三年后开征，可以佐需。抑且寓兵于农，亦能济用，可以减省，无用尽资内地之转输也。盖筹天下之形势，必求万全。台湾虽属外岛，实关四省之要害。无谓彼中耕种尤能少资兵食，固当议留；既为不毛荒壤，必藉内地鞭转运输，亦断断乎其不可弃！惟弃留之际，利害攸关，恐有知而不言之罪。"[1]

在这五个理由中，恐怕台湾广袤的土地、众多的人口、丰富的资源，甚至难于大量迁徙当地军民都很难打动康熙皇帝，而台湾防"盗"、防"红毛"的战略地位，却能深深撼动康熙皇帝的心。因为康熙皇帝深知，海盗自明季就为祸东南沿海，清朝花了近37年才最终消灭了郑氏集团，可谓殚精竭虑、身心俱疲。如若犯下战略错误，使台湾再被盗贼占据，那大清王朝又将陷入无休止的战争漩涡之中。康熙皇帝在最后听取了朝臣李尉的意见，终于下定决心据守台湾。

二

在台湾弃守问题解决之后，如何治理台湾又摆在清朝统治者面前。施琅是攻取台湾的第一功臣，也是治理台湾的第一责任人。他的治台方针就是一

① 施琅：《靖海纪事》，中国社会科学院近代史所图书馆藏线装油印本。

切以"防盗"为中心，政治、经济、外交都要服从"防盗"这一主题。施琅的意见对清朝决策有重要影响力，在一段时间内，康熙皇帝对他的意见几乎是言听计从。有学者认为："就行政体制而言，清朝治台政策的决策权在名义上是归属于清帝，但就行政过程而言，治台政策大都由闽省省级大员做成。治台政策的决策权在清代治台前期大致上有下列几次转移：（一）自康熙廿二年（西元一六八三年）起至康熙卅五年（西元一六九六年）止的十三年间，所有治台的规划都由靖海将军施琅一手安排。（二）施琅于康熙卅五年（西元一六九六年）去世，其后治台权责归还闽省督抚。唯清朝曾于康熙六十一年（西元一七二二年）设置巡台御史，从此时起至乾隆五十三年（西元一七八八年）巡台御史遭撤废止，清朝借巡台御史来往台海，得速闻台湾应兴应革事宜。"[1]

康熙二十二年（1683）清军统一台湾后，粤、闽地方官吏受当地民众压力，多次上奏请求开放海禁——展界，让沿海居民回到家园，重新开展种植、海洋捕捞、海上贸易等活动。康熙皇帝在此问题上十分开明，清朝放开海禁的行动也比较迅速。"十月二十八日（12月15日）命吏部侍郎杜臻、内阁学士席柱往勘福建、广东海界；工部侍郎金世鉴、副都御史雅思哈往勘江南、浙江海界。"[2]

康熙皇帝的展界措施顺应民意，使沿海百姓回归故土，安家立业，甚至发财致富，因而得到百姓的衷心拥护。奉命到福建、广东展界的内阁学士席柱回来向康熙皇帝汇报说："臣奉命往海展界，福建、广东两省沿海居民，群集跪迎，皆云，我等离旧土二十余年，已无归乡之望，幸皇上威德，削平寇盗，海不扬波。今众民得还故土，保有室家，各安生业，仰戴皇仁于世世矣！"康熙皇帝则批评席柱说："百姓乐于沿海居住，原因海上可以贸易捕鱼。尔等明知其故，前此何以不议准行？席柱奏曰：海上贸易，自明季以来，原未曾开，故议不准行。上曰：先因海寇，故海禁不开为是。今海氛廓清，更何所待？席柱奏曰：据彼处总督、巡抚云，台湾、金门、厦门等处，虽设官兵防守，但系新得之地，应候一二年后，相其机宜，然后再开。上曰：边疆大臣，当以国计民生为念，向虽严海禁，其私自贸易者何尝断绝？凡议海

---

① 杨熙：《清代台湾：政策与社会变迁》，台湾天工书局，1983，第188页。
② 张本政主编《清实录——台湾史资料专辑》，第62页。

上贸易不行者，皆总督、巡抚自图设利故也。席柱奏云：皇上所谕极是。"①

而以施琅为首的福建地方官吏则认为台湾、金门、厦门为"新得之地"，不宜贸然开放海禁。他上书朝廷提出限制沿海货船运营，限制闽、粤居民迁台。康熙皇帝采纳了施琅的建议。应该说施琅所提的这些措施，在统一台湾初期是有必要的，但作为治台的指导思想，就大错特错了。施琅的这些措施开了限制台湾开发的先河，其后清朝沿此方向变本加厉，步步设防，导致台湾社会畸形发展。

清统一台湾之初，采取了"为防台而治台"的方针，专注军事占领，防止台湾再次出现反清抗清势力，完全忽视了经济开发与社会发展。

（一）清朝限制台湾与大陆联系的政策

康熙二十三年（1684），台湾甫定，清朝大开海禁，捕鱼船、贸易船在台海往来穿梭，数量大增。为维持沿海治安、巩固清军在台的地位，施琅上书康熙皇帝，要求加以限制，于是清朝颁行了渡台禁令。为堵塞闽、粤人民来台通道，清朝屡次颁行禁渡、限渡命令，对私自搭载闽粤人民渡台的船户采取了严厉的惩治措施，清朝还规定对在查禁偷渡方面"失职""失察""舞弊"的官吏予以惩戒。

清朝的这些禁令难以有效阻止闽、粤人民渡台，屡经反复，时禁时弛。至同治十三年（1874）钦差大臣沈葆桢来到台湾，采取积极的"开山抚番"和"招徕垦野"的新政策，延续190余年的渡台禁令才得以改变，至光绪元年（1875）最终被废止。

为了达到限制闽、粤人民东迁台湾，清朝将台湾岛内有妻与无妻的移民加以区分，将单身移民赶回大陆，有妻室的移民愿在台湾定居的也须在原籍登记，向台湾管理机构申报。

为防止台湾人口增加而为反清势力提供人力资源，清朝不允许迁台人员携带家眷，甚至连官吏也不能"幸免"。采取这一措施的后果是：台湾"男多于女"的现象极为严重，"娶一妇动费百金"。在台单身男性无法结婚，导致严重的社会问题：台湾社会长期动荡不安，这给治台官吏施加了很大压力，因而治吏多次上书朝廷，希望疏解，至少在短期内得到疏解。因此出现了允许或不允许搬眷、携眷政策多次反复。

---

① 张本政主编《清实录——台湾史资料专辑》，第62页。

乾隆二十五年（1760），由于福建总督杨廷璋等人奏请，清朝第三次放宽"搬眷""携眷"禁令，但规定至乾隆二十六年（1761）五月为止，时间只有一年。期限到达，闽浙总督杨廷璋以台地人满为由，再请朝廷严禁搬眷及偷渡。

乾隆五十三年（1788），陕甘总督福康安鉴于闽、粤人民偷渡台湾问题十分严重和禁渡之令逐渐废弛以及贪官奸弁借机勒索的情况上疏朝廷，请求对禁渡措施加以改变，朝廷批准了福康安的疏请。至此，携眷禁令被解除，经过审核的渡台人民，不论携眷与否，均可给照渡台，这是对清朝禁渡政策的一次大改革。

清朝于康熙二十四年（1685）规定：所有商船只许在厦门至安平间航行，由台湾至厦门的船只所装粮食不得超过 60 石；由厦门至台湾的船只不准搭载家眷、移民和铁器。后来因为台湾经济迅速发展，两岸交通日益频繁，清朝不得不于乾隆四十九年（1784）又开放鹿港至泉州间航路。乾隆五十七年（1792）又陆续开放了八里坌（淡水河口）至泉州蚶江、福州五虎门之间的航路。

为防止台湾民间藏有武器，清朝长期限制生铁和铁器输入台湾，也不准台地生产铁器。直到光绪元年（1875），台湾铸造铁锅农具的"铸户"只有 27 家，生铁按规定由漳州购入，不准私自贩运。

清朝的上述措施严重阻碍了台湾经济的发展，也并没有达到"防盗"的目的。同时，清朝"禁渡"政策在贯彻执行中也存在诸多问题：

其一，地方官吏为增加税收和增加个人收入，私下招募闽、粤人民来台从事农业开发活动。如台湾知府蒋毓英、诸罗知县张玉，皆以招徕开地为务，因此虽有限渡之令，但来台的人数自康熙中叶以后仍与日俱增。

其二，台湾具有肥沃的土地、良好的气候，又为清朝初辟之地，这对于沿海缺地少地、税赋沉重或遭受自然灾害的闽、粤人民来说，具有强烈的诱惑力，因而即使有坐牢流放的危险，也难挡求生人民渡海来台。

此外，当时台湾与大陆之间的经济交往是"互补"型的，台湾的粮食、硫磺等货品输入大陆，大陆的生产工具、日用商品则输往台湾，因而当时大陆人民前往台湾是一股不可阻挡的潮流，挡也挡不住。

（二）清朝的岛内政策

清朝对台湾岛内、岛外均实行阻隔政策。在岛内，清朝严禁汉人进入"番地"，不准台人当兵，不允许台地兴建城垣。

清朝统一台湾后，采取了隔离番、汉人民的政策。所谓"番"，是指台湾当地操南岛语系语言的原住民，其数量根据陈绍馨《台湾省通志稿·人口篇》估计，在乾隆时期，生、熟番约有"十余万"。①

清朝统治者实行隔绝番、汉民众的措施有数条：

在生番与汉民及熟番生活区域间设立界限，派兵把守。这条界限被称为"番界""土牛界线""土牛""土牛沟"或"土牛红线"。

除立石为界之外，清朝统治者还挖沟堆土，以划分汉人、熟番与生番界限，颇类《周书》记载的"封疆"。所谓番界"是清代台湾自南而北、陆续划定的人文界限。清代先是在生番出没的要口处，立石为界；继而不但立石并在立石处开沟；最后则在彰化县与淡水厅一带，以山溪为界，无山溪者'挑沟堆土'。由于挑筑的土堆形似卧牛，故称土牛；而位于其侧的深沟，则称土牛沟。此外，为了在存档的图册中标示番界经过之处，曾经以红笔在舆图上画线，故称地图上无形的番界为红线。虽则也有以其他颜色表示番界，但习惯上一直沿用最早使用的红线；而以土牛代表地上有形的界线，两者并合称为土牛红线"②。

除立界划分生番与汉人及熟番的区域之外，清朝统治者还禁止汉人越界侵垦生番土地。禁止汉人侵垦番地方面，"自觉罗满保于康熙六十一年（西元一七二二年）下令推行边禁之后，清朝曾于雍正五年（西元一七二七年）、乾隆二年（西元一七三七年）、乾隆四年（西元一七三九年）、乾隆九年（西元一七四四年）一再颁行禁止汉人侵垦番地的禁令。严厉禁止汉人侵垦番地，其目的在协助番人保留猎场以维持生计"③。

此外，清朝禁止汉人与番人通婚；不许台湾土著居民当兵：清初台湾驻兵水陆16营，兵弁14000余人，全数由漳、泉、兴化调往，不用台兵。

清朝统治者隔离番、汉人民交往的政策具有两面性。从正面说，这种措施在一定程度上保护了原住民的经济利益和文化传统。在这个意义上，说这是"恤番"也不为过。但这些措施也延迟了"番地"开发的步伐。"番地"得不到开发，一个以农为本的社会就无法存在，村屯的建设、农业生产工具

---

① 参见陈绍馨《台湾省通志稿》卷2，台湾省文献会1952年版。
② 许雪姬主编《台湾历史辞典》，台湾远流出版事业股份有限公司，2004，第78～79页。词条为洪丽完所撰，参考施添福《台湾历史地理研究札记（一）：试释土牛红线》，《台湾风物》39卷2期。
③ 杨熙：《清代台湾：政策与社会变迁》，第129页。

的制造、生活资料和生产资料市场的发育、岛内与岛外的贸易活动都无从谈起，与之俱生的必然是长期落后的状态。

朱一贵起义发生后，地方官请建城垣，清朝表示反对。直至乾隆五十三年（1788），鉴于林爽文起义时全台迅速失陷的教训，清朝才认识到台湾府是"根本之地"，嘉义县因在被围困中坚守有功，准予建筑砖石城垣，而凤山、彰化等县，仍只能用刺桐竹木栽插，以代城垣。

清朝这些治台政策，导致台湾社会很不安定，台地人民"三年一小反，五年一大反"。姚莹在《东槎纪略》卷1《复建凤山县城》中说："（台湾）自康熙二十二年入版图，三十五年则有吴球之乱，四十年有刘却之乱，六十年有朱一贵之乱。雍正九年，吴福生乱于冈山。乾隆三十五年，黄教乱于大穆降。五十一年，林爽文、庄大田相继乱，北路先陷，南路应之。六十年，陈光爱、陈周全相继乱，南路甫平，北路旋失。汪降之乱也，在嘉庆五年；许北之乱也，在十五年。中更间以蔡牵之乱，则吴淮泗陷凤山矣；胡杜侯之乱，则陈锡东据曾文矣。百三十年，变乱十一见。近者，杨良斌之事，又用兵，虽饶富其何堪乎！"

三

虽然清朝统治者消极的治台政策导致台湾发展步履蹒跚，但台湾开发的步伐却从未停止过。随着大陆人民东渡来台及岛内人口繁衍，台湾人口不断增加。据统计，清初在台湾居住的汉人不过 10 余万人，至嘉庆十六年（1811）已达 200 万人。

人口不断增加是台湾经济开发的原动力。在台汉民不顾清朝统治者的禁令，不断冲破藩篱，将开拓垦殖的区域逐步扩展至全岛。清朝统治者也尾随姗姗而至，在新开辟的区域设置行政区划，派遣官吏，驻扎军队，收取捐税，建立直接统治。

康熙二十四年（1685），杨志申募众到半线开垦，凿二八圳，引水灌溉，"润田千数百甲，岁入谷万石"。清统治者遂于雍正元年（1723）分诸罗北半线地置彰化县。

康熙二十五年（1686），汉民开始开垦屏东。

康熙四十七年（1708），泉州人陈赖章来台贸易，约人开垦大佳腊（台北盆地），是为开辟台北之始。清朝遂于雍正元年（1723）置淡水厅，初寄治于彰化县城，雍正九年（1731）才移置竹堑。光绪元年（1875）又废厅设县，即今新竹县。

康熙五十五年（1716），岸里社土目阿穆请垦猫雾揍之野，是为开辟台中之始。

乾隆三十三年（1768），福建漳州人林汉生入垦蛤仔难；嘉庆元年（1796），漳浦人吴沙再次入垦蛤仔难。嘉庆十五年（1810）清朝才设噶玛兰厅。

嘉庆二十年（1815），郭百年率嘉义、彰化之民千余人入垦埔里社。1884 年清朝才在此设厅。

道光八年（1828），陈集成公司始垦大崱菼之地（今花莲境内）。清朝在此设厅是在 1887 年。

道光八年（1828），淡水人吴全募集噶玛兰人两千八百余人入垦台东，"筑土城以居，划田亩，兴水利，数年渐成"台东一大城镇，即今之吴全城。清朝于光绪元年（1875）置卑南厅，治所在今台东县西北卑南乡。光绪十三年（1887）改卑南厅为台东州。初治水尾（今花莲县南端），后移置今台东县西北的卑南。①

以康熙二十三年（1684）清朝在台湾初设一府三县为起点，至光绪十三年（1887）清朝在大崱菼初设司厅为止，完成全岛行政区划的时间竟达200 余年。清朝消极的治台政策导致台湾行政区划从初设到完成经历了漫长时间，这在中国治边史上是极为罕见的。

随着开发地域的扩大，清朝直接统治的区域也不断扩大，这段时间可以分为五个时期：

（一） 一府三县时期（台湾府，台湾县、凤山县、诸罗县）

康熙二十三年（1684）四月，清朝在台湾设立一府三县，隶属于福建省。一府即台湾府，府治设在东安坊（在今台南市），改旧天兴州为诸罗县，分万年州为台湾、凤山二县。

根据康熙五十九年（1720）所撰《台湾县志》："台湾县位三邑之中，故名中路：东至大山，西至大海，广四十五里。南至二层行溪之北交界凤山

---

① 以上资料均出自连横《台湾史》。转引自施联朱《台湾史略》，福建人民出版社，1987，第 96~97 页。

县，北至茑松溪（即北港溪，即今盐水溪），与诸罗县为界，南北延袤三十六里。而澎湖地区于时亦归台湾县管辖。"

自凤山县而南谓之南路，据康熙五十八年（1719）《凤山县志》，"北以二层行溪之北交界台湾县……南极沙马矶头（今屏东县恒春之猫鼻头），即南北延袤二百七十五里，东北界诸罗县。西北临大海，即东西广三十五里"。

自诸罗县而北谓之北路，据康熙五十六年（1717）《诸罗县志》，"东界大山，西抵大海，南界凤山县，西南以新港溪界台湾县。东西广五十一里，北至大鸡笼（今基隆市）六百零五里。由大鸡笼山后东南至凤山卑南觅（实包括今宜兰、花莲、台东三县沿海地区）二百一十三里，南北延袤九百一十九里"。

台湾县署在东安坊（今台南市），凤山县本设治兴隆庄（在今台南市），诸罗县则设治诸罗山（今嘉义市）。然以南北路蛮烟未开，治事者惧归治所，致凤山县暂附郡治治事，诸罗县署则暂驻佳里兴（今台南县佳里镇）。

（二）一府四县二厅时期（台湾府，台湾县、凤山县、诸罗县、彰化县，淡水厅、澎湖厅）

康熙六十年（1721），清朝平息了波及全台湾的朱一贵起义。在台湾主政的南澳总兵蓝廷珍依据幕僚蓝鼎元建议，以北路地域辽阔，难于治理，便割诸罗县北部半线（今彰化县）地方，另立一县。雍正元年（1723），巡台御史吴达礼、黄叔做上奏朝廷获准，遂于是年析诸罗北部为彰化县、淡水厅。雍正五年（1727），以澎湖地区战略地位十分重要，东向可以控制台湾，西向则可捍御全闽；朱一贵之役，全台皆陷，唯掌握澎湖得以迅速收复台湾，因于是年设澎湖厅。

（三）一府四县三厅时期（台湾府，台湾县、凤山县、诸罗县、彰化县，淡水厅、澎湖厅、噶玛兰厅）

所增一厅即嘉庆十七年（1812）设立的噶玛兰厅。之所以划定这一时期，如前面所述，是因为清朝在此之后的治台政策有所变化。

（四）二府八县四厅时期（台湾府、台北府，台湾县、凤山县、恒春县、嘉义县、彰化县、淡水县、新竹县、宜关县，博里社厅、卑南厅、澎湖厅、基隆厅）

同治十三年（1874），发生日军侵犯台湾南部的牡丹社事件。清朝命总理船政大臣沈葆桢来台办理防务。沈葆桢到任后，于同治十三年至光绪元年（1875）对台湾地区区划进行了大幅度的调整：在南部增设恒春县；在北部设台北府，附郭设淡水县；裁淡水、噶玛兰二厅；新置新竹县、宜兰县；析前淡水厅东北地，设基隆厅。调整台湾及嘉义二县县界，台湾县向北嘉义县界内延伸20余里；又析彰化县埔里社番地为埔里社厅。

1. 台湾府：仍治东安坊，其下台湾、凤山、恒春、嘉义、彰化五县及埔里社、卑南、澎湖三厅。

台湾县：附郭，仍治镇北坊。

凤山县：仍治北头（在今高雄市凤山镇）。

恒春县：治宣化里之猴洞（今屏东县恒春县）。

嘉义县：治嘉义。

彰化县：东界埔里社厅。

埔里社厅：治埔里社（南投县埔里镇），疆域境界不明。

卑南厅：治卑南（今台东镇）。

2. 台北府：治艋舺（在今台北市城中区），辖淡水、宜兰、新竹三县及基隆厅。

淡水县：治艋舺。

新竹县：治新竹。

宜兰县：治五围之三结街（今宜兰市）。

基隆厅：治基隆（今基隆市）。[①]

（五）建省时期

光绪二年（1876）十二月，刑部左侍郎袁保恒乃奏请在台湾建省。疏人，部议不决，其事遂寝。光绪十一年（1885），朝廷筹议中法战争善后事宜，以为"列强环伺，台局可危"。是年七月八日，钦差大臣督办福建军务左宗棠赞成袁保恒前议，奏请朝廷在台湾建省。光绪十三年（1887）清朝正式决定在台湾建省。至1895年中日战争前夕，台湾共设三府：台湾府、台北府、台南府；一直隶州：台东直隶州；六厅：卑南、花莲、埔里社、南雅、基隆、澎湖；十一县：淡水、新竹、宜兰、安平、嘉义、凤山、恒春、云林、苗栗、彰化、台湾。

---

① 参见林衡道《台湾史》，台湾众文图书股份有限公司，1988。

综上所述，清朝消极的治台政策是导致台湾行政区划设立缓慢的主要原因。清王朝自康熙二十二年（1683）就统一了台湾，但其直接统治的区域仅限于西南一隅。二百年间，清朝在设立台湾区划过程中，表现得十分消极，动作迟缓。与此时西方列强的疆域观念相比，显得十分落后，过于固步自封，缺少进取心。

四

由于清朝长期采取消极的治台政策，部分山区、东部沿海地区没有纳入直接统治，即没有设置行政区划和派驻官吏、军队进行管理，为外敌入侵留下了可乘之隙。

鸦片战争后，台湾口岸逐步开放。1867 年 3 月，发生了美国罗妹号三桅帆船在台湾南部海域触礁沉没，上岸船员被当地番民杀害事件。4 月 15 日，美国驻厦门领事李仙得（一译李让礼）乘兵舰抵台，照会台湾镇、道，要求他们派兵参与会剿当地番民。而台湾镇、道竟推诿说："台湾生番，穴处猱居，不隶版图，为王化所不及。"[①] 中国地方官吏在版图问题上的模糊态度，导致了外国列强对中国领土的觊觎。在美国领事李仙得的怂恿下，日本开始了入侵台湾的步伐。

日本自 1868 年明治维新以来，国家实力逐步增强，开始出现向外扩张的舆论。1871 年 11 月，琉球国三艘贡船在海上遇到风暴漂至台湾，其中二艘脱险，一艘在台湾南部北瑶湾沉没。沉没船只中有乘员 69 人，其中 3 人溺毙，66 人登陆，而 54 人为当地土著高士佛、牡丹社居民杀害，其余 12 人为汉民搭救，由凤山县署派人送至府城，住在福州琉球馆，于翌年 6 月返回琉球。这本来只是一起船难事件，却成为日本侵占台湾的借口。

本来琉球贡船乘员遭台湾土著居民杀害与日本国毫不相干，是琉球国与清朝之间要协商处理的问题。但 1872 年，日本通过册封琉球王，将琉球置于属国地位，为出兵台湾找到借口。1872 年 9 月，美国驻厦门领事李仙得途经日本返国，与日本外务大臣多次密谈。出于削弱中国的阴暗心理，李仙得极力怂恿日本侵占台湾，并向日提供了台湾的照片、海图、地图等资料。

1874 年 2 月，日本提出了《台湾蕃地处分要略》。3 月，日本政府派桦

---

① 沈云龙主编《近代中国史料丛刊》（611），《筹办夷务始末》卷 50，文海出版社，1966。

山资记、水野遵等人前往台湾琅峤、柴城等地进行调查、绘制地图。4月，日本政府组织"台湾生番探险队"，任命陆军中将西乡从道为"台湾蕃地事务都督"，参议大隈重信为"台湾蕃地事务局长官"，陆军少将谷干城、海军少将赤松则良为参军，陆军中佐佐久间左马太和、少佐福岛九成为参谋，并聘请李仙得为顾问，租用英、美船只载运军队、武器弹药，开往台湾。5月7日，日军在琅峤附近登陆。18日、19日，巡哨日军与保力、四重溪一带居民交战。22日，西乡从道到达琅峤。当日，日军200余人进攻石门，受到当地原住民激烈抗击，毙伤日军26人，牡丹社酋长阿禄父子等16人也在战斗中阵亡，石门被日军占领。6月2日，日军1300余人分三路，从枫港、石门、竹社夹攻牡丹等社，牡丹、高士佛等社民众退入后山。日军占据两社后，焚烧原住民茅屋，并派人入内山诱降。至7月中旬，日军大致完成讨伐、诱降任务，战事基本结束。战后，日军在龟山等地建设营房，设立"都督府"，实行屯田、植林，作久居之计。

日本为何敢于公然出兵侵占台湾生番土地呢？日本政府的理由是：台湾生番土地为清朝统治所未及，因而可被视作"无主土地"。

日本于1874年2月提出的《台湾蕃地征伐要略》第一条即说："台湾土蕃部落，为清朝政权所不及之地，故视之为无主之地，具备充分理由。是以报复杀害我藩属琉球人民之罪，为日本帝国政府之义务。"①

7月底，日本交涉此事的官员柳原到达北京，在给恭亲王的照会中仍坚持台东番地不在清朝的统治范围之内。

9月10日，日本全权大臣大久保利通到京。自9月14至10月底，与清朝官员进行了七次会谈。谈判伊始，大久保亦引用万国公法，否认清朝对台湾东部山地拥有主权，认为"凡政教不及之地，不得列入版图"、"未绳以法律之民，未设立郡县之地"，不得"称该地在版图内"②。

日本侵占琅峤，严重侵犯了清朝对台湾的统治权，清朝全力抗争理所当然。清帝得知日本即将出兵台湾后，于1874年5月14日下诏："生番地方本系中国辖境，岂容日本窥伺？"并派沈葆桢带领轮船、兵弁"以巡阅为名"前往台湾，"相机筹办"。当得知日军已在台湾登陆后，又于29日正式指派沈葆桢为钦差、办理台湾等处海防兼理各国事务大臣，以重事权。福建

---

① 参见陈在正《台海海疆史研究》，厦门大学出版社，2001，第130页。
② 张本政主编《清实录——台湾史资料专辑》，第999页。

所有镇、道等官均归其节制，江苏、广东沿海各口轮船准其调遣。"着即体察情形，或谕以情理，或示以兵威，悉心酌度，妥速办理。"①

在与日本使臣的辩论中，清总理衙门大臣明确答复："台湾是中国邦土，自一定若说野蛮，是我们邦土的野蛮，如何办，亦该我们自己办。"后来在照会中又指出："生番隶在台湾版图，实系中国地方，不得谓为无主野蛮。其应如何抚绥归化之处，中国既有自主之权，应由中国自行议办。"②

通过谈判，最后清朝以支付日军兵费为代价换取日军退兵。日本出兵琅峤事件，说明清朝消极治台方针——遏制台湾发展、未在全台实施直接统治并建立行政区划——是极为错误的，此举不仅不能维持台湾的安定，反而会招致外敌侵略，危及中国在台权益。这就不能不出现后来的状况：清王朝这个老大帝国在咄咄逼人、携带利器的弹丸小国面前，仓皇招架，顾此失彼，连连失招，最终濒于崩溃。深刻教训，值得铭记。

（原载《中国边疆史地研究》2008 年第 3 期）

---

① 《台湾文献丛刊》第 38 种《同治甲戌日兵侵台始末》卷 3，台湾银行经济研究室，1959。
② 东亚同文会编《对华回忆录》，商务印书馆，1959，第 38～39 页。

清朝末期达赖、班禅关系与治藏政策研究

孙宏年

摘　要： 清朝末期，由于多种因素的影响，达赖喇嘛与班禅额尔德尼互为师徒、相互礼让的和好关系开始发生变化，两大活佛系统的矛盾日益加剧。清朝中央政府和驻藏大臣也介入其中，从对达赖、班禅都有所猜忌到明确支持班禅系统、压制达赖系统，使两大系统的矛盾不断激化，达赖方面与清政府、驻藏官员的矛盾也不断加深。这些矛盾在清朝崩溃前夕全面爆发，并对以后 40 多年的西藏治理产生了消极影响。

关键词： 清朝末期　达赖　班禅　治藏政策

作者简介： 孙宏年，1972 年生，历史学博士，中国社会科学院中国边疆史地研究中心研究员。

作为藏传佛教格鲁派的两大转世活佛，1904 年前的数百年间历世达赖喇嘛、班禅额尔德尼互为师徒，相互礼让，关系密切，有九位达赖拜五位班禅为师，有四位班禅拜四位达赖为师。[①] 此后，受种种因素影响，两大系统之间的关系发生变化，矛盾冲突时有发生，甚至相互对立，对当时和以后的西藏局势乃至西南边疆的形势、中央政府的治藏政策都产生了很大影响。对于达赖、班禅的关系，20 世纪 20 年代以来中外人士都有所记载，学术界也有一定成果，但较少关注清末双方关系与治藏政策、驻藏大臣的

---

① 参见张云《漂泊中的佛爷——九世班禅内地活动的前前后后》，中国藏学出版社，2002，第 18 页。

相互作用。[①] 本文拟依据档案、文献，以驻藏大臣的作用为中心，探讨清末达赖、班禅关系发展的状况，试析中央政府针对双方关系制定的治藏政策、措施及其得失，恳请方家指正。

一

入清以后，达赖喇嘛、班禅额尔德尼都由中央政府册封，两大系统之间总体上相处融洽，相安无事。而且清朝中央政府在西藏逐步确立了以达赖系统为主导的西藏政教合一制度，1793 年颁布《钦定藏内善后章程二十九条》，规定达赖和班禅同为"黄教教主"，"互为师弟"，转世时通过金瓶掣签制度确认。[②] 这对于维护西南边疆的稳定产生了积极影响。从 18 世纪起，随着帝国主义对中国西藏侵略的不断加深，特别是鸦片战争后英、俄两国对西藏的争夺日益加剧，再加上清政府的对外妥协，西藏僧俗上层内部对英、俄两国的态度出现差异，与清朝中央政府、驻藏官员的关系也发生了变化。与此同时，达赖、班禅两大活佛系统之间的关系也发生微妙变化，逐步出现了裂痕，驻藏大臣已经介入其中。

班禅、达赖两大系统的矛盾至少产生在八世班禅时期（1855～1882）。学术界已经注意到，1875 年八世班禅受戒，此后因他热心修习萨迦派教义

---

① 就笔者所见，相关记载有：朱绣《西藏六十年大事记》（1925 年铅印本），陈健夫《西藏问题》（商务印书馆，1937），英国人柏尔（Charles Bell）《西藏的过去和现在》（Tibet, Past and Present, Oxford, 1924）、《十三世达赖喇嘛传》（Portrait of Dalai Lama, London, 1946），麦克唐纳（David Macdonald）《旅藏二十年》（Twenty Years in Tibet, London, 1932）等。这些著作介绍了相关事实，大多是叙述见闻，难以称为学术上的深入研究。1950 年至今相关研究有：李有义《记达赖与班禅》（《历史教学》第 2 卷第 1 期，1951 年 7 月），高长柱《西藏概况》（台北，1953），芈一之《九世、十世班禅与西藏问题》（《藏学研究论丛》第 2 辑，西藏人民出版社，1990），金雷《九世班禅与十三世达赖失和原因探析》（《西藏民族学院学报》2006 年第 3 期），黄玉生等著《西藏地方与中央政府关系史》（西藏人民出版社，1995 年版），牙含章《达赖喇嘛传》（人民出版社，1984）、《班禅额尔德尼传》（华文出版社，2000），吴丰培、曾国庆著《清代驻藏大臣传略》（西藏人民出版社，1988）、《清朝驻藏大臣制度的建立与沿革》（中国藏学出版社，1989），张云《漂泊中的佛爷——九世班禅内地活动的前前后后》等，都对此有所研究。西文著作中，对此较多涉及的是加拿大学者谭戈伦夫（A. Tom Grunfeld）的《现代西藏的诞生》（伍昆明译，中国藏学出版社，1990），其中第四章根据麦克唐纳的记载简要论及达赖与班禅的关系。

② 参见《钦定藏内善后章程二十九条》，中国藏学研究中心、中国第一历史档案馆等合编《元以来西藏地方与中央政府关系档案史料汇编》，中国藏学出版社，1994，第 825～826 页。

引起西藏各界的争论，1882 年十三世达赖受戒，噶厦（即西藏地方政府）未按旧例邀请八世班禅参加。① 同年，八世班禅圆寂。对于相关事件，英印政府所派间谍达斯（Sarat Chandra Das）记载，当时西藏有人就把八世班禅的圆寂"归罪于他的人民对他不忠，他因此郁闷不乐而死；另有人说他的去世由于达赖喇嘛对他不礼貌，灌顶时没有邀请他参加"；到 1887 年，因为接待了英印政府所派的间谍达斯，班禅系统的第四世生钦活佛被噶厦处死。② 这些在当时导致了达赖、班禅两大系统之间的矛盾。有学者认为生钦被处死一事是"达赖、班禅这两大黄教系统之间有史以来的第一次公开的裂痕"，也是长时期以来"英印侵略势力蓄意制造西藏内部矛盾的一个结果"③。

在达赖、班禅系统发生这一冲突的过程中，当时担任驻藏大臣的松溎、文硕等人发挥了什么作用呢？八世班禅"惑习红教"事件发生时，松溎为驻藏大臣，桂丰为帮办大臣，他们对此颇为关注。1876 年 12 月，松溎奏称："西藏向遵黄教，奉经念佛，惟后藏之西萨迦呼图克图本系红教，并皆养妻生子，迥异黄教"，不料班禅"被人愚惑，兼习红教，遂致两藏物议沸腾，众心不服"。他感到"体制攸关，诚恐滋事"，他巡视到后藏时多次会见班禅，进行劝说，提醒他：清朝皇帝"特派大臣保卫阖藏，振兴黄教"，应该"上体大皇帝二百余年护持之恩，下慰前后藏数万众生皈依之念，正己教人，表率一方"，怎么能"妄习别教而舍正经，以致人心惶惶，浮言四起"呢？以后应当仍然"确遵黄戒，虔心唪经"，不得"任性妄为，旁习外道，以期仰副圣主保卫全藏、护持黄教之深恩"，如果"执迷不悟，妄知痛改，立即严参，从重惩办"。经过松溎的劝告，班禅"闻听之下，俯首无言"，并按照要求"具结存案"。松溎还表示，他会"随时密察，笞其痛改前习，则阖藏人心自定"，就不再追究，如果"阳奉阴违，始终不悛，自当再行据实严参，请旨办理，并将随侍之札萨克喇嘛一并惩办"。对此，清廷也非常关心，并肯定了松溎的做法。光绪帝在 1877 年 1 月谕令，驻藏办事

---

① 参见金雷《九世班禅与十三世达赖失和原因探析》；牙含章：《达赖喇嘛传》《班禅额尔德尼传》。按：牙含章先生认为八世班禅未被邀请给十三世达赖受戒是因为他当时患病，"不能前来拉萨"（见《达赖喇嘛传》第 98 页，《班禅额尔德尼传》第 198 页）。

② 〔印〕萨拉特钱德拉达斯、〔美〕W. W. 罗克希尔编《拉萨及西藏中部旅行记》，陈观胜、李培茱译，中国藏学出版社，2004，第 203 页，附房建昌文《达斯、罗克希尔与生钦活佛和仲孜寺》。

③ 藏族简史编写组：《藏族简史》，西藏人民出版社，1985，第 298~299 页。

大臣松湘奏"班禅额尔德尼惑习红教,现令具结改悔","著随时察看,妥慎办理"①。很显然,1876 年前后,松湘和清廷希望班禅改变"妄习别教而舍正经"的做法,目的是维护黄教内部和西藏僧俗上层的团结,以免激起班禅与西藏僧俗上层的矛盾,避免"人心惶惶,浮言四起"的情况发生,从而稳定西南边疆。至于生钦活佛被处死一事,由于英国侵略西藏,清廷有意妥协,西藏僧俗民众又要求抵抗,驻藏大臣文硕忙于在清廷、西藏地方之间协调立场,似乎无暇顾及,目前笔者所见的文硕奏牍中并未提及此事,《清实录》中未予记载。

1888 年,英国发动第一次侵略西藏的战争,达赖、班禅两大系统团结抗英,双方矛盾暂时缓和,此后由于英、俄两国的挑拨和清政府的无能,达赖、班禅两大系统在如何处置与英、俄两国的关系,如何对待清政府的治藏方略以及维护西藏地方利益方面出现分歧。1896 年,四川总督鹿传霖在一份密折中奏称,英国侵略西藏时"俄人乘间藉游历为名,取道后藏而来,甘言厚币,以诱藏番",因"语言文字不能相通,特予密函三件,约令遇有急难,将函驰送俄境,即可电达,助兵援应",达赖方面"欣然信从,结好而去,秘之未敢宣露"。可是,"后藏班禅素与达赖不睦,而附于英",泄露了这件事,升泰驻藏期间"闻知查究,追出原函存案,惜未及时销毁",待到升泰离任,达赖方面乘机"贿通司文案者,仍将三函盗去"。鹿传霖还说,此后没再听说达赖方面与沙俄往来的情况,主要因为俄国与西藏远隔万里,"夏秋水潦不能通行,且必道经后藏,若有勾结,则班禅必为泄之,英亦防之甚严"。这些都使达赖方面"遽难通俄",否则"以达赖之貌抗顽梗,如其能通,不待我驱之,早已外向矣"②。此事因沙俄原函被盗走已查无实据,但至少表明:在英、俄两国加紧争夺中国西藏,都企图在西藏培植自己的代理人的情况下,西藏地方开始出现了某些上层人士或"附于英"、或"结好"沙俄的传言。这一说法出四川总督之口,四川又是西藏治理的后方基地,表明清朝一些地方官员已对班禅、达赖之间的矛盾有所了解,对他们都有猜忌,并对英、俄在西藏寻找代理人的行动非常警惕。到 1902 年,双方矛盾逐渐公开化,有汉文文献记载,这年春九世班禅到拉萨"往朝达赖,

① 松湘:《班禅惑习红教现令改悔片》,吴丰培编《清代藏事奏牍》,中国藏学出版社,1994,第 422 页;《清德宗实录》卷 45,光绪二年十二月壬寅。

② 鹿传霖:《瞻对收复请撤回番官并陈英俄窥藏情形疏》,吴丰培编《清代藏事奏牍》,第 1015 ~ 1017 页。

由布达拉宫前击鼓而过"，十三世达赖颇为不快，认为"班禅过师门而击鼓，妄自尊大"，罚银一千五百两，"自此左右互相谗构，嫌隙日深"①。此事反映了在错综复杂的形势下，两大系统矛盾明显加深，"击鼓事件"仅仅是一个导火索罢了。

二

1904 年，英国发动第二次侵藏战争，侵入拉萨，十三世达赖被迫逃离拉萨到内地避难，随后被清政府革除名号。翌年，英国又诱骗九世班禅赴印度；而达赖滞留库伦，其亲信德尔智秘密前往圣彼得堡会晤沙皇，沙俄驻华公使到库伦"看望"达赖。此后，西藏的内外形势急转直下，达赖、班禅两大活佛系统的关系也发生了显著的变化。1906 年，中、英两国签订《续订藏印条约》，同年清政府派张荫棠以五品京堂候补的身份前往西藏查办藏事。1907 年，英、俄两国签订协议，从各自全球战略出发，对中国西藏的争夺有所缓和，而此时张荫棠建议清政府在西藏推行新政，强化在西藏的统治。在这种情况下，达赖、班禅对清政府和英、俄的态度都出现明显差异，达赖方面对清政府无力保护西藏地方利益感到失望，与某些驻藏官员矛盾加剧，希望借助沙俄抵制英国的扩张。但沙俄在日俄战争之后无力顾及西藏，与英国达成协议后又更多地考虑争霸世界的整体战略，只停留于敷衍和一贯的拉拢政策。英国开始希望拉拢、控制班禅，企图把他作为英国在西藏的代理人，但 1905 年班禅的立场和表现，特别是对清政府的拥护，让它大失所望。此时，达赖和班禅的政治立场已经出现分歧，双方关系也发生显著变化。

面对形势的急剧变化，一些驻藏官员和清政府已注意到处理好达赖、班禅两大系统关系的重要性，力图通过平衡双方与中央政府的关系，保持西藏的稳定，强化对西藏的管理。这也成为 1904 年以后清政府治藏政策的重要组成部分。1904 年十三世达赖逃离拉萨后，驻藏大臣有泰对英国侵略者妥协投降，又致电清政府，指责达赖是中英战事的"罪魁，背旨丧师，拂谏违众"，英军逼近后又"不思挽回""遁迹远扬"，斥责他"天威在所不知，人言亦所不恤，骄奢淫佚，暴戾恣睢"，"种种劣迹，民怨沸腾"，建议清政

---

① 朱绣：《西藏六十年大事记》，1925 年铅印本，第 10 页。

府褫革其名号。① 清政府听信有泰的一面之词，8 月 26 日下令"暂行革去"达赖名号，让班禅"暂摄"达赖职权。② 清政府让班禅代行达赖职权，主要考虑班禅与达赖同为有影响力的格鲁派大活佛，希望他在极度混乱的局势下稳定西藏人心，巩固西南边陲。但是，革除达赖名号本身就是一个错误，已引起西藏和国内其他地方藏传佛教信徒的不满，再让班禅代行达赖职务，无疑会使班禅成为矛盾的焦点，在达赖、班禅之间人为地制造了矛盾。况且，西藏地方政府长期由达赖方面控制，历世班禅主要关注宗教事务，九世班禅本人对于能否控制拉萨局势也有所顾虑，他一再谢绝这一任命。1905 年 4 月，有泰只得表示"后藏地方紧要"，恳请清政府让九世班禅仍然留在后藏，"以资镇摄"③。

1905 年 10 月，英帝国主义者又把班禅诱骗至印度，会见英王储，意在拉拢班禅以控制西藏、排斥达赖，让他在政治上取代达赖在西藏的地位，成为英国在西藏殖民统治的代理人。④ 对于此次英国让班禅赴印，清政府和驻藏官员都认为居心叵测，力图阻止班禅赴印，在阻拦未成的情况下又多次与英印政府交涉。同年 10 月，张荫棠在印度得知此事后感到事态严重，立即致电清政府外务部，表示听说英印政府"乘达赖喇嘛未回，已遣人入藏诱班禅"到印度，借迎接英王储为名，实际上是"密谋废达赖图藏"，要求中央政府致电有泰加以阻止。⑤ 接到电报后，有泰派人阻拦班禅赴印，并表示：达赖、班禅"虽系同掌黄教，然番人崇奉达赖实胜于班禅"，西藏的"一切事权，均由达赖主持，班禅从不预闻"，认为"英如废去达赖，欲以班禅号令番民，则人心必不服从。英虽强盛，恐彼亦难施其计"，而"达赖、班禅归我所属，似彼国家亦不得越俎代谋"⑥。这表明，虽然有泰一向采取对外妥协的策略，也尝试过请班禅取代达赖，并且认为英国想以班禅取

① 有泰：《致外务部电达赖潜逃乞代奏请旨褫革其名号电》《达赖喇嘛兵败潜逃声名狼藉据实纠参折》，吴丰培编《清代藏事奏牍》，第 1190～1194 页。
② 《清德宗实录》卷 533，光绪三十年七月壬辰。
③ 《清德宗实录》卷 543，光绪三十一年三月丙戌。
④ 有关班禅赴印的问题，有关论著如牙含章的《达赖喇嘛传》《班禅额尔德尼传》都有所论述，一般认为是英人武力胁迫班禅赴印，近年有学者根据英国档案提出新的认识，参见伍昆明《英印政府分裂中国西藏的阴谋与九世班禅赴印》，《民族研究》1999 年第 1 期。
⑤ 参见张荫棠《致外务部电英诱班禅请电有大臣阻止》，吴丰培编《清代藏事奏牍》，第 1298 页。
⑥ 有泰：《外务部阻止班禅赴印电》《英员强逼班禅额尔德尼赴印阻止不从折》，吴丰培编《清代藏事奏牍》，第 1217～1219 页。

代达赖控制西藏同样难以成功，但是他也觉得"达赖、班禅归我所属"，事关国家主权，英国"不得越俎代谋"。

在印度期间，尽管英印政府对班禅"以最优相待"，甚至在张荫棠住所"对门盛设行馆，英储预备答拜"，有关舆论又宣传班禅此行"非专迎英储，别有关系"①，但班禅始终不卑不亢，与英王储会见时英方"欲使班禅跪拜，班禅不从，与之抗礼"，与英王储、英印总督"问答之词，均系酬应，未尝一语提及藏事"，致使"英人无机可乘，其谋不遂"②。清政府为此也多次同英国交涉，明确告诉英国，班禅对"藏中政治概不预闻，现因英储赴印，前往致贺"，倘若"擅行约定事件"，中国政府"概不承认"。1906年1月，英印当局不得不把班禅送回西藏。对于班禅回藏后的地位，班禅方面也有所顾虑，回国前通过张荫棠致电清政府，强调班禅此次到印度，"并无与英员私商事件"，只是"未经奏准出境，恐干严谴"，请求免予处分。鉴于班禅在印度的表现，清政府又考虑稳定西藏大局的需要，明确表示班禅虽然此次"并未奏准，擅行出境，实有不合"，但已经启程回国，"念其情词恭顺，尚属出于至诚"，因此回国后"照旧恪供职守"③。

清政府让九世班禅"暂摄"职权和英印方面的拉拢，这两件事性质虽然不同，但都是班禅可能取代达赖的两次机会，但在处理这两件事时，九世班禅一直注意对外维护国家主权，对内与达赖方面搞好关系，努力维护西藏地方上层的内部团结。当然，在复杂的内外形势下，班禅的一些部属与他有不同的看法。1906年，张荫棠奉命查办藏事，11月在江孜会见了班禅派来的扎萨克喇嘛，这位喇嘛在谈话中"微露班禅有欲代理达赖之意"。这一意向显然与1905年4月前班禅的做法相背，但出自他派来的扎萨克喇嘛之口，至少部分地反映他的一部分部属的想法。张荫棠为此让扎萨克喇嘛劝班禅呈请入京观见，同时又在拉萨把这一情况"告知藏王"，这使噶厦的噶伦们"颇为惊惶，以为班禅来京后达赖必致失位"，情急之下也要求张荫棠转请

---

① 张荫棠：《致外部电陈印政府优待班禅并舆论》，吴丰培编《清代藏事奏牍》，第1301页。
② 有泰：《班禅额尔德尼赴印详情片》，吴丰培编《清代藏事奏牍》，第1229~1230页。
③ 张荫棠：《外部来电倘班禅擅定条约概不承认请密探班禅举动》、《旨准班禅照旧供职电》、《致外部电奏班禅由印回藏恳免处分》，吴丰培编《清代藏事奏牍》，第1301~1305页。

清廷让达赖入京觐见。① 因此，无论是清政府谕令代管藏事，抑或是班禅部属中流露出的某些意向，还是英帝国主义企图利用班禅控制西藏，都让达赖方面感到了很大的压力。张荫棠有意把班禅部属的某些意向直接透露噶厦官员，更让他们明确地感到了班禅方面对他们既得地位、利益的"威胁"，埋下了双方不和的种子。

对于班禅、达赖同时要求觐见，清廷采取了平等对待的立场，1907年2月发布谕令，指出班禅"吁请陛见"，"具见悃忱"，但须待"藏务大定"后"再行来京陛见"；达赖"现在留驻西宁"，也"暂缓来京"，并让张荫棠"体察情形"，考虑"究竟达赖、班禅等来京是否相宜"②。此后，针对他们的觐见要求，又一再谕令暂缓觐见，1908年达赖才被首先批准进京入觐。作为曾经驻藏的官员，时任外务部右丞的张荫棠呈递条陈，建议清帝接见时要注意到达赖与班禅的关系问题。他建议清廷在达赖"提及班禅无论何事"时，要明确告诉他，达赖与班禅"同是黄教，宜同心以御外务，勿分畛域，诸事可由驻藏大臣奏明办理"。他还强调"如提及一切政务"，应告诉达赖"汝是出家人，以清静为主，应遵守历辈达赖宗教，专理黄教事务，凡内政、外交一切事宜，有驻藏大臣自能妥慎筹办。现下藏内大局已定，英兵亦已撤退，可以无虑，汝其勉之"③。同年，达赖进京朝觐，慈禧太后与光绪帝予以接见，加封他为"诚顺赞化西天大善自在佛"，谕令按年赏赐廪饩银一万两，同时要求他回藏后"所有事务依例报明驻藏大臣，随时转奏，恭候定夺"，以期"疆域永保治安，僧俗悉除畛域，以无负朝廷护持黄教、绥靖边陲之至意"④。

张荫棠的建议有两个重点，在清政府的谕令中都有所反映：一是要求达赖协调与班禅的关系，"同心以御外务，勿分畛域"，而清政府强调"僧俗悉除畛域"，也部分地包含了这层意思。二是改变1793年《钦定藏内善后章程二十九条》中的有关规定，剥夺达赖喇嘛管理西藏政务的权力，让他与班禅一样"专理黄教事务，凡内政、外交一切事宜"，由驻藏大臣全权

① 参见张荫棠《上外部条陈招待达赖事宜说帖》，吴丰培编《清代藏事奏牍》，第1444~1445页。
② 《清德宗实录》卷568，光绪三十二年十二月壬辰。
③ 张荫棠：《上外部条陈招待达赖事宜说帖》《上外部请预筹达赖提议赠事及优加赏赉说贴》，吴丰培编《清代藏事奏牍》，第1444~1445页。
④ 《清德宗实录》卷597，光绪三十四年十月壬戌。

管理西藏政事。这与张荫棠过去的治藏建议有相同之处。1907 年 2 月，他致电外务部电陈奏治藏规划，主张"收回政权"，实行新政，涉及行政管理体制变革、练兵、开矿、办学、外交、经济等多项内容，其中主张"优渥达赖、班禅，恢复藏王体制，以汉官监之"；"特简亲贵为西藏行部大臣"，其"体制事权，一如（英属）印（度总）督用王礼"①。清政府只是部分接受了他的建议，又结合以往的惯例，要求达赖依照旧制经驻藏大臣转奏政事，限制达赖参与政务的权力，树立驻藏大臣的权威，保障中央在西藏的施政。

张荫棠的新政建议在驻藏大臣联豫任职期间得到了部分的实现。联豫驻藏期间特别是 1907 年后大力推行新政，包括创办《西藏白话报》、印书局和兴办学堂，设立督练公所和巡警总局，设立曲水、哈拉乌苏等地委员等。② 这些措施触动了西藏部分上层人士的利益，与达赖为代表的僧俗封建主发生严重冲突。达赖 1909 年回到拉萨，不久就与联豫产生矛盾，1910 年初川军入藏又让他惊恐，再次离开拉萨，而后逃亡印度。联豫为此奏报清廷，指责达赖"气象矜张，言词傲慢"，"日夜密谋，赶造枪支子弹，分别调兵"，私设铸币厂、私铸银钱，等等。③ 根据联豫的奏报，清廷在 1910 年 2 月下旨，指出达赖"骄奢淫佚，暴戾恣睢"，"跋扈妄为，擅违朝命，虐用藏众，轻启衅端"，革除其名号，"嗣后无论逃往何处及是否回藏，都视与齐民无异"，又下令另选灵童，作为十二世达赖的"真正呼毕勒罕"④。

十三世达赖再次被革除名号，达赖系统与驻藏官员的矛盾也再次激化。此后，联豫加紧在西藏推行新政，力图让驻藏大臣衙门接管各项政务，同时又主张让班禅到前藏"暂掌教务"，以稳定局势。作为回应，班禅勉强在拉萨待了几个月，而后婉言谢绝这一任命，同时还"为已革达赖乞恩"，希望清廷能为十三世达赖开复名号。清廷为此发布上谕，询问联豫：班禅既然为达赖乞恩，"达赖是否确系悔过安分自愿回藏"？如果留班禅在前藏暂掌教

---

① 张荫棠：《致外部电陈治藏刍议》，吴丰培编《清代藏事奏牍》，第 1328～1330 页。
② 联豫任职期间的西藏新政，可参见马汝珩、马大正主编《清代的边疆政策》，中国社会科学出版社，1994；苏发祥：《清代治藏政策研究》，民族出版社，2001；马菁林：《清末川边藏区改土归流考》，巴蜀书社，2004；赵云田：《清末新政研究——20 世纪初的中国边疆》，黑龙江教育出版社，2004。
③ 联豫：《详陈已革达赖私逃情形并请惩番官折》，吴丰培编《清代藏事奏牍》，第 1537～1538 页。
④ 《宣统政纪》卷 30，宣统二年正月丁巳。

务，已革达赖所属的噶伦等人"是否悦服，彼此可以相安"？清廷还表示："如班禅与达赖消除从前意见，为彼求复职掌"，倒可以"酌量筹商"，但达赖的权限必须明确为"只准管理教务，不准丝毫干预政权"①。

九世班禅之所以拒绝"暂掌教务"，并请求清政府开复达赖名号，正如他在事后所解释的：他知道清政府"想教他夺取达赖的位置，这是实在的事情"，但他已经"婉辞谢绝"；他到达拉萨后，与驻藏大臣"办理交涉时，确曾在达赖的宝座上"，这是因为"当时没有预备别的住处，所以他只好在那儿处理一切"。他甚至表示，他到拉萨"完全是被要挟，他宁愿牺牲性命，也不愿对达赖喇嘛有不利地方"②。这表明，在复杂的局势下，班禅努力与达赖方面搞好关系，维护西藏地方上层的内部团结。即使如此，达赖方面仍不放心，据柏尔记述，1910 年后流亡印度的达赖及其部属"一直监视着班禅喇嘛的行为。中国当局支持班禅喇嘛，希望加深他和达赖之间的不和，以便更易于维护自己对西藏的控制。这两位高级活佛在各方面都存在着利害冲突，他们的不和几乎不可避免"③。对此，当时在驻藏新军中任职的谢国梁也认为："达赖出奔大吉岭，驻藏大臣联豫奏请褫夺达赖徽号，尊班禅为教主。班禅出任调停，仍请达赖回藏。协商未妥，联豫接班禅来拉萨，尊礼甚优，达赖愈怀猜忌，致生恶感。"④ 因此，达赖流亡印度和被褫革名号后，清政府再次要求班禅"暂掌教务"，的确使达赖、班禅关系严重恶化。

直到 1911 年秋，十三世达赖一直流亡印度，回藏的问题迟迟得不到解决。流亡印度期间，由于英帝国主义的拉拢和亲英分子的煽动，曾意图联俄抗英的达赖转向了亲英，对清政府及其驻藏官员颇为敌视。这期间，柏尔始终与达赖方面保持密切联系，他就此指出："达赖喇嘛亲英亲俄，但反华"，他的噶伦们"清一色地亲英"，基巧堪布"既亲英又亲俄"，而"班禅喇嘛亲英，但反对拉萨"⑤。英帝国主义者因此趁机介入，力求借调和达赖、班

① 《宣统政纪》卷 48，宣统三年正月丁巳。
② 〔英〕麦克唐纳（David Macdonald）著《旅藏二十年》，孙梅生、黄次书译，商务印书馆，1936，第 84 页。
③ 〔英〕柏尔（Charles Bell）著《十三世达赖喇嘛传》，冯其友等译，西藏社会科学院西藏学汉文文献编辑室 1985 年编印，第 116 页。
④ 谢国梁：《班禅被逼出走后规划西藏条陈》，张双志辑《民国筹藏刍荛集》，收入张羽新、张双志编纂《民国藏事史料汇编》第 14 册，学苑出版社，2005，第 68～70 页。
⑤ 〔英〕柏尔著《十三世达赖喇嘛传》，冯其友等译，第 115 页。

禅矛盾之机，控制西藏的两大活佛系统，实现把西藏从中国分裂出去的阴谋。时任英国驻亚东商务委员的麦克唐纳（David Macdonald）称，1910 年达赖逃往印度后，"扎什伦布和拉萨两地大喇嘛中间，失掉些许感情"，班禅方面派人到亚东请麦克唐纳进行调解，"向达赖喇嘛解释误会，免得日后两方情感日趋恶化，发生战争"。达赖就此向麦克唐纳表示：他对"师兄班禅绝无芥蒂"，但双方的部属"不免稍有衔恨"。而后，在英国人的联络下，达赖、班禅在拉兰举行会谈。可是双方在会议后矛盾非但没有化解，反而加深，达赖的部属之所以反感乃至反对班禅及其部属，原因包括：其一，达赖逃亡后，班禅被清政府请到拉萨"占据达赖的位置"。达赖方面认为这"形同篡窃"，尽管班禅拒绝清政府的"暂掌教务"任命，但"班禅走近拉萨，政治上已铸成大错"，因为班禅前往拉萨给他们的印象就是班禅对清政府的任命"定有采纳的倾向"。其二，班禅方面的重要官员"有倾向中国心理"。其三，1904 年英军侵藏时班禅方面不帮助西藏地方政府。其四，1904 年以来班禅辖区就拖欠西藏地方政府税银数十万卢比。[①] 达赖方面的这四条"理由"都是 1904 年以后产生，很显然第一条是最主要的，因为达赖部属最担心班禅在中央政府支持下取代达赖，他们会因此丧失既得的权势；第二条则是达赖部属中的亲英、亲俄分子所害怕的；第三、四条都是借口，第四条尤其站不住脚，因为班禅辖区的赋税自清前期始就由班禅方面支配。

三

从 19 世纪 70 年代起，达赖、班禅两大系统开始出现明显的矛盾，清朝中央政府和驻藏大臣又从对达赖、班禅都有所猜忌到公开支持班禅系统、压制达赖系统，使两大系统的矛盾不断激化，达赖方面与清政府、驻藏官员的矛盾也不断加深。这些都对 20 世纪上半期 40 多年的西藏治理产生了明显的消极影响：

第一，清政府的治藏政策和驻藏大臣的治藏措施使当时两大系统的矛盾更为尖锐。对于达赖、班禅两大系统从和好演变为冲突、对立的原因，从 20 世纪 20 年代起就有人加以论述，达赖、班禅本人的差异及其部属之间的冲突是关注的重点。如被称为"西藏通"的英国人柏尔曾在英属印度任职

---

① 参见〔英〕麦克唐纳著《旅藏二十年》，孙梅生、黄次书译，第 76~83 页。

多年，与达赖、班禅两大系统都有交往，他说"拉萨与扎什伦布之间妒忌甚深"，西藏人认为两大活佛自己"毫无敌意，惟其部下互相倾轧"。尽管东方人有"凡事有过，则归咎于臣而不归咎于君"的习惯，但他个人也认为，两大活佛"濡染宗教既深，当能超脱于妒忌之情"，而"其部下之敌视，诚较其主更为激烈"①。柏尔还指出，达赖、班禅性格差异很大，"达赖专横傲慢，而班禅却忍让谦恭"，"假如达赖的性格与班禅的性格一样，他就不可能在管束西藏那些难以驾驭的人方面获得他已经获得的功"；达赖、班禅"个人似乎关系很好，但在他们的下属之间却总是存在着嫉妒情绪"，达赖每次与他谈起班禅"语气总是友好的"，而达赖的心腹极力"反对班禅"。②

近年来，学术界对此有了更深入的研究，有学者指出历史上形成的达赖、班禅活佛的不同特点，特别是他们对政治、宗教关注程度的不同，而且在19世纪末20世纪初又发生了多次的误解和冲突，包括升泰任职期间查获达赖与沙俄往来信件、1902年班禅在布达拉宫门前击鼓事件、1903年英军从班禅所辖的岗巴退出后从噶厦所辖的亚东入侵、1910年达赖逃亡后班禅到拉萨代理政务、1911年西藏变乱后班禅系统的"亲汉"举动等。而英国的拉拢、离间是"导致达赖班禅两大活佛关系破裂的罪魁祸首"，清末驻藏大臣的错误施政加深了达赖、班禅的矛盾，达赖、班禅手下的"相互谗构"又使本已不睦的达赖、班禅关系火上浇油。③ 笔者赞同这些分析，并认为：英、俄等国为侵略西藏扶植代理人而对达赖、班禅实行拉拢、挑拨，始终是近代以来达赖、班禅关系不和的首要因素和最主要的外因，帝国主义扶植的分裂势力的作用则是最主要的内因；而双方政治立场上的分歧、清政府的治藏政策和驻藏大臣的施政，也都是导致两大系统矛盾、冲突的重要原因。

就政治立场而言，19世纪末至20世纪初，英、俄两国加紧争夺西藏，争相拉拢达赖、班禅，又由于清政府对外妥协和某些驻藏官员的处置不当，两大系统的政治立场也逐渐发生变化。最初是拥护中央政府、同心协力抗击侵略者，然而在抗击英国第一次侵藏战争后西藏上层逐渐分化，逐步形成了亲英、亲俄势力。这两种势力的影响力在达赖系统中最为强大，甚至有时左

① 〔英〕柏尔著《西藏之过去与现在》，宫廷璋译，商务印书馆，1930，第54～58页。
② 〔英〕柏尔著《十三世达赖喇嘛传》，冯其友等译，第130、315页。
③ 参见张云《漂泊中的佛爷——九世班禅内地活动的前前后后》，第16～27、36～38页。

右了达赖的言行。班禅系统虽然与英印方面有一定联系，1905年甚至被诱骗赴印，但是该系统的政治立场始终是热爱祖国、反对分裂、维护西藏内部团结和国家统一。1904年以后达赖系统中亲帝分裂势力长期压迫班禅系统，即使是班禅方面的合理、忍让举动也被视为有所图谋，当班禅两度拒绝中央政府让他代管西藏政务的要求时，他们仍无端指责。他们多次无理指责、无端挑衅，激起西藏爱国上层和民众的愤怒，以班禅系统为代表的爱国力量与他们进行了长期斗争，这就使双方的矛盾、冲突超出了两大系统本身，其性质发生了根本变化，成为分裂与反分裂、卖国求荣与爱国爱藏的政治斗争。

从清政府的治藏政策来看，为治理西藏、巩固西南边疆，清政府一直力图协调达赖、班禅两大系统的关系，以取得让双方都效忠清廷以统治西藏的效果；但是，在不同阶段对两大系统的矛盾采取了不同的处理方式，使双方矛盾或缓或急，却始终未能使双方和好。1904年以前，虽然鹿传霖等四川、西藏的地方官员对达赖、班禅两方面都有所猜忌，但清中央政府在政策上更多的是维护西藏地方上层的内部团结，维持清前期确立的以达赖系统为主导的西藏政教合一制度。对于八世班禅"惑习红教"的处置就表明这一立场。不过，虽然有关官员报告了班禅"附于英"、达赖"结好"沙俄的有关情况，清政府得知英、俄对西藏上层的拉拢、分化的动向，但由于国势日衰和推行对外妥协的苟安政策，并未采取有效措施阻止这一趋向，致使英、俄两国得以有恃无恐地实施培植代理人、控制西藏的阴谋。这就使达赖、班禅两大系统的矛盾日益恶化，特别是英国发动第一次侵藏战争后，加剧了西藏上层的分化：僧俗上层总体上对清政府能否维护西藏各族利益缺乏信任感，在维护统一和维护西藏本地利益上，爱国反帝力量的周围环境日益窘迫；亲帝分子加紧活动，利用西藏民众爱国守土、维护自身利益和反对清政府对外妥协的心理，煽动寻求英国或者沙俄的"保护"，再加上英、俄的拉拢，自然就出现达赖、班禅的部属甚至他们本人是"亲俄"、还是"亲英"的种种说法。

1904~1911年，面对英军侵入拉萨后西藏的严重形势，清政府采取了利用双方矛盾相互牵制的政策。作为这一政策的执行者，这一时期的驻藏大臣或多或少地采取相关措施，力图取得"以班禅制达赖"、维护平衡的效果。达赖出逃后，有泰、联豫都建议清廷由班禅暂摄或代管藏事；张荫棠是被当时和后世所称道的治藏"贤臣"，但他得知班禅有"代理达赖之意"后竟又把这一情况"告知藏王"，让噶厦的噶伦们极为惊慌，"以为班禅来京后达赖必致失位"。在当时统治者看来，这种做法可以收到牵制双方、共同效忠的效果，但实际上却事与愿违：一是由于历世班禅主要关心宗教，较少介入西藏政务，又一直拥护中央政府，希望与达赖团结一致对抗外国侵略，这种政策使九世班禅被迫放弃重宗教、轻世俗的传统，又背上与达赖争夺名利的心理包袱，他本人及其大部分部属因此承受了巨大的政治和心理压力。1910 年，九世班禅到拉萨后表示自己"完全是被要挟，他宁愿牺牲性命，也不愿对达赖喇嘛有不利地方"，并非毫无依据。二是加剧了双方的矛盾，使两大系统对清廷都有疑虑甚至是不满，尤其是达赖两度被革除名号，与清廷、驻藏官员矛盾日益加深，该系统又握有实权、影响很大，再加上英、俄两国趁机挑拨，显然不利于清政府在西藏地方的施政，更不利于团结一致、反对侵略、维护统一、稳固边疆。

第二，由于清末实施利用班禅系统压制达赖系统的政策，两大系统的矛盾在辛亥革命后总爆发，此后数十年间两大系统纠葛不断，矛盾不断加剧，使西南边疆危机不断。

1911 年 11 月，辛亥革命的消息传到西藏后，驻藏川军发动反清起义，由于英帝国主义的挑拨和亲英势力的煽动以及川军内部的派系斗争，出现川军内讧、川军与藏军对抗的局面，并波及川边地区。1912 年 1 月中华民国成立，中央政府 6 月命令四川、云南两省派军西征，到 9 月基本恢复川边辖地，这年底驻藏官员、军队又被迫全部撤离西藏。在这一过程中，达赖、班禅两大系统对驻藏新军及中央政府的态度明显不同，又加深了已有的矛盾。九世班禅在 1913 年给中央政府的一份电文中就表示自己"久仰中朝，实沾德惠"，藏乱期间"凡在我属汉边军民等，无不力加保护，借饷筹食，无微不至"，已引起达赖系统的不满，西藏地方政府见其"向汉心切，意图他举"①。柏尔的记载也证实了这一点，他说："中国戍兵哗变"后西藏形势混乱，"达赖间谍复煽动之"，致使川军处于极为不利的境地，而"西藏政府之行动大受党派猜忌之阻碍"，"班禅之政府暗与中国人勾结，不援助其拉萨同胞"②。

达赖、班禅两大系统在这场变乱中的不同表现，主要是双方的政治立

① 中国第二历史档案馆藏蒙藏院档案《国务院秘书厅奉发班禅倾心内向电致蒙藏事务局公函》（民国二年三月二十九日），《元以来西藏地方与中央政府关系档案史料汇编》，第 2371～2372 页。
② 〔英〕柏尔著《西藏之过去与现在》，宫廷璋译，第 79～80 页。

场、与中央政府关系的差别造成的，特别是达赖方面对清政府极为不满，对执行这一政策的驻藏官员、军队颇为敌视，在英帝国主义的挑拨、支持和亲英分子的煽动下，力图打着维护西藏政教利益的旗号，把清政府在西藏的军政势力驱逐出去。两大系统的不同立场和表现，又反过来激化了双方的矛盾，十三世达赖返回西藏后，控制了西藏地方政权，更以强大的军政优势压制班禅方面，导致双方的矛盾进一步加深。在此情况下，北京民国政府及时调整了对两大系统的政策：其一，在 1912 年 10 月 28 日恢复十三世达赖"诚顺赞化西天大善自在佛"的名号，1913 年 4 月又加封九世班禅"致忠阐化"的名号。其二，同时嘉奖达赖、班禅两大系统的上层人士，如 1913 年 8 月 24 日民国政府表彰、嘉奖西藏旅京代表江赞桑布、阿旺根敦、阿旺曲扎等人，其中既有前藏人士，也有后藏的阿旺曲扎。其三，在第一届国会议员选举中，西藏地方共选出 40 名众、参两院正式和候补议员，前藏（达赖系统）、后藏（班禅系统）名额相同。这些不仅表明中央政府在政治上平等对待达赖、班禅两大系统的立场，而且从法律上保障了西藏地区人民参与国家管理的权利，有利于中央政府恢复、加强与西藏地方的政治联系。①

对于中央政府与西藏地方政治联系的加强，英帝国主义及其扶持的西藏分裂势力极力阻挠、破坏：先在西姆拉会议上炮制分裂祖国的方案和非法的"草约"，接着利用十三世达赖推行新政之机，削弱西藏地方与中央政府的联系，又挑拨达赖、班禅两大系统关系，致使 1923 年九世班禅被迫离开西藏；极力阻挠九世班禅返藏，以致这位爱国活佛在 1937 年底抱憾圆寂于玉树，此后至 1949 年间又长期干扰其转世灵童的寻访、十世班禅的确认，使两大系统的矛盾更加尖锐。双方的矛盾无疑对中国边疆的稳固产生了消极影响：西藏上层的内部冲突、西藏地方与历届中央政府矛盾的长期存在和不时激化，中央政府不得不忙于协调达赖、班禅关系和恢复、巩固在西藏主权；英帝国主义则利用这种矛盾炮制非法的"麦克马洪线"，蚕食鲸吞中国西南地区的领土，至今影响着西南边疆的稳定和中印关系的正常发展。

（原载《中国边疆史地研究》2009 年第 1 期）

---

① 详见孙宏年《蒙藏事务局与民国初年的边疆治理论析》，《中国边疆史地研究》2004 年第 1 期。

构建民族国家：辛亥革命
前后的中国边疆

冯建勇

摘　要：本文着重从民族国家构建的角度探讨辛亥革命前后蒙、藏等边疆地区的政治变迁。辛亥革命使"五族共和""中华民族"学说从思想变成了政治实践，实际上成为梁启超政治思想、价值体系的代行者。可以说，因辛亥革命而昌盛的"五族共和""中华民族"观念作为民国初期政府整合中央与边疆地方的意识形态，对边疆地方的民族国家之认同影响极深。

关键词：辛亥革命　中央政府　边疆地方　民族国家构建

作者简介：冯建勇，1979 年生，历史学博士，中国社会科学院中国边疆史地研究中心副研究员。

引　言

　　民族与民族主义已成为当今世界最重要的政治哲学主题之一，也是迄今为止学界、政界研究讨论最多、争议最炽的基本思想政治问题之一。围绕着民族与民族主义，国外各门学科、多种学派都留下了丰富和繁杂的理论、观点。① 今天，国内外史学界已经开始认识到辛亥革命前后的一段时期在中国

---

① 如〔美〕本尼迪克特安德森著、吴睿人译《想象的共同体——民族主义的起源与散布》（上海人民出版社，2003）；〔美〕约瑟夫列文森著、郑大华等译《儒教中国及其现代命运》（中国社会科学出版社，2000）；〔法〕吉尔德拉诺瓦著、郑文彬等译《民族与民族主义》（三联书店，2005）等著作。

民族国家构筑历程中的重要地位。有学者利用民族国家理论对这一时期的中国边疆政治变迁进行了区域性的实证研究。① 一些学者尝试从近代民族主义和近代中国民族国家建构的角度，将民国初期中央政府对边疆地区的政策，作为问题而提出，并给予了认真探讨。②

尽管如此，显而易见的是，国内外关于这一课题的先行性研究还存在诸多尚需解决的问题，其中一个重要的问题是，尚缺乏利用民族主义或民族国家构建理论解读辛亥革命前后中国边疆政治变迁历史的代表性著述。同时，依据民族学、政治学等跨学科的相关理论，构筑研究框架，将这一时期中央政府对边疆民族地区之政治整合和民族国家构建予以研究，目前还不是非常充分。基于上述先行研究成果分析，本文拟将创设一种阐述语境，仅对晚清民初中央政府实施构筑民族国家及边疆地区之民族国家认同、整合边疆之历程，予以简单梳理，并从民族国家构建的视角，对辛亥革命之地位予以再认识。

一　清末民初中央政府的边疆政策与边疆政治

1644 年清王朝定鼎北京以后，中央政府即与边疆地方形成了良好的互动关系。较之历代汉族王朝对边疆民族的文化偏见，清朝统治者与边疆民族如蒙、藏等的关系更为融洽。在此基础上，清王朝对边疆的治理模式亦较之历朝有所更张。

---

① 如于逢春《中国国民国家构筑与国民统合之历程——以 20 世纪上半叶东北边疆民族国民教育为主》（黑龙江教育出版社，2006）一书。该书从民族（国民）国家构建的视角，探讨了清末民初时期的东北边疆国民教育问题，从理论视角探索了近代中国的国民国家构建中存在的难题与出路。该书探讨的空间以东北与内蒙古东部为主，着眼点在于如何筑造民族国家的基石——国民，对政治构建、民族国家认同等问题未做深入探讨。此外，〔日〕见立夫《从国家主义到地方民族主义——对于蒙古人郭道甫而言的国家地域民族》〔《现代中国的构造变动》（7），东京大学出版会，2001〕对此问题亦做了相应探讨。

② 相关先行研究成果主要有：张启雄《"独立外蒙"的国家认同与主权归属交涉》（《"中央研究院"近代史研究所集刊》，1991 年）；程农《近代中国的民族国家认同问题与辛亥革命》（《历史教学》1992 年第 7 期）；黄兴涛《现代"中华民族"观念形成的历史考察——兼论辛亥革命与中华民族认同之关系》（《浙江社会科学》2002 年第 1 期）；张永《从"十八星旗"到"五色旗"——辛亥革命时期从汉族国家到五族共和国家的建国模式转变》（《北京大学学报》2002 年第 2 期）；华国梁《民国初年蒙古王公对"五族共和"政策的民族认同》（《徐州师范大学学报》2003 年第 2 期）；马戎《中华民族的共同文化与"黄帝崇拜"的族群狭隘性》（《西北民族研究》2010 年第 2 期）等。

　　总体来说，清代前中期，中央政府一方面让边疆民族参与管理本民族的事务，另一方面清政府又不断加强了在边疆的法律制度建设和行政制度变革。此期清朝政府对边疆的治理具有以下特点：第一，从观念上看，它承认边疆民族与内地民族之间在制度文化方面的差异性，用中华固有的道德主义来看待边疆的民族，对边疆和内地采取不同的政策，体现了一种文化边疆意识。同时，针对西藏、青海、蒙古、新疆等地区，通过制定诸如善后章程之类具有较强的"自治权"的单行法规或基本法，赋予其一定的"自治权"。第二，在实践中，在确认民族性和实行相对自治的基础上，还强调边疆民族参与本民族政治的思想。这种体制的特点在于它是一种参与式的"自治"，即将边疆民族地方的首领纳入中央政府的管理制度之中，把其行政活动置于国家法律之下，并在此前提下让其根据地方的实际情况来处理各种行政、法律事务。①

　　一般而言，前、中期的清王朝是和近代的主权国家性质不同的国家。但是，伴随着19世纪中后期以降所谓的"中华世界秩序"的崩溃，清朝统治者在与近代世界的对峙中，逐步认识到清朝仅仅是近代世界中的"万国之一"。这种发轫于边疆危机，最初由知识分子与社会精英提出，并最终得到清朝统治者认同的近代国家意识，使得晚清政府不得不放弃原有的天下观，转而将中国的"民族国家"建设和被称之为"中国人"的国民的构建作为目标。显然，受到近代民族国家之统合意识的支配，此时清政府改变了早中期的"边疆民族自治"之治边模式，以构建近代民族国家为标的，借实施新政之机，推行边疆与内地"均质化"② 政策，加强对边疆地方的直接控制，整合中央与边疆地方关系。1884年，新疆与内地一样被设省治理。翌

---

① 参见杜文忠《边疆的法律：对清代治边法制的历史考察》，人民出版社，2004。

② "均质化"（又称"同质化""等质化"）一词是于逢春在《中国国民国家构筑与国民统合之历程——以20世纪上半叶东北边疆民族国民教育为主》一书中使用和加以界定的概念。阿地力艾尼在其博士论文《清末边疆建省研究》（中国社科院研究生院博士论文，2009）中亦使用了这个概念。"均质"一词来源于日语，原意是指同类物体或某一事物各部分的质量、密度、成分都一样，即均质、等质、均匀、同质。疆域"均质化"是指内地与边疆都程度不同地依照近代民族（国民）国家的基本标准，改革国家的国体与政体，重构中央与地方的行政体制，铸造全新的国民等，使得内地与边疆同处于中央政府的直接统治下，实施大体相同的制度，执行基本相同的体制。上述学者使用此概念的初衷是为了与国内常用的"内地化""一体化"等相区分。因为他们认为"内地化""一体化"等词语，在某种意义上带有歧视性，隐含着强烈的、预设的不平等性，暗示着内地高于边疆，只有边疆达到了与内地一样的程度才是先进的，否则就是落后或愚昧的。

年，台湾由府州层次升格为省的层次。嗣后，清政府又在东三省与西藏东部设省施政。与此同时，向内外蒙古转移过剩的劳动力，开始直接介入内外蒙古的经济、文化、教育事业。在内蒙古，伴随着内地移民的增加，州、府、县的逐次设立，盟、旗的地盘渐渐被压缩。上述施政，从效果来看，以（外）蒙、藏、新边疆地区为例，它们虽同处边疆地区，但由于地域、民族等特点各异，清前期的均质化程度不同，所以在清中后期推行均质化的结局也不尽相同。借新疆回民大起义之机，新疆的均质化最为成功，最终确立了行省体制。清末新政期间，外蒙古和西藏地区屡有筹设行省之议，无奈来自边疆地方的阻力过大，未能切实施行，均质化程度远不及新疆。

这种治边政策的变更，本身包含着晚清中央政府对边疆的认识和治边观念的改变。可以看到，在对西方近代国家的认同与移植基础上，清朝政府将其版图纳入中国中华之下，不断地一元化地统合，并能在其疆域内确立可行使均质的、排他的领土主权，努力建立近代国家形态，从而使这个疆域作为主权国家的"中国"实体得以确立。综观清末新政以来中央政府对边疆地区的治理，它以"固我主权"为宗旨，具有"国家化""集权化"的特点，这一进程对于边疆的民族关系产生了重大影响，从制度上破除了中国古代在处理与边疆民族关系上的传统思维模式，在处理内地与边疆民族关系问题时，注重边疆的法制建设。尽管清朝在观念上并没有完全脱离传统王朝以朝贡为依据的"文化边疆"概念，但是，其治理边疆的"国家化"进程在客观上利用了国家法律制度的清晰性来代替了传统朝贡理论的模糊性，为传统的文化边疆的概念向近代民族国家边疆概念的转变起到了积极推动作用。

从构筑一个近代国家之立场出发，清政府以推进边疆与内地"均质化"为手段，以"固我主权"为目标，试图保持中央政府对边疆地方的强大控制力。显然，这种以加强中央集权为目标的举措，对当时中央与边疆地方关系的影响是巨大的。晚清时期，蒙、藏、新等边疆地方的政治表现最为突出的一个特点，即是"地方主义政治化"倾向日益明显。

以清末新政为例，清统治者之初衷是为了加强中央集权。而对于边疆民族而言，它可能会产生另一种镜像。参与新政的一些蒙古贵族认为，蒙古民族衰亡的原因在于基层社会的衰退，而基层社会正是由那些民族意识淡薄、经济窘迫、盲目迷信佛教的群众构成。基于此，他们试图通过学校教育唤醒民族意识，构建新的基层社会。以蒙古王公贡桑诺尔布为例，他积极响应并实施新政，且创办了"贡王三学"①。贡桑诺尔布在阐述其筹办"贡王三学"之动因时曾作如下表述："我身为王爵，位极人臣，可以说没有什么不如意的事，可是我从来没有像现在这样高兴。因为亲眼看到我的旗民子弟入了学堂，受到教育，将来每一个人都会担起恢复成吉思汗伟业的责任。"②由此可知，贡桑诺尔布等蒙古王公积极在蒙古地方推行新政的宗旨，在于期待恢复成吉思汗的伟业，重现蒙古民族与蒙古帝国的荣光。1906 年前后，练兵处官员姚锡光在视察了"贡王三学"后，提出了一个重要问题：

> 蒙古部落虽分，户口亦寡，而其各旗之札萨克仍隐然有君国子民之资格，则今日之兴学设教，其为各部札萨克代教其部民乎？抑为我国家养成国民，同任赋税，同执干戈，相与浑化于无迹乎？此一至大之问题也。③

他还对"贡王三学"的办学宗旨提出了质疑：

> 至蒙古学堂，则率以提倡兵操为主，而其授课所引譬，暇日所演说，则时以恢复成吉思汗之事业，牖其三百万同胞以相鼓舞，而我朝圣武神功，阒未一闻，则其心盖可想见。④

恰如姚氏所议，如果从民族国家整合的视角来评判"贡王三学"的办学宗旨，遂有以下结论：由于"贡王三学"过于强调民族的或地域的特色，则其国民统一性势必会被弱化，这显然与清朝政府构建民族国家的立场背道相驰。正基于此，中央集权主义与边疆地方主义的对抗升级，由于得不到边疆地方的拥护，清末以整合民族国家为矢志的边疆新政只是停留在政策层面，实际操作中难以达到预期目标。更为严重的是，由于中央与地方矛盾的激化，旧有的"边疆自治模式"也因此陷入瘫痪，由此形成现代制度主义

① 所谓"贡王三学"，系指蒙古王公贡桑诺尔布先后创办的三个学堂，即崇正、守正、毓正学堂。参见吴恩和《贡桑诺尔布》，《内蒙古文史资料》第 1 辑，第 25～28 页。
② 转引自贾荫生《崇正学堂》，政协赤峰市委员会文史资料委员会编印《赤峰市文史资料选辑》第 4 辑，1986，第 61～62 页。
③ 姚锡光：《筹蒙刍议》，光绪戊申（1908）秋仲京师寓斋铅印本。
④ 姚锡光：《筹蒙刍议》，光绪戊申（1908）秋仲京师寓斋铅印本。

所谓"路径锁定"的尴尬境地，清朝中央政府与边疆地方的关系日渐疏离。

1911 年辛亥革命爆发，其间内地各省纷纷宣布"独立"。不言而喻，这种"独立"实际上是脱离清朝的统治。尽管如此，这种地方主义政治化的倾向也成为后来内地军阀割据的滥觞。有着"驱逐鞑虏，恢复中华"烙印的辛亥革命对边疆政治实态的冲击是显而易见的。在此情景下，如果说，内地的"独立"是脱离清政府，则边疆的"独立"意味着脱离中国。此时新疆、外蒙古、西藏等边疆地区政治形势，大概可分为两种：一种以新疆为代表，对新生政府和中国国家保持了较高认同；另一种以蒙藏为代表，此时这两个地区对民初中央政府和中国国家之认同意识模糊，态度暧昧。在这种脆弱的国家认同和缺乏归属感的情形下，蒙藏地区陷入脱离中国主权的政治危机。也正是在上述两种不同的政治心态的指引下，新疆与蒙藏地方分别走向了两种不同的道路：由杨增新主政的新疆地方保持了对民初中央政府和中国国家的认同，同时受"地方自治"主义的影响，建立了军阀统治；（外）蒙藏贵族、王公等则分别在外蒙古、西藏地方实行"自治"。这种在俄英两国以"宗主权"名义支持下的所谓"自治"，其实质并非民初中央政府所持的"地方自治"思想，而是一部分受民族主义所支配的蒙藏地方上层分子所设想的"自治国"实践。也就是说，以蒙藏地方为代表的边疆民族地区，从其口号而言，它认同大清帝国，但无法认同"驱逐鞑虏"的南京临时政府。

针对上述边疆地方之政治实态，民初中央政府做出应对，以整合中央与边疆地方之关系。南京临时政府成立后，从内外两个方面着手处理此期的边疆问题，以整合国民统一的民族国家。对外层面，临时政府以妥协的姿态换取列强对临时政府的支持和对边疆的不干预；对内层面，对前期所主张的民族主义①进行了自我修正，"五族共和"作为国民统合的意识形态被提出，同时在国家根本大法中得以体现。尽管南京临时政府从意识形态上肯定了中央政府在蒙藏等边疆地方的主权地位，但双方关系积怨日久，断难短时间内得以消除，因此，终南京临时政府时期，蒙藏边疆地方与中央政府关系若即若离。

---

① 从辞源上解释，种族（ethnos）本来是一个中性的概念，但它因为受臭名昭著的"种族主义"这个词语的牵连而长期蒙受不白之冤。其实采用"种族主义"来对译 racism 并不确切，后者似应译为"人种主义"，它用任意设定的人类群体间的生物学差异来解释缺乏可靠验证的有关他们智能和潜力差异的现象。"种族"，或者在 ethnos 尚未进入英语时用作其代名词的"种族群体"（ethnic group），则是一个文化的而不是一个生物的分类概念。

而以袁世凯为代表的北京政府在继承了南京临时政府之政治遗产的基础上，进一步加强了对蒙藏边疆问题的关注及处置力度。从宏观上来说，北京政府颁布的《中华民国约法》及相关立法，在赋予边疆地方某些自治权的同时，就国家对自治地方的权威和责任、国家和自治地方的权力分配与制约，以及有关民族对自治地方实施管理做出了规定。这些法律规定均应属于中央与边疆"共治"之范畴。也就是说，民初中央政府通过相关立法和条款赋予了边疆地方两种政治权利：一是对边疆地方自身政治的自治权，二是对共有国家的政治参与权。这较之清初"边疆民族自治模式"之制度设计存在着一个明显的变动。

"边疆民族共治模式"的提出是对"边疆民族自治模式"的一种超越，具有深厚的思想蕴含，并且，它所能提供的广阔的制度设计前景，以及法律制定和政治操作空间，可以为边疆地方实现自身利益提供坚实基础。事实上，此期边疆地方也利用了参与国家政治的优势，在相关事务中注重利用法律规定和国家权威来维护边疆地方利益。如1914年约法会议召开期间，蒙藏联合会向约法会议提出将《待遇蒙藏条例》写入约法的要求，在提交的公函中声称：

> 查蒙藏为中国边屏，虽历数百年之久，而历史、风俗、制度、习惯、语言、文字，均与腹地不同。约法规定人民平等，蒙藏则未废封建，约法规定信教自由，蒙藏则宗奉黄教，民国成立三载于兹，大总统于晋爵、宗教虽均按旧制施行，而规定之约法条文，不无捍格，似非明定专例，不足以定大政设施之标准，即不足以周边氓倾向之精神。查前已特颁之待遇，满、蒙、回、藏七条件，暨前临时参议院规定之蒙古待遇条例九条，例文法固极周详，恩遇极为优渥，然不于增修约法之中妥为厘订，无以垂永久而便遵从，如是则蒙藏特别制度均由特别法发生，于约法规定既不至冲突，于蒙藏观听亦不至混淆。①

应当说，蒙藏联合会注重从修改法律的角度来维护边疆民族地方的利

---

① 《蒙藏联合会为请将待遇蒙藏条例交约法会议公决增入专条事致国务总理呈》，中国藏学研究中心等编《元以来西藏地方与中央政府关系档案史料汇编》，中国藏学出版社，1994，第2355页。

益，反映了其时边疆民族对近代国家法制思想的认同与接受，亦折射出其对中国国家的认同，本身具有一定的进步意义，同时，从历史的法律继承与时代的变迁意义来看，蒙藏地区为保持本民族地区的既得利益与地域特性，提出这一要求具有一定合理性。民国政府对此意见亦给予了高度重视，并采纳了蒙藏联合会的意见。随后制定的《中华民国约法》第 64 条和第 65 条规定："中华民国宪法未施行以前，本约法之效力与宪法等，约法施行前之既行法令与本约法不相抵触者，保有其效力"；"中华民国元年三月十二日所宣布之满、蒙、回、藏各族待遇条件，永不变更其效力"。从《待遇蒙藏条例》效能变更来分析，在未纳入约法之前，它至多可称为一个行政规章，作为普遍的法律法规在法理上是柔性的，随时可以变更；而一旦纳入约法范畴，其效力和性质随之发生了变化。可以这样认为，正是这种"边疆民族共治模式"让边疆民族获得参与国家管理的权利；而由于民国政府赋予了边疆民族地方参政、议政的权利，才使得地方利益在国家根本法中得以体现。

需要指出的是，较之南京临时政府，北京政府通过立法、劝谕、册封、厚给利益、教育统合等各种怀柔手段，加强了与蒙藏地方的联系，并在一定程度上得到了蒙藏地方的认可，从而使以往那种若即若离的中央与边疆地方关系一度得到了改善。然而，由于英俄两国的插手，使得中央政府与蒙藏地方关系复杂化。总体而言，关于民初（1911～1915）中央政府对边疆民族地区的国民统合之历程从主观因素来说，是较为得力的；但是由于历史继承性因素和英俄等国对中国之边疆统合过程的插手，使得这一国民统合之进程从整体来说，步履蹒跚，实效不足。①

二 辛亥革命在近代中国边疆民族国家认同构筑过程中的地位

清末民初，正是中国民族国家开始构筑之时。当时，关于民族国家的构筑，从理念上来说，存在着两种道路，即民族国家主义与种族民族主义。种族民族主义，即一个既定种族群体为实现、扩大和保护自己的民族性格而从事的斗争。它可能是一种以独立和主权为目标的分离主义运动，也可能是在

---

① 参见拙文《重构国家认同：民初中央政府对蒙藏边疆之统合》，《黑龙江民族丛刊》2009 年第 4 期。

国内为争取更理想的民族地位而进行的运动。将种族民族主义一概视为消极主张是不符合历史事实的。

至于民族国家构筑的另一途径，毫无疑问，其民族国家主义的一面，经常是悲惨与严酷的。民族国家主义需要的国家权力必须是没有竞争的权力，所有替代性的权威都可能成为离心力的渊薮。对民族国家主义而言，其他共同体，无论它是民族的，抑或是地域的，都是首要怀疑的对象、最主要的对手，都是必须处置而后快的敌人。

一般而言，作为由共同文化、共同传统维系的民族，与以国家形式结合的政治社会之间的差别是根本性的。充分承认边疆民族的权利是不可或缺的，但其前提是边疆民族与中央政府互相认同。民族国家的根本制度是国民权制度下的国家疆域的统一。在这种情况下，边疆民族究竟是中国国民，抑或是西藏人或蒙古人——这第一要义的问题，也就是中央与边疆地方处理关系首先必须解决的问题。对这一问题的回答，晚清中国近代民族主义者存在两种截然不同的立场。以梁启超为代表，他将中国近代的民族主义主要看成是对应列强挑战的结果，他的民族国家构建是将中国境内所有民族都包括在内，创建一个中华民族。梁启超是"中华民族"一词的首先使用者与发明人①，也是"五族共和"的建言人。而以孙中山和他的同志为代表，在这一时期主张以"驱逐鞑虏，恢复中华"作为中国民族国家构建的方向。显然，梁启超所提倡的温和性的建议是与清朝中央政府的利益相符合的。清末中央政府所实施的以整合民族国家为目标的一系列改革，试图化除各民族之畛域，以重构全新的民族国家认同。惜乎这种努力囿于清廷面临之内忧与外患，而未能真正解决之。②

当民族国家认同不再是一个国家整合社会的力量源泉时，可能就会有新的社会力量兴起，经过社会运动，或改良，或革命，以国家的方式建立新的认同。同时，确立民族认同的过程动荡而痛苦，如辛亥革命以后的中国边疆民族地区与中央政府关系的确认过程，对此做了最好的诠释。不管怎样，以"驱逐鞑虏，恢复中华"为号召的辛亥革命取得了胜利，造就了民国。民国成立以后，作为执政者，南京临时政府面临一个重要的任务，即民国欲继承

---

① 参见黄兴涛《现代中华民族观念形成的历史考察——兼论辛亥革命与中华民族认同之关系》，《浙江社会科学》2002 年第 1 期。

② 参见拙文《清季近代国家观念之构筑及其在边疆的适用》，《北方论丛》2009 年第 2 期。

清帝国的主权、国民与领土，就必须处理好由"驱逐鞑虏"引发的东北三省、内外蒙古与西藏等边疆地区是否归属民国的问题。显然，在"驱逐鞑虏"口号下，革命党人很难反对日益发展的外蒙古"独立"运动，也无法应付西藏和新疆的危险局面。正是在这严重的边疆危机和国家分裂危险面前，民初中央政府首先从思想层面提出了"五族共和"口号，并以构筑"中华民族"概念来阐述各民族利益与中国国家利益的一致性。同时，在具体操作层面，从政治制度建设、权益让与、文化教育等层面，培育国民认同。于是，革命党先前一直排斥的"五族共和""中华民族"等口号便被民国政府加以运用。

历史的演变有时候就是这样不可思议，以"驱逐鞑虏，恢复中华"为号召的革命党人在政治实践中放弃了自己的信仰，反而成了梁启超学说的实践者。今日观之，梁氏学说无疑代表了中国历史发展的方向，即民族主义的主流。也许正因如此，孙中山后来改变了政治口号，赞成将"驱除鞑虏"转变为"五族共和"。可以这样认为，辛亥革命使"五族共和""中华民族"学说从思想理论变成了政治实践，辛亥革命实际上成为梁启超政治思想、价值体系的代行者。因辛亥革命而昌盛的"五族共和"观念作为民初政府整合中央与边疆地方的意识形态，不但对民初边疆地方对中国民族国家之认同影响尤深，也一直影响到当代中国。或许，从民族国家构建的角度来说，辛亥革命的重要意义即在于此。

三 利益的天平：民族抑或国家

在民族国家视野下思考近代中国边疆政治变迁这一命题的时候，必须尊重中国具体的历史实际。近代中国与西方国家一个不同之处在于，如果说，近代西方国家从中世纪封建国家向近代国家转型的时候，遵循着"一个民族，一个国家"的建国理论，那么，这与中国多民族国家的历史事实是不一致的，这就注定中国在构建近代国家的内在理路上与西方近代国家有所区别。也正是因为这一历史性、民族性差异，近代中国知识分子在探讨民族建国理论时存在着截然不同的路径。并且，由于中国是一个多民族国家，在构建民族国家认同过程中，必然存在着民族利益与国家利益不一致性的问题。这一问题在辛亥革命胜利后民国中央政府与边疆地方关系方面表现尤为明显。

民国初建，各党派如雨后春笋般纷纷建立。1912年3月成立的统一党，其宗旨为"统一全国建设，强固中央政府，促进完美共和政治"。1912年5月成立的共和党，其党义即是：保持全国统一，取国家主义；以国家权力扶持国民进步；应世界大势，以平和实行立国。就其强调的"统一""国家主义""国家权力"而言，无疑体现了这个时代的社会精英对民族国家构建的向往。

此间梁启超起草的《中国立国大方针商榷书》亦谈到了组党建国理论。他提出，民国应以建立"世界的国家"为目标，实行"保育政策"，建立"强有力之政府"，依靠国家政权的力量推动各项建设；加强中央集权，慎行地方分权。结论是："人民对于政府也，宜委任之，不宜掣肘之；宜责成之，不宜猜忌之；必号令能行于全国，然后可责以统筹大局；必政策能自由选择，然后可以评其得失焉；必用人有全权，内部组成一系统，然后可以观后效也，故建设强有力之中央政府，实今日时势最大之要求。"①

事实上，上述梁启超氏所持理论在当时亦得到了许多边疆大吏的认同。比如，此种见解同样反映在新疆大吏杨增新对时局的认知中。杨增新在上呈国务院的咨文中强调了保持国家权威的必要性。他说："欲求国家统一，不得不集权中央。大总统既由国民公选，完全负担责任，则各省用人大权断不能操于省议会。设各省长皆由人民选举，是各省有无形之分裂，而中央政府徒拥监督之虚名，号令不行，财政坐困，尺土一民，皆非国有其极也。七雄竞争于周，藩镇割据于唐，祸乱相寻，迄无宁日，国灭民奴，同归于亡。言念及此，能无痛心？"②

至于国家与国民的关系，杨增新认为，"大总统有解散省议会权，以重中央魁柄，不致随声附和，以误国家。是倘欲步武北美，必待教育普及，人民有政治上能力，夫然后可"③。

从辛亥革命到民初中央政府之肇建，是中国民族国家主义运作比较典型的时期。无论是中央政府的权首，或是掌控一方的地方政要，大都持有这样一种信念，即民族国家主义必须以民族国家为偶像与附着物。换言之，民族国家主义只能效忠于民族国家。正因为如此，在国家与民族关系的处理上，

① 共和建设讨论会：《中国立国大方针商榷书》，上海，1912，第46页。
② 杨增新：《补过斋文牍续编》卷1《电呈参议院表决官制一案未昭平允文》。
③ 同上。

必然会存在一种国家全能化的倾向。

如果说，民初中央政府和地方政要对民族国家主义的理解是"国家高于民族"，则这种状况对于地处边疆、人口较多且历史上有固定活动区域的边疆民族来说，是难以接受的。此时西藏地方和内外蒙古地方的民族精英之表现颇引人侧目——他们将其融入清帝国与汉族被迫融入清帝国看作同等的行为，显然，他们并没有把清帝国等同于"中国"。1912年清朝覆亡，这为上述边疆地区的民族精英创造了"独立"的可能性，而民族主义话语又推动了其迫切性。民初，蒙藏地方上层从自身利益出发，试图与中央政府分立，脱离中国疆域。

至此，本文考察了国家利益与民族利益的差异性。是否由此可以得出这样一个结论：像近代中国这样一个拥有诸多民族的国家里，国家利益与民族利益是平行的，不存在交叉点。显然，基于历史事实，这一观点具有一定的偏差。事实上，当民国初年南北当局争论不决、政局动荡的时候，一部分蒙古王公贵族亦对此深感不满。哲里木盟科尔沁王公阿穆尔灵圭在致南京临时政府的电报中甚至抱怨：

> 鄙人自去冬联合蒙族，同赞共和，本意冀免分崩，共谋幸福。今乃争议日滋，危机日烈，既无以自解于本族，岂易为继续之维持。互解之虞，尤心所怵。[1]

且不论此时阿穆尔灵圭的政治立场如何，至少从其所发一番言论来看，他是用民族大义指斥南北双方当局。由此可以揣测，在阿穆尔灵圭看来，其时蒙古族利益是与国家利益一致的，唯有建立一个统一的国家政权才能最大限度地保障蒙古民族的利益。

综上所述，从民族、国家统一体的角度看，于对外层面，国家是民族的政治组织形式，维护、争取国家利益就是为了民族利益，任何国家代表都应是其民族利益的代表。但在对内层面，一个国家之内，国家与民族两者未必能够等量齐观。国家表现为政府等具体的组织形式，民族则是由其领导的社会大众。政府的意志能否代表大众的利益，则得由具体的制度及历史情势决

---

[1] 《阿穆尔灵圭呼吁速定国务院成立统一政府致孙中山等电稿》，《中华民国史档案资料汇编》第2辑，江苏人民出版社，1981，第121页。

定。以袁世凯政府为例，当它派出代表参与西姆拉或恰克图会议，与英俄等国代表展开交涉，力图维护国家主权之时，显然，这时候民族、国家之利益是一致的；相应地，当它以国家利益至上为口号，以武力为背景，无视蒙古族王公贵族方面的合理要求，强力推进，实现内蒙古的地域统合，确立中央集权支配体制，则这时候民族与国家两者的利益是背离的。由此亦可蠡测，民族国家主义是一体的两面，它承载着民族、国家双边利益，但它又很容易在具体的情境下疏离为互为分割的两面：有时候它可能演化为全能的国家主义（盲目地强调贯彻国家意志），有时候则蜕变为单纯的种族民族主义（狭义地呼吁维护某一民族的特别利益）。

此外，在具体到个体民族利益时，必须区分开民族整体利益与一小部分民族上层阶级既得利益。就经验而言，民族整体利益是以既得的政治权力为代表的。在大多数情况下，这个政治权力应该是国家，而不是某一特定民族，因此，政府而不是某些少数民族上层，是代表国家和民族利益的唯一合法主体。但这里有一个基本条件是，政府本身必须具备合法性。而政府的合法性来源于它有能力把各种社会力量整合为一个统一的民族国家，而统一的民族国家体现在对近代民族国家的构建上。辛亥革命胜利后，边疆民族地区的社会政治力量——如蒙藏地区的王公贵族、上层喇嘛们，都曾以维护本民族之"民族利益"为借口竞争权力，并且以此激发本民族成员的民族主义情绪。对此，民初中央政府做出了重要努力，从民族国家构建的角度，采取各种手段，以实现对国民之统合，维护民族国家完整的政治疆域，获得独立完整的主权。[①]

总体来说，辛亥革命以后的近代中国（1911~1915），在利益的天平两端，国家利益与民族利益很多时候难以平衡，但这不代表两者没有契合点。至于如何协调国家与边疆民族之间的利益关系，从历史的角度和对认同理论的探讨来看，恰如民族国家的构建一般，首先要以利益认同为基础。民族国家主义所要捍卫的民族利益只能是民族中每个成员个人利益的整合。因而民族利益的体现者只能通过民众一致的契约整合程序产生，任何人不能超越这一程序而自称为民族利益体现者，并要求他人为其所声称的"民族利益"做出牺牲。因此，合理的民族国家主义以民众利益的实现为前提，这其中最

---

① 参见拙文《重构国家认同：民初中央政府对蒙藏边疆地区之统合》，《黑龙江民族丛刊》2009 年第 4 期。

重要的一点则应是加强文化认同和创出制度规范。在近代国家整合中，类似于如何建立一种能够合理配置资源同时又具有自我发展动力的经济体制，如何建立一种以法治精神与法律体系为基本框架的社会运行机制，如何建立一种有效沟通国家与国民、政府与个人关系的体现宪法精神的政治和政府体制，是其所面临的重大问题。从这一层面来说，清末民初中央政府整合民族国家的努力符合历史发展的趋势，但同时应该看到，由于传统制度的惰性，民族国家构建过程步履蹒跚，这直接导致国家利益与民族利益受其影响而难以达成平衡。

余　论

本文着重从民族国家构建的角度探讨辛亥革命前后中国边疆地区的政治变迁，因此对其他方面比如辛亥革命在边疆地方发生过程及其本身的影响未加述及。同时，虽然本文在力所能及的范围内用实证的方法叙述这段历史，但不可否认，就这一研究的着重点而言，在于创造一与问题意识、研究视角相适应的理论阐述框架，因此之故，经常不得不避开繁琐的实证主义之沼泽。

一部中国近代史昭示，民族主义是指引近代中国政治变迁的一个符号，这在辛亥革命前后之中国边疆政治变迁语境下同样如此。关于今后中国边疆问题的研究，虽然有各种研究方法或范式，但笔者认为应从以下方面予以探求，即把近代中国的民族国家之构筑尽可能放到长时段的历史中予以省察，或许能拓宽我们研究历史的视角。特别是，将迄今为止经常被遮蔽了的晚清民国时期的诸种边疆问题及相关方面之应对与现代中国的边疆种种实态相衔接，换言之，即应该在近代中国与现代中国的相关继承性和连续性上来思考这个问题。

民族国家之构筑不仅对近代中国边疆之政治实态影响颇著，并且若将更长时段的过程也加以考量的话，民族国家之统合这一过程所具有的政治整合与凝聚功能，也是其他意识形态所难以取代的。不言而喻，民族国家的构筑在当代中国不是已经终结，而是仍然处在漫漫征途中。构建一个独立、统一、民主、富强的民族国家是现代民族主义的中心目标。因此之故，应当开展一些有利于实现这一目标的行动。

（原载《中国边疆史地研究》2011 年第 3 期）

新疆建省的基础

阿地力·艾尼

摘　要： 1884 年新疆建立行省制度是清政府对边疆地区统治方式发生转变的重要标志，新疆建省的原因一方面是在外来的冲击下，清帝国在向近代国家的转型过程中，对边疆地区所实施的制度的建构；另一方面是新疆自身所具有的因素，包括长期和较为完备的理论准备，清政府在新疆地区所持续执行的一体化政策，军府制的不足及当地上层势力的衰落。

关键词： 新疆　建省　原因

作者简介： 阿地力·艾尼，1969 年生，历史学博士，中国社会科学院中国边疆史地研究中心助理研究员。

1884 年（光绪十年）清政府正式批准新疆建省，这标志着清朝对边疆地区的统治方式发生了转变。在新疆建省的成功示范作用下，清政府陆续在台湾、东北地区建立行省制度，在蒙古、西藏等地区也开始了筹议建省过程。清政府变革对新疆统治方式的原因，一方面是在外来的冲击下，清帝国在向近代国家转型的过程中通过对边疆地区实施制度的建构，将原本具有多样性特征的帝国，"逐渐地整合到一元化的中国里"①；另一方面清政府对新疆持续执行的一体化政策及新疆自身所具有的因素，同样为新疆建立行省制度提供了基础。

---

① 〔日〕茂木敏夫：《清末近代中国的形成与日本》，孙江译，复旦大学历史系，《近代中国的国家形象与国家认同》，上海古籍出版社，2003，第 247 页。

一

从某种意义上讲，从传统中国向近代中国的转型，就是一个从"天下"成为"国家"的过程。① 中国历史上也具有"国家"观念的遗产，有学者将帝制中国时期的国家观念分成三个层面：在位的专制君主为集中象征、维系着君主统系时代相承的王朝、超越具体王朝而始终存在的政治共同体的观念。② 这种国家观念的核心内容是王朝观念，对国家的认同也只是对王朝与文化的认同，王朝成了国家的代名词，与近代国家观念相比，传统中国是一个普世王国的形态，没有主权、疆界的观念。③

现代国际政治理论认为，国家的认同必须依赖于主权国家体系中"他者"的存在才能够形成，"民族—国家只存在于与其他民族—国家的体系之中"④。近代世界就是以主权国家为基本单位的集合体，传统中国在西方的冲击与压力下被迫在屈辱的过程中逐渐接受了这一体系及其所内涵的近代民族国家要求，通过实施制度建构和政策调整，把中国塑造成为拥有独立主权和完整领土的近代国家，"缔约各国在确立边界过程中，从某种程度上来说，也无意识地帮助了中国主权的定形。随着国际法成为国家关系的准则，对中国主权的不断侵犯就形成了对中国剩余领土的主权承认"⑤。国际法的引入催化了近代中国国家观念的衍变，使清政府逐渐认识到自己不是天下的中心，而只是"万国之一"，诚如郑观应所言："公法者，彼此自视其国为万国之一，可相维系，而不可相统属之道也。"⑥

近代中国所面临的边疆危机则与这种衍变有着更加直接的关系。边疆危机几乎贯穿了中国近代的始终，只是在不同的时期表现的程度不同而已。19世纪的下半叶，随着列强的不断侵略，中国边疆地区出现了普遍的危机，清

---

① 〔美〕列文森：《儒教中国及其现代命运》，郑大华译，中国社会科学出版社，2000，第75页。
② 姚大力：《中国历史上的民族关系与国家认同》，《中国学术》2002年第4期，第193～194页。
③ 许倬云：《中国文化与世界文化》，广西师范大学出版社，2006，第47页。
④ 吉登斯：《民族—国家与暴力》，胡宗译，三联书店，1998，第5页。
⑤ 〔美〕吉尔伯特·罗兹曼主编《中国的现代化》，课题组译，江苏人民出版社，1998，第43页。
⑥ 郑观应：《郑观应集》上册，上海人民出版社，1982，第175页。

朝统治相对薄弱的东北、新疆、蒙古、西藏、台湾等领土，日益成为帝国主义侵略的目标。清代前期所形成的"因俗而治""分而治之"的治边政策已经不能抵御列强的入侵，不能确保边疆的安定和领土的完整。随着这种危机的不断加深，清政府也敏感地意识到传统的中国版图统治难以与列强对抗，从而采取移民实边、建立州县体制的办法加快一体化的进程，将国家权力同质性地渗透到边疆地区，使传统的治边政策和制度建构发生了重大变化。清政府首先在新疆建立行省制度，又陆续在边疆地区建省或筹议建省，从而通过政治制度的变革来实现国家的整合。

促使清王朝重新审视统治新疆社会政策的契机，是清政府内部出现的"海防"与"塞防"的争论。1874 年日本出兵台湾事件给了清政府极大的冲击，因为在受到西方列强侵略的同时，又开始受到清政府原认为东方小国日本的侵略。清政府内部兴起必须立即加强中国东南海防的议论，但是对外的巨额战争赔款和在国内的频繁用兵，使清王朝陷入深刻的财政危机之中。因此，围绕着是否应该收复新疆的问题，清政府内部展开以李鸿章为主的"海防"论和以左宗棠为主的"塞防"论的大争论。

海防论者认为：北京距海岸近，而新疆则距京师远，因而边防不如海防紧要；朝廷财政拮据，而新疆之役毫无胜算，因而不得不考虑此役是否可行；新疆土地贫瘠，实用价值有限，不值得花这样高的代价去收复；新疆的周围都是强邻，不能长期固守；缓期收复新疆并不是要放弃前代皇帝征战所得的领土，只不过是保存实力，以待来日的明智之举。

塞防论者认为：新疆是西北防务的第一线，它守卫着屏障北京的蒙古，若新疆有失，蒙古将不可守，京师也将会受到威胁；西方列强此刻尚未造成直接入侵的危险，而俄国人在新疆的推进已经成为直接的威胁；不应将塞防军费转用于海防，因为已经对海防拨了固定的军费；列祖列宗百战经营的土地不应放弃。[①]

海塞防之争不仅仅是一个涉及国防经费使用和国防战略重点放在哪里的问题，而是中国的整合从"何处"着手的问题，清政府最终采纳塞防论者的建议，决定收复新疆。这场争论促使清王朝重新审视统治新疆的社会政策，并最终决定在新疆建立行省制度。

---

① 徐中约：《中国近代史：1699～2000》,《中国的奋斗》, 计秋枫、朱庆葆译, 世界图书出版公司, 2008, 第 254 页。

二

新疆之所以成为清末边疆地区第一个建立行省制度的示范地点，与长期的理论准备有着直接的关系。早在道咸年间，一批经世致用的学者已经开始关注西北尤其是新疆问题，他们中的重要代表人物龚自珍在 1820 年就新疆建立行省提出了自己的建议，反映在他的《西域置行省议》《安边绥远疏》等几篇著名文章中。龚自珍反对弃疆之说，提倡移民垦殖。龚氏的建省计划甚为具体周密，包括设立总督、巡抚、布政使等具体官员，设立 50 县 3 州等基层政区组织；龚自珍已经注意到新疆的重要战略地位，提出把临近北边俄罗斯的塔尔巴哈台和临近西边浩罕、布鲁特的乌什、喀什噶尔建为直隶州，将西北的伊犁划为东西两府，总督驻伊东府；在对待当地的王公伯克政策方面，龚自珍也做了周密的考虑和安排。龚自珍是"清朝第一个建议在新疆建省的人，也是第一个提出新疆具体行政建置方案的人"。[①] 龚自珍的建议虽未得到清廷的认同与采纳，而且他的建省计划与最终的建省方案相比也有一定的出入，但他的建省思想影响深远，为后人进一步探讨新疆建省起到了重要的借鉴作用。

另一位著名学者魏源先后撰写了《西北边域考》及《答友人问西北边事书》等著作，倡言新疆改设行省，并在《圣武记》中明确提出"列厅障，置郡县"之议，龚自珍和魏源的思想，深刻影响到新疆建省的具体规划者左宗棠的新疆建省理论。

在新疆被收复前后，江苏学者朱逢甲作《西域设行省议》一文，提出新疆"足立为行省"的构想，在文中朱逢甲也提出了具体的建省方案和行政建制，并阐明了建设行省的必要性。朱逢甲提出将新疆分为山南、山北两省，设两总督，阿克苏与乌鲁木齐分别为两省巡抚驻节地[②]。朱逢甲关于新疆建省构想的最大特点在于根据新疆的地形规划政区。但因其一介布衣，人微言轻，他的言论不足以引起清政府的重视而成为一纸空文[③]，但朱逢甲的主张，也同样是新疆建省理论的一个组成部分。

---

① 梁绍杰：《龚自珍新疆建省计划析论》，《史学集刊》1997 年第 4 期，第 28 页。

② 朱逢甲：《西域设行省议》，王锡祺辑《小芳壶斋舆地丛钞：第二册》，杭州古籍书店，1985，第 119 页。

③ 王聪延：《新疆建省诸方案比较研究》，新疆大学人文学院 2008 级硕士研究生论文，第 18 页。

　　龚自珍、魏源和朱逢甲的新疆建省设想使新疆建省具有了一定的思想基础，左宗棠、谭钟麟和刘锦棠等提出的建省方案既是这一思想的延续和发展，也使新疆建省从理论准备走向具体的实施。左宗棠曾先后五次上书清廷奏请在新疆建省，光绪六年（1880）四月十八日左宗棠在《复陈新疆宜开设行省请先简督抚以专责成折》中阐明了他的具体建省方案：以乌鲁木齐为新疆总督治所，阿克苏为新疆巡抚治所，将军率旗营驻伊犁，塔尔巴哈台改设都统，并统旗绿各营。并增设伊犁兵备道一员，塔尔巴哈台增设同知一员，以固边防。北路镇迪道应仍其旧，另设广安道（驻吐鲁番）、阿克苏道和喀什噶尔道，左宗棠还提出了一整套完整的道、府、州、县及其辖境的行政建制方案。可以看出左宗棠的方案与龚自珍有相似之处，是郡县制与军府制并行的双轨制，因为左宗棠深知清政府不可能尽撤八旗之戍，只好用内外分工来限制军府官员对政事的干预。清政府正式接受伊犁之后，时任陕甘总督谭钟麟提议在新疆建省，主张渐进改革新疆行政体制，并反对左宗棠拟官太多的方案，谭钟麟提出北疆无须另设多员，将吐鲁番作为南路城池，在吐鲁番以西以南的七城各设一官，在喀什噶尔、阿克苏两处各设寻道一员，皆归钦差大臣统辖，"庶地方有所责成，民心有所系属"①。刘锦棠作为新疆建省的实际执行者，并以自己在新疆七年之久的实地调查，在基本遵循左宗棠建省方案并有所变通的基础上，提出了比较切合新疆实际状况的具体建省方案。刘锦棠在《新疆各道厅州县请归甘肃为一省折》中提出，由于新疆各厅州县为数太少，甘肃新疆唇齿相依，历来经营新疆者，均以甘肃为基地，并拟请将哈密、镇迪道等处及议设南路各厅州县，并归甘肃为一省。刘锦棠对谭钟麟在七城各设一官的建议提出了不同看法，在《遵旨拟设南路郡县折》中指出："查吐鲁番现不在八城数内，自吐城以西，喀喇沙尔、库车、阿克苏、乌什是为南路东四城；叶儿羌、喀什噶尔、英吉沙尔、和阗是为南路西四城，应该八城通盘筹划，一律改设郡县"②。在此考虑的基础上，刘锦棠提出了具体的行政机构的设置，由于刘锦棠的方案比较切合当时新疆的实际，而且折中了左宗棠和谭钟麟的方案，最终获得了清廷的批准，刘锦棠也被任命为新疆首任巡抚。

---

①　朱寿朋：《光绪朝东华录：第二册》，中华书局，1958，第118页。
②　刘锦棠：《刘襄勤公奏稿》，马大正、吴丰培，《清代稀见奏牍汇编》（同治、光绪、宣统朝卷）（上册），新疆人民出版社，1997，第103，104，481页。

以上所述龚自珍、左宗棠等人的建省思想和方案，为新疆建省提供了较为完整的理论基础，在其他的边疆地区，不论是建立行省制度的台湾和东北还是筹议建省的蒙古、西藏，都缺少像新疆建省这样长期和完整的理论资源。因此新疆之所以成为清末边疆地区最早设立行省制度的地区，理论准备起到了重要的作用。

三

清末在新疆地区成功建立行省制度，也与清政府在边疆地区所持续执行的"一体化"政策有着密切的关系。清朝在实现全国的大一统之后，在"因俗而治"的治边理念下，对边疆地区实行了多样化的治理措施。在这种统治下，大部分边疆地区都享有一定程度的自治权，产生权利和义务上的差异，导致边疆地区作为国家整体的有机组成部分的功能的弱化，从而弱化了中央与边疆地区的统属关系。清政府在将边疆地区纳入统一的国家政权的过程中，不论是以武力征讨还是和平招抚的方式，基本上承认各民族统治者旧有的权力，对他们封以爵位，给予程度不等的政治特权。在封建帝制时代，地方权力保留越多，以皇权为代表的中央权力就必然越少，二者在本质上是相互矛盾的。因此，清政府主观上出于加强中央集权的统治，对边疆地区采取内地化与一体化的统治措施也就成了清廷的必然要求。

清政府在对新疆的政治改造过程中，内地化的倾向表现在许多方面。过去在新疆地区很少有完备的户籍管理制度，统一新疆之后，清政府按照内地经验，开始在新疆地区试行户籍管理制度，"每隔五年行查一次"人口[1]；清政府将儒家文化中通过表彰节妇、烈妇等舆论道德力量实行社会控制的旌表奖励制度也移植到新疆社会中，"新疆各部落地方，如有妇女拒奸尽节者，随案声明，照内地体例一体准其旌表"[2]；在职官制度方面，各族官员仿照内地确定品级，各类伯克从三品至七品，相关的官缺制度、俸禄制度、拣补和迁转制度、回避制度、任期制度等都被引进，这表明伯克等贵族已被纳入官僚化的轨道。在建立基层组织方面，有明巴什（千人

---

① 中国社会科学院中国边疆史地研究中心：《蒙古律例·回疆则例》，全国图书馆文献缩微中心，1988，第555页。
② （清）会典馆：《钦定大清会典事例·理藩院》，赵云田点校，中国藏学出版社，2006，第386页。

长）、玉资巴什（百人长）、温巴什（什人长）等分别管理城中的区巷和农村中的小庄，协助下级伯克管理和征收贡赋，就这些组织的功能来看，与内地的保甲、里甲制有相似之处；在经济制度方面，新疆地区在田赋、杂赋和税收等方面实行了纳入国家总体财政的赋税制度；在行政建置方面，清政府在统一新疆后，就开始了行政建置的内地化即设立府厅州县。州县制是建立在农耕经济类型之上的以官僚统治和固定税收为特征的政治体制，它是清代专制主义集权体制的政治基础，因此从清统治者的主观愿望来讲，更希望以州县制取代新疆原有的地方分权体制①。1759年，清廷在哈密和巴里坤两地设立了直隶厅，隶甘肃省，1760年在乌鲁木齐设直隶厅，1764年在惠远城设伊犁直隶厅，1771年在辟展置辟展直隶厅，1772年在奇台设奇台直隶厅，这样便形成了北疆六厅，均隶甘肃。1773年升巴里坤直隶厅为镇西府，将迪化州（乌鲁木齐）改名为镇迪道。在建立厅的同时，还在新疆地区建立了一批县或巡检、县丞等地方理事机构，如昌吉县、阜康县、绥来县、奇台县、宜禾县等，基本覆盖了北疆各地。这样清廷就在北疆地区初步建立起了以巴里坤、乌鲁木齐两地为中心，道府县等多级并存的州县制系统，它在民政上隶甘肃，但在军政上仍受伊犁将军、乌鲁木齐都统等节制。这些一体化政策的实施，使新疆对内地模式和行政体制的受容性大大提高，从而使新疆向行省体制的转轨变得不是那么困难起来。

清朝统一新疆之后，逐渐形成了在军府制下的多元行政管理体制，伊犁将军总揽军政大权，派驻各级驻扎大臣；南疆地区任命各级伯克，负责一般民政；北疆蒙古及哈密、吐鲁番维吾尔王公地区实行扎萨克盟旗制度，给予上层王公一定的特权；北疆部分地区实行与内地相同的郡县制，有学者将此模式称为"复合型的行政体制"②。与以往历朝统治新疆方式相比，军府制增强了其行政管理职能，特别是将地方民族首领纳入政府官员序列，去除了以往行政建制中对地方管理的羁縻色彩，从而使中央对地方的统治力得到了进一步的加强。因此，在实行军府制统治初期，对巩固清政府在新疆的统治地位，巩固边防，建设、开发新疆确实起了十分重要的作用。③ 但这种管理

---

① 张永江：《清代藩部研究——以政治变迁为中心》，黑龙江教育出版社，2001，第232、293、319页。
② 同上。
③ 管守新：《清代新疆军府制度研究》，新疆大学出版社，2002，第3页。

体制具有许多先天的不足，它偏重于军事，不论是伊犁将军还是各级驻扎大臣，他们的军事责任要远远大于民事责任。因此在这种统治制度下，担任将军与各级驻扎大臣的多是长期从事统兵打仗的武职官吏，而且一般不直接过问与民众关系最密切的生产、赋税等事务，造成新疆"治兵之官多，治民之官少"的吏治状况，左宗棠对此情况恰当地指出："或皆出自禁闼，或久握兵符，民隐未能周知，吏事素少历练……而望政教旁敷，远民被责，不亦难哉！"① 军府制下职权形统实分，清政府为了削弱将军事权，把新疆分为北路、东路、南路三个统辖区，北路由伊犁将军直辖，南路由喀什噶尔参赞大臣综理，东路由乌鲁木齐都统掌管。喀什噶尔参赞大臣与乌鲁木齐都统名义上归将军掌管，但实际上均有很大的独立性，由此造成权力分散，自成系统，从而影响了各级机构的办事效率；军府制下的多元管理体制，造成地方政务管理上的多重性，不利于地方行政管辖权力的统一，突出表现在驻扎大臣制度与回疆的伯克制度两套系统难以协调一致。从名义上来说，各级伯克是清朝官僚系统的一部分，因为他们由清政府任命，有相对明确的职权范围，与内地官员一样有着大小不等的品级并且有严格的任免程序。但由于驻扎大臣并不管理回疆地区的民政事务，因此凡该地的田赋、教化、商贾、税务、治安、刑名等地方事务皆归伯克执掌，所以各级伯克在地方上自成系统，"在农民占多一半的维吾尔社会，伯克们压迫农民和其他商工群众的情况是十分严重的。他们往往敲诈勒索群众，力图在自己任职期间发家致富。此外，伯克与伯克之间也有矛盾……驻在新疆的清朝官员，也有不少贪官污吏。他们有不少人通过伯克们的陋规，剥削维吾尔人。清朝皇帝为了贯彻对回部的统治政策，想要制止清朝官吏和伯克们对维吾尔群众的压榨。但是，到 19 世纪 60 年代止，几乎没有取得任何实效"② 。由于对各级伯克缺乏有效的监督制约机制，造成吏治的腐败，损害了行政质量，引发了社会矛盾，咸丰七年（1857）库车迈买铁里领导的农民起义就曾提出要将伯克之缺革退的要求。③

新疆这种军府制下的各级驻扎大臣和各级伯克相对的"各自为政"，具有某种程度上的自治权力，这种统治模式是与清政府加强中央集权的主

① 左宗棠奏稿《卷 53 M//左宗棠全集：第 9 册》，上海书店，1986，第 8347 页。
② 〔日〕佐口透：《18～19 世纪新疆社会史研究》，凌颂纯译，新疆人民出版社，1983，第 179 页。
③ 苗普生：《废除伯克制度与新疆建省》，《新疆社会科学》1987 年第 4 期，第 89 页。

观愿望相矛盾的，现代化理论认为，国家权力若能够有效顺利地行事需基于以下的条件：国家的行政管理实行高度的中央集权有助于力量的协调和资源的征用，从而可以支持现代化的进程；高度分权化和专门化的制度的发展，可以为政治作用的稳步扩大做好准备；行政体制中的中央、行省和地方三级的结合能为有效率的政治管理作出重要贡献；具备一支干练而熟谙规章制度的行政官员对于扩大现代化所必需的政治手段具有决定意义。①而军府制下的行政运作与官僚配备也与以上的条件相去甚远。清帝国在走向近代国家的过程中，为了使国家权力同质性地渗透到边疆地区，对边疆地区的统治政策的调整迟早会提上议事日程。19世纪60年代席卷西北的穆斯林起义，在新疆演变成阿古伯入侵，军府制在这场内部危机和外部入侵中彻底倾覆，建立一种新的行政管理制度以代替军府制也成为清政府收复新疆后的一种诉求。

新疆得以顺利建立行省制度的一个重要因素是当地上层王公贵族势力的衰弱，未构成对一体化的强大阻力。在晚清筹议建省的蒙古、西藏地区，都有来自当地上层势力的强大阻力，如在蒙古地区，清廷已决定开放蒙地、移民招垦的情况下，当地的王公贵族依然不同意改制建省，而强调盟旗原有的自主权益，"在很大程度上，正是这一阻力使1906年开始就出现的朝野上下的筹蒙设省舆论动员，始终停在纸面和口头上，没有成为现实"②。而新疆当地原有的上层势力像蒙古准噶尔贵族已被武力消灭，和卓已被放逐，已不构成对清政府变革管理方式的任何阻力。一般来讲，对旧制度的废除，都会遭到它的直接受益者的竭力反对，所以新疆建省最大的阻力本应是一大批旧制度的既得利益者——当地的王公伯克们，但十几年的战乱却使"新疆久乱积罢之后，今昔情形判若霄壤"③，库车郡王爱玛特、吐鲁番郡王阿可拉依等，都受到起义农民的镇压，其他大部分伯克已家产荡尽，衰败没落了。昔日的王公伯克及其后裔甚至流离混迹为民，势力最大的吐鲁番库车郡王"廉俸无几，卯粮寅支，负债既深，拮据万状"④，只有哈密亲王"回众尚

① 〔美〕吉尔伯特·罗兹曼主编《中国的现代化》，课题组译．江苏人民出版社，1998，第43页。

② 张永江：《清代藩部研究——以政治变迁为中心》，黑龙江教育出版社，2001，第232、293、319页。

③ 刘锦棠：《刘襄勤公奏稿》，马大正、吴丰培：《清代稀见奏牍汇编》（同治、光绪、宣统朝卷）（上册），新疆人民出版社，1997，第103、104、481页。

④ 同上。

多，差堪自立"①。因此对此时的伯克们来说，他们迫切需要的是清廷的扶植和支持，他们已经没有任何的资本和能力去反对制度的变革，这点也是新疆建省得以顺利进行的重要内因。

新疆建省，是近代中国转型的连续性进程中的重要一环，是对边疆治理制度近代化的重要举措，通过建省，清政府基本上实现了新疆与内地的政治一体化。在新疆建省的成功示范作用下，在台湾、东北、蒙古、西藏等边疆地区这种政治的一体化进程在其后的历史中一以贯之地继续着。因此新疆建立行省制度顺应了近代中国转型的内在发展规律，为奠定近代中国的基本格局迈出了重要的一步。

（原载《新疆大学学报》2009 年第 1 期）

---

① 刘锦棠：《刘襄勤公奏稿》，马大正、吴丰培：《清代稀见奏牍汇编》（同治、光绪、宣统朝卷）（上册），新疆人民出版社，1997，第 103、104、481 页。

与周边地区关系研究

俄罗斯的欧亚选择与中俄边疆区域合作

邢广程

摘　要： 历史上俄罗斯多次出现"回归欧洲"还是"融入亚洲"的讨论和选择，但独特的地缘政治和经济环境决定了俄罗斯必须在欧亚之间起到有效的链接作用，欧亚经济一体化的进程也离不开俄罗斯的积极作为。俄罗斯在积极与欧洲发展合作的同时也要在亚洲扮演重要的角色。中俄边疆区域合作是中俄关系发展的主要组成部分，为使中俄关系保持持续和稳定的发展，就必须排除"中国威胁论"论调的干扰。

关键词： 俄罗斯　欧亚选择　中国　边疆区域合作

作者简介： 邢广程，1961 年生，法学博士，中国社会科学院中国边疆史地研究中心主任、研究员、博士生导师。

　　每当历史处于大变动时期，俄罗斯政治、社会和思想精英总会在思想和文化取向、政策和行为取向等方面思索与寻找自身所处的方位。俄罗斯属于西方还是东方？从这个思路寻进，俄罗斯思想家进一步思索，俄罗斯是欧洲国家还是亚洲国家，或者是兼备欧亚混合属性的欧亚国家？面对东、西方位的困惑，俄罗斯历史上曾经出现过"西方派"和"斯拉夫派"之间影响深远的争论。从苏联解体直至今日，在这种极其激烈而深刻的历史剧变中，俄罗斯的思想精英们依然困惑于"东、西方"这个古老而又现实的迷局中。俄罗斯的总体属性为欧洲国家，可俄罗斯国家躯干的很大一部分又在亚洲。俄罗斯的国家活动重心在欧洲部分，而俄罗斯的亚洲部分就像一个右撇子巨人体上的左手，处于从属地位。而俄罗斯地缘政治上的非对称性又在很大程度上影响和决定着俄罗斯与中国关系的战略思路、布局和发展趋向。中俄是两个伟大邻邦，具有共同的边界。在历史性地解决了两国边界问题之后，中俄两国在边疆区域如何开展合作，如何将两国相邻的边疆区域发展成为繁荣、富庶、稳定和祥和的区域，这是两国共同面临的一个战略性问题。

一　回归欧洲？融入亚洲？俄罗斯如何选择

最近一年来，俄罗斯又将"回归欧洲"作为其重要的战略选择加以推进。究其动因，一是俄罗斯政治精英认为，俄罗斯若实现现代化就必须与欧洲建立联盟关系；二是国际金融危机以来，中国正在不断发展和崛起，美国并没有受到重创，而俄罗斯和欧盟则受到很大打击。面对自身国际影响相对衰落的态势，俄罗斯一些政治精英提出，俄罗斯只有与欧洲联合起来才能共同成为国际社会的重要一极，否则俄罗斯和欧洲都不可能单独形成国际社会的重要一极。

（一）如何看待俄罗斯在欧洲和亚洲的基本定位

从主体民族的构成上看，俄罗斯是欧洲国家，因为俄罗斯主体民族俄罗斯族起源于欧洲。从传统文化上看，俄罗斯主体文化带有明显的欧洲性质。俄罗斯著名哲学家和思想家利哈乔夫曾经明确表示，俄罗斯的问题不是东方和西方的问题，而是南北方向的问题，俄罗斯是一个欧洲国家。他从俄罗斯传统文化的起源这个视角来分析俄罗斯的文化属性，从而得出了非常重要而著名的上述结论。他说："通常俄罗斯文化被确定为介于欧洲和亚洲之间、西方和东方之间的文化，但是这个边缘的地位如果只是从西方看俄罗斯的角度分析才体现出来。实际上亚洲游牧民族的影响在定居的俄罗斯是微不足道的。拜占庭文化给了俄罗斯基督教精神的性质，而斯堪的纳维亚在大体上给了它军事部落的体制。"他进一步分析上述两种因素对俄罗斯文化所起的作用："在俄罗斯文化的产生中拜占庭和斯堪的纳维亚起了决定性的作用，如果不把它的文化认为是民间的多神教文化的话。穿越整个巨大的多民族东欧平原延伸着两种极不相似的影响潮流，它们在俄罗斯文化的创建中也有决定性的意义。是南方和北方，而不是东方和西方；是拜占庭和斯堪的纳维亚，而不是亚洲和欧洲。"① 从宗教看，尽管俄罗斯是多民族构成的国家，尽管

---

① 〔俄〕德·谢·利哈乔夫著《解读俄罗斯》，王焕生等译，北京大学出版社，2003，第21页。

俄罗斯各民族都有其自身所信仰的宗教，但就主体民族俄罗斯族来说，其所信奉的是东正教。利哈乔夫说："我们是欧洲文化的国家"，"基督教培养了我们习惯这种文化"①。然而从地理、地缘政治和经济的视角看，俄罗斯是一个非常典型的连接欧洲和亚洲的超级国家。俄罗斯在欧洲和亚洲的超级连接作用使其在欧亚大陆上获得了极其重要的地缘战略地位并发挥着十分独特的作用。从这个意义上说，俄罗斯具有欧亚两洲连接作用的战略属性。从文化层面上也能够验证这样的观点，即俄罗斯是欧洲国家，但却是吸收了很多异质文化的欧洲国家。俄国哲学大师利哈乔夫也公开承认这一点，"俄罗斯文学依靠异族文化和使自己古老变形的这种自我丰富的能力在风格的更替中表现得更加鲜明"。他在评论彼得堡的城市性质时说，此城不是典型的欧洲城市，也不是东方型的城市，"彼得堡总体上是具有吸收异质文明和创造变革异质文明特殊能力的俄罗斯城市"②。利哈乔夫所说的"异族文化"和"异质文明"自然也包括东方的成分。

俄罗斯应该改变那种固有的战略思维，即俄罗斯或者融入欧洲，或者趋向亚洲。从现代地缘政治和经济的视角上看，俄罗斯恰恰处于发达的欧洲和急速崛起的亚洲的承接地带，从而在当代地缘政治和地缘经济的格局中完全兼备欧洲和亚洲的双重属性，俄罗斯最适合的选择不是要么"回归欧洲"，要么"趋向亚洲"，而是将欧洲和亚洲的一体化因素整合起来，将能够促进欧洲和亚洲共同发展与繁荣的各种要素集聚起来，从而推动欧亚跨洲经济一体化进程，并在这种推动过程中发挥其独一无二的战略作用。

从历史和现实的多侧面观察，俄罗斯的精神之根植于欧洲，但俄罗斯躯干的很大部分却在亚洲，广袤的西伯利亚和远东是俄罗斯未来发展的战略空间，俄罗斯若谋得真正崛起，不仅仅表现在俄罗斯欧洲部分的现代化与否，而恰恰在于俄罗斯西伯利亚和远东地区的发展和繁荣与否。

（二）俄罗斯应该在亚洲扮演什么样的角色，发挥什么样的作用

俄罗斯需要在亚洲扮演重要的政治、经济和外交角色，这是一个十分自然和迫切的过程。分析欧亚大陆的基本态势，我们可以看出，欧洲在逐步走向统一和一体化，以谋求整体的政治、经济和外交上的战略优势和欧盟的结

---

① 〔俄〕德·谢·利哈乔夫著《解读俄罗斯》，王焕生等译，第6页。
② 同上书，第8页。

构优势，而亚洲正呈现出跃起之势，东盟合作机制、泛亚太合作机制、中日韩合作机制、上海合作组织合作机制等，亚洲处于前所未有的发展和繁荣态势。亚太地区的发展和跃起，给俄罗斯提出了一个非常尖锐的问题，即俄罗斯在亚太经济发展格局中扮不扮演角色，扮演什么样的角色。到目前为止，俄罗斯没有做出令人信服的回答。当然俄罗斯从各届政府到各类精英阶层都以清晰的语言阐述过俄罗斯在亚太地区所应该起到的作用，但事实上俄罗斯在亚太地区的发展进程中所起的作用大致是不活跃的，次要的。这使俄罗斯丧失了一些机会，也使亚太地区相关合作机制无法判定和确认俄罗斯的基本角色，从而无法适时地和恰当地与俄罗斯展开深度的经济合作。

现在亚洲的经济发展和经济合作，不仅仅局限于亚洲，亚洲和太平洋沿岸其他国家和地区已经形成了初步的合作网络，亚太地区的经济主体即美国、东盟、日本、中国、韩国、澳大利亚等都在发挥作用。俄罗斯需要在亚洲乃至亚太地区有一个实质性的介入。

俄罗斯在亚洲的角色应该有以下三个方面：一是亚洲安全维护者和安全合作者的角色。目前，东北亚依然保留着冷战的残余结构，不稳定乃至危险因素甚多，中国、美国、日本、朝鲜半岛当事国和俄罗斯需要进行协商与合作，以解决危机局势。俄罗斯在维护亚洲安全方面需要发挥独特的作用。最近中亚地区也出现了不稳定因素，吉尔吉斯斯坦政治事变表明，中亚地区需要高度关注，俄罗斯在中亚地区扮演着十分关键的作用，其传统影响尚在，该地区的不稳定局面不仅对中国不利，对俄罗斯更不利。二是经济合作者的角色。亚洲乃至亚太地区经济发展十分迅速，俄罗斯完全可以作为其中的一员发挥重要的推动作用。在未来的发展中，俄罗斯的西伯利亚和远东地区完全可以成为亚洲经济发展的潜在增长极。俄罗斯西伯利亚和远东地区与亚洲和太平洋地区的经济互动会产生推动经济发展的巨大效应。三是亚洲乃至亚太地区边疆区域合作推动者的角色。俄罗斯不仅仅是亚太经合组织的参与者，更应该成为区域一体化的积极推动者，俄罗斯完全可以借助上合组织平台积极地、创造性地发挥经济主体的作用，俄罗斯还可以与东盟建立密切的联系，2010 年东盟峰会吸纳俄罗斯和美国为观察员国，使得俄罗斯在亚洲又多了一个活动平台。但所有上述这些都需要俄罗斯在亚洲的经济发展与合作格局中持续发挥作用。中国不仅不会阻碍俄罗斯在亚太地区发挥应有的作用，而且会积极推动和支持俄罗斯旨在维护亚太地区繁荣、稳定和发展的一切努力。

（三） 中俄战略协作伙伴关系的价值

自苏联解体以后，中俄关系呈现出鲜明的特点：一是两国关系不断持续发展，具有长期性和稳定性；二是两国关系内涵丰富，合作领域广泛；三是两国关系保持战略互动性质；四是两国关系有比较牢固的法律基础和比较健全的政治机制；五是两国在国际问题上形成了一系列的战略共识。

中俄战略协作伙伴关系的基本价值在于，它突破了中俄（苏）关系中的"同盟"或"敌对"关系模式的两极状态，从新的视角和思路来构筑和设计中俄关系，因此两国将这种伙伴关系视为新型关系并不过分。从20世纪50年代到80年代末期，中苏两国关系一直在"同盟"或"敌对"这两种关系框架内运行，这是在十分特殊的历史条件下所产生的关系模式。同盟关系不是中苏两国的创造，从历史上看，在国际舞台上很多大国都曾经实施过结盟政策。在国际关系中同盟关系应该说是国家关系中最紧密、约束性最强的一种关系形式。敌对关系当然是不好的关系模式，这实际上是国家关系恶化的表现形式。中国和苏联在对抗时期都付出了很大的政治代价和经济代价，因此这种关系模式应该在中俄两国未来的发展中竭力避免。而伙伴关系则最大限度地避免了"同盟"和"敌对"关系的弊端，从合作、平等和独立自主的原则出发，最大限度地寻求利益的契合点。因此中俄战略协作伙伴关系之所以能够得到发展和持续，就是因为这种战略协作伙伴关系是由正确的理念所支撑，契合两国国家利益，符合两国人民的利益诉求和国际局势发展的趋势。中俄两国在向世界经济一体化的进程中相互支持、相互合作，是同路人。最大限度地挖掘邻居因素的正叠加效应。我们在理解中俄关系时，一定要有一个非常明确的意识，即俄罗斯是我们的邻国。按照国际关系理论"邻国不可选择"的观点，"友邻"是我们唯一明智的选择。中俄关系中的不对抗、不结盟、不针对第三国和战略协作的理念，在新的历史条件下具有重要的现实意义。

现在，当我们分析中苏关系和中俄关系时，越来越感到中俄伙伴关系具有深远的历史意义和现实价值。现在俄罗斯和中国相互扮演重要的战略协作伙伴角色。苏联解体后中国与俄罗斯逐步建立了战略协作伙伴关系，两国关系逐步得到发展和深化。俄罗斯对中国来说不构成战略威胁，在国家安全方面，我国的东北部、北部和西北部地区处于平稳的和平状态。

近年来俄罗斯在对外政策方面进行了一定程度的调整，"重启"了俄美关系和俄欧关系，俄罗斯改变了俄格战争以后与西方激烈对立的态度。俄罗斯与西方发展关系是由自身利益而决定的，俄罗斯与中国发展关系也是由俄中两国利益关系决定的，中俄关系不会因其他因素的改变而改变。在中国日益崛起的势态下，美国和俄罗斯都出现了一种同样的声音，即中国崛起对美国和俄罗斯都构成了威胁，两国有必要结成联盟对付中国。俄罗斯汉学家巴让诺夫指出："华盛顿试图再次拉莫斯科来制衡中国不断增长的全球影响力。但是，美国没有意识到，俄罗斯无意疏远中国。莫斯科更愿意与北京合作而不是制衡它，尤其是当俄罗斯的主要目标是实现现代化的时候。"在他看来，"俄罗斯存在太多需要解决的内部问题，不必担心会与中国发生对抗。这就是为什么一个长期的针对中国的美俄同盟及一个长期的针对美国的中俄同盟都是不切合实际的"。他得出了一个结论："长期的美中或俄中联盟都难以实现。"① 在一些俄罗斯学者看来，美国前几届政府的如意算盘是，随着市场经济的发展，中国将渐渐向西方靠拢，因为经济进步会刺激政治制度的自由化。但这种情况并没发生，中国日益增长的实力和自信心已不能容许美国静待事态发展。美国试图强硬对待中国但缺乏左右中国的方法。②

（四）能源合作是中俄战略伙伴关系深化的重要物质基础

能源合作是中俄经济合作的主要方面之一，因为俄罗斯在世界能源流转系统中占有非常重要的主导地位，俄罗斯在世界能源储量、开采和出口等方面都占有重要地位。积极参与世界能源贸易和在能源领域进行深度的国际合作是俄罗斯外交的重要组成部分。俄罗斯与传统的俄罗斯能源消费伙伴国保持稳定的合作关系，同时谋求在新能源市场上与消费伙伴国建立新的稳定关系。欧洲和独联体其他国家依然是俄罗斯的能源出口主要市场，在此基础上俄罗斯将逐步加大向东方出口能源。

中国、日本和韩国将是俄罗斯重点合作的对象国。到2030年以前俄罗斯向东方的石油和油品出口比重将从目前的6%增长到22%~25%，其中很大部分是出口到中国。2010年9月俄罗斯总统梅德韦杰夫访华期间两国元首参加了石油运输管道竣工仪式，标志着中俄能源合作进入了新阶段，为中

---

① 〔俄〕叶夫根尼·巴让诺夫：《混乱的俄、中、美三角关系》，俄《莫斯科时报》2010年7月22日。
② 参见〔俄〕费奥多尔·卢基扬诺夫《美国试图以强硬态度对待中国》，俄《报纸报》2010年2月2日。

俄战略合作关系的发展注入了新的内容。从 2009 年起中国开始利用长期国际贷款来保证自己的原油需求，以此作为特殊的投资渠道之一。中国已经与俄罗斯、委内瑞拉、哈萨克斯坦、土库曼斯坦等国签订了总价值 600 亿美元的协议，可保证每年进口原油 7500 万吨。中投公司 2009 年购买了俄罗斯诺贝鲁石油公司 45% 的股权，购买了哈萨克斯坦石油天然气公司 10.6% 的股权。[①]

俄罗斯还准备突破向亚洲的天然气零出口的局面。俄罗斯已经制定了在东西伯利亚和远东地区建设统一提供天然气系统规划的框架，在该框架内向中国和韩国等国提供天然气，在该地区逐步建立起天然气管道系统，积极谋求合作，在具备经济效益的前提下将其纳入俄罗斯统一供气系统。预料未来 5 年，中国的天然气需求将翻一番，达到每年 2000 亿立方米，2020 年将达到 3000 亿立方米。2009 年中国天然气开采了 830 亿立方米，而需求是 874.5 亿立方米，同比增长 11.5%。俄罗斯天然气工业股份公司准备 2015 年向中国供气。俄罗斯计划从东、西两个方向对华供气，因为东西伯利亚和远东地区基础设施比较薄弱，因此比较可行的方案是先从西西伯利亚气田通过阿尔泰输气管道供气。该管道的输气规模大约是 300 亿立方米/年，天然气来源于亚马尔—涅涅茨自治区的气田。俄罗斯的估算是，2015 年前俄罗斯对华供气能够达到 100 亿 ~ 150 亿立方米/年。2015 年以后，俄罗斯准备通过东线的萨哈林岛和科维克塔的气田对华供气，规模大约为 380 亿立方米/年。当然，俄罗斯国内一些专家对此也有不同的看法，认为通过东线萨哈林岛方案不够现实，因为该气田生产不出足够的天然气供给中国。[②]

从中俄两国能源合作的发展态势上看，中俄能源谈判机制还将发挥的重要作用和效率，除了中俄原油管道合作外，中俄还将继续积极开展石油、天然气、煤炭、电力、核能、能效及可再生能源等领域合作，积极促进煤矿综合开发，合作进行铁路和港口建设，进一步开展在电力贸易及电网改造等领域的合作。需要特别强调的是，中俄就尽快开工修建中俄天然气管道计划达成一致，这将是中俄能源合作的又一个大的飞跃。

---

① 参见〔俄〕马克·扎瓦德斯基《瓷器店里的熊猫》，俄《专家》杂志 2010 年第 32 期。
② 参见〔俄〕阿纳斯塔西亚·巴什卡托娃《没有俄罗斯，中国也能解决天然气问题》，俄《独立报》2010 年 3 月 30 日。

二　中俄边疆区域的战略合作

（一）中俄边疆区域合作的多重视角

中国和俄罗斯互为邻国，最主要特点之一就是两国存在着临界区域。这是中俄两国地缘政治、地缘经济和地缘文化的区位优势所在，蕴藏着丰厚的物质和文化的交流价值。我们通过何种方式将两国相邻地区的区位优势和价值挖掘出来呢？即通过各种合作渠道和平台加以实现。

从两国双边关系视角看，中俄边疆区域合作是中俄关系发展进程中的重要组成部分，中俄区域全面合作会推动两国关系总体合作水平的提升。反过来，中俄两国总体关系的协调和发展会进一步为两国边疆区域合作的开展提供政策环境和宏观条件。

从共有边界视角看，中国边疆区域合作是在拥有透明、友好和祥和的边界区位上而展开的。从该视角观察中俄边疆区域合作，就可以分为东、西两个板块，东区即中国东北三省和内蒙古自治区的三市两盟与俄罗斯远东和西伯利亚地区的合作，西区即中国新疆维吾尔自治区与俄罗斯阿尔泰地区的合作。

从国际多边区域视角看，中俄边疆区域合作的外溢效应就是东北亚区域的合作，日本、韩国、朝鲜、蒙古、中国和俄罗斯等都可以在东北亚区域进行深入合作。这种现象体现了多国在跨境地区多重合作的新格局和合作新方式。上海合作组织是中俄进行多边战略合作的重要平台，两国在上海合作组织框架内的合作具有重要意义。从陆区多国合作的视角看，中俄边疆区域合作呈现出两国直接合作的基本范畴、样式和优势，同时中俄完全可以将其合作的范畴拓展成为三国基本合作的规范平台，中、俄、蒙在东区和西区都可以成为合作的基本核心。当然，西区中、俄、蒙的合作还可以拓展成为中、俄、蒙、哈四国合作样式。

从合作内容性质的视角看，可以拓展中俄两国的边疆区域政治合作、边疆区域安全合作、边疆区域的经贸合作、边疆区域文化交流与合作和边疆区域科技合作。

从边疆区域合作的影响因素和条件的视角看，有利条件在于，两国总体关系甚佳，边疆区域合作已经积累了很多成熟的经验等；不利因素在于，俄罗斯存在"中国威胁论"等。

从边疆区域合作的功能性和区位性的视角看，中国东北三省和内蒙古地区是中国重要的能源、粮食、重工业产地，在中国经济中占有重要的地位。该地区劳动力资源充沛，大中小城市已经形成格局，基础设施比较齐全；俄罗斯远东和西伯利亚地区虽各种资源丰富，但开发不足，人口稀少，劳动力不足，基础设施需要进一步建设，市场经济环境有待改善，不是俄罗斯经济发展的现实核心地区，而是一块"处女地"。

从边疆区域合作实践意义的视角看，中俄边疆区域合作的潜力巨大，我们更应该系统地从宏观、中观和微观的各层面来研究中俄边疆区域合作的战略意义，以及两国边疆区域合作的水平、规模、程度、合作模式和机制、合作走向以及政策措施。中俄边疆区域合作应该成为大国经济合作的典范。

从边疆区域合作战略导向的视角看，2009年两国领导人签署的《中国东北地区与俄罗斯远东和东西伯利亚地区合作纲要（2009—2018）》具有极其重要的战略指导意义，这表明两国政府已经从战略规划的高度确立了两国边疆区域合作的长远规划和设想。但规划再好，也需要具体措施加以落实，在这方面两国相邻地区的长远而务实的合作显得极为重要和迫切。要将俄罗斯远东大开发计划与中国的振兴东北老工业基地和西部大开发计划结合起来，将俄罗斯远东和朝鲜罗先地区的开发计划与中国图们江边疆区域合作结合起来。

从边疆区域合作后危机时期的视角看，中俄两国对如何针对"后危机"时期两国边疆区域合作乃至总体经贸合作关注不够，但中俄边疆区域合作面临战略转型和重大改变，两国应从以商品贸易为主向商品、技术、服务贸易协调并进转变。中国应该把握俄罗斯远东地区开发的机会，引进俄罗斯的资金、技术、机械和低碳能源，积极参与俄罗斯经济特区建设，改革现行国际货币体系的合作，构建卢布和人民币进行贸易结算的稳定机制，允许卢布与其他几种货币在中国交易所进行交易。

（二）俄罗斯远东地区的发展和边疆区域合作的现实及其矛盾性

俄罗斯方面对俄中在远东地区的合作很有兴趣，而且已同中国签署了地区合作协定。需要强调的是，俄罗斯最高决策层十分关注远东地区的开发和发展问题，多次制定关于发展远东地区的战略方案。俄罗斯在制定这些方案时也充分注意到了中国关于东北老工业基地改造和西部大开发方案，明确地说，俄罗斯在开发远东地区方面将中国视为重要的经济活跃因素，指望通过与中国的密切合作，带动该地区的发展和繁荣。从俄罗斯 2009 年的统计结果来看，远东地区在工业生产指标方面几乎是最为成功的地区，远东地区工业生产增长了 3.5%，投资额比 2008 年增长了 9%，而整个俄罗斯则平均下降了 10.89%。究其原因，一是俄罗斯能源开采和运输领域开始实施一些大项目，给该地区石油和天然气工业带来了 5 万亿卢布的投资；二是亚太经合组织峰会会场建设的投资。[1]

但是，远东地区的发展遇到很多问题和困难。首先，远东地区的人口数量极少，不足以支撑远东地区经济发展的战略需要，这一方面导致该地区市场极为狭小，另一方面导致该地区经济发展所需要的劳动力资源的高度缺乏。而大规模从中国引进劳动力又会给两国带来不确定的政治因素和其他相关问题，从俄罗斯欧洲部分吸引居民和从独联体其他国家移民都需要一个很长的过程，因此，开发远东地区将是一个比较漫长的过程。其次是资金问题，远东地区的大型投资项目绝大多数是纯资源性的，创新产品在地区产值中只占 2.5%，远远低于俄罗斯全国 5% 的平均水平。问题在于，远东地区缺乏本国私人投资，也缺乏俄罗斯联邦中央投资。这就要求俄罗斯走与国际合作的道路。

俄罗斯希望中国对俄罗斯的远东地区进行投资，利用中国的资金来发展远东地区。需要指出的是，俄罗斯在吸引中国投资方面呈现出矛盾性，正如俄罗斯著名汉学家拉林所言：“我坚信，中国的政界和实业界并不把我们视为可靠的伙伴，但问题的根子在我们自己身上。我们常说，必须吸引中国投资来发展西伯利亚和远东地区，但是又自己为中国人的投资设置行政和法律障碍。我们与中国商谈建立边境地区工贸综合体，但是又顽固地为此制定法律规范。中国人相信了我们，在博格拉尼奇内—绥芬河地区为建设工贸综合体投资数十亿人民币，但俄方却没有任何动静。”[2]

俄罗斯对美国在远东地区的经济合作也表现出矛盾性。一方面俄罗斯欢迎美国公司参与远东开发，美国专家提出了一系列设想，如提高俄罗斯港口的吞吐量，在白令海峡或阿拉斯加和楚科奇之间建立自由贸易区，促进俄罗

---

[1] 参见对俄罗斯国家杜马北方和远东问题委员会第一副主席瓦西里·乌索利采夫的访谈，俄《专家》周刊 2010 年 4 月 19 日。

[2] 俄罗斯科学院远东分院历史、考古和民族学研究所所长维克托·拉林访谈录《中国幻想》，俄《论坛报》2010 年 3 月 25 日。

斯铁路的建设，实现诸如"跨极地大铁路""北部西伯利亚大铁路"或"跨白令海大桥"等宏大计划；另一方面，俄罗斯对这些项目的可行性表示质疑，认为这些项目的提出本身就表明，华盛顿在俄罗斯远东寻找应对中国经济政策的制衡点，可能会对俄罗斯产生负面影响。俄罗斯方面认为：第一，美国不止一次地讨论削弱俄罗斯对远东控制的方案。第二，俄罗斯与美国在一些领土问题上有矛盾。第三，吸引美国投资需要俄罗斯与亚太经合组织有更深的一体化关系。这一组织的战略目标是到2020年在太平洋地区建立自由贸易区。快速实现这个目标会给俄罗斯的许多企业造成困难，在边界上有效控制移民也会成为问题。第四，美国在俄罗斯远东的积极经济政策令中国警惕。"俄罗斯需要美国投资发展远东，但它更需要保持对远东地区的有效控制。因此俄罗斯应极为谨慎地对待与美国共同开发远东的大量经济项目。"[1] 上述情况表明，俄罗斯在远东地区吸引外资方面和进行经济合作方面具有很强的矛盾心理，缺乏一个系统而连贯的战略和政策。从实际情况看，俄罗斯的一系列限制性措施严重阻碍了外资的流入。

俄罗斯人对中国人的态度在欧洲部分和在亚洲部分是有很大的区别的，在俄罗斯欧洲部分的莫斯科等地区，一些俄罗斯人依然对中国和中国人持有骄傲感、优越感和偏见；而在俄罗斯的亚洲地区多数俄罗斯人则怀着羡慕的心情关注着中国邻居的发展，因为他们看得很清楚，中国人的日子越来越好，他们从内心里佩服中国和羡慕中国人。[2] 从这里就可反映一个很大的现实问题，对中国和中国人的视角不同导致了俄罗斯政治精英对中国的认知不同，欧洲部分的政治精英和亚洲部分的政治精英对中国和中国人的看法差别巨大。俄罗斯欧洲部分的绝大多数俄罗斯政治精英不了解远东地区的实际状况和中国的状况，深受"中国威胁论"的影响，对中国抱有很大的偏见和怀疑的态度，而远东地区的多数政治精英和多数居民已经意识到该地区的发展不可避免地要更多地与中国打交道，以便发展自己。

地区利益的差别和观察问题视角的不同甚至对立已经全面影响到远东地区的发展。在莫斯科一些社会精英对远东地区持三种最基本的观点：第一，当前俄罗斯的发展关键取决于欧洲部分的发展，远东地区的发展则是未来之

---

① 俄罗斯科学院国际安全问题研究所主任研究员阿列克谢·费年科：《华盛顿的远东战略——美中对立给俄罗斯远东造成麻烦》，俄《独立报》2010年9月1日。

② 参见〔俄〕亚历山大·伊万特尔《正在衰落，又在强大》，俄《专家》周刊2010年3月8日。

事。第二，远东地区人数太少，近期无法解决这个迫切的问题，所以与中国发展关系一定要在严格的控制和限制范围内，不能让中国对远东地区形成实质性的影响，俄罗斯宁肯保留不发展和落后的远东地区，也不能使远东地区成为经济发达而实际上脱离俄罗斯的地区。第三，只有在俄罗斯欧洲部分大发展、资金十分充裕时才能够大规模地开发远东地区，现在俄罗斯刚走出经济危机，不会给远东地区投入大量资金。而远东地区的官员则已经意识到，远东地区的经济发展要靠两条腿走路。所以他们一方面从俄罗斯中央那里要能够要来的一切，另一方面又同中国、韩国、日本发展经贸合作，解决自己的问题。但如果经贸关系发展超过了一定的限度，就会引起莫斯科社会精英的警告和忧虑。而远东地区的官员和居民反过来又抱怨莫斯科缺乏对远东地区经济发展的战略和支持。

俄罗斯远东地区的政治精英普遍认为，俄罗斯缺乏对中国的明晰政策，不知道究竟需要从中国方面得到什么。"俄罗斯根本就没有太平洋战略，没有明确制定的对华政策或对日政策。我们至今也没有确定，中国在俄罗斯的命运中能起或者将起什么样的作用，我们希望从中国得到什么。""而中国却清楚地了解为何需要俄罗斯。为了稳定发展，它需要北部有可靠的后方——对中国友好和政治上稳定的俄罗斯。中国需要我们作为能源供应者和商品销售市场，同时作为国际舞台上的盟友。要知道，我们两国在许多国际政治问题上的立场是一致或相似的。"①

三　中俄边疆区域合作中值得注意的几个问题

我们在看到中俄关系发展主流的时候，也要关注俄罗斯国内有碍于中俄关系发展的消极论调。尽管这些论调在俄罗斯属于非主流，但其消极影响还是很大的。目前俄罗斯的"中国威胁论"主要表现在以下三个方面。

第一个是中国"移民"论。

苏联解体以后，俄罗斯的中国"移民"论一直没有间断。其实炒作中国人口移民问题毫无意义。现在俄罗斯远东地区不存在中国移民问题，目前滨海边疆区有200万俄罗斯居民，在册登记的中国人不到3万人口。而在

---

① 俄罗斯科学院远东分院历史、考古和民族学研究所所长维克托·拉林访谈录《中国幻想》，俄《论坛报》2010年3月25日。

1900～1910 年，滨海边疆区的俄罗斯居民数量从 40 万增长到 65 万，而中国居民从 3 万增长到 35 万，但是那时没有谁说中国人威胁了俄罗斯。[①] 现在少数俄罗斯精英在谈论远东地区局势时如果不谈中国的移民问题和中国"威胁"问题就似乎觉得不懂常识，这种情况不仅阻碍中国与俄罗斯远东地区的合作，更堵塞了俄罗斯远东地区进一步发展的渠道。

第二个是"原料附庸"论。

俄罗斯学者对中俄东部边疆区域合作计划表示担忧，担心俄罗斯逐渐成为中国的能源附庸。有的学者对远东和东西伯利亚地区与中国东北地区 2009～2018 年合作计划的前景表示"不容乐观"，"俄罗斯在计划中的角色是开采原料和进行原料加工，中国的角色是将初加工原料制成消费者所需要的商品。计划中俄方没有一个可属于高技术的企业"。[②] 还有的学者认为，中国通过这个合作计划正在对俄罗斯进行悄然的扩张，"几乎带有殖民色彩"，"原因是，在俄罗斯境内实施的几乎所有项目都是开采原料和其他资源，而加工和生产企业，包括提炼铜、锡、铅、钛等金属的企业都设在中国境内。计划还规定，在俄罗斯的加工企业中，至少应当雇用 50% 的中国工人"，"中国首先需要洗劫远东的资源"。[③] 还有的俄罗斯学者得出结论："远东已对中国产生了经济依赖，不排除它在未来会沦为北京的原料附庸。"[④] 有的俄罗斯国家杜马议员在评论俄罗斯跨地区电网向中国申请贷款购买电力设备时表示，俄罗斯会沦为中国的"原料附庸"[⑤]。这表明俄罗斯一些精英对中俄远东地区的经济合作表现得忧心忡忡，担心损害俄罗斯的战略利益。

第三个是中国"扩张"论。

最近，在宣扬中国"扩张"论的俄罗斯学者中，俄罗斯政治军事分析研究所副所长亚历山大·赫拉姆奇欣的观点特别引人注目，特别极端。他对

---

① 参见〔俄〕亚历山大·伊万特尔《正在衰落，又在强大》，俄《专家》周刊 2010 年 3 月 8 日。

② 俄罗斯科学院远东分院历史、考古和民族学研究所所长维克托·拉林访谈录《中国幻想》，俄《论坛报》2010 年 3 月 25 日。

③ 俄罗斯地理协会会员、地理学副博士韦尼阿明·戈特万斯基：《中国悄然扩张》，俄《独立报》2010 年 9 月 23 日。

④ 〔俄〕弗拉基米尔·斯科瑟科夫：《矿石通过阿穆尔河进入中国》，俄《独立报》2010 年 6 月 17 日。

⑤ 参见对俄罗斯国家杜马北方和远东问题委员会第一副主席瓦西里·乌索利采夫的访谈，俄《专家》周刊 2010 年 4 月 19 日。

中俄关系的评估是，俄中关系将发生原则性的改变，"战略伙伴"关系正在走向衰亡，因为它原本就没有任何实质内涵，下一步该是莫斯科沦为北京的殖民地了。① 在他看来，目前中国的军队建设是根据"战略边界和生存空间"构想原则向俄罗斯方向拓展。中国存在着巨大的人口过剩的压力，"进行扩张、攫取更多的领土和资源也许是中国解决上述问题的唯一办法"，"对俄罗斯西伯利亚和远东这两大战略区域的'有效控制'，显然可以通过经济和人口扩张来进行，而无需任何战争"②。但此人后来却预言中俄之间必有一战。亚历山大·赫拉姆奇欣的观点受到了一些俄罗斯学者的反驳，俄罗斯科学院世界经济与国际关系研究所战略室地缘政治小组负责人谢尔盖·卡津诺夫和国家安全与战略研究所副所长弗拉基米尔·库马切夫发表题为《不能将"来自东方的威胁"绝对化——假想的俄中冲突与事实相距太远》的文章，认为亚历山大·赫拉姆奇欣所提出的观点是"虚拟的军事游戏"③。而亚历山大·赫拉姆奇欣又发表题为《莫斯科面对非常不愉快的选择》一文，驳斥上述两位作者的观点，并明确指出，"扩张是中国的唯一出路"，而扩张的最可能方向是俄罗斯和哈萨克斯坦，因此俄罗斯必须加强军队建设，与哈萨克斯坦建立最大限度的紧密关系，建立"莫斯科—新德里—河内"轴心并吸纳东京，以对抗中国。④

尽管上述学者之间存在争论，但他们的观点并没有实质性的差别。谢尔盖·卡津诺夫和弗拉基米尔·库马切夫在讨论"中国地缘战略意向的北方因素"时也认为中国在对俄罗斯实施"蚕食性扩张"。他们还提出了"划时代"的命题，认为"中国并不真的打算借助军事实力来实现对俄罗斯的长远计划，而是希望进行深入的全方位合作，包括采取有求必应的手段。我们的伙伴关系到底怎样，取决于太多的因素，俄罗斯本身的因素同样重要。持续不断的移民、西伯利亚和远东人口减少，这一切便于中国不费一枪一弹就

---

① 参见俄罗斯政治军事分析研究所副所长亚历山大·赫拉姆奇欣《战略伙伴关系的死胡同——中国正在和平崛起》，载俄罗斯独立记者网站 http://www.chaskor.ru/article/tupikstrategicheskogpartnerstva19360，2010 年 8 月 27 日。
② 俄罗斯政治军事分析研究所副所长亚历山大·赫拉姆奇欣《"不会自行消散"的威胁——中国必然要打破现有的世界秩序》，俄《独立军事评论》（周报）2008 年 2 月 22 日。
③ 俄罗斯科学院世界经济与国际关系研究所战略室地缘政治小组负责人谢尔盖·卡津诺夫和国家安全与战略研究所副所长弗拉基米尔·库马切夫：《不能将"来自东方的威胁"绝对化——假想的俄中冲突与事实相距太远》，俄《独立军事评论》周报 2010 年 8 月 13 日。
④ 俄罗斯政治军事分析研究所副所长亚历山大·赫拉姆奇欣：《莫斯科面对非常不愉快的选择》，俄《论据与事实》周刊 2010 年 9 月 10 日。

温和而有效地进行蚕食性扩张。这样就会提出一个'划时代的'问题；目前确保俄罗斯东部安全的投资是什么样的投资，是国防投资还是经济投资"①。

上述学者之间的分歧在于，亚历山大·赫拉姆奇欣断定中国若染指俄罗斯的远东领土会向俄罗斯发动一场军事战争，而谢尔盖·卡津诺夫和弗拉基米尔·库马切夫则认为，中国不会对俄罗斯实行军事扩张和战争，中国很可能通过和平的蚕食政策就能够获得俄罗斯的远东领土。谢尔盖·卡津诺夫和弗拉基米尔·库马切夫的观点有自相矛盾之处。与亚历山大·赫拉姆奇欣完全否定中俄关系不同，他们承认中俄关系的现实性："目前中国总是小心谨慎地解决自身的地缘政治问题，尽量不让自己的总体实力吓到任何国家，免得让人怀疑自己有侵略性。对中国来说，头等重要的任务是，确保周边地区更加安全，以实现自己的经济利益。在这个意义上，与使人不得安宁的其他方向相比，俄罗斯是中国最可靠的后方和伙伴。北京不会不珍惜这一点，而且高度珍惜。"② 他们的矛盾之处还表现在，他们一方面认为中国在实行"蚕食扩张"，另一方面又认为中国不可能做到"蚕食扩张"。"还有一个因素在很大程度上会把中国对俄军事扩张的可能性变得毫无意义：世界上存在着很多复杂的地缘政治结构，包括俄中双边关系。比如说，美国未必希望中国靠蚕食俄罗斯领土（和相应的实力）来发展自己。也就是说，客观上美国几乎会头一个站出来维护俄罗斯的领土完整，甚至在俄罗斯弱得不能维护自身利益的情况下。其实，即便中国也希望俄罗斯成为地区和全球战略平衡的重要因素，所以中国未必会亲手破坏业已形成的力量平衡。"③

上述三种观点尽管在俄罗斯不占多数，但其对中俄关系的消极影响是显而易见的，它不仅不符合中国谋求和平发展的客观现实，而且也不符合中俄关系健康发展的大局。

---

① 俄罗斯科学院世界经济与国际关系研究所战略室地缘政治小组负责人谢尔盖·卡津诺夫和国家安全与战略研究所副所长弗拉基米尔·库马切夫：《不能将"来自东方的威胁"绝对化——假想的俄中冲突与事实相距太远》，俄《独立军事评论》周报 2010 年 8 月 13 日。

② 俄罗斯科学院世界经济与国际关系研究所战略室地缘政治小组负责人谢尔盖·卡津诺夫和国家安全与战略研究所副所长弗拉基米尔·库马切夫：《不能将"来自东方的威胁"绝对化——假想的俄中冲突与事实相距太远》，俄《独立军事评论》周报 2010 年 8 月 13 日。

③ 俄罗斯科学院世界经济与国际关系研究所战略室地缘政治小组负责人谢尔盖·卡津诺夫和国家安全与战略研究所副所长弗拉基米尔·库马切夫：《不能将"来自东方的威胁"绝对化——假想的俄中冲突与事实相距太远》，俄《独立军事评论》周报 2010 年 8 月 13 日。

"中国威胁论"在俄罗斯不断出现是有其原因的，比如俄罗斯存在极端民族主义的土壤、西方的挑拨离间等，但还有一个非常重要的问题需要关注，即中俄两国还需要增强互知和互信。俄罗斯著名汉学家拉林在回答"中俄关系中最亟待解决的问题是什么"时表示："缺乏相互理解和信任。我们相互不了解。人们总是对不了解的事情感到害怕，因此才会出现怀疑、担心和恐惧。这一切无助于现在各个领域发展建设性关系和更有效地进行合作，其结果是我们对中国表现出自相矛盾的和虚伪的态度。一方面我们希望接近中国，以便从飞速发展的邻国得到某些东西；另一方面我们又害怕，因此疏远它。最好是不走极端。"① 拉林研究员的分析中肯而正确。中俄关系的发展不仅需要两国政府的强力推动，还需要两国民众的积极参与和推动，两个国家民众交往的逐步增强必将推动两国关系不断平稳的发展，必将缩小"中国威胁论"的存在空间。

中俄关系发展进程中还有一个现实问题值得关注，即俄罗斯还太不适应中国逐步强大这一现实。正如俄罗斯学者特列宁所说："俄罗斯的问题在于，它对一个强大的中国尚不适应。说到过去300年的两国交往史，俄罗斯一直高高在上，也几乎一直是中国的老大哥。有些历史时期，俄罗斯甚至对中国的部分地区实施过统治。早在1990年，中俄两国的国内生产总值（GDP）还旗鼓相当。如今，中国的GDP已是俄罗斯的4倍之多。不到20年时间，两国之间的差距竟已如此悬殊。12年前，你会在中俄两国边界的两边看到，俄罗斯那边是现代建筑——也许有些年久失修，而中国那边基本上都是老式村庄。而今你会看到，中国那边是令人炫目的摩天大楼，而俄罗斯那边则是残破不堪的楼房。在现代史上，这可谓是任何两个大国间发生的最显著、最具戏剧性的变化之一。"② 中国急速和持续的发展，使中俄两国边疆地区的经济发展状况发生了实质性的变化，这些变化是俄罗斯人所未曾想过的。中国的发展表现在边疆地区，更使俄罗斯人感到了前所未有的压力。"随着中国的发展，俄罗斯人已开始对中国未来的行事方式及其对俄罗斯——特别是对俄远东和西伯利亚诸省——影响产生质疑。上述领土上的俄罗斯人会迁往中国吗？还是中方会派更多人在那些领土上定居？其他一些反

---

① 俄罗斯科学院远东分院历史、考古和民族学研究所所长维克托·拉林访谈录《中国幻想》，俄《论坛报》2010年3月25日。
② 莫斯科卡内基中心主任、俄罗斯问题专家德米特里·特列宁：《俄罗斯的对外政策改革》，美国卡内基基金会网站2010年8月2日。

复出现的质疑声幼稚可笑且毫无根据。但目前也有一些新问题：俄罗斯如何与强大的中国打交道？俄罗斯如何才能重新平衡两国关系？对俄罗斯而言，中国是 21 世纪较严峻的挑战之一。"①

特列宁所讲述的情况表明，俄罗斯社会精英对中国的迅速崛起和复兴缺乏必要的心理和思想准备。俄罗斯需要判定，中国的不断发展和壮大对俄罗斯意味着什么，是威胁，还是机会？俄罗斯著名学者巴让诺夫的判断是正确的："今日中国不会威胁任何人，只不过各国不得不接受一个新的大国业已成形的事实，不得不与它合作和竞争。"② 由此带来的第二个选择是，俄罗斯独自或者联合别国一起遏制中国，还是主动与中国进行战略合作，共创国际社会的新格局。由此带来的第三个选择是，"中国模式"是否合适于俄罗斯。

中国经济持续、全面和快速的发展自然也引起了俄罗斯各界的关注。俄罗斯社会精英在评论中国经济发展的同时，也热烈讨论中国模式是否适合于俄罗斯的问题。"中国的事态发展早就令俄罗斯社会感兴趣，现在人们仍在争论：能不能借鉴中国的经验。一部分人认为，两国过去搞的都是集权政治，所以向更具现代化的经济和政治模式过渡有共同规律。另一部分人认为，俄罗斯和中国完全不同，两国都应该寻找自己的发展模式。这种观点支持者的理由是，苏联曾经是非常发达的国家，当时中国还是贫穷的农业国，而且没有丰富的自然资源。"③ 那么，中国又能给俄罗斯什么呢？俄罗斯精英对此有两种观点：第一种观点认为，俄罗斯应当制定只面向中国的内外政策，把它看作美国的替代选择和世界第二大国。持这种观点的人指出，"中国是俄罗斯现代化的标尺"，"中国的政治经验是无价之宝"，"必须效仿中国"。持第二种观点的人主张奉行多方位政策，把中国、美国和其他大国平等地视为俄罗斯现代化模式的借鉴对象。莫斯科现在的对华政策就在这两种观点之间摇摆。④ 在俄罗斯汉学家卢金看来，"我们必须向中国学习的主要

---

① 莫斯科卡内基中心主任、俄罗斯问题专家德米特里·特列宁：《俄罗斯的对外政策改革》，美国卡内基基金会网站 2010 年 8 月 2 日。
② 俄罗斯外交学院副院长叶夫根尼·巴让诺夫：《"东方巨龙"的腾飞》，俄《环球回声》周刊 2010 年 3 月 11 日。
③ 俄罗斯东亚和上合组织研究中心主任亚历山大·卢金：《中俄谁该向谁学习》，俄《生意人报》2010 年 3 月 24 日。
④ 俄罗斯外交部下属国际关系大学政治系主任阿列克谢·沃斯克列先斯基：《问题的价值》，俄《生意人报》2010 年 9 月 28 日。

一点是，中国的发展模式注重实效，而不是追求意识形态目标"①。还有的俄罗斯学者认为，中国通过反腐、寻找新的销售市场等许多正确的选择，以危机为契机发展本国经济，其效果超过了预期。"中国可不是远在火星，它就在我们旁边。我们为何要坐等油价重新走高？也许，我们最好也把稳定基金的钱拿出来，投向道路、机场、高速铁路等能让俄罗斯更加富裕的事务。但遗憾的是，中国的范例对我们暂时还没那么有吸引力。"② 可以预言，随着中国越来越发展和越来越强大，俄罗斯对中国的关注程度还会进一步提高，围绕"中国模式"而展开的辩论还会持续下去，俄罗斯精英们对中国崛起的不同判断还会持续下去。俄罗斯讨论"中国模式"的过程深刻反映出，俄罗斯急切寻找符合自身发展模式的内在心理，但像俄罗斯这样的大国若获得持久、快速的发展只能选择符合自身特点的发展道路，同时借鉴其他国家的治国经验和方式，但完全复制其他国家的模式只能给自己带来灾难性的后果。梅德韦杰夫所提出的俄罗斯现代化任务有其自身的逻辑性和实现前提。尽管在俄罗斯总有人宣扬"中国威胁论"，但现实中俄罗斯的压力却恰恰来自西方和南方。从苏联解体后俄罗斯所面临的周边国际环境上看，东方一直是俄罗斯得以复兴的最稳定的保障方向，俄罗斯的东部邻国不仅没有像其西部邻居那样搞北约东扩，也没有像美国那样在俄罗斯周边搞"颜色革命"，而是与俄罗斯互利合作，寻求共同发展的路径。与此同时，中俄关系的稳定发展也为中国的进一步改革开放提供了良好、和谐的外部环境。

四 结论

俄罗斯走在复兴和重新崛起的路上。从国际格局看，俄罗斯的复兴和重新崛起既面临前所未有的挑战，也存在着千载难逢的机遇。俄罗斯若获得崛起，需要从欧洲和亚洲两个战略方向上建立非常紧密的经济合作关系，因此，欧洲和亚洲应该是俄罗斯的双选择。但现在俄罗斯实际上做不到这一点，其中一个十分重要的客观因素限制了俄罗斯在亚洲的积极作为，即俄罗斯远东地区人数稀少，支撑不起俄罗斯经济发展的东部战略空间。目前的远

---

① 俄罗斯东亚和上合组织研究中心主任亚历山大·卢金：《中俄谁该向谁学习》，俄《生意人报》2010 年 3 月 24 日。

② 格奥尔基·佐托夫：《为何对俄罗斯而言危机是地狱，对中国则是上帝的恩赐？》，俄《论据与事实》周报 2010 年 4 月 21 日。

东地区对于俄罗斯来说依然是一个"仓库",是一个潜在的战略发展空间。俄罗斯在"安全"和"发展"的两个战略考量中自然会优先确保远东地区的战略安全,在绝对确保远东地区战略安全的前提下,俄罗斯才能通过自身的努力和与外部的合作发展该地区。

这种态势就决定了俄罗斯发展远东和西伯利亚地区是一个十分漫长的过程,这也决定了中国东北地区与俄罗斯远东地区的合作是有"硬局限"的。这个"硬局限"就是俄罗斯远东地区和中国东北地区存在着人口数量的非对称性。而该非对称性不是中俄双方经过努力就能够消除的,恰恰相反,却是中俄双方在发展边疆区域合作中所必须考虑、适应和需要顾及的。这就决定了中俄边疆区域合作是一个自然而渐进的过程。

还要强调的是,俄罗斯的"中国威胁论"虽然不时出现,但不能够从战略大局中逆转中俄关系的总体方向,这毕竟是支流。而中俄边疆区域的持久、稳定和全面的合作会丰富中俄关系中总体内涵。发展是硬道理,而中俄边疆区域的多层次合作则是推动中俄关系向前发展的硬道理。

(原载《中国边疆史地研究》2010 年第 4 期)

英印以色拉（Sela）为界的"麦克马洪线"变更计划及政策分歧[*]

张永攀

摘 要： 本文认为，对英印政府来说，"麦克马洪线"是根据"分水岭"原则勘定的一条"定制"边界，似乎是已经约定不变、"合理""完美无缺"的一条"界线"。但事实上，所谓"麦克马洪线"，是英国出于侵略利益、自身情况，根据国际情势以及我国西藏地方的局势而随时可以更变的"边界线"。特别是在第二次世界大战期间，由于英印无法顺利进入"麦克马洪线"地区，英国政府内部对此线的认定，产生很大争议和政策分歧。

关键词： 英国 印度 中印边界 "麦克马洪线" 西藏

作者简介： 张永攀，1975 年生，历史学博士，中国社会科学院中国边疆史地研究中心副研究员。

由于历史原因，中印两国的边界线从未正式划定过。但是，在历史发展的进程中，根据中印双方历史行政管辖所及，已逐渐形成了一条传统习惯线，人们习惯上把它分为东、中、西三段。其中东段边界传统习惯线的绝大部分从中国、印度、不丹三国交界处起往东，到大约东经 93°47′、北纬 27°1′处，再折向东北到紧靠传统习惯线北侧的尼杂哈特附近。该线大体上是沿着喜马拉雅山南麓和布拉马普特拉河岸平原交接线而行的，长约 600

---

* 本文为 2006 年国家社会科学基金项目（批准号 06CZS016）《近代中国西南边疆纷争的历史与现状研究——以中印边界东段为中心的研究》阶段性成果之一。

公里。① 而在 1914 年的西姆拉会议上，英国人麦克马洪（Sir. H. Mc-Mahon）所制定的"麦克马洪线"②，则是根据"战略边界"③ 计划的需要，否认中印传统习惯线的存在，依照"分水岭原则"，重新划定的一条非法"中印边界"，由此导致了此后的中印边界东段争端。国内外对中印边界东段的研究，多以为"麦克马洪线"对英国来说是根据"分水岭"原则而勘定的一条"合理""完美无缺"的"定制"边界。但事实上，所谓"麦克马洪线"，是英国出于自身侵略利益，随时可以更变的"边界线"。特别是在第二次世界大战期间，由于英属印度（以下简称"英印"）方面无法顺利进入"麦克马洪线"地区，英国政府内部对此线的勘定存在很大争议和政策分歧。对此问题的研究，印度学者古普塔与中国学者吕昭义略有提及，但并未进行深入研究。④ 除此之外很少再有学者关注。本文拟利用英国大英图书馆所藏印度事务部档案，对此做初步考察。

一　"战略边界""红线""麦克马洪线"

1914 年，麦克马洪在"西姆拉协定"上所画的比例为 1～380000 的"红线"，是源于 1911 年英印总督明托和英国军方策划的"战略边界"。"战略边界"的走向是"东起插至乌代古里北部的英印边境的西藏领土，即所说的达旺县的楔形地带边缘，沿着东北方向伸展至北纬 29°，东经 94°，再向东南进至察隅河并尽可能东达日玛附近，由此穿越过察隅河进至察隅河与伊洛瓦底江分水岭，再沿这一分水岭伸展至伊洛瓦底江与萨尔温江分水岭"。⑤ 但是，明托的"战略边界"并没有包括达旺，而将扩张的主要方向

① 参见《中华人民共和国官员和印度政府官员关于边界问题的报告》，中华人民共和国外交部编，1959 年，第 3 页。
② "麦克马洪线"一词并不是在 1914 年提出来，而是在 20 年后才由英国炮制出来。参见吕昭义《英帝国与中国西南边疆》；中国藏学出版社，2001。
③ 1911 年 10 月 23 日，英属印度总督明托向英国印度事务部大臣莫利提出侵占中国喜马拉雅山南麓领土，沿喜马拉雅山山脊建立"战略边界"。明托所谓"战略"的理由是"由于中国向日玛及东北边境部落地区的推进，当地对于我们与这些部落民未来关系的问题深为忧虑"。参见 IOR，对外政治事务，1910/13，明托致莫利，1910 年 10 月 23 日。又见吕昭义《英帝国与中国西南边疆》，第 87 页。
④ 参见〔印〕卡·古普塔著《中印边界秘史》，王宏纬译，中国藏学出版社，1990，第 117 页；吕昭义：《英帝国与中国西南边疆》，第 399 页。
⑤ 吕昭义：《英帝国与中国西南边疆》，第 87 页。

放在珞隅地区，对察隅地区也只是大致规定了扩张的方向。明托卸任后，东孟加拉与阿萨姆省总督哈雷（L. Hare）提出，中印边界东段最好与中缅边界西段相衔接。1911 年末，英印政府总参谋部根据当时三支勘测队跨越中印传统线对中国领土进行勘测的结果，对明托的"战略边界"做了一定修改，把达旺地区纳入了扩张范围，并在瓦弄以北划界。对于达旺地区，英印政府总参谋部提出的备忘录认为，理想的边界线应从东经 93°、北纬 28°20′附近的山结行至错那宗以北的不丹边界，与不丹北部边界成一条由西向东的直线；对于瓦弄地区，英印政府总参谋部认为边界线应在瓦弄以北几英里处跨过河流。[1]

1913 年 11 月 26 日，西姆拉会议已经开始，麦克马洪急忙根据贝利上尉（F. M. Bailey）于当年 5 月在西藏调查的结果，再次修改了"战略边界"。次年二月，英方将麦克马洪初拟的草图递交西藏地方政府全权代表夏扎。在这个草图中，麦克马洪主张"战略边界"以不丹边境南部东端为起点向东北方向延伸。最初，麦克马洪建议边界线通过达旺东南约 20 公里的色拉（Sela）山口，把所谓"危险楔形"地区的大部分划分到印度一方，但达旺仍划在中国西藏境内。但在军方的要求下，麦克马洪决定将边界线移到达旺以北 20 公里处，西至不丹东界，东进至棒（Bum）山口。另外，在珞隅、察隅方向，"战略边界"也有很大改动。此即所谓"红线"，也就是1935 年炮制的"麦克马洪线"的大致走向。虽然这条线基本是依照他的"分水岭"原则划定，但麦克马洪本人却认为"如果他们（西藏人）将来对麦克马洪线的作用不满意，还可以对这一边界线任何地段的走向予以修改"[2]。可见，即使是所谓"分水岭"原则，也并不是一条铁定的原则，而是可以根据侵略需要，随时予以改动的"原则"而已。

实际上，中印传统习惯线主要是根据双方行政管辖所及的范围而在长期的历史发展过程中逐渐形成的，地理特征与传统习惯线的形成有关，但并不是决定性的因素。对于山区居民来说，高山并不一定是他们活动的绝对障碍；至于国家的行政管辖，也并不是山岭所能限制的。在中国边疆不断发展的历史中，其行政管辖和居民的活动由于政治、经济和其他种种原因总有所变动，因而传统习惯线的形成也必然经过一个演变的过程，而不是由某一地

---

① 参见吕昭义、李志农《麦克马洪线的由来及其实质》，《世界历史》2005 年第 2 期。
② FO535/17，NO.91，1914，McMahon Memorandum.

理特征先天地规定的，中国西藏地方政府对"麦克马洪线"以南地区的管理便很能说明这个问题。

　　1914 年 3 月 24 日至 25 日，西藏噶厦代表在英国的胁迫利诱下，背着中国中央政府，与英国人秘密进行了换文。在换文附图中，用麦克马洪所提出的中印边界"画法"，以 1～380000 的比例尺，用红线标出新的"中印边界"。然而，随后召开的西姆拉会议根本没有讨论到中印边界问题，只是讨论到西藏和中国其他部分的界线以及所谓"内外藏"的界限和地位等问题。随着中国政府拒绝签署"西姆拉协定"，这条"红线"也就没有人提及了。

二　"二战"初期有关"麦克马洪线"走向的不同主张

　　1935 年由于"华金栋事件"① 的出现，英国又一次拾起几乎被人遗忘的"麦克马洪线"。

　　1937 年春，英印政府要求印度地图局对中印边界进行所谓"勘查"，准备在翌年公开出版的地图集中，依照"勘查结果"和 1914 年的"西姆拉协定"，公布新的"印中边界线"。经过初步勘查，地图局发现印中边界划分的状况极为"糟糕"②。如果按照 1914 年"西姆拉协定"中的大、小两张地图③来划，就会出现两条不同的"印中边界"，那么"这两处并不一样的麦克马洪线，应该以哪一处为准"？这是印度地图局感到很头痛的一个问

---

① 1935 年，英国植物学家华金栋（Kingdon Ward）闯入西藏达旺地区进行考察活动，但他在达旺地区的舍加恩（Shergaon）被西藏地方官员发现。事后，西藏噶厦就华金栋非法闯入达旺地区一事向英印政府提出了责问。英印政府遂决定利用此事，开始与噶厦交谈印度与我国西藏边界线的具体勘分事宜。

② 英印政府认为中印边界的具体状况为：第一，21432 等高地没有在分水岭上；第二，佛特让（Pherang）以南的分水岭与马及墩（Migyi Tun）东北的分水岭汇合是根据周围的情况而确定的，所以迪楚（Dichu）和迪普卡拉（Diphuk la）的主分水岭并不相连，应该加以修正；第三，不丹和巴利帕拉（Balipara）地带之间的边界，北段用临时、不精确的虚线画出。此外，西段山峰上的"麦克马洪线"标识也非常不准确。参见 Highlands of Tibet and Surrounding countries. From the surveyor general of India to the Foreign Secretary to the Government of India, Foreign and Political Department. Subject: the Frontiers Between India and Tibet and Bhutan and the Balipara frontier tract。

③ 1914 年，麦克马洪于西姆拉三方会议期间，在一张小地图上画了一条红线，作为中印"边界"，附在"西姆拉协定"中。而私下里，英印锡金政治官贝尔和夏扎又在大地图中画了一条红线，也作为中印"边界"。但事过 20 年后，英印政府才发现两图对中印"边界"的划分存在差异。参见〔英〕阿拉斯太尔·蓝姆著《中印边境》（内部读物），民通译，世界知识出版社，1986，第 136 页。

题。出于勘界的"严谨态度"，地图局最终认为"印藏之间的边界不应该早日明确下来"，因为一旦出版"误差较大的地图将会被英国政府否决"①。

对于这个结果，英印政府并不满意，所以在 4 月初和 6 月 17 日两次致函阿萨姆省政府征求意见。② 同时，英印政府希望地图局总测绘师在阿萨姆省政府协助下，对中印边界地区再做勘查，为此特对印度地图总勘查师郑重交代：一是穿过卡瓦弄河（Krawnaon，即察隅河）的边界责问。英印政府遂决定利用此事，开始与噶厦交涉印度与我国西藏边界线的具体勘分事宜。线应该南移到把兰特河（LatTe）与迪楚河（DiChu）分离开的山脊上。二是阿萨姆省政府与不丹政府派遣人员勘查之前，边界线 10830 高程点至 14600 高程点之间的地带不应该标识在地图上。三是从 14600 高度上标识的不丹与巴利帕拉北段边界线应该用虚线标出，"且在这条印度、不丹、西藏三方边界线"上应该标注"大致"字样。③

1937 年 8 月 30 日，阿萨姆省政府给了英印政府一个满意的回复，表示按照麦克马洪的原则，"印中边界线"总体上顺着"麦克马洪线"地区分水岭而行，除非遇到一些水系复杂的特殊区域，诸如塔若（Taron）、洛赫蒂（Lohit）、雅鲁藏布江（Tsangpo）、苏班西里（Subansiri）、娘姆江（Njam jang）等地可做适当调整。对于雅鲁藏布江地区，阿萨姆省政府认为"穿越雅鲁藏布江河谷的边界线很明显的意图是由东到西，顺着雅鲁藏布江一带的山脊。看起来，（麦克马洪的）意图是边界线顺着从进入科瓦弄（Kraw naon）主河的兰特河及迪楚河附近的山脊"。此外，阿萨姆省政府还对佛特让以南的分水岭到马及墩东北的分水岭汇合点也明确地做了标识。④ 然而，由于英国首次准备正式进入达旺地区的活动遭到西藏噶厦的强烈反抗而作罢，所派遣的莱特福特远征队对达旺原有局面也几乎没有造成什么影响，并且没有留下军队或行政官员驻守，莱特福特撤离达旺后西藏噶厦仍然维持着对该地的管理。甚至直至 1938 年末，印度社会新闻界对英印政府在达旺地

---

① IOR. No. F. 524 – X /37, From the Under Secretary to the Government of India in the External Affairs Department to the Surveyor General of India. Dated Simla the 14th，May 1938.

② 参见 IOR. K. P. S. Menon, the Additional Deputy to the Chief Secretary to the Government of Assam. April 1937, Dated Simla。

③ 参见 IOR. No. F. 524 – X. 37. From under secretary to the Government of India in the External Affairs Department to the Surveyor General of India. Dated Simla the 14th，May 1938。

④ 参见 IOR. From Assam Government to the Government of India in the External Affairs Department Dated Shillong 2nd Sep. 1937。

区的活动也毫无知晓。因此，1938 年印度地图局出版的《西藏和邻国图》未对中印边界东段做明显标识，只是用国际边界符号画出从不丹东南角向东的一小段，其位置同中国出版的地图的画法相符，图中并没有"麦克马洪线"①。

但是，寻求最稳妥的西藏政策、谋求获取最大面积的中国领土，是当时英国和英印政府不谋而合的最终目标。怀特南（Henry Twynum）在 1939 年就任阿萨姆省省督后不久，在给印度总督林立兹哥（Linlithgow）的信中，提出了所谓的"控制手段"（Control measure），要求英印控制前进的步伐，不要急于夺取达旺地区，而应该在达旺以南的色拉（Sela）或者噶拉塘（Kalatang）地区建立暂时的"印藏边界线"，而"麦克马洪线"则可暂时放弃。他的理由如下：

第一，达旺的地位并没有所想象的那样重要，英印当局要重新考虑达旺在印中边界中的地位。"考虑到中国和日本之间事态的可能发展情况，把占领达旺作为一个重要的政策问题来处理，就如 1938 年 10 月号皇家中亚学会杂志所载的华金栋的文章所建议的那样，这样做是否必要和可取？我从已故的布拉波恩爵士 1938 年 7 月 23 日给霍格的信中了解到，中国在这个地区进行侵略的危险已大大减少。"

第二，英印当局不能根据 1914 年的"西姆拉协定"，便理直气壮地占领达旺。"关于我们按照 1914 年条约所享有的权利，在法律上我们可有绝对可靠的根据？从 1936 年 8 月 18 日外交秘书致国王陛下政府印度事务副大臣的信来看，中国政府没有签署 1914 年条约。如果缔结三方条约中的一方不予批准，缔约的另一方能说此条约对它自己和第三方有约束力吗？我从阁下于 1938 年 5 月 18 日给里德的信中了解到，我们在达旺地区的条约权利对西藏来说是毋庸置疑的，我还认识到坚持我们在 1914 年所确定的方位是可取的。可是，如果此事提交仲裁，以下各点也许会使西藏人有空子可钻或者引起困难。我提出这些，以防出现外交部认为就此问题举行进一步谈判是很可取的这种情况。"

第三，达旺究竟属于印度还是中国西藏，在 1914 年"西姆拉协定"附图中并没有清楚标识出来。"条约附图的尺寸是如此之小，以致'红线'压

---

① 参见中华人民共和国外交部编《中华人民共和国官员和印度政府官员关于边界问题的报告》，1959，第 144 页。

在'达旺'的字上。现在要求的实际边界，是以麦克马洪和西藏全权代表夏扎于 1914 年 3 月 24 日和 25 日的换文及其两张将达旺画在英国一侧的地图为依据的。这样一来，麦克马洪线有两种画法：一种是画在三方条约草案的附图上，红线压在'达旺'的字上；另一种是画在麦克马洪线与夏扎换文的附图上，该图将达旺画在英国一侧。那么英国是将其对达旺的权利建立在缺乏条约应有的正式手续的换文的基础之上呢，还是建立在条约的第九条——该条没有提及换文附图而仅只提到后来未被中国批准的条约的小尺寸附图——的基础上呢？"

第四，从国际舆论出发，英国对达旺的占领有可能引起国际社会的谴责。英国"从 1914~1938 年没有采取步骤实施条约的第九条"，而"在这种情况下，从国际法的观点和环境改变的条件出发考虑，这是否会影响英国的地位"[1]？

第五，英印政府应考虑放弃达旺地区，而在达旺以南的噶拉塘建立印中边界线。

第六，"与西藏保持良好的关系是我们政策的不可缺少的部分。要是这样，那么在英国可能将边界确定在更南面的迪吉恩河（Digien）时，却硬要把达旺突出地带[2]划入印度，这样做是否可取？而且，德让宗（Dirangdzong）的人口很少，受到阿卡人（Akas）的压迫，而在更南面的噶拉塘地区（Kalaktang），从荣弄格达人（Ranagadh）[3]到舍尔丘普卡人（Sherdukpen）[4]，居民的特点有着显著的不同"。

第七，考虑到仅距印藏传统边界线 15 英里的噶拉塘、舍尔丘普卡居民受西藏噶厦的影响非常小，而该地居民与印度平原地带的接触则较多，所以

---

① 笔者此处要强调的是，美国学者戈尔斯坦在其《西藏近代史——喇嘛王国的覆灭》一书中提到：印度总督林里斯戈（即林利思戈——引者注）还质问印度和英国怎么不采取行动，履行从 1914~1938 年从国际法的观点和法律条文来看影响英国地位的《西姆拉条约》第九款（笔者查询档案原文时，发现质问者应是怀特南）。再者，怀特南也没有在信件中质问印度和英国的怠慢，而只是对英国再次采取行动是否合法感到疑惑而已。

② 突出地带也称为楔形地带。1911 年末，英印总督哈丁（C. Hardinge）派遣远征队勘查边界地区，把达旺地区形容为"米里人与不丹人之间插入的一个威胁楔形地带"。所以麦克马洪在谋划边界线时，起初提出边界线通过达旺东南约 20 英里的色拉关，把大部分楔形地带削掉，但这样仍然将达旺留给西藏。于是在军方的要求下，又将"印度边界线"北移到不丹北部，将所谓达旺的楔形地带全部删除。

③ 怀特南在原文内注："他们是真正的门巴人，或者称作低地布提亚人，估计是西藏人种。"

④ 怀特南在原文内注："他们更像他们东面的未开化邻居。"

将麦克马洪线移到该地，有利于印度快速侵占。①

从怀特南的意见来看，他主要是出于对"西姆拉协定"的合法性、国际法通则、达旺地区的实际情况、"英藏"关系的考虑，而准备放弃"麦克马洪线"，并且将"中印边界线"迁移到"噶拉塘"地区。他认为，在噶拉塘地区建立新"中印边界线"的好处在于，"一个可供选择的办法是将目标定在仅控制错那宗宗本不在那里征收贡赋的噶拉塘地区。这两个地区遭受着未开化的阿卡人的勒索。这就必须将我们最后占领或'控制'的建议局限于莱特福特报告中所说的三个'独特'地区中的一个或两个，即噶拉塘地区和人烟稀少的德让宗地区，而不是达旺地区本身。而一旦牢固占领噶拉塘地区后，对我们的要求的这种限制可以被用作外交筹码，以取得西藏正式承认除达旺地区外，可能还有德让宗地区以外的边界线，以及在那些地区进行我们可能认为可取的那种行政改革"②。怀特南总结道，目前英印实行"前进政策"的时机非常不成熟，而实施"控制手段"后，英印的行政管理可以在"达旺以南的色拉和德让河稳固地实现"，而且"该地可以构成一个自然地边界线，使之有利于印藏之间的谈判"③。其实，怀特南对1914年麦克马洪划分边界的原则颇不满意，要求对"印中边界"的勘定不再以分水岭为原则，而应把印度和中国西藏双方的政治、地理、人文和管辖范围等因素考虑进去。他认为，面对变化莫测的西藏政局，英印最好不要再顽固地坚持1914年"确定"的"印中边界线"：

亨利·麦克马洪在1914年3月28日的备忘录最后一段中强调：西藏政府在与我们讨论共同的边界时，急切地表现出一种公平合理的态度。那么现在在西藏政府和我们有可能获得更为详细细节的情况下，我们急于对边界线进行修改的态度还需要吗？尽管在协议中没有反对的意见，但是考虑到西藏的利益（诉求），我们提出这种相似的态度无疑是

① IOR. L/PS/12/4188, Z. 2029/39, Government House Shillong, 17th March 1939. H. J. Twynam to Linlithgow PC, Kt Viceroy and Governor General of India.

② IOR. L/PS/12/4188, Z. 2029/39, Government House Shillong, 17th March 1939. H. J. Twynam to Linlithgow PC, Kt Viceroy and Governor General of India.

③ IOR. L/PS/12/4188, Z. 2029/39, Government House Shillong, 17th March 1939. H. J. Twynam to Linlithgow PC, Kt Viceroy and Governor General of India.

冒险的。①

怀特南进一步认为，如果英印不再坚持1914年的"印藏边界线"，则可以首先考虑一下西藏噶厦在达旺管辖严密而在德让宗则颇为松弛的局面：

> 从1914年的旧文书看来，西藏政府并没有在达旺取得优势，于是决定在不经过与当地土地所有者或者地方管理机构磋商的情况下，割让达旺。当西藏政府比现在更为讲求神权或者保守时，这一点让人毫不惊讶。去年的远征发现西藏的错那宗宗本试图统治达旺地区，而对德让宗的统治则相对弱一些。据悉1914年时"门巴"给错那宗宗本缴税。从当地自治允许地方寺院最大程度地施权来看，这个事实表现出来的现象也许一点也不受拉萨当权者的欢迎。②

由于德让宗的噶拉塘地区与色拉山口的地理位置也相当重要，怀特南又进而提出，英印理想的边界线是"达旺以南由色拉山脉和迪吉恩河构成的天然地带"。英印可以依靠这条边界线，建立一个包括德让宗和噶拉塘在内的管辖区。在这个管辖区建立哨所，然后在达旺设立一个由土著人担任的商务代表，以避免受到阿卡人和达夫拉人压迫。怀特南自称该计划为"控制前进手段"③。

怀特南称实施该计划的花费只是里德在达旺地区实施"前进政策"的四分之一。他还认为，对达旺地区的占领除了要考虑财政方面的问题外，"整个问题的关键似乎在于拉萨对'前进政策'的反应以及这种反应可被允许的程度"。所以，展开外交上的攻势也可作为辅助手段，"我们声明所带来的效果，也许可作为外交工具来反对西藏人到达达旺"④。

然而怀特南改变"麦克马洪线"的建议遭到了英印政府内部的反对，

---

① IOR. L/PS/12/4188，Z. 2029/39，Government House Shillong，17th March 1939. H. J. Twynam to Linlithgow PC，Kt Viceroy and Governor General of India.

② IOR. L/PS/12/4188，Z. 2029/39，Government House Shillong，17th March 1939. H. J. Twynam to Linlithgow PC，Kt Viceroy and Governor General of India.

③ IOR. L/PS/12/4188，Z. 2029/39，Government House Shillong，17th March 1939. H. J. Twynam to Linlithgow PC，Kt Viceroy and Governor General of India.

④ IOR. L/PS/12/4188，Z. 2029/39，Government House Shillong，17th March 1939. H. J. Twynam to Linlithgow PC，Kt Viceroy and Governor General of India.

尤以英印外务部（External Affairs Department）反对最甚。1939 年 5 月 4 日，英印外务部官员海恩（Hay）给英国印度事务部的信中对怀特南的意见进行了批评："我们目前在和古德及相关人员的磋商下，详细考虑了阿萨姆省督的建议。我们的结论是，我们目前不认为执行控制手段是合情合理的。"接着，海恩提出了反对的原因："（英印）面对印度日益高涨的民族主义运动，1936 年战略情形和政治情况上的危机比起现在来说，变得相形见绌。考虑到印度外部和内部的安全问题，我们极不愿意其在军事上做任何的冒险。尽管我们断言麦克马洪线也不是一条令人满意的防卫线。"①

1939 年 7 月 13 日，英国印度事务部官员皮尔（Pell）也开始怀疑怀特南的"控制手段"，表示由于英国财政的紧迫，他本人很赞同"接受印度政府的建议，即由阿萨姆省督提出的控制方法不应该在目前执行"，同时，"阿萨姆省督应该在达旺地区详细观察态势的发展"，并且停止向达旺地区的前进。然而，一直对里德的"前进政策"不感兴趣的英国印度事务部大臣泽特兰（Zetland），却对怀特南的"控制手段"颇为重视。25 日，他给印度总督林立兹哥写了一封信，要求其转达怀特南的建议内容，并且表示"应当考虑最终在色拉山脉及迪吉恩河附近建立边界的可能性，而不是维护我们根据麦克马洪协定对整个达旺地区拥有的全面的权利"②。同时，泽特兰也想了解一些印度政府的建议和看法。

面对这个温和而又不乏扩张意图的"控制手段"，林立兹哥对怀特南建议的反应是矛盾的，林立兹哥一面坚持 1914 年的"麦克马洪线"仍然具有合法性和有效性，宣称"没有任何理由假定我们在有关的条约权利方面处于不安全地位"；同时，他又认为从实际观点看，就此事进一步逼迫西藏噶厦不但没有好处，还会有危险。所以，林立兹哥最终从印度日益窘迫的财政和国际形势的恶化出发，否定了怀特南的方案。此外，对怀特南提出建立只到达旺—迪吉恩河的管辖区，以保护门巴人不受阿卡人掠夺的方案也加以否定，下令莱特福特上尉不得带领阿萨姆步枪部队赴德让宗地区勘查。

一周以后，林立兹哥在给泽特兰的复信中解释了否定怀特南的理由：

---

① IOR. External Affairs Department Express Letter No. F. 8 – Ⅰ/38. Dated Simla 4th May 1939, to The Secretary of State for India, P. Z. 2947 /1939, From W. R. Hay, Deputy Secretary to the Government of India.

② IOR. Pol（External）Dept, Collection 36 /File29. 1939. 7. 25. Zetland to Linlithgow.

在 7 月 25 日来信的第 15 段中，没有谈及怀特南所提出的最终在色拉山脉河和迪吉恩河附近建立边境的建议，其所以如此，是因为他还未正式提出这个建议。我认为无论从总的方面或从财政的角度看，对他的建议都有许多话要说，特别是因为他认为色拉线边界只需花费预计开支的四分之一，如果我们最终决定一直达到麦克马洪线并将达旺包括进来。目前的形势和您在 7 月 13 日的快信中所说的一样，我们已要求怀特南在一年内谨慎从事，在那以后将对整个态势进行考查。同时，从随后收到的怀特南的几个报告看，可能向下思昂河线以东推进具有更大的急迫性，因为那里的西藏势力露出了向原始部落地区扩展的迹象，而这些地区位于很容易抵达阿萨姆边界的交通线上。①

从林立兹哥的这封信中可见，西藏噶厦准备避开英印进攻达旺的矛头，而加强对达旺以东丛林茂密、人烟稀少的思昂河地区的行政管辖。但西藏噶厦的行动已被这位印度总督察觉，并认为思昂河地区在"阿萨姆边界的交通线上"，其位置对于英印来说也颇为重要。所以，林立兹哥要求英印赶在西藏噶厦行动之前，在思昂河地区建立临时据点。显然，对于林立兹哥来说，达旺以东的思昂河地区战略位置的重要性要大于达旺地区。

泽特兰在收到林立兹哥的这封信后没有马上表态，也许是他为了鼓励和安慰被英印政府驳斥的里德和怀特南。泽特兰于 7 月 13 日在给英印外务部秘书的信中提议，一年之内"根据当时的财政和其他条件，再重新考虑将来在达旺地区应采取何种政策的整个问题"②。

从以上来看，英印政府内部对于"麦克马洪线"的变更方案可谓分歧较多，甚至出现了要求完全放弃"麦克马洪线"的建议，而这也在一定程度上影响了英印政府的一些官员。

1939 年 6 月 4 日，英印政府内部有人声称门巴人所居住的地区，包括整个布拉马普特拉河（Brahmaputra）以北的"麦克马洪线"对英国而言，没有任何"战斗的价值"。该言论引来英印政府内部的一片哗然。其实，对于"麦克马洪线"地区的价值，早在 20 世纪 20 年代末，英印东北边界巴利帕拉区负责人内维尔（Nevil）就认为极为重要："提起这条边界，我经常

---

① IOR. Pol（External）Dept, Collection 36 /File 29, 1939. 8. 24. Linlithgow to Zetland.

② IOR. L /PS /12 /42000, Marques of Zetland to Linlithgow.

听到人们这样说，这片地区一点价值也没有，抵不上要管理它的费用。这不完全是事实，因为这里有许多富裕的地方，开发它只需要稳定的形势和公正的管理。"内维尔指出，达旺地区在战略位置上讲，是苏联和中国进入印度次大陆的便捷通道，"一旦中国人驻扎下来，这片西藏地带就会极其重要。现在中国仍在盯住西藏和拉萨。亲英国派的势力正在增长。假如中国控制了西藏，达旺地区就会被利用为一个秘密的、便捷的进入印度的通道。俄国人也想在拉萨建立影响，如果它取得成功，就可以派遣间谍通过这条路安全秘密地进入印度"①。1939 年 6 月 4 日，在有人认为达旺地区"毫无价值"时，英印政府秘书伊利吉伯（Illegible）继承了内维尔的观点，对此进行了反驳②，但是伊利吉伯没有从战略角度考虑达旺的重要性，而是指出门巴地区是选拔军人的良好基地，英国一旦放弃该地，将来中国很可能会利用之。他说，尽管门巴人"野蛮、自私，居住在不合适人类生存的丛林里"，"在种族构成和生活方面，和成为英国士兵输出基地前的尼泊尔廓尔喀人（Gurkhas）没有多大区别"，但是"因为英国人从来未招募过他们参军，尽管训练他们所产生的效果还未知"，所以他们将来很有可能被"未来的一些政权利用，而使他们成为一种重要的潜在力量"。英印外务部的弗莱彻（Fletcher）听到伊利吉伯的意见后也表示赞成，并列举了门巴人的很多优点："门巴的意思是指'低地村庄的居民'，暗示了他们并没有似高地居民那样凶残，我听说'一个喜欢他们的人'将其与锡金的优种人——雷普查人做了比较，发现二者在血统上很相似。"③弗莱彻还在《西藏人在"麦克马洪线"以南地区的侵犯》（*Tibetan Encroachment South of the McMahon Line*）一文中认为，"在达旺、思昂、日玛南部等'麦克马洪线'地区的藏族居民，可以从历史的、地理的两个方面的角度评价"。从历史的角度来看，1914 年以前西藏噶厦在"麦克马洪线"以南地区设立统治机构不应该称为"侵犯"，但是从 1914 年以后，由于麦克马洪从中印分水岭的角度出发，"合理"划出了双方的边界线，西藏就不应该再维持对"麦克马洪线"以南土地的管理了，否则就是对英国领土的"侵犯"。弗莱彻认为，从地理特征

① R. Reid, History of the Frontier Areas Bordering on Assam 1893 - 1941, Shillong, 1942, pp. 291 - 293. 转引自吕昭义《英帝国与中国西南边疆》，第 364 页。
② 参见 IOR. p. S. No. 5 to note, factors in policy：Tibetan Encroachment South of the McMahon Line。
③ IOR. p. S. No. 5 to note, factors in policy：Tibetan Encroachment South of the McMahon Line.

的角度看，"麦克马洪线"以南地区的海拔相对低，可以种植优质水稻，与西藏地形有很大差别，而且达旺居民在西藏噶厦的"压榨"下，"除了居住外，生活非常不幸福"，但他们和不丹雷普查人（Lepochas）相处得很和睦，在人种上也和不丹人很接近。英印政府可以给达旺居民、雷普查人、思昂居民、日玛以南的居民提供特殊的保护，这样，他们就可以逐渐自我发展起来。所以，从地理和行政管辖因素上考虑，"印藏边界更应该划在达旺地区"①。

在英印外务部忙于讨论"麦克马洪线"以南地区的价值和作用的时候，西藏噶厦加强了对达旺的税收控制。1940年，西藏噶厦命令错那宗重新清查门隅地区的"差税"户数。于是英国人感到了他们在"麦克马洪线"地区遇到了难以解决的障碍。伦敦和德里再次对"前进政策"交换了意见。英国锡金政治官古德（Basil Gould）也表示，目前暂时不再与西藏噶厦交涉达旺问题，以后视印度的财政情况再做考虑。林立兹哥对此很满意，要求英印政府在一年内谨慎行事，并对整个"麦克马洪线"以南地区的态势进行观察。

然而，尽管印度总督林立兹哥否决了怀特南的控制政策，但英国印度事务部大臣泽特兰在保持了一段时间沉默后，对怀特南的意见仍然颇为青睐。泽特兰多次表示可以考虑将沿色拉山脉和迪吉恩河的边界划分法列入印藏边界调整计划之中。在印度事务部的压力下，林立兹哥不得不提出新的方案，建议英军在思昂河地区开始行动："向下锡昂河以东地带推进具有更大的紧迫性，因为那里的西藏势力露出了向纯部落地区扩张的迹象，而这些地方处于很容易到达阿萨姆边界的交通线上。"②

1940年8月1日，英印政府在阿萨姆召开的一次会议上，古德再次认为，英印应该将"麦克马洪线"要么沿着色拉山脉划定，要么定在更南的德让宗内。③ 但是，英印政府出于全局考虑，最终准备维持达旺地区的现状，而全力向西藏噶厦势力薄弱的东部地区进发。

事实上，英印政府对于"麦克马洪线"变更的怠慢和反复的态度，既有第二次世界大战全面爆发前后局势变化的原因，又有英、印国内的经济原因。从战争局势来说，1939年底，英、德矛盾越来越尖锐，1939年4月希

---

① 参见 IOR. p. S. No. 5 to note, Factors in Policy：Tibetan Encroachment South of the McMahon Line。

② 转引自〔印〕卡·古普塔著《中印边界秘史》，王宏纬译，第124页。

③ 参见〔美〕戈尔斯坦著《现代西藏的诞生》，杜永彬译，时事出版社，1994，第312页。

特勒撕毁英德海军协定和对波兰的互不侵犯公约，英国只好全力准备对付希特勒随时可能发动的进攻；同时，1939年底中日战争已由战略防御转入战略相持阶段，在日本对远东其他国家的侵略下，英国在远东的殖民利益受到很大损失，所以英国不得不重新调整战略部署。从经济原因来讲，英印政府在1939年1月至4月的军费开支已经比1938年增长一倍，作为战争时期最主要的物资——粮食——的库存也急剧下降，所以对于"前进政策"所需的每年两万五千卢比费用，英印政府也不得不谨慎考虑。"二战"爆发后，印度本土对英国的兵员供应扩大了9~11倍，并且还要供应驻扎在缅甸的英、美军队和中国军队的口粮。更糟糕的是，从1940年开始，印度发生了粮食危机，造成严重的饥荒，印度国内市场上的粮食比平时显著减少。此后，饥荒连年不断，甚至蔓延了印度大部分地区，尤其是"前进政策"的施行地区阿萨姆省灾情更为严重，霍乱和痢疾的流行更使得灾荒雪上加霜。据印度社会活动家的报告，饿死的人数达350万之多。此外，经济联系的中断引起了贸易的急剧减少，甚至连西藏出口到印度的羊毛也无法转销。军税、许多地区间接税和地租的增加及工业品的价格导致了国内经济面临崩溃的状态。[①] 在这种情况下，英印政府并没有充足的财力向达旺地区大规模推进，甚至准备放弃"麦克马洪线"，所以就连花费较小的变更计划，由于牵掣甚多，也不得不放弃。

三　"二战"结束时英国的"麦克马洪线"调整计划

第二次世界大战即将结束时，由于"麦克马洪线"的战略位置在战后的远东地区极为重要，其划线问题再次引起英国政府的重视。1945年初，英国决定派遣官员赴藏，解决边界问题。1945年5月17日，在负责西藏事务的锡金政治官古德的督促下，英印政府决定派遣时任英印波伦政治官的霍普金森（Arthur J. Hopkinson）出使拉萨。同时，英印总督寇威利（Colv-ille John）要求古德等人尽可能以色拉为界，勘分印藏边界线，并要求英印军队不再北进达旺，只滞留色拉即可。

该月底，英印政府部落问题顾问米尔斯（J. P. Mills）对英印政府的决策表示支持，并向英印政府外务部提交了一份题为《色拉地区作为边界管制地

---

① 参见〔苏〕巴拉布舍维奇·季雅科夫主编《印度现代史》，三联出版社，1972。

区的合适性》（*Suitability of the SeLa range as an Admin istrative Boundary*）的报告，认为如果英印政府期望取得达旺地区，那么"从治理的角度看，把色拉地区当作边界，以替代麦克马洪线是无懈可击的"[①]。米尔斯把原因归结于五点：

第一，达旺以南的色拉地区是"从自然地理上的边界，且是不丹和阿萨姆的分水岭"，根据麦克马洪的分水岭勘界原则，色拉地区无疑比达旺更为合适。

第二，"从色拉关到达旺路途遥远，并且要穿越经常大雪封闭的16000英尺关隘。所以，印度往达旺运输粮食非常艰难"。

第三，虽然色拉地区与达旺地区的居民都为门巴人，但两地却在语言与种族上有显著不同。

第四，西藏噶厦对色拉以北地区管理严密，而对色拉以南地区管理却颇为松散。虽然迪吉恩河和其上游支流的九个或十个村庄的税务权收归西藏噶厦所有，但没有西藏官员长期驻留此地。此外，德邦（Tembang）村和马德拉（Manda La）村也没有噶厦的司法裁判权。

第五，色拉北部的达旺深受佛教影响，而南部所受影响则弱一些。另外，英国在色拉北部的势力也大大逊于南部，南部部分居民已默认了英国的管辖，而北部居民则仍然承认西藏政府的管辖，而且亲藏思想极为严重。[②]

米尔斯此文的主旨与之前英印政府内部要求变更边界线的呼声是一致的，但对在"麦克马洪线"地区双方实际统治的情况，分析得更为清楚。实际上，对于英国政府的印度事务部来说，早在1943年，印度事务部大臣爱默瑞（Leo Amery）便有意在色拉划分边界，而此时新上任的印度孟买总督寇威廉，赞成以色拉为界划分"印藏边界"，所以印度事务部对米尔斯的建议大加赞同。1945年7月26日，伦敦的印度事务部就此事通知英印政府：（1）西藏政府对于"红线"的有效性还未发表声明，原因在于西藏担心英国再度利用边界线问题侵入。（2）英国政府同意霍普金森赴拉萨，但

---

① IOR. Copy of Lette r No. Tr. 73 /45 /4 – Ad. the 27th June 1945, From the Secy. To the Government of Assam, to the Sec. of Department. New Delhi. *Suitability of the Se La range as an administrative boundary.*

② IOR. Copy of Letter No. Tr. 73/45 /4 – Ad. the 27th June 1945, From the Secy. To the Government of Assam, to the Sec. of Department. New Delhi. *Suitability of the Se La range as an administrative boundary.*

霍普金森在拉萨的第一步棋就是要扫除西藏噶厦对英国人的担心。如果噶厦答应了 1914 年地图的划界，则霍普金森应该说明英国对西藏并没有侵略野心；如果西藏噶厦不承认该地图的有效性，则应该向他们提交附有照片和签名的换文，并且向西藏噶厦说明"麦克马洪线"一带的据点已经为英国占领，该地理所当然属于英国领土。（3）英国和英印政府没有向"红线"以北发展的愿望，"英国政府愿意接受根据西藏政府的意愿而对达旺地区的边界做调整"①。

　　由此可以看出，英国印度事务部在准备坚持"麦克马洪线""合法"的前提下，同意对西藏噶厦做出"让步"，即放弃对达旺的"管理权"，从而引诱西藏噶厦答应以色拉关为界（见图）。

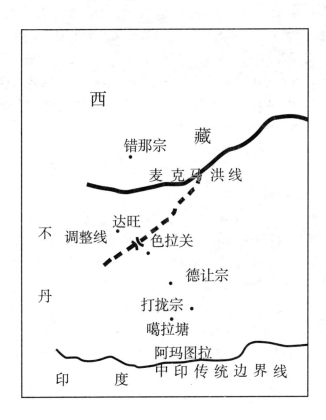

---

① IOR. Copy of Letter No. Tr. 73 /45 /4 – Ad. the 27th June 1945，From the Sec. To the Government of Assam，to the Sec. of Department. New Delhi. *Suitability of the Se La range as an administrative boundary.*

1945 年 6 月，要求变动"麦克马洪线"的提议在英印各级政府已广为人知，尽管内部存在分歧，但要求西藏噶厦撤出色拉地区却是英印政府的一致原则。然而，令英印政府头痛的是，即使把边界定在色拉地区，仍然有部分西藏僧官到色拉地区收缴赋税。1945 年 6 月 25 日，英印外务部在给英国印度事务部大臣的函件中就颇为无奈地说，西藏噶厦声称他们实际上在 1943 年之前就已经占据了"麦克马洪线"以南地区，所以不应该被英国侵扰。英印外务部转述了西藏噶厦的意见——只有英国宣布 1914 年"西姆拉协定"失效后西藏才准备在色拉地区撤退。然而，废除"西姆拉协定"也就等于英印彻底失去了在中国西藏的利益，对于英印政府来说是根本不可能的，同时英印政府很明白西藏噶厦对其的反抗与依赖心态共存。英印政府曾认为最糟糕的是西藏噶厦在僧人的影响及"汉人"的鼓动下，公开谴责 1914 年"西姆拉协定"和换文或者要求英国从拉萨撤回使节，同时改变"他们对汉人的政策"，如果西藏决定如此做，即使是在古德的调解下，英印也不能阻止西藏噶厦继续占领"麦克马洪线"以南地区。但是，如果英印政府和西藏噶厦避免冲突，加强友好，尽管"他们对中国渗透的恐惧也仍然存在，我们仍然应该坚持 1945 年 5 月 17 日所确立的宗旨"[1]。

从 1945 年下半年开始，英印改变了对西藏噶厦的态度，希望噶厦至少在色拉地区让步。同时还申明，被西藏噶厦指责的英军据点的设立，目的并不是侵犯西藏领土，而是为了防止西藏噶厦在通向阿萨姆平原的峡谷里扩张实力。英印政府还指示各级官员在与西藏噶厦的交往中要态度友好一些。同时，印度总督认为"霍普金森在拜访总督后应该出访拉萨。他可以以古德在 1944 年与西藏噶厦谈话的要点为指导，并且让西藏关注 1914 年伦钦夏扎关于修改印藏边界的换文。他将重叙调整达旺地区边界的意图，这或许会被同意。有必要的话，我们必须迫使西藏从色拉和瓦弄以南撤退"[2]。1945 年 6 月 29 日，英印总督向英国印度事务部提出，西藏噶厦与中央政府谈判的可能性不大，出于加强印度与西藏的友好关系，英印政府可以把 1914 年"西姆拉协定"作为双方发展关系的桥梁；此时恰好中央

---

① IOR. L/PS /12 /4223. the 25th June 1945. From under Secretary to the Government of India in the External Affairs Department to India Office.

② IOR. L /PS /12 /4223. the 25th June 1945. From under Secretary to the Government of India in the External Affairs Department to India Office.

政府派遣沈宗濂去拉萨，英印政府则可派遣古德去拉萨鼓动西藏人抵制沈宗濂，这是非常必要的。英印政府此时担心的是，沈宗濂的到来会使噶厦与中央政府在西藏自治问题上达成协议。此外，在"麦克马洪线"地区的驻军和税收方面，英印政府也制定出了相当温和的政策，并派遣古德向西藏噶厦说明：（1）英国在达旺地区的据点不存在撤退的问题，必须小幅度修改达旺地区的边界线。英国的理由是西藏噶厦对达旺很有兴趣，西藏在达旺有大量的寺院，所以英国决定不再往色拉关以北派遣军队。（2）对于达旺的税收问题，英国愿意继续以给寺院经济补偿的方式要求西藏噶厦停止向色拉征税。实际上，在税收问题上，古德早于 1944 年 12 月 4 日和 12 日已经给西藏噶厦通知，但遭到拒绝。所以，此时部分西藏官员表示，他们对于英国的诚意非常感动，但由于"民众大会"的干扰，噶厦恐怕不会答应，而且若一旦西藏取得"自治"，则此事不用通过国民政府了。当然，英印政府也并非一味地讨好西藏噶厦，而是希望在武装侵略的基础上加以拉拢。

就在英国印度事务部和英印政府满怀信心地希望把色拉作为"印中边界"的划分点时，意想不到的是英国外交部却掺和了进来。事实上，英国外交部在西藏政策上一直显得比较温和，多次要求避免冲突，在"二战"结束时也多次主张维持现状，如果能坚持 1914 年条约最好。

1945 年 7 月 19 日，英国外交部官员基特森（G. V. Kitson）又起草了《麦克马洪线》和《印度东北边境与西藏的历史地位》供英国政府参考。《麦克马洪线》共分为七部分，在第一部分，基特森强调西藏噶厦侵扰"麦克马洪线"地区英国据点的行为是一种"犯罪"。基特森说：

> 1943 年 3 月，印度政府报告西藏官员访问了在麦克马洪线印度一方的达旺，并且在更南端对村民们进行了传唤。这使印度政府认识到急需采取措施，以使边界线生效。印度政府已经在边界上建立了数个据点，但西藏政府屡次对之的打扰已经构成了犯罪，特别是对达旺、下思昂（Tsangpo）、日马南部的洛赫蒂河上游地区。①

在第二、第三部分中，基特森声称"二战"结束后，中国有可能重新

---

① IOR. L/PS /12 /4233，the 19th July 1945. G. V. Kitson to Foreign Office. the Mcmahon Line.

控制西藏，中印关系有可能趋于紧张，英国也将继续在"麦克马洪线"地区推行据点，但是尽量避免与西藏噶厦军队发生冲突，否则将会使西藏噶厦依赖于中国，致使损害英国利益。他在第六部分中声称：英印政府在 1945年 3 月 24 日和西藏"外交局"进行过会谈，抗议了西藏官员在达旺地区的活动，并且"坚信麦克马洪线是印藏间合法的界限"。第七部分回顾了英国外交部颇为担忧印藏之间发生冲突：

> 卡多根（Alexander Cadogan）在 4 月 3 日的备忘录中指出，英国外交部应向印度政府指出在麦克马洪线以南采取军事行动的种种不利因素。而这两方在 4 月 6 日又举行了讨论会议，外交部指出中国怀有敌意的宣传所带来的威胁性，特别是在美国的宣传。如果行动导致与西藏噶厦间发生严重的冲突或争辩，英国给印度的指示应该加以修改，并延缓在印藏有争议地区的行动。①

在《印度东北边境与西藏的历史地位》一文中，基特森首先说明了英国在"麦克马洪线"地区行动的最初动机：

> 在 1910 年以前，印度阿萨姆和西藏的接壤地带居民有米什米人（Mishmis）、阿波人（Abors）、阿卡人（Akas）等，这些部落居民既不属于印度政府管辖，也不属于西藏政府管辖，然而到 1910 年汉人侵入西藏和占据了拉萨，并且派了部分人至这些地方，但是汉人却不断将势力延伸到靠近阿萨姆峡谷地带，由此造成了我们在政治上和军事上的尴尬。因此在这种情况下，一些英国的探险队开往该地区，以确保汉人的势力没有影响到印度领土的安危，并且探测哪些是印藏间合适的边界线。②

其次，基特森认为 1912 年辛亥革命后中国尽管停止了在这些地区的行动，但 1914 年的《西姆拉协定》存在两个问题：

---

① IOR. L /PS /12 /4233，the 19th July 1945. G. V. Kitson to Foreign Office. 卡多根时任英国外交部常务副大臣。

② IOR. L /PS /12 /4233，the 19th July 1945. G. V. Kitson to Foreign Office. History of Situation in India North East Frontier with Tibet.

第一，1914年3月24日和25日贝尔和夏扎换文附带的是"两页大幅的地图"。西姆拉会议期间，三方进行商议的是"小幅地图"。

第二，"在1935年条约被发现以前，无论锡金政治长官，还是阿萨姆政府，都没有意识到麦克马洪线的存在"。从1936年开始，中国"通过武力控制西藏的迹象越来越明显，于是印度政府开始考虑通过何种方式才能保护一直被中国政府拒绝承认的麦克马洪线"[①]。

基特森此处提到英国在西姆拉会议期间使用了不同的地图。事实上，贝尔和夏扎私下交易时，在一幅精度高、幅面大的地图上标出他们秘密交易的"印藏分界"，其中详细地标有达旺、色拉等地的山口和分水岭。而在1914年西姆拉三方会议上所画的"红线"，则是麦克马洪在《西姆拉协定》的一张较小的附图上所画。如果细心对照这两幅地图，就能看出"印藏边界线"略有差异，部分边界线走向不能完全吻合。不知后来麦克马洪采用何种方法将这两条线故意混淆。[②]

也许对"麦克马洪线"地区缺乏了解，基特森还强调了英国占领达旺地区是出于达旺居民的强烈要求，文中说：

> 1938年的春天，一支英国探险队访问了达旺。他们发现色拉关以北的达旺地区完全处于西藏管理之下。西藏的征税官甚至将其活动延伸到南部的德让宗和嘎拉塘地区。这三个地区的居民，即起源于不丹种族的达旺人等被西藏政府残酷地压榨，他们急切渴望投入英国的统治之下。但印度政府由于财政原因，没有继续远征，西藏税收官的活动仍然在继续。[③]

基特森的两文在英国外交部内影响很大，尤其是在1946年决定取消修订西藏政策的过程中给英国外交部提供了很重要的参考意见。同时，也可以看出基特森的言词谨慎，生怕得罪中国，影响中英关系以及印度和中国西藏的关系，尽管其一再强调西藏噶厦在"麦克马洪线"地区的统治是一种

① IOR. L /PS /12 /4233, the 19th July 1945. G. V. Kitson to Foreign Office. History of Situation in India North East Frontier with Tibet.
② 参见吕昭义：英《帝国与中国西南边疆》，第371页。
③ IOR. L /PS /12 /4233, the 19th July 1945. G. V. Kitson to Foreign Office. History of Situation in India North East Frontier with Tibet.

"犯罪"，可是又在"麦克马洪线"的推进态度上缩手缩脚，根本得不到英国印度事务部和英印政府的欣赏。由于外交部基特森、斯滕代尔·贝内特（Sterndale Bennett）等人介入"麦克马洪线"问题，英印派遣人员进藏时已经受到英国外交部的牵制了。而在西藏方面，虽然 1945 年 4 月 18 日，"民众大会"制定的非正式决议已向英国转达，但从未以正式的函件递交英印政府，所以英国印度事务部和外交部不是很清楚西藏噶厦的态度，非常急切地希望噶厦给予正式答复。

1945 年 7 月 14 日，英国印度事务部的克利里（Cleary）向英国外交部斯滕代尔·贝内特询问英国外交部是否已经知道"藏民众大会"的讨论，并且建议英印应该派遣"霍普金森和西藏政府进行口头上清楚的讨论……我们已经在草稿里建议霍普金森应该针对民众大会的决议给西藏政府递交一份备忘录，而不是针对先期古德建议的讨论仅仅给一份短信"①。7 月 25 日，斯滕代尔·贝内特在给克利里回函中基本同意印度事务部的看法，但出于对华外交的考虑，要求在谈及印藏关系时，不要谈论中国中央政府和西藏噶厦谈判的问题，因为一旦涉及对西藏噶厦的军事援助，必然会面临对华外交的压力。在霍普金森给西藏噶厦备忘录一事上，斯滕代尔·贝内特要求在文字上对霍普金森与西藏噶厦的口头讨论稿仔细斟酌，并且要求霍普金森在递交备忘录之前，应仔细阅读印度政府给其的指示。在这种情况下，英国政府确定了霍普金森使藏的任务。

1945 年底，古德在锡金政治专员一职上退休，由霍普金森接任。霍氏马上赶到拉萨，再次提出了"麦克马洪线"问题，亲英的索康·旺钦格莱噶伦（"外交局"局长索康·旺钦次登之子）与其进行了多次会谈。霍普金森的态度转而变为强硬，坚持将达旺地区划归英印。12 月 19 日、20 日，霍普金森又和索康噶伦、噶雪巴噶伦就"麦克马洪线"问题进行了会谈。霍普金森出示了 1914 年附有照片的地图，且再次指责西藏"民众大会"用"大虫吃小虫"的言语羞辱英国。索康、噶雪巴等人说，这只是一个比喻。索康认为，1914 年以前达旺和色拉地区已经属于西藏，由于英国没有履行1914 年条约的十一条内容，即使假设履行了 1914 年协定，但英国也没有在当时占据这一地区，所以协定没有任何效力。1946 年 1 月 7 日，英印外务部通过霍普金森向噶厦递交了一份备忘录，以"传达英国政府的态度和开

---

① IOR. L /PS /12 /4223, the 14th July 1945. Cleary to Sterndale Bennett.

展友好的讨论，并且消除英藏间因误会而引起的种种矛盾”。备忘录的主要内容为：

> 多年以来，英国并没有在领土问题上采取任何措施。英国在麦克马洪线一带的武装力量并不是军队，而是为了维持边界部落治安的警察，这些警察不会越过麦克马洪线一步，也不会侵占西藏的一寸土地……英国作为西藏近两个世纪的邻居，并没有对其领土有任何野心。如果英国决意要攫取其领土的话，他们在 1904 年荣赫朋侵略西藏时，便可以得手了。在 1914 年的条约中，英国也保证没有侵略西藏的意图。尽管在 1914 年条约中，中国未签署是非常遗憾的，但这并不意味着该条约就失去效力。[1]

由上可见，明明是英军侵入中国西藏的地方，却胡说这只是警察在维护边界部落的治安。从 1945 年 9 月 21 日至 1946 年 1 月 31 日，霍普金森共在拉萨活动了百余天，但不仅未能达到说服噶厦同意按照所谓的“麦克马洪线”划分“印中边界线”的目的，相反却迫使西藏广大爱国僧侣更加靠拢中央政府。至此，英印政府以色拉（Sela）为界的“麦克马洪线”变更计划终于以失败告终。

1947 年印度独立，印度继承了英国在“麦克马洪线”以南地区所谓的“权益”，陆续派兵进入更巴拉山以南、卡口以北的地区。此时，在达旺地区，印军已经逐渐占据了提朗宗、扎昂曲句、让昂堆曼等 15 个村庄，驻军规模达 500 人。达旺地区遂被印度占领至今。

总之，以色拉为界的“中印边界”调整计划是英印在处理中印边界有关“麦克马洪线”问题时极其重要的举措。在上述以色拉为界的“中印边界”调整计划中，我们可以看出：（1）无论边界的变更与否，单方面划定的“中印边界”只是一厢情愿，是非法无效的，即使是以色拉为界，以放弃达旺权利为让步，对于中国西藏地区来说，英印的做法仍然是一种侵略活动。（2）以色拉为界的“边界变更计划”，是英国根据“二战”局势与远东格局的变化而出现的一些关于边界问题的设想或者争议，并没有实施。

---

[1]　IOR. L /PS /12 /4223, the 7th Jan. 1946. from External Affairs Department of India to Tibet. McMahon line Negotiations.

（3）英印政府、英国外交部、英国印度事务部因利益分歧而产生的矛盾，尤其是英国外交部与印度事务部及英印政府之间的矛盾尤为显著，是此计划未能实施的原因。（4）以色拉为界的"中印边界"调整计划充分说明了"麦克马洪线"并非"合理""完美无缺"的一条"界线"，而是英国出于自身侵略利益，根据国际情势、西藏地方局势、自身情况而可以随时、随意变更的伪边界线。

（原载《中国边疆史地研究》2010 年第 3 期）

美日私相授受钓鱼岛的历史考察*

侯 毅

摘 要：本文分为三个阶段对美日私相授受钓鱼岛及其附属岛屿的过程进行考察：①非法将钓鱼岛列入"托管"范围；②非法"托管"并纵容日本的非法活动；③非法"归还"琉球并私授"钓鱼岛"施政权。笔者认为，美日私相授受钓鱼岛，严重损害了中国的合法权益，并对中日关系正常发展产生了影响。此外，钓鱼岛问题不仅助长了日本挑战战后国际秩序的气焰，而且成为美国牵制中日两国的手段。

关键词：美日关系　钓鱼岛　琉球　私相授受　历史考察

作者简介：侯毅，1979 年生，历史学博士，中国社会科学院中国边疆史地研究中心助理研究员。

中日钓鱼岛争端源于 19 世纪日本的对外侵略扩张，但与美国有着紧密联系，从一定意义上而言，如果没有美日的私相授受，也就没有今天的钓鱼岛争端。关于中日钓鱼岛之争的美国因素，学界已有不少研究成果①，他们从不同角度对美国介入钓鱼岛问题的历史进行了考察，在美国私自将我钓鱼岛列入托管范围，如何非法将钓鱼岛交给日本管辖等问题上取得了丰硕的研

---

* 基金项目：中国太平洋学会重大项目"东、南中国海诸岛中有争议岛屿的史地考证及相关问题研究"（2200214）的阶段性研究成果。

① 代表性作品有：郭永虎的《关于中日钓鱼岛争端中"美国因素"的历史考察》（《中国边疆史地研究》2005 年第 4 期）、《尼克松政府时期美国对中国钓鱼岛政策》（《学术界》2012 年第 5 期）、《尼克松政府对中国钓鱼岛政策初探》（《当代中国史研究》2012 年第 2 期）；刘江永的《中日钓鱼岛之争的美国因素》（《世界知识》2011 年第 9 期）；张植荣、蒋苏晋的《美国与中日钓鱼台列屿争端》（《中国边疆史地研究》2002 年第 3 期）；（转下页注）

究成果。本文是在以往研究的基础上，利用美国外交文书（Foreign Relations of the United States）等美国档案对美日之间私相授受钓鱼岛的过程进行梳理，并对其非法性进行分析。

一　历史的缘起：美国托管琉球并控制钓鱼岛

钓鱼岛及其附属岛屿是中国固有领土，明朝永乐年间出版的《顺风相送》一书中，详细地指出了钓鱼岛是福建通往琉球的必经之地，是航路指标地之一。

1534 年（明嘉靖十三年），受明朝政府指派出使琉球的陈侃在其《使琉球录》中写道："过平嘉山、过钓鱼屿、过黄毛屿、过赤屿，目不暇接，一昼夜兼三日之程。夷舟帆小，不能及，相失在后。十一日夕，见古米山，乃属琉球者，夷人鼓舞于舟，喜达于家。"② 这段话有两层意思：一是中国与琉球的边界是古米山；二是钓鱼岛是中国领土，而非琉球之地。日本与琉球的古代典籍中也清楚地记载或标绘出钓鱼岛是中国领土。③

日本吞并琉球国后，将琉球国大部分领土改设为冲绳县，并着手对其周边地区进行勘察。1885 年 9 ~ 10 月，冲绳县对钓鱼岛列岛进行了秘密调查，推断岛上可能藏有煤炭或铁矿石资源，因此钓鱼岛被划定为"贵重之岛"，这大大刺激了日本侵占钓鱼岛的野心，但惮于其是清政府所辖的领土，因此未敢妄动。

1895 年 1 月，中日甲午战争尚未结束，日本内阁秘密发表了名为《久米赤岛、久场岛及鱼钓岛编入版图经过》的政府文书，在清政府毫不知情的情况下，单方面决定将觊觎 10 年之久的钓鱼岛划归冲绳县所辖。甲午战争后，中日签订了《马关条约》，该条约规定：将澎湖列岛、台湾及其附属岛屿割让给日本，日本因而占领了中国的钓鱼岛。1896 年，日本政府将钓鱼岛"无偿借用"给福冈人古贺辰四郎经营，期限为 30 年。1926 年，钓鱼

（接上页注①）美国学者布兰查德的《中日钓鱼岛争端中美国的作用，1945－1971》（Jean - Marc F. Blanchard，The U. S. Role in the Sino - Japanese Dispute over the Diaoyu (Senkaku) Islands，1945－1971；The China Quarterly，No. 161）；哈瑞的《再看旧金山条约签署五十年来日本的领土问题》（Kimie Hara，50 Years from San Francisco：Re - Examining the Peace Treaty and Japan's Territorial Problems，Pacific Affairs Vol. 74，No. 3）等。

② 陈侃：《使琉球录》，台湾银行经济研究室编《使琉球录三种》，1970。

③ 郑海麟著《钓鱼台列屿——历史与法理研究》，明报出版社，2011。

岛无偿借用期期满，古贺辰四郎的次子古贺善次与冲绳政府签署协议，缴纳租金，"租用"钓鱼岛。1932 年，古贺善次又向日本政府"购买"了钓鱼岛及其附属岛屿中的四个主要小岛。此后，钓鱼岛一直为古贺家族占有，成为其所谓的"私有领地"。

第二次世界大战期间，中、英、美多次举行会晤，就琉球、台湾等问题进行磋商。1943 年，中、英、美三国发表《开罗宣言》，指出："三国之宗旨，在剥夺日本自从一九一四年第一次世界大战开始后在太平洋上所夺得或占领之一切岛屿；在使日本所窃取于中国之领土，例如东北四省、台湾、澎湖群岛等，归还中华民国；其他日本以武力或贪欲所攫取之土地，亦务将日本驱逐出境。"[1] 1945 年的《波茨坦公告》再次重申了《开罗宣言》的上述规定，更将日本的主权"限于本州、北海道、九州、四国及吾人所决定其他小岛之内"。1945 年冲绳之役后，美军登陆冲绳，很快又控制了日本西南很多岛屿，其中包括钓鱼岛列岛。美国占领这些岛屿之后，成立了美国海军政府，由麦克阿瑟（Douglas MacArthur）任最高行政长官，接管了这些地区的行政管辖权。

20 世纪 50 年代，美国通过《旧金山和约》和"第 27 号令"，后经一系列运作，最终将琉球的施政权"交还"给日本，同时，非法将钓鱼岛纳入"归正"范围。美日私相授受钓鱼岛可分为三个阶段进行考察：第一阶段是"二战"后至 1953 年"琉球列岛地理界线"的发布；第二阶段是从 20 世纪 50 年代中至 1969 年；第三阶段是从 1969～1972 年，美国与日本签署《归还冲绳协定》，非法将钓鱼岛交给日本。

二 第一阶段：美国非法将钓鱼岛列入"托管"范围

在这一阶段内，美国在未经中国允许的情况下，非法将钓鱼岛列入琉球的"托管"范围，为日后钓鱼岛争端埋下隐患。

美国在取得冲绳后不久，1946 年，美国又将原属日本鹿儿岛县的奄美群岛从日本政府管辖中划出，纳入军政府管辖下。同年，美国将冲绳和奄美群岛管理权由美国海军转给美国陆军，海军政府因此变更为陆军政府。

美国原计划将冲绳交由联合国托管，之后将冲绳从日本分离出去，形成

[1] 新华网，http://news.xinhuanet.com/ziliao/2003-09/24/content_1096803.htm。

一个独立国家，但随着冷战的开始，美国的想法发生了变化。为达到遏制苏联等社会主义国家的目的，美国放弃了托管计划，承认日本对冲绳存在"潜在主权"，并着手开始对日媾和。此时的日本政府认识到，以苏联为首的社会主义阵营和以美国为首的资本主义阵营的对立已不可避免，日本不可能同时与美国和苏联都保持友好关系，而与英美片面媾和有利于日本加入联合国，减轻赔偿；同美国缔结安全保障条约，有利于保证自身安全。出于此目的，日本同意与美国媾和。1947 年 7 月，美国政府向苏联、英国等盟国提议举行会议，商讨对日和约问题，但遭到苏联与英国的共同反对。苏联政府在给美国的复文中称："苏联政府实不能同意召开对日草拟和约会议，在片面形式下由美国政府决定，而不经与中苏英各国政府作初步之商讨，且前经美国提议所设立之外长会议，原旨在针对草拟和约之预备工作者，故在草拟对日和约方面，不能置之不顾。"① 加之美国内部对对日媾和的具体实行方案也存在不同意见，因此，对日媾和案一直不能出台。

1950 年，约翰·福斯特·杜勒斯（John Foster Dulles）被任命为美国国务院外交事务政策委员会顾问，全权负责对日媾和问题。在杜勒斯的积极活动下，美国内部在媾和问题上，意见逐渐统一。美日之间也就媾和问题进行了紧密接触，初步达成了包括安全条约在内的一系列协议，随后，美国开始游说其他盟国，举行对日和会。

在对待中国参加和会问题上，英国主张由新中国参加和会，美国则表示反对。在美国的压力下，英国被迫做出妥协，在中国参会问题上做出让步。1951 年 6 月 19 日，美英达成了《莫里森—杜勒斯协定》，双方达成以下协议："一、不邀请中国参加即将到来的和会以签署多边对日和约；二、当日本恢复行使主权，而且多边条约已赋予其独立地位后，由其自主决定对华态度。"② 这样，对"二战"作出巨大贡献和牺牲的中国被排除在了旧金山和会之外。

在台湾的蒋介石闻知此事后，感到非常不满，称此协议是"违反了国际信仰"③。为了安抚台湾当局，杜勒斯向顾维钧表示："余知日本政府对贵

---

① 人民出版社编《对日和约问题史料》，人民出版社，1951，第 40 页。
② FRUS, 1951, Vol. 6, pp. 1134 – 1135. U. S. Government Printing Office, 1966.
③ Mallappa Amravati, *The Japan – US Alliance: a History of Its Genesis*, Naurang Rai Concept Publishing Company, 1985, p. 168.

国态度甚好，必须与贵国签约，而反对与中共成立关系。"① 因此，不邀请中国参加和会是为了遏制中华人民共和国，避免共产党中国登上国际舞台，为国际社会所承认，日本则会在会后与台湾单独签订"和约"。对此，中华人民共和国国务院总理兼外长周恩来于 1951 年 8 月 15 日发表声明指出："中华人民共和国中央人民政府现在再一次声明：对日和约的准备、拟制和签订，如果没有中华人民共和国的参加，无论其内容和结果如何，中央人民政府一概认为是非法的，因而是无效的。"②

1951 年 9 月 4 日，旧金山和会召开。会上苏联代表葛罗米柯提议，应由新中国代表中国参加和会，并提议中华人民共和国应收回台湾及附近一切岛屿，但这些建议受到美国的阻挠，未能获得通过。③

1951 年 9 月 8 日，在没有苏联、波兰、捷克等社会主义国家出席的情况下，美英等国与日本签订了《旧金山和约》，其中第三款规定："日本对于美国向联合国提出将北纬二十九度以南之南西诸岛（包括琉球群岛与大东群岛）、孀妇岩岛以南之南方诸岛（包括小笠原群岛、西之岛与琉璜列岛）及冲之鸟礁与南鸟岛置于联合国托管制度之下，而以美国为唯一管理当局之任何提议，将予同意。在提出此种建议，并对此种建议采取肯定措施以前，美国将有权对此等岛屿之领土及其居民，包括其领海行使一切及任何行政、立法与司法权力。"④《旧金山和约》虽未涉及钓鱼岛，但确认了日本对冲绳的"潜在主权"，美国成为琉球群岛和大东群岛的唯一施政者，这些都为日后的钓鱼岛争端留下了祸根。

旧金山和会是在美国操纵下举行的一次会议。按照《联合国家宣言》《开罗宣言》《波茨坦公告》和其他相关国际协议的规定，同盟国不得与敌国单独媾和，对日和约应先经中、苏、美、英四国外长会议准备，并采取大国一致原则签订全面对日和约，但美国出于国家私利，与日本密谋，共同起草和约草案，将为抗击日本侵略作出巨大贡献、付出巨大牺牲的中国排除在外，严重损害了中国的利益，背弃了《开罗宣言》和《波茨坦公告》的基

---

① 《蒋总统秘录 7——中日关系八十年之证言》（第 14 分册），日本产经新闻连载，"中央日报"社译印，第 119 页。转引自孙瑜《旧金山对日媾和研究》，吉林大学博士论文。

② 中国人民保卫世界和平反对美国侵略委员会编《对日和约问题》，1951，第 62～63 页。

③ 《葛罗米柯在旧金山会议上提出苏联关于对日和约建议的演说》，载《世界知识手册》，世界知识出版社，1952。

④ 《国际条约集》（1950～1952），世界知识出版社，1959，第 335～336 页。

本精神。1951 年 9 月 18 日，周恩来总理兼外交部长代表中国政府郑重声明："旧金山对日和约由于没有中华人民共和国参加、准备、拟制和签订，中央人民政府认为是非法的、无效的，因而是绝对不能承认的。"①

在签署《旧金山和约》的同时，美日之间还签订了《美日安全条约》。条约规定，美国享有"在日本国内及周围驻扎陆、海、空军之权利。此种军队得用以维持远东的国际和平与安全和日本免受外来武装进攻之安全"②。根据此项条约，美军得以顺利地在日本境内驻扎。

《旧金山和约》签署后，美国成为琉球的"合法管理者"，并开始行使其管理权力。在美国的操纵下，1952 年 2 月 29 日，琉球民政府颁布了《琉球政府章典》（りゅうきゅうせいふしょうてん、Provisions of the Government of the Ryukyu Islands），宣布对"尖阁诸岛"（即我钓鱼岛列岛）实行行政管辖。琉球民政府在未经任何调查的基础上，单方面颁布这项法案，将"尖阁诸岛"包含在其管辖范围内显然是非法的，也是无效的。

1952 年 4 月 1 日，美国将琉球民政府改组为琉球政府。③ 此时，东亚的政治环境出现了一些微妙的变化。《旧金山和约》签订后，苏联开始计划与日本就和平条约问题进行谈判。美国驻日本大使约翰·艾利森（John Ellison）将此信息报告给美国政府最高层，受到美国政府的重视。美国对此很快做出回应，决定以交还奄美群岛来换取日本对美国的支持。奄美群岛交还日本后，美国琉球政府的管辖区域范围成为摆在琉球政府面前的一个问题。因此，1953 年 12 月 25 日，美国琉球政府颁布"第 27 号令"，即关于"琉球列岛地理界线"的布告，该布告称："因根据 1951 年 9 月 8 日签署的对日媾和之条款及 1953 年 12 月 25 日生效的有关奄美大诸岛的日美行政协定，有必要重新指定迄今为止琉球列岛美国民政府及琉球政府按照民政府布告、条令及指令所规定的地理境界。故本官——琉球列岛美国民政副长官、美国陆军少将戴维德·A. D. 奥格登（David A. D. Ogden）在此发布布告如下：第一条，重新指定琉球列岛美国琉球民政府及琉球政府管辖的区域为如

① 《国际条约集》（1950～1952），世界知识出版社，1959，第 389 页。
② 同上。
③ 1950 年年底，美国将在冲绳的军政府改组为琉球群岛美国民政府（United States Civil Administration of the Ryukyu Islands，简称 USCAR），由美军指派军官担任最高行政首长。但在后来进行各群岛政府知事及群岛议员选举时，出现了许多反对美国民政府的言论，因此，美国民政府认为有必要加强对冲绳的管理，于是，对民政府进行了改组，由美国指派政府主席，以此达到更有效地控制冲绳的目的。

下地理境界内的诸岛、小岛、环礁和岩礁以及领海：北纬 28 度、东经 124 度 40′，北纬 24 度、东经 122 度，北纬 24 度、东经 133 度，北纬 27 度、东经 131 度 50 分，北纬 27 度、东经 128 度 18 分，北纬 28 度、东经 128 度 18 分之间的各点至起点。"① 中国钓鱼岛及其附属岛屿的位置处于北纬 25°至北纬 26°，东经 121°30′至东经 126°四线之间，正位于该范围内。这样，美国琉球民政府的 "第 27 号令" 就将中国钓鱼岛列岛非法划入美国琉球托管区域。1954 年 2 月 11 日和 3 月 16 日，美国琉球民政府先后发布了《琉球列岛出入国管理令》《琉球列岛刑法及诉讼手续法典》，其地理范围与 27 号令大致相同。

美国在未经中国允许的情况下，擅自将本属于中国领土的钓鱼岛列岛划入托管范围，违反了联合国宪章中有关国家平等，不得以与联合国宗旨不符之任何其他方法，侵害他国领土完整的原则。对此，中国政府声明，明确反对美国对冲绳的所谓 "托管" 和驻军，更不承认美国擅自把中国领土钓鱼岛划入冲绳的管辖范围。

三 第二阶段：美国非法 "托管" 并纵容日本的非法活动

20 世纪 50 年代中至 1969 年，在这一阶段，美国对钓鱼岛进行非法 "托管"，并且纵容日本在钓鱼岛列岛周边海域开展各类非法活动。

50 年代中期之后，美苏争霸的局面形成，随着冷战的加剧，钓鱼岛的特殊地理位置引起了美国的注意。1955 年，美军将黄尾屿设为其海军靶场，次年，又将赤尾屿列为其军事演习的靶场。1958 年 7 月 1 日，驻冲绳美国行政长官唐纳德发布 20 号令，决定从古贺善次手中租用赤尾屿，并与古贺善次签订租赁契约，支付租金，年租金为 11104 美元。同时，琉球政府对登记为古贺善次所有的钓鱼岛列岛中的四岛征收土地税，对美国政府支付给古贺善次的租金也征收所得税。这是美国将钓鱼岛列岛非法划入琉球托管范围之内后又一次非法占领活动。

随着冷战的加剧，美日之间的关系也开始调整。一方面，苏联在成功发

---

① Civil administration proclamation No. 27, Geographical boundaries of The Ryukyu Islands, United States Civil Administration of the Ryukyu Islands, Office of the Deputy Governor, APO 719. http：//www. niraikanai. wwma. net /pages /archive /caproc27. html.

射人造卫星和洲际导弹之后，美国的核优势地位受到挑战，感受到了来自苏联的压力；另一方面，日本的经济开始复苏，民族主义情绪有所抬头，为了拉住日本，美国开始同日本就修订《美日安全条约》问题进行磋商。1960年1月19日，美日签订了《日本与美利坚合众国共同合作和安全条约》，条约规定：两国具有联合国宪章所确定的进行单独和集体自卫的固有权利。条约第五条规定："缔约国的每一方都认识到：对在日本管理下的领土上的任何一方所发动的武装进攻都会危及它本国的和平和安全，并且宣布它将按照自己的宪法规定和程序采取行动以应付共同的危险。任何这种武装攻击和因此而采取的一切措施，都必须按照联合国宪章第五十一条的规定立刻报告联合国安全理事会。在安全理事会采取了为恢复和维持国际和平和安全所必需的措施时，必须停止采取上述措施。"[1]《日本与美利坚合众国共同合作和安全条约》的签署为美日军事合作打下了基础，特别是其第五款中提出，对在日本管理下的领土上的任何一方所发动的武装，将由双方共同应付，成为日后美国介入钓鱼岛争端的一个借口。

在与日本签订新的安保条约的同时，美国也开始考虑冲绳的回归问题。1961年6月，美国总统肯尼迪在与日本首相池田勇人的首次会晤上谈及了冲绳问题，会晤后的公报提到："总统和首相就琉球群岛和小笠原群岛的相关事务交换了意见，琉球群岛和小笠原群岛现处于美国的管辖下，但日本对上述岛屿保留有'剩余主权'。"[2] 1962年3月19日，肯尼迪颁布总统令，在总统令中，肯尼迪明确指出，冲绳是日本的一部分，应适时返还其主权给日本。他还要求扩大琉球政府的自主权。

1965年，美国全面介入越南战争后，日本积极配合美国，为美国提供了大量物资援助和技术支持。冲绳由于特殊的地理位置，成为美军战争机器中的重要一环。美军在冲绳的嘉手纳空军基地部署了大量 B - 52 型轰炸机，用于轰炸北越。美国驻日大使亚历克西斯·约翰逊（Alexis Johnson）曾毫不避讳地说："没有冲绳，我们不能将越南战争持续下去。"[3] 此时，日本经

---

① 《国际条约集》（1960~1962），世界知识出版社，1975，第29页。
② U. S. Department of state Bulletin, Vol. 45, No. 1150 (10July 1961) (Washington, D. C,: U. S. GPO. 1961), pp. 57 - 58. 转引自 Jean - Marc F. Blanchard, The U. S. Role in the Sino - JapaneseDispute over the Diaoyu (Senkaku) Islands, 1945 - 1971。
③ Thomas R. H. Havens, Fire across the Sea: The Vietnam Warand Japan, 1965 - 1975. Princeton: Princeton U - niversity Press, 1987.

济已逐步复苏，民族主义情绪回升，日本民间要求归还冲绳的呼声也日益高涨。日本政要认为，收复冲绳的时机已经不远了，他们纷纷在各种公开场合发表声明，要求美国在利用冲绳军事基地问题上需谨慎行事，实际上是显示日本对冲绳的关注和对冲绳的"潜在主权"。时任日本外相的椎名悦三郎明确提出，希望美军"不要将冲绳用于越南的直接战斗行动"。时任日本首相的佐藤也提出："尽管对使用冲绳基地的合理性不予质疑，但对这一事件在日本国内引起的负面效应表示深切关心。"① 日本还要求美国加强钓鱼岛附近海域的巡逻，但美国鉴于与台湾的特殊关系，"不想刺激台湾的敏感神经"②，因此，对日本的这一要求未做出积极回应。

1965 年 8 月 19 日，佐藤访问冲绳诸岛，这是战后日本首相首次前往冲绳。访问期间，佐藤表达了日本政府对"冲绳归还"的强烈决心，声称："不实现冲绳回归祖国，日本的战后就永远不能结束。"③ 佐藤访问冲绳后不久，日本农相、自治相等也前往冲绳，"研究日本政府对冲绳的积极方案"④。1966 年 8 月，冲绳问题恳谈会成立，该会是一个私人咨询机构，由早稻田大学总长大滨信泉任会长。

1966 年 11 月，在日美政策企划协调会上，日本外务省审议官牛场信彦提出，"面对要求归还冲绳的舆论进一步高涨，日本政府难以继续为现行政策进行辩护"⑤，并提议设立日美高层工作磋商机制，对相关问题进行协商。美方同意了这一请求。1967 年 5 月 15 日，在第七次日美安全保障协议委员会（2＋2）会议上，日本外务大臣三木向美方提出，鉴于日本国内要求归还冲绳的呼声日趋高涨，他呼吁有必要对该问题进行认真讨论。25 日，在日美第一次高层事务协议会上，日本方面再次提出了"冲绳归还"问题。为制定"冲绳归还"的详细方针，同年 6 月，美国伍兹霍尔海洋学院的地质学教授埃默里（K. O. Emery）和日本东海大学教授新野弘（HiroshiNiino）

① FRUS, Vol. XXIX, Part 2, Japan, United States Government Printing Office, 2006.
② DDRS, Cable to Secretary of State Dean Rusk relates a requestby Japan that the U. S. reassert responsibility for patrol of the SenkakuIslands, Department of State, August 8, 1965, CK3100097174. 转引自郭永虎的《尼克松政府对中国钓鱼岛政策初探》，《当代中国史研究》2012 年第 2 期。
③ 五百旗头真主编《战后日本外交史》，世界知识出版社，2007，第 103 页。
④〔日〕吉泽清次郎主编《战后日美关系史》，上海人民出版社，1977，第 111 页。
⑤ 国际资料部《第五回日米政策企协议（记录）》，1966，外务省情报公开 2010 ~ 00161. 转引自王新生《佐藤政权时期"冲绳归还"的政治过程》，《日本学刊》2012 年第 3 期。

发表了《朝鲜海峡及中国东海的地层与石油远景》一文中，确认在东海可能埋藏丰富的石油资源，引起世界的广泛关注，更引起了日本政府对东海海域的高度关注，也坚定了日本尽早收回琉球群岛的决心。8月1日，"冲绳问题恳谈会"升格为直属首相的私人咨询机构，更名为"冲绳问题等恳谈会"，专门研究包括返还冲绳在内的领土问题。

日本在冲绳问题上的对美态度日趋强硬，主要是依靠其不断提升的经济实力。进入20世纪60年代后，日本的年经济增长率平均保持在15%以上，经济的增长刺激了日本民族主义的复苏。在经济上做文章，从美国手中拿回冲绳成为日本收回冲绳的重要手段。1967年11月，时任美国财政部部长的福勒在给美国总统约翰逊的备忘录中写道："小笠原群岛和琉球群岛的归还问题会是佐藤此次访问的主要话题之一。我料想，佐藤会和您谈到，在国际收支平衡领域的合作的规模将取决于在多大程度上满足他们控制这些岛屿的目标。"[1] 约翰逊与日本首相佐藤举行会晤后，发表的公报称，小笠原群岛应当归还日本，琉球群岛则应在稍后几年内归还。

1968年，小笠原群岛归还日本后，冲绳的归还问题成为美日关系的焦点问题之一。日本开始积极为收复冲绳做准备，并对冲绳进行了一系列的调查活动。日本在对冲绳各岛调查的同时，还派出调查团非法进入我钓鱼岛海域进行调查。同年10月，在联合国亚洲及远东经济委员会（1974年更名为"亚洲及太平洋经济社会委员会"）的赞助下，埃默里和日本学者新野弘组织日本、韩国、中国台湾以及美国等方面的海洋科学家对东海海域开始进行实地勘测。与此同时，琉球政府也加强了对钓鱼岛列岛的巡航力度，开始对其周边海域实行定期巡逻。

1968年11月，佐藤第三次当选自民党总裁，他在国会演说中强调："尽全力实现冲绳早期归还，同时大力推进冲绳与本土一体化政策。"[2] 随后，佐藤秘密派遣特使若泉敬前往华盛顿，若泉敬在美活动期间，与美国总统助理基辛格起草了紧急状态下冲绳美军可以带入或储藏核武器的协议，这也成为日本索还琉球的重要砝码。与此同时，琉球政府开始在钓鱼岛列岛上设立标志，以示列岛管辖。在美国的许可下，日本政府多次派遣学术调查团前往钓鱼岛海域调查。

---

[1] FRUS, 1964 – 1968, Vol. XXIX, Part 2, Japan, United States Government Printing Office, 2006.
[2] 《第六十一回国会众议院会议录》（二），1969年1月27日，第11~12页。转引自王新生《佐藤政权时期"冲绳归还"的政治过程》，《日本学刊》2012年第3期。

四 第三阶段：美国非法"归还"琉球，私授钓鱼岛"施政权"

20 世纪 60 年代末至 1972 年，美国在明知钓鱼岛主权存在争议的情况下，协助日本窃取钓鱼岛。

1969 年，尼克松当选美国总统后，面临着许多问题与挑战。苏联实力快速上升，在核武器方面已与美国基本持平。美国深陷越南战争的泥潭，欧洲盟国对美国在越南持久的战争很不满意，联邦德国极力谋求与苏联改善关系。尼克松不得已开始调整亚太政策，在亚洲收缩战线。日本则抓住机会，加紧在返还冲绳问题上与美国的谈判。特别是 1969 年 4 月《埃默里报告》公布后，日本的态度更加积极。《埃默里报告》称，台湾与日本之间的大陆架很可能是世界上最富庶的石油储藏地，其主要所指的地带就是钓鱼岛列岛周边海域。正处于经济高速增长的日本，对能源资源的需求与日俱增，面对钓鱼岛海域藏有丰富石油这一诱惑，日本不能不动心。因此，有学者认为，《埃默里报告》关于海底资源的推论是日本企图强占中国钓鱼岛的根本原因。[1]

1969 年 6 月，日本外相爱知揆一访问美国，明确向时任美国总统的尼克松提出，他此行的一个目标就是美国必须明确归还琉球群岛的日期，并将之纳入《美日安保条约》中。1969 年 11 月，日本首相佐藤访问美国，美国总统尼克松同佐藤首相就归还琉球问题举行了专门会谈。11 月 22 日，美日两国发表了《美日联合声明》，声明提到："总理大臣表达了如下见解：现在应该是在日美友好关系的基础上把冲绳的行政权归还日本，恢复冲绳的正常状态，以接受日本本土及冲绳的日本国民的这一强烈愿望的时候了。总统表示理解总理大臣的这一见解。……总理大臣和总统还认为，在目前这样的远东形势下，冲绳的美军发挥着重要的作用。讨论的结果，双方一致认为，把冲绳的行政权归还日本的协定是符合日美两国共同的安全保障利益的。因而，双方商定，在不损害包括日本在内的远东安全的情况下，两国政府立即就具体达成早日归还冲绳的协定进行磋商。与此相关，总理大臣还明确表态：冲绳归还以后，日本将逐步担负起冲绳地区的防务责任，并作为日本自

---

[1] 朱凤岚：《日韩大陆架协定及其对东海划界的启示》，《当代亚太》2006 年第 11 期。

主防务努力中的一环。总理大臣和总统一致认为，根据《美日安保条约》，美国将保持在冲绳岛上的对于两国共同安全防御所必要的军事设施和区域。总理大臣和总统一致认为，在归还冲绳行政权以后，《美日安保条约》及其有关规定应无更改地适用于冲绳。"① 此外，佐藤与尼克松还达成了秘密协议，规定在紧急情况下，美国政府可以将核武器带入冲绳，并且可以随时使用冲绳的核武器贮藏基地。与此同时，日本加强了在钓鱼岛的活动，其目标是使美国在归还冲绳的时候，将钓鱼岛列岛一并交给日本。

美日两国在钓鱼岛的活动引起了台湾方面的关注。台湾当局通过各种形式宣誓钓鱼岛及其附属岛屿是中国固有领土。1970 年 8 月，台湾"立法院"通过了《钓鱼台列岛海底石油勘探条例》，批准在钓鱼岛列岛周边海域进行石油资源的勘探与开发。9 月，台湾"行政院院长"严家淦和"外长"魏道明在台湾"立法院"表示，钓鱼岛列岛是中国的领土，要坚定地维护在钓鱼岛的正当权益。琉球政府则发表了《关于尖阁列岛主权及大陆架资源开发权的主张》和《关于尖阁列岛主权》的声明，宣称对钓鱼岛拥有主权。

面对台湾与日本关于钓鱼岛列岛的争议，美国国务院发言人于 1970 年 9 月 10 日在新闻发布会上发表了"美国关于钓鱼岛问题的正式立场"，表示根据《旧金山和约》规定，美国对冲绳的西南诸岛施政权在北纬 29°以南，因此，钓鱼岛包括在内，日本对琉球群岛享有施政权。根据 1969 年 11 月美日首脑协定，施政权将于 1972 年归还日本，钓鱼岛问题的解决应由当事者双方协商解决。② 这是一份明显偏袒日本的声明，《旧金山和约》在中国未出席的情况下，擅自将中国的固有领土钓鱼岛划入到美国设定的托管范围内，是一种极为荒唐的做法，是非法的、无效的，美国应负有全责。而该声明所提，根据美日首脑协议，将钓鱼岛交给日本是一种私相授受的行为，对此，中国人民完全不能接受。声明发表后，台湾和海外华人举行了各种抗议活动。台湾"驻美大使"周书楷就此与美国进行严正交涉，并向美国亚太事务助理国务卿马歇尔·格林（Marshall Green）提交了一份长达四页的备忘录，明确表示日本占领钓鱼岛是对中国主权的侵犯。③

① 黄安年主编《当代世界史资料选集》（第二分册），首都师范大学出版社，1996，第 493 ~ 494 页。
② 〔日〕浦野起央等编《钓鱼台群岛（尖阁诸岛）问题研究资料汇编》，励志出版社、刀水书房，2001，第 380 页。
③ FRUS, 1969 - 1972, Vol. XVII, China, p. 292.

　　台湾当局在钓鱼岛问题上的坚定态度对美国产生了一定影响。美日在讨论《归还冲绳协定》的过程中，日本提出，希望美国能将归还领土的详细地理范围写入协议，其意在将中国的钓鱼岛划入归还范围，但美国考虑到与台湾的特殊关系及台湾方面的反对意见，拒绝了这一要求。1970 年 10 月 14 日，美国使馆官员在与日方代表会谈时指出："第一，美国政府不干涉钓鱼岛问题。第二，《归还冲绳协定》中突然加入钓鱼岛争端条款是不合时宜的。第三，《旧金山对日和约》中也不包含边界范围条款。第四，应避免在单一国际协定中加入多余的内容，因为对一件事以两种处理方式容易引起误解。"① 应当指出的是，美国是出于自身利益考量，采取了不干涉钓鱼岛问题的态度，并非真正地不支持日本占领钓鱼岛。在美国政府的干预下，美国海湾石油公司被迫停止了与台湾"中央石油公司"在钓鱼岛海域共同勘探油气资源的合作项目。与此同时，对于日本在钓鱼岛及其周边海域的科考活动，美国则从未进行阻拦，这显然是偏袒日本。同年 12 月 29 日，《人民日报》评论员文章指出："台湾省及其所属岛屿，包括钓鱼岛、黄尾屿、赤尾屿、南小岛、北小岛等岛屿在内，是中国的神圣领土。这些岛屿周围海域和其他邻近中国浅海海域的海底资源，都完全属于中国所有，决不容许他人染指。"②

　　实际上，在美国内部，对于是否应将钓鱼岛交给日本，存在不同观点。时任美国驻台"大使"的肯尼迪（Kennedy）提出，美国应拒绝向日本返还钓鱼岛诸岛。肯尼迪指出："钓鱼岛问题对于台湾当局来说，在内政外交上都具有重要意义，如果美国保留钓鱼岛的行政控制权，将极大提高国民党政府在民众中的信心，因为他们在该问题上的立场是多么的有力。"他认为，美国可以利用钓鱼岛问题来换取台湾对美国同韩国、香港和日本进行的纺织品谈判的支持。他还指出，美国保留钓鱼岛的行政控制权将会使台湾当局在岛内外保留颜面。他说："在我看来，这将会给日本一个震撼作用，这是目前非常需要的，必须使日本明白，日本再也不能将其向美国提出的所有要求当成理所当然的事情。"③

　　1970 年 6 月 7 日，美国高层对肯尼迪的建议进行了讨论。先是时任总

---

① 郭永虎：《尼克松政府对中国钓鱼岛政策初探》，《当代中国史研究》2012 年第 2 期。
② 《决不容许美日反动派掠夺我国海底资源》，《人民日报》1970 年 12 月 29 日。
③ FRUS, 1969 - 1976, Vol. XVII, China, 1969 - 1972, Document 133, p. 343.

统国家安全事务助理的基辛格与助理国务卿约翰逊通过电话讨论了该问题。约翰逊的意见是："我们在钓鱼岛问题上应采取的原则是：我们从日本获得了这些岛屿的施政权，再将这些岛屿的施政权返还给他们，不做损害两国政府任何一方利益的事，在两国政府之间不持立场。"① 同日下午，尼克松、基辛格等人在戴维营会面讨论钓鱼岛问题，尼克松做出最终决定，美国在钓鱼岛问题上将不改变原有立场。肯尼迪很快将此决定告知蒋经国。蒋经国要求美国政府在美日签署《归还冲绳协定》时，直接声明钓鱼岛地位未定，争端应由相关各方解决。6月9日，时任美国国务卿的罗杰斯与日本外相爱知揆一在巴黎会晤时，向爱知揆一提出，强烈建议日本政府在《归还冲绳协定》签署之前（6月17日之前）与"台湾当局"就钓鱼岛问题进行磋商。尼克松总统的国际经济事务助理彼得·彼得森（Peter G. Peterson）还告知美国国务院发言人在17日发表声明中要强调，只是将钓鱼岛的"行政权"归还日本，不会损害"台湾当局"对钓鱼岛的潜在主权要求。② 在美国的要求下，6月14日，爱知揆一在东京会见台湾当局驻日"大使"彭孟辑，双方讨论了钓鱼岛问题，但未取得进展。6月17日，美日签署《日本国与美利坚合众国关于琉球群岛和大东群岛的协定》及附属文书，简称《归还冲绳协定》。协定规定："根据一九五一年九月八日在旧金山签署的《旧金山和约》之第三条规定，自本协定生效之日起，美利坚合众国将把第二条规定所指的关于琉球诸岛、大东诸岛的一切权利和利益放弃给日本。同一天起，日本国为行使对这些领域及其居民在行政、立法和司法方面的一切权利，接受完全的机能和责任。本协定的适用范围，所谓'琉球诸岛、大东诸岛'是指根据《旧金山和约》第三条规定美利坚合众国所给予的全部领土和领水范围内，日本有权行使行政、立法和司法方面的一切权利。"协定的附属议定书中还标识出了归还的地理范围，大体与1953年12月25日美国琉球民政府"第27号令"所规定的地理范围相同。就这样，美国将中国的钓鱼岛列岛连同琉球群岛、大东群岛一起交给了日本政府。《归还冲绳协定》签订后，美国国务院发言人布莱在新闻发布会上就钓鱼岛主权归属问题做了发言。他说："美国政府知道中华民国政府与日本之间就钓鱼岛主权发生了对立，美国相信把这些岛屿的施政权归还日本，并不会损及中华民国

---

① FRUS, 1969－1976, Vol. XVII, China, 1969－1972, Document 134, p. 344.
② FRUS, 1969－1976, Vol. XVII, China, 1969－1972, Document 134, p. 345.

之根本主张。随着该岛施政权的移交，我们对日本既有的法律权利无权插嘴，也不能削减中国的权利。"① 美国政府的这一表态是极端荒谬的。美国在承认钓鱼岛主权存在争议的情况下，未经中国允许，擅自将钓鱼岛交给了日本，严重损害了中国的权利，但美国声称这种做法不会削减中国的权利，这是一种自相矛盾的说法，其实质是偏袒日本。

《归还冲绳协定》签署的次日，台湾"外交部"发言人发表谈话，要求美国在冲绳归还问题上尊重中国关于钓鱼岛的立场，台湾"国民代表大会"全体代表对日美之间私相授受钓鱼岛提出强烈抗议。1953年12月30日，中国外交部发表声明，强烈反对美日私相授受钓鱼岛的行径。声明指出："美、日两国政府公然把钓鱼岛等岛屿划入'归还区域'。这是对中国领土主权的明目张胆的侵犯。中国人民绝对不能容忍！……钓鱼岛等岛屿自古以来就是中国的领土。早在明朝，这些岛屿就已经在中国海防区域之内，是中国台湾的附属岛屿，而不属于琉球，也就是现在所称的冲绳。第二次世界大战后，日本政府把台湾的附属岛屿钓鱼岛等岛屿私自交给美国，美国政府片面宣布对这些岛屿拥有所谓'施政权'，这本来就是非法的。……中华人民共和国外交部严正声明，钓鱼岛、黄尾屿、赤尾屿、南小岛、北小岛等岛屿是台湾的附属岛屿。它们和台湾一样，自古以来就是中国领土不可分割的一部分。美、日两国政府在'归还'冲绳协定中，把我国钓鱼岛等岛屿列入'归还区域'，完全是非法的，这丝毫不能改变中华人民共和国对钓鱼岛等岛屿的领土主权。"②

1972年5月10日，日本防卫厅发布关于冲绳防空识别圈的决定，指出包括钓鱼岛列岛在内的冲绳防空圈为34000平方公里。14日，美国琉球民政府废除，美国结束了在冲绳的"托管"活动，将琉球群岛移交给了日本。

余论：美日私相授受钓鱼岛的影响

回顾美国将钓鱼岛交给日本的整个历程，不难看出，美国始终非常清晰地了解中日之间在钓鱼岛问题上存在领土争议，对中国方面的立场也十分清

---

① 〔日〕浦野起央等编《钓鱼台群岛（尖阁诸岛）问题研究资料汇编》，励志出版社、刀水书房，2001，第252页。
② 同上书，第35页。

楚。但美国只是在口头上表示尊重中国的立场，在实际行动中，从未与中国就此问题进行沟通协商，也从来没有顾及中方的一贯立场，非法将中国领土钓鱼岛列岛移交给日本，极大地损害了中国的国家主权和领土完整。值得注意的是，美国总是从自身利益的角度出发，与日本进行私下交易，为了排挤苏联等社会主义国家在国际上的影响力，美国不允许中国参加旧金山和会，为了拉拢日本支持自己，协助日本抢占钓鱼岛，这是一种私相授受的行为。正是美日私相授受，才有了钓鱼岛争端，而美日私相授受钓鱼岛对中日关系及本地区的稳定与安全产生了诸多消极影响。

首先，美国擅自将中国领土钓鱼岛列岛授予日本，使钓鱼岛长期被日本非法控制，侵犯了中国的领土主权，损害了中国的合法权益。2012 年 9 月，中国政府发布的名为《钓鱼岛是中国的固有领土》的白皮书指出："美日对钓鱼岛进行私相授受，严重侵犯了中国的领土主权。"①

其次，美日私相授受钓鱼岛的活动严重影响了中日关系的正常发展。自20 世纪 70 年代，美国擅自将钓鱼岛交给日本以来，中日两国围绕着钓鱼岛问题的争端不断。日本仰仗美国的支持，利用《美日安保条约》，不断强化在钓鱼岛的"主权"地位，使钓鱼岛问题日益复杂，严重影响了中日之间的友好往来。

再次，钓鱼岛问题成为美国插手中日关系，牵制中国和日本的重要手段。美国在将钓鱼岛"施政权""交还"日本后，频频借用钓鱼岛问题干涉中日关系。一旦钓鱼岛出现任何问题，它会"适时"地发表声明和看法。特别是近年来，美国提出所谓"重返亚太"战略，钓鱼岛问题更成为美国介入亚太事务的重要手段与工具。

此外，美国非法将钓鱼岛"归还"日本，助长了日本右翼势力的气焰，使其不断挑战战后国际秩序。"二战"期间，美、英、中、苏等盟国发表了一系列的宣言、公告，签署了一系列的协议，奠定了"二战"之后的国际新秩序的基础。这些宣言和协议秩序是维护世界和平和人类和平发展的重要基石。其中，《开罗宣言》《波茨坦公告》和《盟军最高司令部训令第677号》等，多次明确规定了日本施政权所包括的范围。中国的钓鱼岛列岛从未包含在日本国土之内。然而，《旧金山和约》签署后，日本妄图以《旧金山和约》取代《开罗宣言》和《波茨坦公告》。

① 新华网，http://news.xinhuanet.com/2012-09/25/c_113202698_2.htm。

1972 年，日本外务省发表《关于尖阁列岛所有权问题的基本见解》，称根据《旧金山和约》规定，日本享有对钓鱼岛列岛的主权，日本政府置《开罗宣言》和《波茨坦公告》于不顾，这实际上是日本政府对战后国际秩序的公开挑战。对此，中国政府明确表示："美国等国家与日本签订的片面媾和条约《旧金山和约》所规定的托管范围不涵盖钓鱼岛。美国擅自扩大托管范围，非法将中国领土钓鱼岛纳入其中，后将钓鱼岛'施政权''归还'日本，都没有任何法律依据，在国际法上没有任何效力。对于美日上述非法行径，中国政府和人民历来是明确反对的。"① 值得注意的是，美国在钓鱼岛问题上非但没有阻止日本，反而采取各种方式支持日本对钓鱼岛的非法窃取活动。2010 年，美国国务卿希拉里在与时任日本外相的前原诚司会见时，多次提出钓鱼岛问题适用于《美日安保条约》,② 使问题进一步复杂化。可以预见的是，在未来，美国将会继续介入钓鱼岛问题，长期影响钓鱼岛问题的解决。

（原载《太平洋学报》2012 年第 12 期）

---

① 新华网，http：//news. xinhuanet. com/2012 – 09 /25 /c _ 113202698_ 2. htm。
② 新华网，http：//www. yn. xinhuanet. com/video/2010 – 10/29/content_ 21267481. htm。

边疆民族与
文化研究

中国边疆学

（第一辑）

滇文化与北方地区文化及族群关系研究

翟国强

摘　要：滇文化是战国至西汉时期位于云贵高原滇池区域的一支风格独特的考古学文化，以数量众多、特征鲜明的青铜器、金器、玉石器等闻名于世，是中国青铜文化的一朵奇葩。从文化特征来看，既有源自云贵高原新石器时代文化的特征，也有大量来自周边地区，如中原、巴蜀、岭南等文化的影响，还有来自更为遥远的欧亚草原、南亚，甚至西亚地区的因素，因此滇文化是杂糅了大量其他地区文化因素的一支复合型文化。其中，北方地区的文化因素占据了较为重要的地位，使其显得与周边一些典型农耕民族的青铜文化差异较大，呈现出独特的地方特色。

关键词：滇文化　北方地区文化　族群

作者简介：翟国强，1957年生，法学博士，中国社会科学院中国边疆史地研究中心副研究员。

　　滇文化是战国至西汉时期位于云贵高原滇池区域的一支风格独特的考古学文化，以数量众多、特征鲜明的青铜器、金器、玉石器等闻名于世，是中国青铜文化的一朵奇葩。关于滇文化与北方地区文化的关系，过去已有部分学者进行过探讨。总的来看，目前对滇文化与北方地区文化关系的研究仍十分简略，多从某些单项特征而不是整体上来研究二者的关系，而滇文化中来自北方地区的文化因素十分复杂，来源很广，单从某种特征的对比来把握二者的关系不免有些失于偏颇，难以全面了解二者关系的全貌。因此，本文拟对滇文化中的北方地区文化因素进行一次系统梳理，并探讨这些文化因素的传播方式、途径以及与此相关的族群迁徙、流布等问题。不当之处，敬请指正。

一 滇文化中的北方地区文化因素

滇文化中的北方地区文化因素涉及很广，从丧葬习俗、服饰到兵器等均有所表现，基本覆盖了滇人生活的各个方面，可见这种传承关系是十分明显的。

（一）丧葬习俗

1. 石山墓地

在墓地选择上，石寨山①、李家山②、金莲山③等墓地刻意选择在孤山山顶，且山顶多乱石或岩层分布，墓葬就分布在岩石之间或凿穿岩层而成，不少大型墓由于位于岩石之间的缝隙，为规避岩石造成墓边不整齐。这种将墓葬设在石缝之间或岩层之中有可能是石棺葬的一种变通形式。石棺葬在北方地区十分普遍，它出现于新石器时代晚期，在青铜时代达到鼎盛，一直延续至铁器时代。在黄河上游地区的石棺葬主要发现于辛店文化，川西、藏东高原及滇西北、川西南、滇西一带也发现大量的石棺葬，时代要晚于北方地区，其渊源应在北方地区。④滇文化中这种奇特的葬俗显然与南方农耕民族不同，而可能是北方地区盛行的石棺葬的一种变体。

2. 乱骨葬

羊甫头⑤、金莲山⑥有部分乱骨葬，为乱骨堆放，有的将头砍下来。这种葬式起源于甘青地区的原始文化，从齐家文化开始出现，在卡约文化中常见，包括大量扰乱上身或下身骨架的乱骨葬、缺少上肢或下肢的割体葬等，

---

① 参见云南省博物馆《云南晋宁石寨山古墓群发掘报告》，文物出版社，1959。
② 参见云南省博物馆《云南江川李家山古墓群发掘报告》，《考古学报》1975年第2期。
③ 参见蒋志龙、吴敬《关于云南金莲山墓地的初步认识》，《考古》2011年第1期。
④ 参见童恩正《试论我国从东北至西南的边地半月形文化传播带》，《文物与考古论集》，文物出版社，1987。
⑤ 参见云南省文物考古研究所等《昆明羊甫头墓地》，科学出版社，2005。
⑥ 参见蒋志龙、吴敬《关于云南金莲山墓地的初步认识》，《考古》2011年第1期。

青海化隆半主洼卡约文化墓地中就有这种葬俗存在。[①] 滇西新石器时代晚期大墩子遗址、白羊村遗址墓葬中就有这类葬式发现,滇西北鳌凤山墓地中也有不少二次乱骨葬及割体葬。可见这种葬俗也是从西北地区南传进入本地区的。

3. 祭祀坑

李家山、金莲山在墓上或墓旁有祭祀坑。西北地区祭祀坑遗迹发现颇多,从民和阳山马家窑文化墓地到青海大华中庄卡约文化墓地都有祭祀坑发现。[②] 由此可见,滇文化墓上祭祀坑的习俗来自西北地区并渐次向南传播。而祭祀坑中竖立石块的做法也可能与北方地区有关,在墓葬前竖立大石的做法在欧亚草原常见,而大石墓前有这种习俗,蜀文化也常有大石记载,不过在滇文化中已简化为在祭祀坑中象征性竖立石块。

(二) 装束、服饰

服饰具有较强的民族识别功能,从滇文化人物图像和塑像的服饰我们能够将各种服饰所代表的人群区分开来,并将这些人群与古代族群的特点联系起来判断其族属。其中有部分服饰特征与北方地区特别是距离西南地区较近的西北地区游牧民族的文化特征相近,它们之间有一定的传承关系。

1. 编发、披发

从发式来看,绝大多数滇人显然属于"椎髻"之民,但也有少数披发和编发的人物,如贮贝器上就有披发和编发的人物形象。而披发、编发是北方民族一种常见的发式。这些披发、编发的人在滇国的地位很低,少数为平民,大多数是作为战俘用以祭祀的牺牲,但从渊源上看是源自西北地区的氐羌族群。

2. 披毡

在滇人装束中还有一个值得注意的现象,大部分男子着披毡,且大多长可拖地。而披毡是西北地区氐羌族群的一种常见装束,氐羌族群由于以游牧为主并居住在高寒山区,所以披皮服毡的人较多。《隋书·党项传》载:

---

① 参见青海省文物考古研究所等《青海化隆县半主洼卡约文化墓葬发掘简报》,《考古》1996年第8期。

② 参见青海省文物考古研究所《民和阳山》,文物出版社,1990,第53~56页。青海省湟源县博物馆等:《青海湟源县大华中庄卡约文化墓地发掘简报》,《考古与文物》1985年第5期。

"党项羌者……服裘褐披毡以为上饰。"直到今天，部分少数民族如彝族等仍流行以"察尔瓦"（即披毡）作为主要服饰。

3. 动物、人物题材扣饰

滇文化中存在大量各种形制的青铜扣饰，有圆形、长方形以及浮雕等多种，在周边地区少见。但在北方地区有不少单体动物或动物搏斗、人物活动场面的带饰，大部分是用来做腰带上的装饰品，只有少量有实用功能。滇文化的动物纹扣饰从动物格斗、骑马狩猎等题材及艺术风格来看，与北方地区的带饰有较大的相似性，而且均为腰带上的装饰品，没有实用功能，二者的传承关系是十分明显的。

在反映滇文化的出土资料中，铜鼓的鼓面、鼓胸、鼓腰及贮贝器的腹部常装饰精细的几何纹以及动物、人物题材，其中的列兽纹尤为特别。北方地区动物形纹饰是其文化的核心特征，列兽纹在许多器物上都有出现，南俄库班地区克利尔密斯（Kelermes）公元前 6 世纪斯基泰古墓出土的一件金碗外壁锤碟出成排的鸵鸟、动物搏斗和蹲兽场景。[1] 中国北方地区也有不少这类题材，川西高原的茂县牟托一号石棺墓中出土的动物牌饰上也有成排的禽鸟、鹿、虎、蛇。[2] 滇文化铜鼓和贮贝器上的列兽纹是这一主题的继承和发展。

4. 杖及杖头饰

滇文化杖头饰数量众多，是贵族阶层身份和权力的象征。权杖头起源于近东，美索不达米亚和古埃及遗址大量出土这种表示权力的标志物，传入中亚草原后，成为辛塔什塔—彼得罗夫斯卡文化的典型器物。[3] 此后传入中国北方，青海大华中庄出土的鸠首牛犬杖头饰完全具有北方地区的动物装饰风格[4]，可以看出权杖头在进入北方地区后逐渐加入了本地常见的艺术风格。西南地区的盐源、滇西北、滇西等地都有各种动物和人物形象的杖头饰。滇文化杖头饰的大量出现，无疑是从西亚经中亚传入西北地区后再向南传播的结果。

---

① 参见孙机《七驼纹银盘与飞廉纹银盘》，《中国圣火》，辽宁教育出版社，1996。
② 参见茂县羌族博物馆等《四川茂县牟托一号石棺墓及陪葬坑清理简报》，《文物》1994 年第 3 期。
③ 参见林梅村《吐火罗人的起源与迁徙》，《西域研究》2003 年第 3 期。
④ 参见青海省湟源县博物馆等《青海湟源县大华中庄卡约文化墓地发掘简报》，《考古与文物》1985 年第 5 期。

此外，还有双马纹金饰、石坠及其他服装小饰品等均深受北方文化的影响。

（三）兵器

兵器是滇文化中最常见的器物，主要为青铜器，也有少量铜铁合制器和铁器，铁器的出现是中原文化影响的结果，而青铜器和少量铜铁合制器中部分与北方地区文化有渊源关系。

1. 管銎铜啄

滇文化中啄数量众多，形制复杂多样，最早形制为管銎圆锥状刺啄，其原型可以追溯到北方地区的鹤嘴斧，其用途主要为啄击兵器。此外，北方地区文化中管銎斧也极普遍，从商代晚期开始流行，一直持续到春秋时期，李家崖文化、围坊三期文化、魏营子文化都有发现。[①] 滇文化中的斧形啄也有相似特点，从形制上看无疑是借鉴了这种管銎斧改制而成的。此后出现的其他形制的啄则是本地文化在此基础上结合其他因素进一步改造的结果。

2. 平首圆茎一字格铜剑

滇文化中平首圆茎一字格剑数量不少，茎多中空，有的剑茎上有镂孔。夏家店上层文化的銎柄剑为平首中空的圆茎，是该文化主要特征之一，其他地区出现的这类剑数量不多，是夏家店上层文化向外传播的结果。[②] 銎柄剑向西影响到冀北地区和甘宁地区，杨郎文化中环首短剑显然是銎柄剑西传的结果，也为平首圆茎带穿人字格，但剑身中脊已不与剑茎相连。[③] 滇文化的平首圆茎一字格剑更接近杨郎文化的环首短剑，但剑格从人字形变为本地流行的一字格，剑茎镂孔也是模仿北方草原文化的做法，在北方草原的铜剑或铜刀上常见镂孔装饰。

3. 曲刃铜剑和铜矛

滇文化中还有数量较多的曲刃剑和曲刃矛，在周边地区均难以见到。而在夏家店上层文化中曲刃剑是其主要特点之一。[④] 这种曲刃剑对外传播主要向东影响到辽宁一带，而向西的影响力较小，只到达冀北地区的玉皇庙文化。曲刃矛在东北地区的吉林、辽宁也发现较多，在吉林永吉星星哨水库石

---

① 参见乌恩岳斯图《北方草原考古学文化研究》，科学出版社，2007，第 163～164 页。
② 参见郑绍宗《中国北方青铜短剑的分期及形制研究》，《文物》1984 年第 2 期。
③ 参见乌恩岳斯图《北方草原考古学文化研究》，第 181～184 页。
④ 参见郑绍宗《中国北方青铜短剑的分期及形制研究》。

棺葬中有类似的葫芦形矛①，而长城一带和西北地区少见。滇西北、滇西一带如盐源老龙头②、祥云大波那③均有发现，此后传入滇文化中。此外，滇西、滇西北还发现有曲刃戈，说明曲刃技术在西南地区使用广泛。虽然中间地域并未发现这类器物，但滇文化中的曲刃剑和曲刃矛应是东北地区青铜文化向西北再西南长途传播的结果，因为这种相似性也是唯一的。

此外，诸如宽格铜柄铁剑、銎部带凸棱的方銎空首斧、有耳椭圆或六边形銎空首斧等无不带有北方文化的色彩。

以上我们探讨了滇文化与北方地区的文化关系，可以看出北方文化的影响是全面而深刻的，涉及滇文化的大部分领域，对滇文化的形成和发展起着强劲的推动作用。

二 滇文化与北方地区交流的路线和方式

滇文化中大量北方地区文化因素的出现，表明它们之间必有长期密切的文化交流，当然这种交流基本是单向的，即从北方地区源源不断地向南的文化传播，逆向的文化传播很少。从更宏观的角度来看，滇文化是云贵高原青铜文化的中心，也是北方地区南传文化最重要的吸纳地，它同北方地区文化交流的路线和方式与云贵高原其他区域基本一致。

在北方地区和云贵高原之间存在着一条重要的民族走廊——藏彝走廊，这是费孝通所提及的三大民族走廊中最早的一条。④ 李星星将费孝通的这一观点进行了发挥，对"藏彝走廊"的走向作了详细阐释，他认为"藏彝走廊"位于青藏高原东缘中国地势第三级台阶向第二级台阶过渡的地带上，北起甘青交界的西倾山南侧阿尼马卿山至岷山一线，南抵滇西高黎贡山、怒山和云岭南端以及金沙江南侧至乌蒙山西侧一线，其西界沿巴颜喀拉山西侧，南抵横断山系西北伯舒拉岭、他念他翁山、宁静山之北端，其东界由北而南自岷山东侧沿龙门山、邛崃山、大凉山外侧，直抵乌蒙山以西。古藏缅

---

① 参见吉林市文物管理委员会等《永吉星星哨水库石棺墓及遗址调查》，《考古》1978 年第 3 期。

② 参见凉山州博物馆等《盐源近年出土的战国西汉文物》，《四川文物》1999 年第 4 期。

③ 参见云南省文物工作队《云南祥云大波那木椁铜棺墓清理报告》，《考古》1964 年第 12 期。

④ 参见费孝通《关于我国民族的识别问题》，《中国社会科学》1980 年第 1 期；费孝通：《谈深入开展民族调查问题》，《中南民族学院学报》1982 年第 3 期。

语民族或族群从青藏高原借道"藏彝走廊"东进南下，主要有五条通道，分别是羌语支、彝语支、缅语支等族群由北向南迁徙的路线。① 这条民族走廊是古代民族迁徙最频繁的通道，长期以来北方地区的人民在受到中原地区文化或其他强势文化的压迫后，除向西迁徙至中亚一带外，还有部分人群沿着这条通道南下至云贵高原，使云贵高原汇集了大批北方地区的民族，出现了大量北方地区的文化因素。

实际上，西南地区与北方地区的文化发生关系可能比我们想象的要久远得多。西方旧石器时代文化的标志性技术和工具在中国旧石器文化中都能看到，它们不是偶然的、零星的，而是成序列（阿修尔工业—莫斯特工业—石叶工业），并以成套工具的形式（如阿修尔工业的手斧、薄刃斧和手镐的组合）出现在中国旧石器文化之中，扮演着中国旧石器文化的主角之一，这是早期人类在其进化过程中应对全球气候波动所引起的生态环境变化而反复进行的横贯大陆的双向迁移、交流与融合的结果。② 不过，从总体上来看，旧石器时代西南与北方地区及欧亚草原之间存在一些零星的关系，但为后来北方民族大规模南下和文化传播打下了基础。

新石器时代西南地区与西北地区发生了频繁的交流，李昆声认为新石器时代有一条从西北地区向云南和川西南地区的文化传播路线：西北原始文化（五六千年前）→西藏昌都卡若文化（四五千年前）→川滇"大墩子—礼州文化"（三千多年前）。③ 石硕对藏彝走廊的新石器时代文化系统进行了综合分析，提出这一区域内的新石器文化与甘青地区新石器文化之间存在着大量的相似性，渊源于黄河上游的甘青地区，是从甘青地区大规模进入藏彝走廊地区后而形成和发展出来的一个文化系统。④ 此外，他在探讨西藏古代文化时，指出西藏高原的细石器极有可能是华北细石器传统经过北方草原地区向南传播进入西藏高原的一支，而西藏的石丘墓、大石遗迹及动物纹饰无论在演变上还是内容上与北方草原都具有一致性，说明这些因素有从东北方向传入的可能性。⑤

---

① 参见李星星《论"民族走廊"及"二纵三横"的格局》，《中华文化论坛》2005年第3期。
② 参见黄慰文等《中国旧石器文化的"西方元素"与早期人类文化进化》，《人类学学报》第28卷第1期，2009年2月。
③ 李昆声：《云南原始文化族系试探》，《云南考古线路论集》，云南人民出版社，1998。
④ 石硕：《藏彝走廊地区新石器文化的区域类型及其与甘青地区的联系》，《中华文化论坛》2006年第2期。
⑤ 石硕：《西藏文明东向发展史》，四川人民出版社，1994，第33~39页。

此外，从新石器时代晚期以后，这一带也出现了大量石棺葬，其内涵多与北方地区文化相似，实际上北方地区文化在进入云贵高原之前，先在川西、藏东高原地区积淀了一定时期，文化特征也发生了一些变异，然后再传入云贵高原。还有一个值得注意的现象是，云贵地区新石器时代遗存年代大多较晚，除少量旧石器时代遗址的上层有零星新石器时代早期遗存分布外，新石器时代早、中期遗存基本阙如，现今绝大部分遗存年代在距今 5000 年以内，具体情况如何目前尚难以断定，但从新石器时代晚期遗存中大量西北地区文化因素的出现来看，云贵地区新石器时代晚期文化的繁荣与西北地区的文化影响是分不开的。甘青地区新石器文化对西南地区的影响最远达到滇东、黔西一带，通海海东、杨山等新石器时代贝丘遗址的彩绘纹饰、高领曲腹小平底罐、小口长颈鼓腹罐等与卡若文化相似，与甘青地区的马家窑文化也有渊源关系。① 黔西鸡公山遗址早期属新石器时代晚期，其中出土的大量大耳平底罐和小口细颈小平底瓶都与甘青地区新石器时代晚期至青铜时代陶器风格一致，其传承关系十分明显。② 不过再往南就很少见北方地区的文化特征，滇东南、黔西南一带已是典型的岭南新石器时代文化特征，滇东、黔西一带则是北方文化与岭南文化的交会之处，除北方地区文化特征之外，大量的有肩、有段石器和绳纹陶器的出现说明这里也是岭南文化的辐射范围。大量的北方和岭南文化特征在滇东、黔西一带沉淀下来，为后来这一带青铜文化的繁荣打下了基础。

青铜时代北方地区对云贵高原的影响更大。从各区域来看，滇西北、川西南一带无疑受北方地区影响最巨，从发现的墓葬来看，墓葬形制、葬式、随葬品都带有明显的西北地区文化特色。而滇西相对较少，这与其与西北地区距离稍远、本地文化相对较强有关，不过滇西青铜文化也是在吸收了大量北方地区青铜文化因素的基础上创造出来的，它对滇文化的影响也是十分明显的。滇池区域是北方地区文化向西南地区传播的"洼地"，大量北方地区文化在此沉淀，与本地文化及其他方向传播来的文化相融合，形成了独具特色的青铜文化体系。再往南就很少见到北方地区文化因素，而多为滇池区域和滇西区域文化的影响。由此可见，滇文化中北方地区文化因素的出现是北方地

---

① 参见云南省考古研究所等《通海海东贝丘遗址发掘报告》，《云南文物》1999 年第 2 期。陈泰敏：《通海杨山贝丘遗址》，《云南文物》2003 年第 1 期。
② 参见贵州省文物考古研究所等《贵州威宁县鸡公山遗址 2004 年发掘简报》，《考古》2006 年第 8 期。

区各区域文化互相交流、互相融合后从西北地区经藏彝走廊进入云贵高原后再传入的，这种传播是长时期、多方向、多渠道的传播，最后在滇池区域汇集，成为滇文化的重要组成部分，推动着滇文化的形成并使之达到较高水平。

从滇文化受北方地区文化影响来看，它所吸收的北方地区文化因素并非与北方地区完全一致，这与二者相距较远、滇文化所受北方地区文化影响已经过中间地域文化层层改造有关。从它所受北方地区文化影响来看，最主要的方式应是从滇池区域和西北地区之间的中间地带不断吸收而来的，滇文化中北方地区文化因素大部分都在中间地带有发现，如管銎啄、曲刃铜剑和铜矛、山字格铜剑和铜柄铁剑、宽格铜柄铁剑、銎部带凸棱的方銎空首斧、有耳椭圆或六边形銎空首斧、单弯钩铜镞、杖头饰、列兽纹、双马纹、石山墓地、墓内挖棺穴、多人合葬、分层丛葬、乱骨葬、祭祀坑、殉人和殉牲、随葬海贝习俗等，在川西、藏东高原及滇西北、滇西、川西南等区域都有发现。当然，滇文化对北方地区文化因素的吸收也带有较强的选择性，如西北地区及中间地带常见的大耳陶罐、带柄铜镜、双圆圈首剑等，均未在滇文化中出现。

从滇文化遗存看，可以分为两大类。

一类是以羊甫头、天子庙为代表的滇池北部区域，农具出现的时间早，种类和数量多，特别是收割用的铜镰和后来出现的铁镰十分普遍。从战国中、晚期开始就大量出现尖叶形锄、平刃和凹刃铲、爪镰、耙、卷刃器等专业性很强的农具，以及形体较大的釜、鼎等炊具，而扣饰的数量和种类较少，只有较为简单的圆形镶嵌玛瑙、绿松石珠的扣饰，雕塑动物形象的扣饰很少，铜鼓和贮贝器的数量也很少，表明居民主要以农业生产为主，属于典型的农耕民族。此外，铜鼓、铜釜、羊角钮钟、环钮编钟均从滇西一带传播而来，而滇西地区在战国晚期昆明、雟等氐羌族群的支系进入之前为典型的农耕民族文化特征，这些青铜器最早在羊甫头、八塔台等地出现，说明两者之间有较多共同之处，应是相同或相近民族之间的交流。

另一类是以石寨山和李家山为代表的滇池南部及抚仙湖、星云湖区域，青铜器中武器、装饰品和礼乐器极为发达，种类和数量都远远超过其他地方，武器中的啄、剑受北方地区影响很深，扣饰中装饰题材十分发达，表现动物搏斗的题材显然也是来自北方文化的影响。但农具不发达，尖叶形锄和铲出现时间很晚，数量也少，只在部分大、中型墓中有少量发现，而且不少装饰华丽，有的镀锡，说明这些农具并不是实用品而是专门用作随葬的器物，卷刃器在石寨山基本不见，铜镰只有仪仗用的鸟头形长镰而不见实用的爪镰。此外，在青铜器上表现的场景除祭祀外多为战争和狩猎的场面，体现出强烈的尚武精神，这说明石寨山和李家山所代表的人群与农耕民族差别较大，而与游牧性强、尚武好斗的北方民族相似，显示其可能有游牧文化背景。

由此可见，滇文化中石寨山、李家山等滇池南部区域的人群与滇池北部区域的人群在葬俗上存在着较大差异，这种差异应该与他们来自不同的族群有关。从滇文化特征来看，它包含有百濮、百越和氐羌三大族群的特征，各种特征相互融合，共同促成了滇文化的繁荣，而滇文化的族属恐怕也不是某个单一族群，而可能是三大族群长期融合重组而出现的复合型族体。

从滇文化分期来看，战国至西汉早期，滇池北部的天子庙、羊甫头大型墓等级最高，占据主导地位；而西汉中期以后滇池南部的石寨山、李家山迅速崛起，大型墓数量多，等级超过滇池北部，成为滇文化的权力中心。这可能与不同族群统治地位的更替有关，石寨山、李家山集团代表的可能是具有更多北方地区文化背景的氐羌族群支系，而天子庙、羊甫头集团则与长江流域的百濮族群关系更密切。由此也可看出，滇文化中北方地区文化因素的大量出现并不仅仅是文化间接传播的结果，也伴有大规模的人群迁移，这些人群与西北地区及中间地带的氐羌族群有较大关系，而滇文化中较为突出的扣饰、动物纹、金器等在西北地区及中间地带缺乏则说明又有一定的差别。

西北地区从青铜时代开始处于长期的衰退之中，而在北方草原游牧文化中装饰品十分发达，以上器类的大量出现，说明滇文化北方地区文化因素的大量出现应该与不同时期不同传播方式有关。其一是长期的文化递次传播，北方地区文化在长期融合过程中，部分因素为西北地区文化吸收，然后逐步向西南地区传播，而在不断向南传播过程中，某些特征被保留，另一些则被放弃，其中有些可能在中间地带沉淀下来，还有一些经过改造后继续南传，到达云贵高原不同区域。当然这种北方地区文化因素的传播力度是逐步递减的，越往南越少，变化也越大。从新石器时代晚期开始的南传步伐越来越快，后至的文化会将原先沉淀在中间地带的文化一起向南推进，造成云贵高原在短时期内集聚了大量北方地区不同时期、不同区域的文化因素。滇池区域则像一个文化洼地，将这些混杂在一起的文化因素吸收过来，经过加工改造成为本区域的文化特色之一。其二，在滇文化的演变过程中，似乎经历过数次跳跃式的发展。从滇文化的分期来看，战国早期以前只有零星青铜器出现，战国早期开始出现有本地特色的青铜文化，石寨山和李家山出现中型墓葬；战国中期羊甫头出现大型墓，北方地区文化因素进一步增多；战国晚期大型墓增多，在滇池南北的羊甫头、天子庙、石寨山、李家山均有发现，北方地区文化因素的器类大量出现；西汉中期又发生了巨大变化，大型墓数量有较大增加，随葬器物的种类和数量远远超过了过去，出现大量含有北方地区文化因素的青铜器、金器、玉石器等。① 这种跳跃式的文化发展与外来文化的介入有关，其中可能有人群的迁入，而大量北方地区文化因素的迅猛增加应该与北方地区的族群南迁有关。

根据《诗经》《竹书纪年》等所记载的气候变化资料，周成王以降，历经厉、宣、幽、平时期，将近三百年，至少在黄河流域，经历了一个寒冷转向干旱的气候变化过程。而甘青地区青铜文化的发展，从齐家文化、四坝文化向辛店文化、寺洼文化的发展演变十分清晰，文化传承关系明显；而从辛店、寺洼文化向卡约、沙井文化等转变，看不出后者有继承前者的迹象，时代大致在公元前 10 世纪左右。这种情况的出现，应该与气候变化引起的民族迁徙有关。② 其中一大批人向南迁徙，到达川西、藏东和云贵高原，大量西北地区常见的双耳罐的出现可以说明这种迁徙的浪潮之大，云贵高原青铜文化的起源也部分与此相关。春秋以后，秦国开始对西戎进行频繁、长期、大规模的战争，特别是秦穆公时连续向西、向北用兵，"益国十二，开地千里，遂霸西戎"③，将西北地区置于秦的势力范围。这次秦霸西戎事件，引起了欧亚草原上游牧民族的一次大规模的迁徙活动。而滇西区域青铜文化恰在春秋中晚期开始崛起，铜鼓、山字格剑等在此时突然出现，应该与北方地区文化的强力介入有关，是北方地区与本地文化因素结合后形成的。

战国以后，秦国向北、向西陆续兼并、灭亡了狄、绵诸、胸衍、义渠、乌氏、大荔等戎人部落，西面与分布于河湟地区的羌人为邻。"秦献公初立……忍季父印畏秦之威，将其种人附落而南，出赐支河曲西数千里，与众羌绝远，不得交通。其后子孙分别，各自为种，任随所之……忍及弟舞独留湟中，并多娶妻妇。忍生九子为九种，舞生十七子为十七种，羌之兴盛，从此起矣。"④ 滇文化的发展大概与这次事件造成的影响有一定关系，因为从

---

① 参见彭长林《云贵高原的青铜时代》，广西科学技术出版社，2008。
② 参见杨铭、柳春鸣《西周时期的气候变化与民族迁徙》，《中原文物》1997 年第 2 期。
③ 《史记》卷 5《秦本纪》。
④ 《后汉书》卷 87《西羌传》。

滇西北、川西南及黔西北、滇东北等区域来看，战国中期以后青铜文化的发展要远远快于此前，出现较多北方地区文化因素，可能是北方地区部分族群南下到达滇西北、川西南一带后与本地文化融合形成了区域青铜文化特色。滇西区域青铜文化也发生了较大变化，出现了众多北方地区文化因素，大波那出土的双豹首杖、啄、带柄铜镜等都是北方地区常见器物。而滇文化明显受到滇西文化的强烈影响，战国中期在羊甫头突然出现较为成熟的石寨山形铜鼓以及鼓形釜等都是从滇西青铜文化吸收演化而来的。秦汉之际，匈奴强大起来，冒顿单于"大破灭东胡王，虏其民众畜产。既归，西击走月氏"①。汉文帝时，匈奴又发动了一场西向扩张的战争，不仅"夷灭"了月氏，而且控制了"西域二十六国"。月氏离开河西，开始第二次西迁，"西破走塞王，塞王南越县度，大月氏居其地"。汉武帝时，"后乌孙昆莫击破大月氏，大月氏徙西臣大夏，而乌孙昆莫居之，故乌孙民有塞种、大月氏种云"。②这一系列的大规模兼并战争造成大量的民族迁徙活动，其中必有部分相对弱小的民族向南迁徙到西南地区避祸。西汉中期以后石寨山和李家山的大型墓的数量和规模及随葬品的数量和质量明显超过了羊甫头和天子庙，显示出政权变更的迹象，而石寨山文化和李家山文化则具有明显游牧民族的特征，说明此时有大批新的游牧民族加入石寨山和李家山集团，使其力量得到加强，从而占据了滇文化联盟政权的主导地位，由此导致大量北方地区文化因素的集中出现，而且也开始出现不少胡人形象，有的是外来人物装束，有的已成为滇人一员，甚至作为统治阶层出现。

三　滇文化与北方地区族群关系

北方地区游牧文化分布范围很广，公元前1000年以后在中亚地带活动的古代族群有辛梅里安人、斯基泰人、萨尔马泰人、马萨格泰人、塞种人等，新疆及甘肃河西一带有吐火罗人的众多支系，西北地区为氐羌，中国北方及蒙古高原一带春秋战国时期分为戎、狄与胡等，战国晚期以后则基本为匈奴。北方地区各考古学文化与族群的对应关系也有不少相关的探讨，其中乌恩岳斯图对中国北方地区青铜时代考古学文化族属进行的逐一探讨可算是

① 《汉书》卷94上《匈奴传》。
② 《汉书》卷96下《西域传》。

集大成者。① 从文化的对比与文献记载相对应，我们大致可以梳理一下滇文化与哪些北方地区的族群有关。

从滇文化中北方地区文化因素来看，有些是北方各地区共有的特征，如管銎啄、单环首一字格铜剑、銎部带凸棱的方銎空首斧、有耳椭圆或六边形銎空首斧、兵器上的动物塑像、动物及人物题材扣饰、翼虎银带扣、服装小饰品、石坠、动物塑像、列兽纹、编发和披发、披虎豹皮、长衣、长裤、鞋子、石山墓地、随葬海贝、殉人和殉牲习俗等；也有些因素是自东向西传播，如顶部弧形上卷的管銎铜戈、平首圆茎一字格铜剑、人形茎铜剑、曲刃铜剑和铜矛、柄首饰伫立动物的铜剑等；还有些是从西向东传播，如山字格铜剑和铜柄铁剑、单弯钩铜镞、毡帽形头盔和整甲、狮身人面扣饰、尖嘴回首怪兽纹、双马纹金饰、蚀花肉红石髓珠、蜻蜓眼式玻璃珠、杖及杖头饰、陶长颈壶、高尖帽、多人合葬、分层丛葬等；也有一些是直接起源于西北地区的，如宽格铜柄铁剑、披毡、毛织毡衫、墓内挖棺穴的做法、二人合葬、乱骨葬、祭祀坑等。以上文化因素都是从西北地区经藏彝走廊辗转南下后经滇文化改造后出现的。可以看出滇文化中北方不同区域的文化因素都在此有所表现，这与北方地区文化的迅速传播有关，许倬云曾说："公元前第二个千年期的中叶，几乎处处都有意义重大的族群移动……我相信亚洲内陆，由中北亚东迤今日的西伯利亚及蒙古，以及南迤今日的新疆、西藏，也尝受族群连串大移动的波及，而有其一波接一波的推背行。"② 实际上，北方地区的这种大规模族群移动一直没有停止过，西周时与北方也发生过大规模战争，春秋以后，秦国开始对西戎进行频繁、长期、大规模的战争，直到秦汉时期匈奴对北方地区的征服引起北方地区游牧民族"推背行"式的迁徙运动可能频繁发生。而其中部分族群有可能沿藏彝走廊南下避祸，最后辗转来到滇池区域。因此，从文化因素的角度来看，西北地区的氐羌族群因素在滇文化中表现得最为明显，但西北地区青铜文化中最具特征的双耳罐在云贵高原北部大量分布，但未被滇文化所吸收，这是否可以说他们刻意要与使用双耳罐的族群保持一定的距离有关，目前尚无确切的答案。

另外，我们从古代文献的零星记载中也可找到北方族群南下的蛛丝马迹。从语言学角度来看，藏缅语诸族是以青藏、云贵两大高原上的土著居民

---

① 参见乌恩岳斯图《北方草原考古学文化研究》，第20页。
② 许倬云：《西周史》（增订本），三联书店，1994，第11页。

中出自氐羌族系的民族群体为核心，不断吸收诸如百越、百濮、匈奴、月支、鲜卑、汉族等民族群体中的不同部分，经过长期的分化与组合而形成的。① 当然，也有另一种完全对立的看法，认为藏缅语民族是起源于土著的夷系人群。② 不过从考古和民族资料来看，出自西北氐羌族系的可能性要远大于本土起源。先秦两汉时期西南地区藏缅语民族有羌、氐、蜀、叟、巴、賨、僰、昆明、摩沙等。从族源上看，他们都与北方地区的族群有关，而其中部分民族在滇文化分布区域的出现表明他们可能是将北方地区文化因素传播或带入滇文化的人群。此外，彝族、普米族、怒族、景颇族、纳西族的送魂诗都记录了他们的祖先是从北方高原顺金沙江、雅砻江、澜沧江等河流往南迁徙而来的③，说明这种人群迁徙的规模较大，延续时间很长。

滇池区域氐羌族群的分布并无明显的语言方面的证据，但文献对某些氐羌族群支系的介绍还是有一些线索。西南各地氐羌族群支系众多，本区域以僰和昆明为主。从大量关于僰人的记载来看，僰人最早应分布在西北地区一带，《史记·司马相如传》《集解》引徐广说："僰，羌之别种也。"《汉书·伍被传》也记载："南越宾服，羌僰贡献。"直到东汉末年仍有部分僰人居住在湟水流域一带，《文选》卷44陈琳《檄吴将部曲文》说："今者（建安二十一年，公元216年——引者注，下同）……与匈奴单于呼完厨及六郡乌桓、丁令、屠各、湟中羌僰，霆奋席卷……"与其他氐羌族群支系一样，僰人也顺着藏彝走廊从西北向西南迁徙，沿途都留下了他们的足迹。秦汉时期今川西北之岷江流域仍有僰人分布，《吕氏春秋·恃君览》载："氐羌呼唐，离水之西；僰人野人……多无君长。"春秋战国时期到达今雅安一带，据《华阳国志》记载："〔保子〕帝攻青衣（今雅安一带），雄张僚、僰。"④ 汉初在今凉山州一带有不少僰人分布，《史记·司马相如传》说："且夫邛筰西僰之与中国并也。"《索隐》说："西夷邛僰。"《史记·正义》云："邛僰山，在雅州荣经县界。"邛、筰都在今四川凉山州境内，说明僰人也在这一带有不少分布。《史记·平准书》载汉武帝通西南夷道，"散币于邛僰以集之"。这些僰人在先秦时期当已存在。秦汉时期在今宜宾

① 参见万永林《中国古代藏缅语民族源流研究》，云南大学出版社，1997，第1页。
② 参见石硕《藏彝走廊地区藏缅语民族起源问题研究评述》，《思想战线》2008年第2期。
③ 参见赵心愚《藏彝走廊古代通道的几个基本特点》，《中央民族大学学报》2004年第3期。
④ 《华阳国志》卷3《蜀志》。

地区有大量僰人居住，据《汉书》载，犍为郡僰道县乃"故僰侯国也"①。西汉以后，原居住于僰道县一带的僰人，因当地"汉民多，渐斥徙之"②。又有一部分继续南迁进入滇东北一带，并逐步向滇池区域迁移成为魏晋南北朝时期"西爨白蛮"的主要来源。《南齐书·州郡志》记载："蛮夷众多，齐民甚少，诸爨、氐强族，恃远擅命，故数有土反之虞。"③ 这些"爨蛮"被称为"爨氐"，说明其族源应是氐羌族群的一支。

以上可以看出僰人起源于西北地区，为氐羌族群的一支，后来逐步南迁至西南地区，在滇池区域也有僰人记载。从滇文化中后期来看，僰人对汉文化的仰慕和模仿程度都很高，大型墓有仿汉式珠襦覆尸的葬俗，滇王墓有仿汉王室的玉衣，而汉式器物在大、中型墓中时有出现，并呈逐渐增多的态势，甚至在日常生活中也从本地式箕坐变为中原式踞坐，最后招致本地文化为汉文化所取代。而在汉王朝与西南夷的交往中，只有滇王对汉使十分友好，"乃留为求道四十余辈"。直到新莽时期，王莽在镇压玉溪一带的僰人起义后将胜休县改为胜僰县，说明该区域僰人数量之众。从以上分析可知，滇池区域氐羌族群支系以僰人居多，此后逐渐演变成今日的白族。

氐羌族群的较大支系——昆明在滇池的分布不少，有相当多的记载可以证明。据《史记》记载："其外西自桐师以东，北至叶榆，名为嶲、昆明，皆编发，随畜迁徙，无长处，无君长，地方可数千里。"④《汉书》记载，益州郡24个县中，邪龙、叶榆、不韦、云南、嶲唐、比苏集中分布为一组，与益州郡的中心区域滇池区有一定的间隔，设西部校尉管辖。⑤ 这一区域即应是嶲和昆明集中分布的区域，后别置永昌郡。

《后汉书》记载："建武十八年（42），夷渠帅栋蚕与姑复（今华坪、盐边）、楪榆（今大理、洱源、剑川）、梇栋（今姚安、南华、楚雄、牟定等）、连然（今安宁）、滇池（今晋宁）、建伶（今昆阳）昆明诸种反叛。"⑥ 把"昆明"列为反叛诸民族之首，足见它也分布滇中，是一个人口众多的民族。东汉荀悦说："昆明子居滇河中。"⑦ 唐人樊绰《蛮书·山川江源》

---

① 《汉书》卷28上《地理志》。
② 《华阳国志》卷3《蜀志》。
③ 《南齐书》卷15《州郡下》。
④ 《史记》卷116《西南夷列传》。
⑤ 参见《汉书》卷28上《地理志》。
⑥ 《后汉书》卷86《南蛮西南夷列传》。
⑦ 《史记》卷30《平准书》"索引"。

说："昆池在拓东城西……土蛮亦呼名滇池……滇池水亦呼名东昆池。"① 此外，《汉书·地理志》有"昆泽县"，不少学者认为"昆泽"指阳宗海或嘉利泽，其县治在宜良或嵩明。② 虽然这些记载时代都是在东汉以后，但也显示出此前在滇池区域应该已有相当数量的"昆明"人及其他民族分布。从滇文化各种铸像中可见一种与滇人为敌的辫发和披发的民族，他们可能就是"昆明人"形象。③ 另外，叶榆、叶榆泽都属于羌语词语，也是由于昆明人在此活动频繁而留下的地名。建初元年（76），哀牢王类牢反叛，率人攻击博南（今永平），"明年春，邪龙县（今巍山）昆明夷卤承应募，率种人与诸郡兵击类牢于博南，大破斩之"。④ 东汉以后仍有大量的昆明人生活在滇池地区。汉武帝时为打通通往身毒（印度）的通道，"乃令骞因犍为发间使，四道并出：出駹，出冉，出徙，出邛、僰，皆各行一二千里。其北方闭氐、筰，南方闭嶲、昆明。昆明之属无君长，善寇盗，辄杀略汉使，终莫得通。"而在汉王朝设置益州等郡后，"乃遣使柏始昌、吕越人等岁十余辈，出此初郡抵大夏，皆复闭昆明，为所杀，夺币财，终莫能通至大夏焉。于是汉发三辅罪人，因巴蜀士数万人，遣两将军郭昌、卫广等往击昆明之遮汉使者，斩首虏数万人而去。其后遣使，昆明复为寇，竟莫能得通。"⑤ 汉王朝将西南夷其他部族征服后派大军进攻昆明人，但历经百年才最后征服他们，这一方面说明昆明人人数众多，是南中人数最多的民族，另一方面也与他们强悍的北方民族特性有关。在被汉王朝征服的过程中，昆明人逐步向东散居到滇东、黔西一带，成为后来诸多少数民族的来源之一。至今在广西、云南彝族流传的创世古歌《铜鼓歌》中仍有相当清晰的记载："彝家先辈人，居住在昆仑，巍巍昆仑山，绿草嫩生生，祖辈养牛马，游牧度光阴，古老昆仑山，处处是畜群。"这说明彝族先民的一部分是从昆仑南迁至西南地区的昆明人。⑥

滇文化区域还有为数不少的叟人分布。《华阳国志·南中志》记载：晋宁郡"本益州也，汉武帝元封二年（前109），叟反，遣将军郭昌讨平之。

① （唐）樊绰撰、向达原校、木芹补注：《云南志补注》，云南人民出版社，1995，第24~25页。
② 参见宁超《"昆明"考辨》，《泰族起源与南诏国研究文集》，中国书籍出版社，2005。
③ 参见冯汉骥《晋宁石寨山出土文物的族属问题初探》，《考古学报》1961年第9期。
④ 汪宁生：《晋宁石寨山青铜器图像所见古代民族考》，《考古学报》1979年第4期。
⑤ 《史记》卷123《大宛列传》。
⑥ 易谋远：《彝族史要》，社会科学文献出版社，2000，第182~183页。

因开为郡，治滇池上"①。直到三国、两晋时期仍有不少关于叟人在滇池地区活动的记载。关于叟人来源，一般认为叟与嶲同声，为同音异字，而斯榆、斯臾、徙等族称，可能是从叶榆转变而来，而这应是古代嶲、昆明语言的遗留，作为地名其音与"叟"近。张增祺更认为嶲音通塞，即斯基泰人，滇文化中那些深目高鼻、蓄长须、穿窄长衣裤的人就是嶲人，他们原来是欧亚草原的游牧民族塞人，塞人迁入云南后称嶲人或塞夷，战国至西汉初只分布在"西自同师以东，至楪榆"的较小范围内，后逐渐向越嶲郡和滇池区域扩张，滇东北昭通一带也有分布，昭通出土的"汉叟邑长"铜印和深目高鼻、蓄长须的人物铜像可能就是当地的叟人。② 不过，蒙默认为"叟人"指的不是一个统一的民族，也不是部分氐羌系的部落或部族，更不是今天白族的先民，而是指包括青羌、牦牛夷、徙人、青衣羌、西蕃、胡羌、氐、賨等古代民族。③ "氐傁"与"叟"也截然不同，前者分布于今川北及甘南、陕西南一带，后者则主要分布于川西南的今凉山州及云南北部地区。④

看来，关于叟人的面目尚未厘清，他们是否与塞种、斯基泰人有关难以定论，滇文化中深目高鼻、穿长衣长裤的印欧人种特征的人是否就是文献中提及的叟人也无法确知，但他们来源于西北方则没有太多异议。从文献来看，他们可能属于西北地区被氐羌同化的"湟中月氏胡"。《后汉书》记载："湟中月氏胡，其先大月氏之别也，旧在张掖、酒泉地。月氏王为匈奴冒顿所杀，余种分散，西逾葱岭。其羸弱者南入山阻，依诸羌居止，遂与共婚姻……被服、饮食、言语略与羌同，亦以父名母姓为种。"⑤ 他们即《史记》记载的"保南山羌，号小月氏"⑥。月氏究竟为何人，学术界有多种说法，较为可信的说法是将月氏与斯基泰人勘同——这种看法适合公元前3世纪至2世纪的中亚情势。⑦

---

① 《华阳国志》卷4《南中志》。
② 参见张增祺《云南青铜时代的"动物纹"牌饰及北方草原文化遗物》，《云南省博物馆三十五年论文集》，云南人民出版社，1986。张增祺：《再论云南青铜时代的"斯基泰文化"影响及其传播者》，云南省博物馆编：《云南青铜文化论集》，云南人民出版社，1991。
③ 参见蒙默《说"叟"》，《思想战线》1992年第2期。
④ 参见陈东、石硕《魏晋时期的"氐傁"与"叟"辨析》，《云南民族大学学报》2007年第5期。
⑤ 《后汉书》卷87《西羌传》。
⑥ 《史记》卷123《大宛列传》。
⑦ 参见雅诺什·哈尔马塔主编《中亚文明史》第二卷，中国对外翻译出版公司，2001，第128页。

不过，月氏在极盛时曾占据着从蒙古高原西部到西域的广大地区，迄今在内蒙古阴山和鄂尔多斯地区仍有他们留下的具有双马神图案的岩画和其他艺术品。① 因为河西走廊似为早期东西方人种在我国境内的地理分界线，②则月氏人可能既有蒙古人种也有印欧人种。滇文化中印欧人种特征的少数人应大多来自西北地区被羌人同化的小月氏人，他们之中有的属印欧人种，而且风俗也与西域各国相同，因此滇文化中从西向东传播的文化因素可能与小月氏人随氏羌族群的南迁有关。他们有些是明显的外来人物，如"纳贡"贮贝器上的长髯老者，也有不少应该已融入了滇人之中，如李家山 M69"播种"场面贮贝器上的着长衣、长裤、鞋者，李家山 M51 三骑士铜鼓上着毡帽形头盔、穿长裤的三骑士，石寨山 M6"战争"场面贮贝器上的持弩者。③

此外，现代彝族也有一些特征与中亚印欧人种有关。法国学者托雷多认为，中国南方有属高加索人种的"野蛮人"——"黑罗罗"，他们孤零零地住在群山之巅，身材高大，强壮有力，形象奇特，肌肉发达，肩头很宽。"黑罗罗"外表刚毅，但不粗野，比蒙古人更富表情，脸很生动，呈椭圆形，前额很高，额头肌肉发达，浓密的黑胡子总是卷曲着。从侧面看上去，脸型与蒙古人迥然不同，他们的眼睛很大、鼻子笔直，有的还有鹰钩鼻子，而且他们的颧骨一点也不突出，嘴的大小适度，有的还略嫌太小，嘴唇很厚。腭骨不突出，牙齿长得很漂亮，排列整齐，每颗牙齿都很大。下巴很宽，相当突出，与汉人不同。另一位英国学者布鲁和尔也认为，诺苏（凉山彝人自称）的外貌有些和亚利安人的特点相同，有时可以看到一个诺苏有浅色的头发，甚至还有蓝眼睛的。因此有些人类学者曾猜测诺苏具有高特人（古代东欧的游牧民族）祖先的成分，他们认为诺苏最早的祖先是从外高加索一带经库库淖尔而来。④ 这也说明北方地区印欧人种的南迁规模应该不小。

① 参见王大方《学术界关于月氏在内蒙古等地区的历史及文物遗存综述》，《内蒙古考古》2001 年第 2 期。
② 参见潘其风《关于中国古代人种和族属的考古学研究》，《燕京学报》（新九期），北京大学出版社，2000。
③ 参见云南省博物馆《云南江川李家山古墓群发掘报告》，《考古学报》1975 年第 2 期；冯汉骥：《云南晋宁石寨山出土文物的族属问题试探》，《冯汉骥考古学论文集》，文物出版社，1985。
④ 参见张良春等编译《西方著作中关于彝族的论述》，《凉山彝族奴隶制研究》1978 年第 1 期。

四　结语

滇文化与北方地区的文化关系基本上是北方地区文化对滇文化单方面的影响，是一个长时期、长距离和波浪式的传播过程，同时滇文化对北方地区文化的吸纳也是多渠道的，因此北方地区不同时期、不同区域的文化因素可能在滇文化中同时出现，使我们难以准确把握滇文化中各种与北方地区有关的文化因素的发展脉络，只能知其大概。北方地区文化对滇文化的影响是通过连接西北与西南的藏彝走廊实现的，大部分是通过文化的间接传播，也有伴随人群迁徙的直接输入。滇文化主要与西北地区的氐羌族群关系密切，大量氐羌族群或与其相关的民族大规模南下，并在西南山地广泛分布，僰、昆明、叟等民族在滇文化分布区出现，其中的少量印欧人种可能与湟中月氏胡有关。

以上关于滇文化与北方地区文化及族群关系的研究仍只是一个初步结论，要廓清它们之间的关系还需新的考古发现和研究方法，如体质人类学和分子生物学的加入会有助于这一问题的解决。金莲山墓地出土的大批人骨可能是一个契机，对其综合分析将推进这一领域的研究。

（原载《中国边疆史地研究》2012 年第 1 期）

论隋唐营州的靺鞨人

范恩实

摘　要： 隋唐时期先后有数批靺鞨人流入营州地区，包括隋初内迁的突地稽部粟末靺鞨人，唐初入附的粟末靺鞨乌素固部落以及唐伐高句丽过程中内附的粟末、白山等部靺鞨人。万岁通天年间营州靺鞨人东走建立渤海国之前，营州地区当有十万以上的靺鞨人。其中除了少部分，也即两唐书《地理志》记载的三个靺鞨羁縻州之人以外，绝大部分东归，成为渤海建国的核心力量。至于这部分靺鞨人没有被两唐书《地理志》记载，是后者修纂过程中受材料局限造成的。

关键词： 隋唐时期　营州　靺鞨　渤海

作者简介： 范恩实，1976 年生，历史学博士，中国社会科学院中国边疆史地研究中心助理研究员。

《旧唐书·渤海靺鞨传》载："渤海靺鞨大祚荣者，本高丽别种也。高丽既灭，祚荣率家属徙居营州。万岁通天年，契丹李尽忠反叛，祚荣与靺鞨乞四比羽各领亡命东奔，保阻以自固。"据此记载，入居营州的靺鞨人是渤海国的建立者，但是由于隋唐时期先后有数批靺鞨人内迁营州地区，营州地区靺鞨人的构成及哪些靺鞨人参与了渤海建国就成为一个需要考虑的问题。对于这个问题，学界已经有不少相关研究，[①] 但笔者认为能够较为全面回答

---

① 主要有：孙进己：《粟末靺鞨的汉化及建立渤海国》，《东北民族史研究（一）》，中州古籍出版社，1994；王承礼：《中国东北的渤海国与东北亚》，吉林文史出版社，2000；杨军：《靺鞨诸部与渤海建国集团》，《民族研究》2006 年第 2 期；〔日〕池内宏：《关于渤海的建国者》，《满鲜史研究》中世第一册，吉川宏文馆，1979；〔韩〕宋基豪著《渤海的建国过程和建国集团》，严长录译，《历史与考古信息·东北亚》1996 年第 2 期。

这一问题的是王承礼先生所著《中国东北的渤海国与东北亚》一书。书中，作者将入附营州的靺鞨人分为两部分：第一部分是隋唐时期投奔过来的突地稽率领的粟末靺鞨中的八部和浮俞靺鞨（也是粟末靺鞨的一大部落）的乌素固部落，他们分散在营州一带和幽州附近，最少也有四五万之众，因此才成为李谨行在高句丽、新罗战争中统帅的主要部队，从政治上分析，他们主要是支持唐朝反对高句丽的。第二部分是 668 年高句丽灭亡之后，被唐强迁到营州的靺鞨人，有粟末靺鞨、白山靺鞨，也有其他靺鞨部人，乞四比羽所率部众就是 668 年后迁至营州的粟末靺鞨人，乞乞仲象（大祚荣的父亲）则是另一部被迁来的粟末靺鞨人。他们和高句丽有密切关系，具有反唐倾向。①

综观学界已有的相关研究，笔者认为存在两点不足：一是未能穷尽史料，导致认识有所局限，例如突地稽部靺鞨人的流向、实力，唐代入附营州靺鞨人的数量，参与镇压高句丽反叛及唐罗战争的靺鞨人的数量、来源，东归建国的靺鞨人与三个靺鞨羁縻州的关系，等等。这些问题都没有明确的答案。二是对史料的理解存在一些偏差，例如以往的研究者对于新、旧唐书《地理志》相关记载存在的年代问题没有关注，认识存在问题。基于此，本文希望通过对文献记载、碑刻资料的综合分析，探讨隋唐时期营州靺鞨人的情况，希望深化对靺鞨建立渤海国这一争议问题的认识。

一 隋代入居营州的突地稽部靺鞨人

在隋以前，并无靺鞨人内迁的记载。《隋书·靺鞨传》记载了靺鞨七部，其中与中原最为接近的粟末靺鞨部主要活动在松花江中下游两岸地区。根据考古发现，在今吉林省吉林市区以北的松花江两岸地区发现了数处属于靺鞨文化的遗存，包括永吉杨屯上层②、永吉查里巴③等，年代约在北朝到隋唐，目前学界基本认同这些文化遗存是粟末靺鞨人的遗迹。

由于地理位置和发展方向的原因，粟末靺鞨与高句丽之间的冲突由来已

---

① 王承礼：《中国东北的渤海国与东北亚》，第 32～33 页。
② 参见刘振华《永吉杨屯遗址试掘简报》，《文物》1973 年第 8 期；吉林市博物馆：《吉林永吉杨屯大海猛遗址》，《考古学集刊 5》，中国社会科学出版社，1987；吉林省文物工作队：《吉林永吉杨屯遗址第三次发掘》，《考古学集刊 7》，科学出版社，1991。
③ 参见吉林省文物考古研究所《吉林永吉查里巴靺鞨墓地》，《文物》1995 年第 9 期。

久，"每寇高丽中"。① 6 世纪下半叶，高句丽再次向辽东地区扩张，同时在与粟末靺鞨的争夺中转守为攻。《太平寰宇记·河北道燕州》引《北蕃风俗记》云："初，开皇中，粟末靺鞨与高丽战，不胜，有厥稽部渠长突地稽首者，率忽赐来部、窟突始部、悦稽蒙部、越羽部、步护赖部、破奚部、步步括利部，凡八部，胜兵数千人，自扶余城西北举部向关内附，处之柳城。"② 根据李健才的研究，高句丽的扶余城在今吉林省吉林市附近，或即龙潭山高句丽山城③，因此"自扶余城西北"内附的粟末靺鞨人当与前文所述永吉杨屯等考古遗存有关。《隋书·高丽传》载开皇十七年（597），隋文帝责让高丽王的玺书中有："而乃驱逼靺鞨，固禁契丹。"所谓"驱逼靺鞨"当指突地稽部粟末靺鞨人与高句丽战不胜而降隋。④

这批入隋的粟末靺鞨人逐渐接受中原文化，"悦中国风俗，请被冠带，帝嘉之。"⑤ 同时，他们也参加了隋朝的军事行动，特别是对高句丽的战争，"及辽东之役，度地稽率其徒以从，每有战功，赏赐优厚。十三年，从帝幸江都，寻放归柳城。在涂遇李密之乱，密遣兵邀之，前后十余战，仅而得免。至高阳，复没于王须拔。未几，遁归罗艺。"⑥ 又据《册府元龟外臣部朝贡三》载："（突地稽）朝炀帝于江都，属化及之乱，以其徒数百间行归柳城。"说明突地稽随炀帝下江南是率领由部众组成的军事力量作"从兵"的，而归途中的数次劫难给该部造成了较大损失。

唐朝建立以后，武德元年（618）十二月"丁酉，隋襄平太守邓暠以柳城、北平二郡来降，以暠为营州总管"。随后"（罗）艺遂奉表，与渔阳、

---

① 《隋书》卷 81《靺鞨传》。

② 关于突地稽降隋的时间，《隋书·靺鞨传》载："炀帝初与高丽战，频败其众。渠帅度（突）地稽率其部来降。拜为右光禄大夫，居之柳城。"此外，《新唐书》卷 110《李谨行传》《册府元龟》卷 956《外臣部种族靺鞨》均记为"隋末"，《册府元龟》卷 970《外臣部朝贡三》则记为"隋大业中"，《通典》卷 178《州郡八燕州》记作"隋文帝时"。日野开三郎指出，《太平寰宇记》引《北蕃风俗记》的时间是正确的，并进一步推测突地稽降隋时间在开皇四至五年之间。参见《粟末靺鞨的对外关系——高句丽灭亡以前》，《东洋史论集》第 15 卷《东北亚民族史》（中），三一书房，1991，第 229 页。

③ 参见李健才《东北史地考略》（第 3 集），吉林文史出版社，2001，第 99～111 页。

④ 马驰先生有两篇文章论及突地稽部靺鞨人的历史发展脉络：《〈新唐书李谨行传〉补阙及考辨》，《文博》1993 年第 1 期；《李谨行家世和生平事迹考》，朱雷主编《唐代的历史与社会：中国唐史学会第六届年会暨国际唐史学术研讨会论文选集》，武汉大学出版社，1997。

⑤ 《隋书》卷 81《靺鞨传》。

⑥ 同上书。

上谷等诸郡皆来降。癸未，诏以艺为幽州总管"①。据《旧唐书·罗艺传》，罗艺降唐在武德三年（620）。罗艺奉表为"遁归罗艺"的突地稽降唐打开了方便之门。《旧唐书·靺鞨传》载：武德（618~626）初，"遣间使朝贡，以其部落置燕州，仍以突地稽为总管"。关于突地稽降唐、置燕州的时间，此处但言"武德初"。另据《旧唐书·契丹传》载："契丹有别部酋帅孙敖曹，武德四年，与靺鞨酋长突地稽俱遣使内附。"则突地稽附唐的时间当在武德四年（621）。《资治通鉴》卷189唐高祖武德四年六月庚子条载："营州人石世则执总管晋文衍，举州叛，奉靺鞨突地稽为主。"综合来看，当是武德四年六月，营州人石世则谋反，希望与突地稽结成联盟，突地稽判断形势后，转而降唐。

现在的问题是，《新唐书·黑水靺鞨传》载："武德五年，渠长阿固郎始来。太宗贞观二年，乃臣附，所献有常，以其地为燕州"；又《旧唐书·太宗纪上》载：贞观二年（628），"二月丙戌，靺鞨内属"。既然提到燕州，则所指应为突地稽部。然而从诸史所载看，突地稽部于武德四年（621）降唐和唐置燕州是与前后史事相合的。例如《旧唐书·靺鞨传》在记载武德初以突地稽部置燕州后，又载："刘黑闼之叛也，突地稽率所部赴定州。"而刘黑闼之叛在武德四年七月，"甲戌，刘黑闼反于贝州……（十一月）壬寅，刘黑闼陷定州"。② 因此贞观二年之说有误。至于贞观二年是何靺鞨部落内属的问题，下文将有所讨论。

武德六年（623），唐"徙其（突地稽——引者）部落于幽州之昌平城。高开道引突厥寇幽州，突地稽将兵邀击，破之"③。尽管幽州的生活环境要比营州优越很多，但隋末唐初的频繁战争，使突地稽部人员大减，其内徙幽州后，据《旧唐书·地理志二》载："（燕州）旧领县一，无实土户。所领户出粟皆（应为粟末——引者）靺鞨别种，户五百。"岑仲勉先生认为：《旧唐书·地理志》所谓"旧领县"，当断在贞观十三年（639），资料源自《贞观十三年大簿》。至于旧领县下所记载的户口数，也当与《贞观十三年大簿》的记载相合。④ 然则贞观年间（627~649）突地稽所部粟末靺鞨人只

---

① 《资治通鉴》卷186，武德元年十二月。
② 《新唐书》卷1《高祖本纪》。
③ 《资治通鉴》卷190，唐高祖武德六年五月。
④ 参见岑仲勉《〈旧唐书地理志〉"旧领县"之表解》，《历史语言研究所集刊》第20本上册。

有五百户，其时该部势力之弱可见一斑。

离开营州的这批粟末靺鞨人一直作为一个整体存在。郁贤皓主编《唐刺史考全编》辑得燕州刺史三人，即李元正、李稽和咸通（860~873）年间的李某。[1] 其中李稽，见于李谨行之子《李秀神道碑》，碑文称"祖讳稽府君，左卫大将军持节燕州刺史……"[2] 据《唐会要·靺鞨》载："突地稽力战有功。拜左卫将军。赐姓李氏。封耆国公。寻卒。子谨行。"则李稽应是突地稽。

至于李元正，见于《全唐文·太宗四》载"命将征高丽诏"，其文曰："行军总管执失思力，行军总管契苾何力，率其种落，随机进讨。契丹蕃长于勾折、奚蕃长苏支、燕州刺史李元正等，各率其众，绝其走伏。"则其担任燕州刺史当在贞观初。那么，李元正与李（突地）稽是什么关系呢？一般而言，唐代安置内附部落的羁縻州的刺史是由该部落首领世袭担任的，《太平寰宇记·河北道幽都县》也载有"（突地稽）历代袭为燕州刺史"之文，由此看来，马驰先生推测李元正是突地稽的袭封嗣子不无道理。[3] 但是，在目前能见到的相关史料中，却只记载了突地稽之子李谨行。李元正与李谨行又是什么关系呢？

据《李谨行墓志》，李谨行"以永淳二年七月二日薨于鄯州河源军，春秋六十有四"[4]，则李谨行生于武德三年（620）。又据《新唐书·李谨行传》，突地稽卒于贞观初，则到突地稽死时，李谨行仅十岁左右，从年龄上看，他应是继任燕州刺史的李元正的弟弟。

另据《李谨行墓志》，李谨行曾任肃慎府折冲。对于"肃慎府"，学界尚无合理解释。[5] 依据墓志同时言明"其先盖肃慎之苗裔，涑沫之后也"，笔者认为李谨行任折冲的肃慎府当与突地稽所率居于幽州之粟末靺鞨人有关。据章群研究，"边族之参与戍边军队，分为两种情况：一种是个别投募，包括'客将'在内；一种是唐室用其众。用其众为兵，也分两种情况：一种是授其酋帅以军衔，使统其部众作战；一种是直接用其部众，或使其酋

---

① 参见郁贤皓主编《唐刺史考全编》，安徽大学出版社，2000，第1650~1651页。

② 岑仲勉：《金石论丛》，上海古籍出版社，1981，第289~292页。

③ 参见马驰《〈新唐书·李谨行传〉补阙及考辨》，《文博》1993年第1期。

④ 《大唐故积石道经略□□右卫员外大将军检校左羽林军□检□□州刺史上柱国燕国公赠镇军大将军幽州刺史（李谨行）（下缺）》，吴刚主编《全唐文补遗》第二辑，三秦出版社，1995，第291~292页。

⑤ 参见张沛《唐折冲府汇考》，三秦出版社，2003。

帅统领，或否。"① 由此看来，肃慎府应该是突地稽所率入附唐朝的粟末靺鞨人组成的一支军事力量，由李谨行率领。《旧唐书·靺鞨传》载李谨行"麟德中，历迁营州都督。其部落家僮数千人，以财力雄边，为夷人所惮"。所谓"其部落家僮数千人"应该就是肃慎府所统的燕州靺鞨兵。

"家僮数千人"也说明燕州户口有所增加，从贞观十三年（639）仅五百户，增加到可出丁壮数千。《旧唐书·地理志二》载：燕州，"天宝，户二千四十五，口一万一千六百三"。此处所称"天宝"，当在安史之乱前，为唐户口最盛之时。② 据之推算，麟德中的户数当略少，因此"家僮数千人"（也即当兵的丁壮）应不过两三千。

综上所述，到唐初，安置突地稽部靺鞨人的燕州由突地稽嗣子李元正一支世袭刺史，进一步看，咸通年间（860~873）担任燕州刺史的"李某"也当为李元正子孙。至于由燕州靺鞨人组成的军事力量则转由突地稽另外一个儿子李谨行统领。据《李秀神道碑》，李谨行之子李秀没有担任过燕州刺史，而是追随其父率靺鞨兵东征西讨，正与家族内权力分配格局相符合。

二 隋末唐初靺鞨诸部的政治分化

隋初，粟末靺鞨与高句丽发生激烈冲突，然而史书中也有靺鞨与高句丽合作的记载。如《隋书·突厥传》载隋文帝征突厥诏云："往年利稽察大为高丽、靺鞨所破。"这些附于高句丽的靺鞨，当即"素附于高丽"的白山靺鞨。③ 其后，高保宁据营州，也因与高句丽的友好关系而多次凭借白山靺鞨兵对抗中原政权。④

到开皇中，粟末靺鞨突地稽部因与高句丽战而不胜，降隋。从文献及考古材料两方面证据看，随突地稽南迁者并非粟末靺鞨的全部。首先看文献证据。《资治通鉴》卷198贞观十九年（645）六月载："及高丽败于驻跸山，莫离支使靺鞨说真珠（薛延陀），啗以厚利，真珠慑服不敢动。"另据《册

---

① 章群：《唐代蕃将研究》，联经出版事业公司，1986，第143页。
② 参见李育华《论唐代人口政策的社会针对性及经济效应》，《西南民族大学学报》2005年第5期。
③ 参见《旧唐书》卷199下《靺鞨传》。
④ 参见王小甫《隋初与高句丽及东北诸族关系试探——以高保宁据营州为中心》，王小甫主编《盛唐时代与东北亚政局》，上海辞书出版社，2003，第43页。

府元龟外臣部备御四》：贞观二十年（646）"……（高句丽）莫离支潜令粟（末——引者补）靺鞨，诈惑延陀，啗以厚利"。说明到唐与高句丽冲突之时，尚有粟末靺鞨部落分布在高句丽与薛延陀之间。再看相关考古发现，永吉杨屯上层遗址的树轮校正碳十四年代为 415～636 年和 538～645 年①，永吉查里巴遗址的树轮校正碳十四年代为 428～643 年②，又两墓地各出一枚"开元通宝"，说明一直有粟末靺鞨人生活在北流的松花江中游地区，直到唐代。

随着高句丽势力向北扩张，隋末唐初，靺鞨诸部渐次为高句丽控制。从上述高句丽使粟末靺鞨联络薛延陀看，留在故地的粟末靺鞨已经加入高句丽。除此之外，《新唐书·地理志七下河北道》载有高丽降户州十四、府九之名，其中有拂涅州及越喜都督府，说明拂涅靺鞨与越喜靺鞨曾在高句丽控制之下。又据《旧唐书·靺鞨传》："汩咄、安居骨、号室等部，亦因高丽破后奔散微弱，后无闻焉。"三部因唐伐高句丽而衰散，也当与他们参与高句丽反唐行动有关。

《旧唐书·高丽传》载："建武惧，发其国，举筑长城，东北自扶余城，西南至海，千有余里。"又据《三国史记·高句丽本纪八》载：荣留王十四年（631）春二月，"王动众筑长城，东北自扶余城，东南至海千有余里，凡十六年毕功"。③ 关于高句丽长城的所在，多有争论。据李健才研究，高句丽长城的北端在今吉林德惠，沿今吉林农安东二十公里向南延伸。④ 从高句丽长城的地理位置看，包括留在故地的粟末靺鞨在内的靺鞨诸部都已经被包括在长城以内。由于高句丽控制了靺鞨诸部，领域大为膨胀，因此《旧唐书·高丽传》所载的高句丽领土才变成"东西三千一百里，南北二千里"，较比《隋书·高丽传》所载"其国东西二千里，南北千余里"大为增加。

在高句丽势力向靺鞨地区扩张的同时，隋末复兴的突厥势力也再次东

① 参见中国社会科学院考古研究所《中国考古学中碳十四年代数据集 1965～1991》，文物出版社，1992，第 80、81 页。
② 同上书，第 81 页。
③ 金富轼著、孙文范等校勘《三国史记》，吉林文史出版社，2003。本文以下所引《三国史记》均为此本。
④ 参见李健才《唐代高丽长城和扶余城》，《东北史地考略》（续集），吉林文史出版社，1995，第 89、91 页。

进,"以突利可汗主契丹、靺鞨部,树牙南直幽州"。① 唐初,靺鞨诸部的政治倾向呈现复杂面貌,《旧唐书·靺鞨传》载:"其国凡为数十部,各有酋帅,或附于高丽,或臣于突厥。"从地理分布看,降附突厥者应当是那些与突厥接壤的部落,如伯咄、安车骨。这与前述两部附于高句丽有所冲突,那么或者是两部的政治倾向有所反复,或者是两部为一些更小部落的松散联盟,各小部落的政治倾向有所不同。笔者倾向于认为是后者。

在高句丽、突厥两大势力的夹击下,唐初,又有靺鞨部落来降。《旧唐书·地理志二》载:"慎州。武德初置,隶营州,领涑沫靺鞨乌素固部落。"这支靺鞨人尽管也是涑沫(粟末)靺鞨,但不在突地稽所率内迁的八部之列。另据同书同志载:"营州上都督府,武德元年,改为营州总管府,领辽、燕二州,领柳城一县……(贞观)十年,又督慎州。"一云"武德初置,隶营州",一云"(贞观)十年,又督慎州",显然存在矛盾。按营州初督之辽州,当即《旧唐书·契丹传》所载:"又契丹有别部酋帅孙敖曹……武德四年,与靺鞨酋长突地稽俱遣使内附,诏令于营州城傍安置,授云麾将军,行辽州总管。"结合前引《资治通鉴》卷186所载武德元年(618)十二月"丁酉,隋襄平太守邓暠以柳城、北平二郡来降,以暠为营州总管",以及上文所论突地稽于武德四年降唐,唐"以其部落置燕州",则唐初营州地区的情况是:武德元年邓暠降唐,始置营州总管府;武德四年,契丹孙敖曹、靺鞨突地稽来降,分别置辽州、燕州,隶营州总管府。由此看来,到武德四年(1621)尚无慎州,不知"武德初置"之语从何而来。

上文曾引述《旧唐书·太宗纪上》载:贞观二年"二月丙戌,靺鞨内属"。关于唐如何安置这支内属靺鞨人,史书缺载。依笔者分析,当即《旧唐书·地理志二》所载贞观十年(636)营州又督之慎州。当然,二年入附,到十年才设州安置,显然也不合理,则贞观二年、十年又有一误,目前尚无从做出进一步判断。有关慎州靺鞨人的记载,又见于《册府元龟·将帅部·立功门》,其文曰:"张俭,贞观初,以军功累迁朔州刺史,后为检校营州都督府事,营州所管契丹、奚、霫、靺鞨诸蕃皆邻接境,粟末靺鞨最近,高丽引众数千来寇,俭率镇兵及诸蕃首领邀击之。"由于燕州靺鞨人早已内迁,因此所谓贞观时营州所管粟末靺鞨,当即慎州之粟末靺鞨乌素固部。

---

① 《新唐书》卷215《突厥传》。

正因为靺鞨诸部出现降唐与附高句丽的分化，所以才出现"南、北部"之说。据《续高僧传·感通篇中》载："贞观年中，辽西柳城靺鞨名帝示阶者，年十八时逃入高丽，逢高丽捉获，具说我是北边靺鞨。不信，谓是细作。"柳城为营州都督府所在地，贞观年中营州所管的靺鞨人，仅有慎州的粟末靺鞨，因此帝示阶必为此部之人。从这条记载看，到贞观年中，唐与高句丽对峙时期，已经出现柳城靺鞨与高句丽北边靺鞨对称的局面，即前者附唐，而后者则与高句丽关系较为密切。这种局面即《新唐书·黑水靺鞨传》所载："帝伐高丽，其北部反，与高丽合。"①

三　唐代营州靺鞨人

据《新唐书·地理志七下·羁縻州》所载，隶属营州的靺鞨羁縻州有三个：慎州、夷宾州、黎州。除慎州外，"夷宾州。乾封中，于营州界内置，处靺鞨愁思岭部落"；黎州则系"载初二年析慎州置"②。析置之事，在唐不乏其例。例如同为营州所管之契丹羁縻州沃州，即为"载初中，析昌州置"③。据《旧唐书·地理志二》载："慎州……领涑沫靺鞨乌素固部落，黎州处浮渝靺鞨乌素固部落。""浮渝"当即扶余。据前引《李谨行墓志》，突地稽部属"涑沫"靺鞨，而据《册府元龟·外臣部·朝贡三》载："突地稽者，靺鞨之渠长也。隋大业中……拜辽西太守，封扶余侯。"突地稽受封为"扶余侯"，当与粟末靺鞨原居地北流松花江中游为扶余故地有关。由此看来，浮渝（扶余）靺鞨、涑沫（粟末）靺鞨实际是同一部族的不同称呼，因此析慎州置黎州并没有新的靺鞨人加入。

上述慎州、夷宾州、黎州在万岁通天年间（696～697）李尽忠、孙万荣之乱时均迁入内地，但这并不是说东归建立渤海国的靺鞨人数量有限，因为当时营州地区的靺鞨人远不止上述三州之人。

在唐太宗伐高句丽之时，已有不少靺鞨人转"与高丽合"。贞观十九年（645），唐伐高句丽，"次安市，于是高丽北部傉萨高延寿、南部傉萨高惠

---

① 这里需要说明的是，尽管《新唐书》标明是《黑水靺鞨传》，但相当部分内容仍是就靺鞨七部而言的，具体到"其北部反"一句，以理度之，显然不是指黑水靺鞨的北部，而是与降唐南迁者相对之附于高句丽诸部。
② 《旧唐书》卷39《地理志二》。
③ 同上书。

真引兵及靺鞨众十五万来援"。① 到高宗再征高句丽时，在辽东地区更是出现了大量为高句丽驱使的靺鞨人。据《旧唐书·契苾何力传》："乾封元年……高丽有众十五万，屯于辽水，又引靺鞨数万据南苏城。"南苏城，位于今辽宁抚顺市东苏子河与浑河合流处。②

搜诸史籍，在唐伐高句丽的过程中，明确见于记载的靺鞨人内迁就有三次：

其一，据《新唐书·泉男生传》载："男生走保国内城，率其众与契丹、靺鞨兵内附……授平壤道行军大总管，兼持节安抚大使，举哥勿、南苏、仓岩等城以降。"另据《新唐书·高丽传》，泉男生率军与唐军会合在乾封元年（666）九月，结合上引《旧唐书·契苾何力传》所载乾封元年有数万靺鞨兵屯于南苏城，则可以判断在泉男生率领下降唐的靺鞨兵有数万之众。这批靺鞨人降唐后，在泉男生的率领下，参与了对高句丽的战争，"因诏（男生）还军，与李勣攻平壤"。③

这批靺鞨人降唐后的安置地，史无明言，但从一些相关线索看，应该是安置于营州地区。首先，根据前文论述，包括最初内附的突地稽部，隋唐时期内附的靺鞨人都被安置在营州地区；其次，从上引《新唐书·泉男生传》的记载看，与靺鞨人一起降唐的还有契丹人，而降唐契丹人也是被安置在营州的。从时间上看，乾封中置夷宾州所领靺鞨愁思岭部，或即随泉男生来降之靺鞨人。那么此次降唐者是否仅有愁思岭一部呢？显然不是，由于愁思岭部只是靺鞨七大部之下的次级部落，根据《隋书·靺鞨传》所载靺鞨七部的兵力数，愁思岭部断不可能有数万兵员。至于夷宾州以外的其他建制为何不见记载，下文再做讨论。

其二，大祚荣部粟末靺鞨人。《旧唐书·渤海靺鞨传》载："渤海靺鞨大祚荣者，本高丽别种也。高丽既灭，祚荣率家属徙居营州。"又据《新唐书·渤海传》："渤海，本粟末靺鞨附高丽者，姓大氏。"则大祚荣部为粟末靺鞨人，先附高句丽，唐灭高句丽以后，所部内迁营州。

其三，内迁之白山靺鞨人。《新唐书·黑水靺鞨传》载："白山本臣高丽，王师取平壤，其众多入唐。"至于这些白山靺鞨人入唐后的居地，史文

① 《新唐书》卷220《高丽传》。
② 参见谭其骧主编《〈中国历史地图集〉释文汇编东北卷》，中央民族学院出版社，1988，第68页。
③ 《新唐书》卷110《泉男生传》。

亦缺载。笔者以为，当同样安置于营州地区。实际上，尽管三批靺鞨人入附营州有先有后，但是应该看到，他们原本都是附于高句丽的靺鞨人，也就是说，他们是有着种族以及部落组织联系的。这正是以后大祚荣能成为自营州东归靺鞨人首领的因缘。

上述内迁靺鞨人入唐后的情况，史书缺乏明确记载。笔者认为，他们参与了镇压高句丽余众叛乱以及唐罗冲突。

《三国史记·新罗本纪六》载：新罗文武王十年（670）三月，"沙餐薛乌儒与高句丽太大兄高（意补——引者）延武各率精兵一万，渡鸭绿江，至屋骨□□□靺鞨兵先至，皆敦壤待之。夏四月四日，对战，我兵大克之，斩获不可胜计。唐兵继至，我兵退保白城"。这是靺鞨人参与镇压高句丽余众叛乱之始。可与此条记载相参证的是，《三国史记·新罗本纪七》载：新罗文武王十三年（673）九月，"唐兵与靺鞨、契丹兵来侵北边，凡九战，我兵克之，斩首二千余级。唐兵溺滤、王逢二河，死者不可胜计。冬，唐兵攻高句丽牛岑城，降之。契丹、靺鞨兵攻大杨城、童子城，灭之"。综合来看，第一条史料的阙文，似当补作"至屋骨城，契丹、靺鞨兵先至，皆敦壤待之"。

屋骨城，在鸭绿江北，一说即今辽宁省凤城市东南十里凤凰山之间的山城。[①] 据《资治通鉴》卷 211 唐高宗咸亨元年（670）条载："高丽酋长剑牟岑反，立高藏外孙安舜为主。以左监门大将军高侃为东州道行军总管，发兵讨之。"因此上引《三国史记·新罗本纪六》记载的于新罗文武王十年随唐军讨伐高句丽余众反叛的契丹、靺鞨兵当为高侃所管。由于此时李谨行尚未参战，所以这里的靺鞨兵只能是由营州所管的靺鞨人组成，或者主要是泉男生率领下降唐的那批契丹、靺鞨兵，降唐后一度在泉男生的率领下参与唐伐高句丽的战争，平定高句丽以后，泉男生入朝"进右卫大将军、卞国公"[②]，而他所率领的军队便转由高侃率领。

《三国史记·新罗本纪七》载：新罗文武王十二年（672）秋七月，"唐将高保（当'侃'——引者）率兵一万，李谨行率兵三万，一时至平壤，作八营屯留"。由此看来，李谨行是于 672 年到半岛参战。另据岑仲勉解读李谨行之子李秀神道碑，碑文有"二九渡辽"一语，当指李秀随李谨行往

---

① 参见谭其骧主编《〈中国历史地图集〉释文汇编东北卷》，第 70 页。
② 《新唐书》卷 110《泉男生传》。

半岛参战。岑仲勉认为，"二九"是指李秀的年龄，"依他的享寿来算，他应生于永徽六年（655），到咸亨三年（672）便是十八岁"。① 由此看来，李谨行此次赴半岛参战确是在672年。唐调李谨行参战，或与靺鞨兵初战不利有关，相关记载除上引《三国史记·新罗本纪六》之文外，还可参考《三国史记·新罗本纪七》：新罗文武王十一年（671）春正月，"靺鞨兵来围舌口，不克将退，出兵击之，斩杀三百余人"。

《三国史记·新罗本纪七》载：新罗文武王十一年九月，"唐将军高侃等率蕃兵四万到平壤，深沟高垒侵带方"。结合上引《三国史记·新罗本纪七》之文"唐将高保（侃）率兵一万，李谨行率兵三万，一时至平壤"，可以判断高侃原本率领由契丹、靺鞨人组成的四万蕃兵，此时分为两部分，高侃率一万人，李谨行率三万人。再进一步看，则极可能高侃率领的是契丹兵、李谨行率领的是靺鞨兵。从李秀无官职参战看，李谨行率领的靺鞨兵包括其本部的"家僮数千"，当然主要还是原高侃统领的靺鞨人。

从一系列相关史实看，唐朝自乾封元年（666）"高丽泉男生请内附，右骁卫大将军契苾何力为辽东安抚大使，率兵援之……左监门卫将军李谨行为后援"② 开始，在对高句丽以及后来对新罗的战役中，靺鞨出身的李谨行日益受到重用。到上元二年（675），更"诏以李谨行为安东镇抚大使，屯兵于新罗之买肖城，以经略之"③。从唐初以蕃将征行的情况看，说唐在上述战争中日渐倚重靺鞨兵是不为过的。《三国史记》较为详细地记载了靺鞨兵在半岛作战的情况："刘仁轨破我兵于七重城。仁轨引兵还，诏以李谨行为安东镇抚大使，以经略之，然多取百济地，遂抵高句丽南境为州郡。闻唐兵与契丹、靺鞨兵来侵，出九军待之。秋九月，李谨行率兵二十万，屯买肖城……靺鞨入阿达城劫掠，唐兵与契丹、靺鞨兵来围七重城，不克……靺鞨又围赤木城，灭之。"④

综合以上所论，可见经唐平高句丽之役，营州地区出现了大量靺鞨人。他们在唐镇压高句丽余众叛乱、唐与新罗的战争中都发挥了重要作用，粟末靺鞨出身的李谨行对他们具有重要的管理和震慑作用。随着李谨行担任安东镇抚大使，东北局面统归其掌控。据《旧唐书·地理志二》，

---

① 岑仲勉：《金石论丛》，第299页。
② 《新唐书》卷3《高宗本纪》。
③ 《册府元龟》卷986《外臣部征讨五》。
④ 《三国史记》卷7《新罗本纪七》。

安东都护府在上元三年（676）自平壤城移至辽东故城（今辽宁辽阳），时为安东镇抚大使的李谨行也必率军返至辽东。到仪凤二年，李谨行回京。①姑且不论李谨行为什么被调回京城，但他的离开，事实上削弱了唐对靺鞨人的控制。

《资治通鉴》卷202唐高宗仪凤二年条载："以工部尚书高藏为辽东州都督，封朝鲜王，遣归辽东，安辑高丽余众；高丽先在诸州者，皆遣与藏俱归……仍移安东都护府于新城以统之。去年春，移安东都护府于辽东故城，今又移于新城……藏至辽东，谋叛，潜与靺鞨通；召还，徙邛州而死，散徙其人于河南、陇右诸州，贫者留安东城傍。高丽旧城没于新罗，余众散入靺鞨及突厥。"仪凤二年，李谨行回京，高藏受命前来，"至辽东，谋叛，潜与靺鞨通"，这里的靺鞨，显然并非李谨行本部，而是随李谨行自半岛撤至辽东的靺鞨人，进一步说则应该是那些原本附于高句丽对抗唐朝的靺鞨人。因为这些人本是臣于高句丽的，才会与高藏合谋叛乱。最终叛乱没有成功，高藏被召还，并很快死去，辽东地区的高句丽遗民大部分被徙入唐朝内地。然而对于与之合谋的靺鞨则没有进一步的记载。笔者认为，从上文所论降唐靺鞨人被安置在营州地区看，当他们外出征行时，家眷必仍在营州地区，如《旧唐书·渤海靺鞨传》所载："高丽既灭，祚荣率家属徙居营州。"因此他们返回营州的可能性最大。

根据前述，李谨行"部落家僮"不会超过两三千，而其所率领在半岛参战的靺鞨人有三万，则非其本部而在李谨行统率下的靺鞨人当有两万以上近三万人，他们都是能行军打仗的青壮年，加上家眷，人数当更多。若以一家五口出一至二人当兵计，则到大祚荣率部东走建立渤海国之时，营州地区当有十万以上的靺鞨人。

既然营州有如此多的靺鞨人存在，当有相关建制，但两《唐书·地理志》记载的营州靺鞨羁縻州只有三个。《旧唐书·地理志二》又载："慎州……天宝领县一，户二百五十，口九百八十四。夷宾州……（天宝）领县一，户一百三十，口六百四十八……黎州……天宝领县一，户五百六十九，口一千九百九十一。"三州总人口与上述讨论的营州靺鞨人口数之间有着巨大的差异，这又如何解释呢？揆诸史籍，《旧唐书·渤海靺鞨传》载：

---

① 关于这个时间的判断，参见马驰《〈新唐书李谨行传〉补阙及考辨》，《文博》1993年第1期。

"渤海靺鞨大祚荣者，本高丽别种也。高丽既灭，祚荣率家属徙居营州。万岁通天年，契丹李尽忠反叛，祚荣与靺鞨乞四比羽各领亡命东奔，保阻以自固。"大祚荣与乞四比羽两部靺鞨人自营州东归建国，与之形成对比的是，慎州、夷宾州、黎州三州在万岁通天年间营州动乱过程中均内迁幽州。这说明营州靺鞨人发生了东归与内迁的分化，在大的营州靺鞨人的范围内分裂形成了没有交集的两个部分，造成上述数字缺口的正是东归建立渤海国的那部分靺鞨人。

那么这批以后东归的靺鞨人在营州时期是如何安置的呢？两唐书为什么缺乏记载呢？笔者以为，这主要是受两唐书修撰过程所据材料的限制，其中《旧唐书·地理志》，除前引岑仲勉文考证旧领县的记载出自《贞观十三年大簿》以外，旧志又称"今举天宝十一载地理"，则其所据材料主要是天宝年间（742~755）的，吴松弟先生在《两唐书地理志汇释》一书中即认为："《旧志》序政区沿革以唐中叶的天宝十一载疆域为准。"[1] 而《新唐书·地理志》的内容，据研究"'新志'记载的疆域政区，大体是依开元（713~741）、天宝年间的制度，并以之为主体的，而政区的沿革，其下限当以唐末天祐（904~907）年间为断"[2]。到开元、天宝时期，东归靺鞨人早就建立了"海东盛国"了，没有留下相关羁縻府州的记载自然不足为怪。

还值得一提的是东归靺鞨人的性质问题。从上文论述看，在两唐书中留下记载的三个羁縻州中慎州、黎州之粟末靺鞨乌素固部落，久已附唐，并没有参与东归建国活动。依笔者看来，尽管万岁通天年间（696~697）契丹李尽忠、孙万荣反叛，营州地区大乱，但能够乘乱率部东走的，必是具有强烈故土意识且不曾沉迷于营州安定生活者。从仪凤二年（677）高藏"谋叛，潜与靺鞨通"的情况来看，正是那些原本附于高句丽的营州靺鞨人具有这样的意识。其中除了大祚荣部以外，乞四比羽部也应属这一情况。[3] 当然，在那些原本附于高句丽的靺鞨人中，也存在着政治分化，例如夷宾州所管的愁思岭部就没有参与东归建国活动。

① 吴松弟：《两唐书地理志汇释》，代序《〈两唐书地理志〉及其研究述略》，安徽教育出版社，2002，第1页。
② 陈凯：《试论"两唐书地理志"的断限问题》，《史林》2010年第1期。
③ 至于乞四比羽部是否为白山靺鞨，目前尚无证据可供讨论，但笔者倾向于认同这一说法。

四　结语

从两唐书有关"渤海国"的记载看，从营州东归的靺鞨人是渤海建国主体并没有多少疑义，然而以往在这个问题上却发生了大量争论。究其原因，除了若干小疑点，如"渤海靺鞨大祚荣者，本高丽别种也"[1]、"有舍利乞乞仲象者，与靺鞨酋乞四比羽及高丽余种东走"[2] 等被无限放大以外，主要是没有弄清从营州东归的靺鞨人的数量、实力，对于他们是否有建立渤海国的能力存在疑虑。现在根据本文的讨论，靺鞨人主导建立渤海国应该不再成为问题。实际上，当渤海建国之时，东北土著部族中只有靺鞨人处在上升时期，因此能够主导建立渤海国也应算作历史偶然中的必然吧。

（原载《中国边疆史地研究》2011 年第 1 期）

---

① 《旧唐书》卷199 下《渤海靺鞨传》。
② 《新唐书》卷219《渤海传》。

唐代经营东北与突厥

王义康

摘　要：唐王朝经营东北的目的能否实现，即东北诸族是否内附唐，取决于唐与突厥双方力量的消长变化。突厥降户叛乱引起东北政局的变化，又给突厥的发展壮大造成了机会，最终导致了后突厥的崛起，并且一度主导了东北诸族；后突厥的复兴是促使幽州成为军事重镇、平卢节度使建立的直接或间接因素。因此，隋至唐前期，是由隋唐王朝与漠北游牧政权争夺东北地区统治权的时代，虽然最终以突厥的失败而告终，但唐与突厥均是东北地区的主导力量，东北诸族是否内附唐是一个决定性的外在因素。

关键词：唐代政治　东北诸族　突厥

作者简介：王义康，1965 年生，历史学博士，中国社会科学院中国边疆史地研究中心研究馆员。

　　本文所谓唐代经营东北的对象主要是指奚、契丹、渤海、黑水靺鞨、室韦等部族。北朝后期以来，突厥是东北亚政治史上很活跃的力量，东北诸族多受其役属。日本学者松井就认为契丹在唐代的活动与突厥密切相关[①]。日野开三郎曾指出，后突厥毗伽可汗与唐玄宗在实现对渤海、靺鞨诸部宗主权问题上，两者设想不同，最终玄宗获得优势[②]。这些论述都揭示出突厥在东北诸族中影响力存在的事实。相反，后来学者探讨唐代经营东北，往往从唐与东

[①]　松井：《契丹勃兴史》，民族史译文集：第 10 辑，中国社会科学院民族研究所，1981。
[②]　日野開三郎：《突厥毗伽可汗と唐・玄宗との対立と小高勾麗國》，東洋史學論集：第 8 卷，东京：三一书房，1984。

北诸族或东北地区发生的事件为出发点考察。众所周知，宋祁是将突厥列为唐代四大边患之首的。然而今天在涉及唐东北军事格局变革时，主要限于唐与奚、契丹等族关系范围内进行论述①。突厥与东北政局变化的关系，反而有忽视之嫌。唐王朝经营东北是通过东北诸族内附而实现的，在此过程中，唐、突厥、东北诸族之间关系如何，或者突厥扮演着什么角色，突厥势力的存在对唐王朝经营东北产生什么影响，这些问题都有待进一步系统论证。陈寅恪提出考察唐与周边某一民族的关系，不可局限于某一民族，必须通览诸族之间相互关系②。因此，本文以前人的研究成果为基础，试图在唐与突厥的力量消长中考察东北诸族与两者关系的推移变化，探讨唐经营东北过程中突厥对唐及东北诸族产生的影响。

一　隋至唐初东北诸族内附与突厥的衰亡

概括地讲，隋至唐初中原王朝经营东北是建立在与漠北游牧民族实力对比基础之上，东北诸族的向背视双方力量的消长。

隋朝建立之初，东北诸族仍然在突厥的势力范围之内。原北齐刺史高宝宁反叛，以营州为据点，倚靠高丽、勾结突厥、挟东北诸族不断与隋对抗③。但在隋朝方面，北方统一以后，已经具备了与突厥抗衡的能力。开皇三年（583），隋文帝派兵重创突厥，在营州方面消灭了高宝宁的势力。战争的失败激发了突厥内部潜在的矛盾，突厥陷入全面的内乱④。开皇四年（584），沙钵略可汗向隋告急，请求把属部迁至漠南，南倚长城，以隋为后盾，归服隋朝。开皇十九年（599），突利可汗受到都蓝、达头二可汗合攻，南下入隋，隋扶立为突厥可汗，统领东部突厥部落。突厥隶属于隋，基本上解决了来自北方地区的威胁。

隋与突厥力量对比的变化，乃至突厥沦为从属的情况下，奚、契丹、室韦诸部转而内属或通使建立联系⑤。隋代经营东北的特点是在诸族内附的前

① 黄永年：《唐代河北藩镇与奚契丹》，文史探微，中华书局，2000。
② 陈寅恪：《唐代政治史述论稿》，上海古籍出版社，1997，第125页。
③ 王小甫：《隋初与高句丽及东北诸族关系试探》，盛唐时代与东北亚政局，上海辞书出版社，2003。
④ 吴玉贵：《突厥汗国与隋唐关系史研究》，中国社会科学出版社，1998，第95页。
⑤ 魏征等：《隋书》，中华书局，1996，第1881~1883页。

提下，仍让突厥统领诸族，鲜有直接统治。沙钵略可汗归隋后仍派吐屯潘垤统领契丹。炀帝时就由启民可汗统领着奚、霫、室韦等酋长数十人①。韦云起监护突厥兵讨契丹时，由于契丹隶属突厥，以至于契丹丧失警惕性②。隋通过控制突厥来达到控制东北诸族的目的，并不追求直接统治权及统治区域的扩大。但是这种方式在中央王朝对突厥控制力减弱时，便于突厥挟东北诸族与中央为敌，促使后来唐吸取教训，在东北诸族中设立府州直接进行监管。

隋末由于内乱的开始和逐渐加剧，突厥与隋朝的关系由原来的附属关系变为敌国关系，突厥又强大起来，成为东亚霸主，几乎控制了东北亚地区。颉利可汗时，东北诸族皆归属突利。唐建国之初，中原地区群雄割据，竞相结援突厥与唐对抗，突厥也试图利用割据势力阻挠唐的统一事业。这种局势下唐不仅无暇顾及东北诸族，而且经营东北的后援地幽州也受到严重侵扰。虽然武德年间契丹也曾遣使朝贡，但至高祖退位、太宗即位之初，由于突厥势力正盛，唐在东北的经营成效不大。这期间只是在东北诸族中流散出来的部落设置了燕、威、慎、崇、鲜、玄、昌、师等州。这些蕃州与后来以契丹八部、奚五部设置的府州有所不同③，需要向户部申报版籍，《旧唐书·地理志》记载其贞观、天宝两个年份的户数、口数，虽然居民为羁縻州百姓，但是为营州直接管辖的编户百姓。

贞观四年（630），颉利可汗败亡，突厥在东北地区的影响力随之消失。营州都督随即遣契丹酋长说谕东北诸部族，奚、霫、室韦等十余部内附④，但是大规模在奚、契丹等本部设置府州是在贞观二十二年（648）。是年，契丹酋长窟哥、奚酋长可度内属，唐为其置松漠、饶乐都督府，二人分别任都督。又以契丹八部为九州，隶松漠都督府；奚五部为五州，隶饶乐都督府。霫先前臣属于颉利，贞观中遣渠帅内附，以其地为居延州，时间不详⑤，应与奚、契丹同时置州。

薛延陀灭亡前夕，唐已将势力伸展到乌罗护、靺鞨诸部。贞观二十年（646）六月，唐太宗派校尉宇文法前往乌罗护、靺鞨，宇文法率靺鞨大败

① 司马光：《资治通鉴》，中华书局，1992，第5628页。
② 刘昫：《旧唐书》，中华书局，1975，第2631~2632页。
③ 蔡美彪：《契丹的部落组织和国家的产生》，《历史研究》1964年第5~6期。
④ 司马光：《资治通鉴》，中华书局，1992，第6082页。
⑤ 岑仲勉：《突厥集史》，中华书局，1958，第751~757页。

薛延陀①。所谓校尉乃是东夷校尉，唐初管理东北诸部的机构。宇文法以东夷校尉的身份调发靺鞨兵，说明当时一些靺鞨部落及乌罗护已经附唐。李多祚是盖川人，曾祖至父四世任乌蒙州都督②。多祚出自靺鞨何部不详，"其先靺鞨酋长，号黄头都督，后入中国"③。所谓多祚"入中国"是指其入朝宿卫，此后一直在唐军中，其先世所任都督显然是唐在其部落本土所置府州的都督，多祚父祖四世任乌蒙州都督，乌蒙州应置于薛延陀灭亡前后。乌承恩开元二十一年（733）为儒州刺史，乌氏出自乌罗护，乌氏诸将活动于幽、营之间④。乌罗护活动的中心区域在今内蒙古呼伦贝尔盟的扎赉特旗境⑤，儒州也不见于幽、营二州内入蕃州，情况应与乌蒙州相同，应是贞观后期在乌罗护本部设置的蕃州，后来乌氏酋长携部族入居幽、营一带。由此可见，唐在东北诸族中设立府州是相当广泛的。

突厥于贞观四年（630）灭亡，却迟至贞观二十二年（648）始在东北诸族本部设置府州，其中原委与薛延陀的兴起有着直接关系。突厥灭亡以后，得到唐支持的薛延陀在漠北建立政权，与先前在北亚草原上出现的游牧政权一样，薛延陀迅速走上了向西域⑥、东北扩张土境的道路，东北一些部族又役属于薛延陀⑦，后者并且进攻室韦、乌罗护、靺鞨等未附己的东北部族。直至受到唐重创，走向衰亡之际，薛延陀向东北扩张才开始收敛。所以，贞观四年（630）至贞观二十年（646），除征讨高丽牵制了唐的力量之外，由于薛延陀势力在东北的存在，唐对东北诸族的经营难以取得实质性进展。薛延陀灭亡，唐以漠北铁勒诸族置府州，并设都护府监领，直接控制了漠北地区。至此，结束了漠北游牧民族与唐在东北对抗的局面，东北诸族来自漠北草原的压力随之消失，唐才得以在奚、契丹诸部中从容设置府州，建立统治秩序。

二　东北政局的变化与后突厥的崛起

唐初在北方建立燕然都护府与瀚海都护府管理突厥与铁勒部族，在东北

---

① 司马光：《资治通鉴》，中华书局，1992，第6237页。

② 吴钢：《全唐文补遗：第6辑》，三秦出版社，1999，第383页。

③ 欧阳修、宋祁：《新唐书》，中华书局，1991，第4125页。

④ 章群：《唐代蕃将研究》，台北：联经出版事业公司，1986，第109页。

⑤ 周维衍：《乌罗护民族试探》，《历史地理：第1辑》，复旦大学出版社，1986。

⑥ 段连勤：《丁零、高车与铁勒》，广西师范大学出版社，2006，第332~335页。

⑦ 王钦若等：《册府元龟》，中华书局，2003，第11569页。

方面则由营州都督府管理奚、契丹等族，后又置安东都护府管理高丽民众。唐初构建的边疆管理体制中，通常情况下唐利用北方突厥诸族与东北诸族互相制约，维持统治秩序。如窟哥、可度死后，显庆五年（660），奚、契丹连谋叛乱，唐主要调发突厥、薛延陀部众平定东北的叛乱①。反之，唐利用东北的两蕃也可钳制北方的突厥诸族②。同时，一方的叛附，又影响着另一方对唐的态度。这种态势一直延续至玄宗时期，张说曾担忧："九姓若去，两蕃摇矣！"③ 九姓是开元四年（716）南下附唐被安置在太原以北的铁勒部落。张说提醒朝廷，如果新继位的毗伽可汗攻取九姓铁勒部落或诱使其叛唐，势必动摇唐对奚、契丹的统治。唐初构建的北方、东北相维制衡的体制，由于高宗调露元年（679）单于都护府管辖的突厥降户叛乱，在突厥与东北诸族之间产生了一系列连锁效应。

首先，突厥降户叛乱给唐在东北的统治带来了严峻的挑战，最终导致东北边疆管理体制全面解体。突厥降户叛乱之初，诱扇奚、契丹侵掠州县，接着奚、契丹又与桑乾突厥连同反叛④。武后天授二年（691）下半年至长寿元年（692）之间，黑水靺鞨也乘东北多事之际向高丽故地的北境推进，迫使武周派兵深入征讨⑤。黑水靺鞨恰在此时南进，应是受到突厥反叛的影响。武后长寿二年（693）又发生室韦叛乱。室韦西邻突厥⑥，突厥强盛时曾长期附属后者，叛乱难免有突厥策动之嫌。由突厥叛众策动的东北诸族叛乱，不仅使唐在东北的统治发生动摇，而且分散了唐征剿突厥的力量，给突厥叛众带来喘息的机会。

这几次叛乱虽然平息，但是潜伏的危机依然存在。为了平定突厥叛乱，调露元年（679）曾调派营州、幽州都督前去平叛。在此之前，高宗咸亨元年（670）后，吐蕃在西方崛起给唐造成的压力加大，迫使唐从东北调派军队进行防御，造成东北地区兵力不足⑦。此时调派营州都督参与平叛，使得镇抚东北诸族的军事力量更加薄弱。万岁通天元年（696）营州契丹松漠都督李尽忠、归诚州刺史孙万荣之乱，彻底改变了东北政局。叛乱能够迅速蔓

---

① 王钦若等：《册府元龟》，中华书局，2003，第 11577 页。
② 李蓉：《唐初两蕃与唐的东北策略》，《四川师范大学学报》（社会科学版）2003 年第 2 期。
③ 董诰等：《全唐文》，中华书局，2001，第 2257 页。
④ 刘昫：《旧唐书》，中华书局，1975，第 2918 页。
⑤ 魏国忠、孙正甲：《唐与黑水靺鞨之战》，《社会科学战线》1984 年第 3 期。
⑥ 司马光：《资治通鉴》，中华书局，1992，第 6493 页。
⑦ 黄约瑟：《武则天与朝鲜半岛政局》，《黄约瑟隋唐史论集》，中华书局，1997，第 62 页。

延开来，也说明营州境内没有足够的兵力很快平息叛乱。同时，由于突厥降户叛乱，唐失去了制衡东北诸族的力量，使得唐不能像先前一样，东北有事，就近迅速调发突厥部落兵前往平叛，以致叛众轻而易举地攻克营州，唐失去了经营东北诸族的前沿阵地。营州都督府、安东都护府后撤，失去了管理东北诸族的作用。

其次，突厥反叛是契丹反叛的直接或间接的诱因，然而营州之乱又给突厥的发展壮大造成了机会。当武周对叛乱一筹莫展的时候，突厥默啜请求为武太后子，并为其女求婚，且请求得到河曲六州突厥降户，以此作为条件帮助武周讨伐契丹。武周没有足够的兵力平叛，默啜请求出兵得到武后的许可。在这场变乱中，默啜两次突袭契丹后方掠取了大量的财物与人口；又强行向武周索取到六州突厥降户以及谷种、缯帛、农器、铁等大量物质；又借口嫁女未遂，侵入河北劫掠人财。

奚、契丹叛乱使武周无力征讨突厥，默啜却成为最大的获益者。首先，默啜通过索求及数次掳掠增强了实力。其次，默啜继东突厥之后又将势力扩张到东北。契丹在遭受打击后，"不能立，遂附突厥"①。此时的契丹尚不能成为独立的政治、军事实体存在，只有依附于突厥。奚、霫等在叛乱后也降附了突厥②。相反，唐复营州以前，基本上退出了东北政治舞台。默啜乘危获益后，"拥兵四十万，据地万里，西北诸夷皆附之，甚有轻中国之心"③。李尽忠、孙万荣叛乱造成的影响是多方面的，但是这次叛乱最终导致了后突厥的崛起。

三 幽州成为军事重镇与后突厥

奚、契丹叛乱，导致营州都督府、安东都护府的后撤，唐初河北道以幽州、营州、安东三府经略东北，此时东北防务只好完全倚仗幽州④。复置营州之前，幽州独自承担着防御突厥与两蕃的任务。即使置营州后，突厥仍然影响着幽州军事地位的变化。范阳节度使成为最具军事实力节镇，两蕃之

---

① 欧阳修、宋祁：《新唐书》，中华书局，1991，第6170页。
② 司马光：《资治通鉴》，中华书局，1992，第6506、6522页。
③ 司马光：《资治通鉴》，中华书局，1992，第6535页。
④ 王小甫：《隋初与高句丽及东北诸族关系试探》，盛唐时代与东北亚政局，上海辞书出版社，2003，第100～105页。

外，与后突厥是密切关联的。

幽州是经营东北的后援地，但是由于地理位置的缘故，幽州的军事部署用以屏蔽河北，防止北方突厥、东北两蕃等南下侵扰由来已久。据统计，至隋文帝仁寿末年，隋朝大约置总管府三十六，东北方面用来抵御突厥、镇抚契丹者七府[①]，其中包括在幽州境内设置的总管府。唐代的情况依然与前代相仿，北方有变，河北州县面临的问题及幽州都督府职责就显现出来了。高宗调露元年（679），突厥降户叛乱之初，河北道当即遭受威胁，唐不得不屯兵井陉以防御突厥入寇河北州县。同时，幽州、营州都督府承担起征讨突厥的任务。调露元年和开耀元年（681），裴行俭两次率军大规模平叛，都以营州、幽州都督为主要力量[②]。

唐前期幽州军事制度的变化以及兵力的加强，皆由河北遭受突厥以及奚、契丹等的侵扰而开始。永淳元年突厥余党叛乱再起，侵扰加剧。弘道元年二月[③]、垂拱三年二月[④]，突厥叛众两次深入河北劫掠。唐失营州，幽州同时遭受来自北方突厥、东北诸族的侵扰，其时幽州的军事力量更难以承担屏蔽河北的任务。叛乱平定后，奚、契丹降附突厥，"契丹与突厥连岁寇边"[⑤]。万岁通天二年秋后，"斩啜等陷营府，及于幽州。朝廷有盱食之忧，郡县起宵烽之惊"[⑥]。直至睿宗景云元年（710）、玄宗先天元年（712），奚、霫两次大规模犯塞，幽州都督仍不能遏制其侵掠[⑦]。

唐前期河北平原是全国经济最发达的地区[⑧]，是王朝的财源地。面对侵扰，不得不以幽州为中心加强防务。武后以来在河北地区推行防御战略是边州设置军镇，在第二道防线上置团结兵，协调防御[⑨]。同时改革指挥体制，建立幽州节度使，赋予大权以便集中人力、物力有效防御[⑩]。然而，"四夷之中，突厥为大"[⑪]，在现实中的确也是如此，突厥对唐军事防御体系的穿

① 岑仲勉：《隋唐史》，中华书局，1982，第 8 ~ 10 页。
② 司马光：《资治通鉴》，中华书局，1992，第 6392 ~ 6393、6400、6405 页。
③ 司马光：《资治通鉴》，中华书局，1992，第 6413 页。
④ 王钦若等：《册府元龟》，中华书局，2003，第 11581 页。
⑤ 刘昫：《旧唐书》：中华书局，1975，第 5360 页。
⑥ 周绍良：《唐代墓志汇编（上）》，上海古籍出版社，2007，第 1128 页。
⑦ 司马光：《资治通鉴》，中华书局，1992，第 6660、6678 页。
⑧ 唐长孺：《魏晋南北朝隋唐史三论》，武汉大学出版社，1996，第 343 ~ 344 页。
⑨ 孟宪实：《略论唐前期河北地区军事问题》，《中国史研究》2003 年第 3 期。
⑩ 黄永年：《唐代河北藩镇与奚契丹》，文史探微，中华书局，2000。
⑪ 司马光：《资治通鉴》，中华书局，1992，第 6764 页。

透能力远胜他蕃。唐面临的大敌是突厥，奚、契丹附于后者。因此直至开元时期河北兵力的加强，乃至军事指挥权力的调整，往往以突厥为主要对象。河北遭受默啜蹂躏后，武则天令河南、河北置武骑团，"以备默啜"①。又于河北断塞居庸等路，防备突厥南下②。长安二年（702）三月，默啜入寇并州，置山东防御军大使，沧、瀛等六州诸军皆受其节度。四月，以幽州刺史张仁愿负责幽州以北防御事务。开元十四年（726），玄宗又于定、恒等五州置军③。此外，唐在河北倾注大量财物以备征讨突厥所用④。当时在河北聚集大量人力、物力，突厥乃是防御重点。

人们通常根据《通典》《旧唐书》的记载认为唐代范阳节度使的任务是"临制奚、契丹"，而忽略了《通鉴》记载节度使的辖区、兵力、任务是系于天宝元年（742）的⑤。这应是以天宝元年的政府文书为依据，所记各个节度使的任务是随着周边战略形势的变化最终确定下来的结果。天宝元年突厥衰亡征兆已显，唐在东北经营也取得了很大进展，突厥已不是范阳节度使防范的主要对象，主要任务自然而然地就转向了临制奚、契丹。自突厥降户叛乱以来，幽州都督就承担着平叛与防御的任务，直至开元年间范阳节度使除了制御两蕃之外，防御突厥仍是其主要任务之一。或以为玄宗在河北置五军备是针对奚、契丹⑥，这是一个问题不同的表述而已，无须修正。

幽州是经营东北的后援，营州是前沿阵地，两者为表里关系。"国家往有营州，兹为房障，此北狄不敢窥觎东藩。"⑦ 营州是唐遏制突厥向东北发展的屏障，据营州可以防止突厥控制东北诸族。"镇彼戎夷，扼喉断臂。"⑧据营州可以断突厥左臂，又可以有效地镇抚奚、契丹，达到"挟两蕃以制突厥"的目的，进而保证幽州的安全。唐失营州，造成"契丹及奚与突厥连和"为患的被动局面⑨，薛讷认为经营东北必须恢复营州，试图制服奚、

① 王溥：《唐会要》，中华书局，1998，第1438页。
② 刘昫：《旧唐书》：中华书局，1975，第4814页。
③ 司马光：《资治通鉴》，中华书局，1992，第6558、6772页。
④ 司马光：《资治通鉴》，中华书局，1992，第6957页。
⑤ 司马光：《资治通鉴》，中华书局，1992，第6847、6851页。
⑥ 孟宪实：《略论唐前期河北地区军事问题》，《中国史研究》2003年第3期。
⑦ 王钦若等：《册府元龟》，中华书局，2003，第11650页。
⑧ 刘昫：《旧唐书》：中华书局，1975，第4815页。
⑨ 刘昫：《旧唐书》：中华书局，1975，第2984页。

契丹，断突厥左臂，请求出击契丹，结果大败而归。幽州长期以来处于突厥、两蕃的强大压力下，兵力主要用以防御，而非进攻。薛讷于开元二年（714）七月战败，同年十月调任陇右与吐蕃作战，却大获全胜。薛讷在两地担任统帅，战果却截然不同，说明幽州缺乏训练有素的野战部队。开元二十一年（733），幽州副总管郭英杰与突厥、契丹联军决战，全军覆没，此时幽州军队仍然难敌强悍的突厥、契丹军队。为了有效地经略东北，除不断增加兵力之外，还从西方抽调以善战著称的张守珪任幽州节度使主持东北战事，终于扭转了东北方面的局面。虽然唐经营东北的对象是奚、契丹等族，但自从后突厥崛起以后，两蕃长期依附突厥，再次附唐以后，受突厥影响叛附无常，乃至两者联兵与唐抗衡。突厥的介入无疑给唐经营东北增加了强大的外来阻力，迫使唐不断地加强幽州的军事力量。天宝元年范阳节度使兵员数为诸节镇之首，这一局面的形成与后突厥盛衰是同步的。论者通常将范阳节度使军事实力超越其他节度使，归咎于制御奚、契丹等东北民族所致，但是忽视了东北诸族反复无常的动因，突厥势力介入东北事务，才促使唐一再加大幽州军事投入。幽州成为军事重镇，突厥是一个重要的外在因素。

四　开元时期奚、契丹的反复与毗伽可汗中兴

开元四年（716）是唐重新经营东北的一个转折点。此年六月默啜败亡，突厥政权濒临崩溃的边缘，奚、契丹失去了后援，内部陷入混乱。八月，奚、契丹内附，唐再置松漠、饶乐都督府，又出降公主于契丹首领李失活、奚首领李大酺，以示笼络。开元五年（717）复置营州都督府，置平卢军使。唐与突厥对峙近二十年，终于在突厥势衰之际，恢复了经营东北诸族的据点。然而此后唐东北经营仍然受阻于突厥、两蕃的反复。正史关于开元时期唐与后突厥关系多为正面交往的记载，关于突厥与东北诸族关系以及唐与突厥在东北的冲突鲜有记载，妨碍了人们对后突厥与唐关系的认识。相反，传世文集、碑铭多有记载，有助了解突厥势力再次介入东北导致唐经营东北的复杂性。

虽然突厥势力退出了东北，但是威胁依然存在。突厥内部局势稳定后，随时可能介入东北。毗伽可汗继位后采纳默啜衙官暾欲谷的建议，首先招抚离散部落；其次，停止对唐侵扰，征服叛变的各部族。东北诸族为其近邻，

首当其冲。开元六年（718）五月，毗伽可汗领军至大雒，进攻奚、契丹①。这次毗伽可汗攻打两蕃，唐已有准备，没有导致两蕃的背叛。开元八年（720），毗伽可汗于北庭击败拔悉密，暾欲谷趁胜引兵东南，又于凉州败唐兵，"由是大振，尽有默啜之众。"② 后突厥出现了中兴的局面。

突厥对奚、契丹的压力加剧了后者内部的权力斗争。开元六年李失活卒，弟娑固继位。娑固与衙官可突干互相猜忌，可突干先发制人，娑固逃奔营州。营州都督派兵讨伐，结果战败，娑固与奚王李大酺被杀，营州都督府又被迫后撤。事后可突干以娑固从父弟郁干为王，遣使谢罪。玄宗赦免可突干，仍以郁干为松漠都督，以大酺弟鲁苏为饶乐都督③。

这次契丹内部之争，看似与突厥没有直接的关系，但是可突干敢于弑主擅立，不怕获罪于唐，很显然，再次振兴的突厥也是可以选择的退路，况且突厥依然没有放弃征服奚、契丹的企图。721年和722年毗伽可汗连续进攻契丹、奚，掠其人畜财物④。唐面对突厥的压力，为了稳定两蕃，避免将可突干逼向突厥一边，对于可突干的废立行为采取了容忍的态度。可突干正是看中唐这种心理，以致连续废立。爱宕松男将契丹内部之争归结为亲唐与反唐之争⑤，片面强调可突干企图反唐而独立，忽视了中兴的突厥从未停止觊觎两蕃。这不仅加剧了契丹内部的分裂，而且也促使可突干萌生了依附突厥实现独揽权利的企图。况且契丹本来就是突厥掠夺财物的对象，依附突厥意味着遭受突厥的重税奴役⑥，无助于契丹内部社会组织的发育，独立之说难以成立。可突干的行为实际上是在突厥势力影响下进行的权利之争，并无鲜明的政治独立色彩。同样，在奚内部也发生了部落军事首领企图倚靠突厥实现权力更迭的事件。鲁苏为奚王后，鲁苏牙官塞默羯欲谋害鲁苏，"翻归突厥"⑦。

奚、契丹内部的分化，最终导致突厥势力进入东北。开元十七年（729），突厥向东移动，准备进攻两蕃⑧。开元十八年（730），可突干杀契

---

① 王钦若等：《册府元龟》，中华书局，2003，第11658页。
② 司马光：《资治通鉴》，中华书局，1992，第6742~6743页。
③ 司马光：《资治通鉴》，中华书局，1992，第6720页。
④ 爱宕松男：《契丹古代史研究》，内蒙古人民出版社，1988，第265页。
⑤ 爱宕松男：《契丹古代史研究》，内蒙古人民出版社，1988，第157、158页。
⑥ 董诰等：《全唐文》，中华书局，2001，第2888页。
⑦ 杜佑：《通典》，中华书局，2003，第5485页。
⑧ 王钦若等：《册府元龟》，中华书局，2003，第898页。

丹王邵固，率众挟奚叛降突厥。唐朝东北政策是挟两蕃以制突厥，所以可突干一再挟势废立，仍然得到唐的认可，但此时可突干触及了唐的基本利益。"突厥与契丹都督可突干迷心未启"①，唐连续发兵讨伐。由于突厥在东北的活跃，影响着东北其他部族对唐的态度。室韦在默啜政衰时附唐，后又归附突厥攻唐②，此时突厥又与室韦军事上联合行动③。突厥对东北诸族的影响加深了唐的顾虑，开元二十年（732）五月，以幽州节度使兼河北采访处置使，并增领河北道卫、相等十六州及安东都护府，扩大幽州节度使事权，以便有效应对东北局势的变化。张守珪任幽州节度使后屡破契丹，虽然可突干依靠突厥为援，但在唐持续军事压力下内部发生分裂。衙官李过折杀可突干及其契丹王。开元二十三年（735）正月，唐以李过折为松漠府都督兼同幽州节度副使④。唐授过折同幽州节度副使，并非仅仅出于优宠，而是灭可突干、挫败突厥后，将松漠都督府纳入节度使体制，进一步加强其统治，并受幽州节度使调度，抵御突厥入侵，后来事实证明也是如此。同年过折为部下涅礼所杀，唐仍采取宽大的政策，赦其罪，仍以涅礼为松漠都督。至此，有突厥介入的这场可突干叛乱宣告结束。

此时突厥内部也发生了变故，毗伽可汗被其大臣毒死，政局不稳。登利可汗继位后再次进攻两蕃，为其所败⑤。"伏以突厥新立，轻事用兵，彼之威众，在此一举。"⑥ 此举意在通过军事上的胜利，提高自己的威信，增强内部的凝聚力，但经此失败，不仅不能挽救突厥的颓势反而益衰。即使如此，唐对突厥仍然心有余悸。张九龄为玄宗代写的敕书中，一方面劝说登利可汗放弃进攻两蕃，一方面提醒平卢、幽州节度使要防止突厥卷土重来进行报复⑦。上引松井文认为继默啜之后的毗伽可汗对唐采取了顺从的态度，唐的东北经营不再如从前受到阻碍。但是毗伽可汗对唐的顺从仅仅维持在不侵犯唐本土的层面上⑧，因为征伐旧时附属部落是其继位后的国策⑨，而这恰

① 吴钢：《全唐文补遗：第8辑》，三秦出版社，2005，第48页。
② 孙秀仁等：《室韦史研究》，北方文物杂志社，1985，第81页。
③ 司马光：《资治通鉴》，中华书局，1992，第6798页。
④ 孙秀仁等：《室韦史研究》，北方文物杂志社，1985，第75页。
⑤ 董诰等：《全唐文》，中华书局，2001，第2890页。
⑥ 董诰等：《全唐文》，中华书局，2001，第2931页。
⑦ 董诰等：《全唐文》，中华书局，2001，第2887、2894、2901页。
⑧ 李方：《后东突厥汗国复兴》，《中国边疆史地研究》2004年第3期。
⑨ 马长寿：《突厥人和突厥汗国》，广西师范大学出版社，2006，第73~71页。

恰与唐的战略意图相冲突。所以自隋唐经营东北诸族以来，在毗伽可汗、登利可汗时期，唐与突厥为争取东北诸族直接发生军事冲突的激烈程度也是前所未有的。在这种激烈较量中，范阳节度使的实力发生了根本性的变化。开元二十四年（736）以后，突厥无力对奚、契丹等发起进攻，至天宝四载（745）间，奚、契丹大体处于平静状态。开元时营州都督任两蕃、渤海、黑水四府经略使，天宝元年以平卢节度使镇抚室韦、靺鞨，经略或镇抚范围的扩大，东北经营取得了很大进展，但军事上尾大不掉之势已成定局。天宝四载后突厥灭亡，漠北回纥兴起，恰在此时安禄山大肆挞伐奚、契丹。安禄山的行为向来被视为恃宠邀功，但他的军事行动又得到朝廷的许可，这应是唐君臣前有突厥之鉴，担心两蕃落入强大的回纥之手的忧虑，需要进一步加强对两蕃控制。事实也是如此，安史之乱后，唐无力经营东北，两蕃转附回纥。

突厥觊觎两蕃，造成两蕃的反复，又促使唐加强东北的军事力量。唐初由营州都督府管理奚、契丹等部族，置安东都护管理高丽居民。复营州后唐着手建立军事体系，开元五年设平卢军使，七年升为节度使①，置常驻边兵镇抚东北诸族。王夫之在《读通鉴论》卷22中认为，玄宗时"奚、契丹倔强不宾，而亦屡挫刃以退，本无可用防御者。无故而曰大患之在边，委专征之权于边将，其失计故不待言"。在他看来，两蕃已不构成威胁，没有必要防御他们，所以设置平卢节度使是错误的。他看到两蕃自身并不构成严重的边患是正确的，但他忽视了由于突厥的影响东北局势难以稳定，奚、契丹等叛附无常，唐以优势兵力镇抚两蕃，既要防止两蕃反复，又要防御突厥入侵东北，达到挟两蕃以制突厥的目的。事实上平卢节度使的职责不仅仅是镇抚东北诸族，也起着抵御突厥入侵东北诸族的作用②。唐人云："玄宗御极，海内兵偃，独委精甲，北临鲜卑。"③ 毗伽可汗以来，突厥鲜有直接侵扰唐北方地区，双方呈现和平的局面，然而玄宗却唯独不断增强范阳、平卢节度使兵力临制两蕃，其原因在于东北方面突厥介入造成政局动荡，增加了唐经营的阻力。唐置平卢节度使，并蓄优势兵力于东北，虽然意在直接镇抚东北诸族，但从更广阔的背景来看，仍然是从应对突厥的战略意图出发的。

---

① 日野開三郎：《突厥毗伽可汗と唐・玄宗との対立と小高勾麗國》，東洋史學論集：第8卷，东京：三一書房，1984。
② 董诰等：《全唐文》，中华书局，2001，第2889、2894、2931页。
③ 吴钢：《全唐文补遗：第6辑》，三秦出版社，1999，第115页。

五　渤海附唐与后突厥势力的盛衰

渤海是李尽忠、孙万荣之乱后在东北地区出现的地方部族政权，它的存在以及政治取向无不与突厥势力的盛衰关联。这可从以下几个方面说明。

首先，渤海能够存在下来是以后突厥崛起为背景的。万岁通天元年（696）叛乱爆发后，原居于营州、受契丹节制的靺鞨酋长乞乞仲象、乞四比羽及高丽部众东走①。武后分别册封二人为许国公与震国公，但是乞四比羽不受命。从圣历（698～700）大祚荣自立为震（振）国王，仍沿用震国公爵号的做法来看，所谓"乞四比羽不受命"，是因为武后册封的本意是招抚二人牵制乃至讨伐契丹，应是乞乞仲象同意。乞四比羽等只接受册封而不愿效力，武后招慰失败，神功元年（697）六月后②，命降将李楷固等率军征讨。由于奚、契丹降附突厥共同对抗武周，切断了讨伐的道路，大祚荣获得喘息的机会，圣历（698～700）自立为震国王。营州之乱时，乞乞仲象等率众东走，背离契丹，两者关系破裂③，同时又面临着武周的讨伐。在两难的处境下，"遣使交突厥"，即附属突厥，求得庇护，突厥派出吐屯监领渤海。大祚荣能够轻而易举地建立地方政权并存在下来，并非仅仅因为恃地荒远，突厥势力在东北的扩张阻隔了武周的讨伐乃是主要原因。

其次，渤海也是在唐与突厥力量消长之间选择政治取向。唐中宗即位以后，一改武则天讨伐的做法，遣使招慰大祚荣。此举得到回应，大祚荣遣子入侍为质，表示接受册封。中宗希望大祚荣尽快内附，但是"契丹与突厥连岁寇边，使命不达"④。其时契丹等族附属突厥，突厥在东北地区的势力正盛，尽管大祚荣倾向于接受唐的册封，但依然不敢公开背离突厥，倒向唐的一边，唐未达到招慰渤海牵制突厥、契丹等目的，故而"使命不达"，以致有人认为其时渤海在唐与突厥之间具有了两属的性质⑤。其实，后突厥仍是妨碍渤海附唐的最大因素。

---

① 王小甫：《隋初与高句丽及东北诸族关系试探》，盛唐时代与东北亚政局，上海辞书出版社，2003，第289页。

② 司马光：《资治通鉴》，中华书局，1992，第6547页。

③ 宋玉祥：《渤海与契丹"世仇"浅见》，《北方文物》1995年第4期。

④ 刘昫：《旧唐书》：中华书局，1975，第5360页。

⑤ 马一虹：《渤海与后东突厥汗国的关系》，《民族研究》2007年第1期。

默啜日衰，给唐招慰渤海带来新的契机。玄宗即位，于开元元年，遣使册封大祚荣为渤海郡王，以其所统部落为忽汗州，兼都督。先天元年（713），幽州大都督孙佺欲收复营州，结果失败，使唐深知在东北寻找牵制两蕃力量的重要性。而此时正值默啜晚年政衰之际，其部落叛离已显端倪，大祚荣不得不考虑以唐为援。默啜败亡，两蕃内附，唐又置营州，突厥势力退出东北，唐对渤海的册封具有了实质性的宗藩关系。

再次，大武艺企图借助突厥势力实现扩张意图。大武艺继位后推行扩张政策，试图吞并邻近部族，并私改年号。此事引起唐的警惕，开元十四年（726），唐以黑水靺鞨地为州，仍置长史，遣使镇押，并以部落为军，黑水靺鞨进入了唐的统治体系。此举或以为是牵制突厥①，但是应该看到大武艺在突厥势力退出东北后乘机扩张，结果将是打破东北地区的平衡，此时唐在东北的统治也不是十分稳固，大武艺的做法无疑是一个极大的挑战，违背唐的利益。同时私改年号，又是一种悖逆行为，意味着摆脱唐的宗主地位。因此唐在黑水靺鞨设府、置军，不能否认具有抑制大武艺乘机扩张的意图。

大武艺对唐的做法反应极为强烈，认为是唐与黑水靺鞨欲腹背攻击渤海②，随即遣母弟大门艺发兵以击黑水，但大门艺与大武艺意见相左，弃众奔唐。在处置大门艺的问题上，唐与大武艺难以达成妥协，双方关系陷入僵局。此时两蕃叛附突厥，突厥势力又伸张至东北，又促使大武艺对唐的态度愈加强硬。他试图倒向突厥一边，实现扩张的意图，并联合奚、契丹、突厥等向唐进攻③。大武艺派兵袭登州，又出渤海至马都山，屠陷城邑，张守珪击杀可突干，唐东北战事取得重大胜利。随后契丹涅里与奚王李归国又击败登利可汗东侵，突厥与唐在东北的争锋，逐渐处于下风，室韦、黑水诸部又重新归唐④。唐与突厥在东北地区力量的变化，间接给渤海施加了压力。大武艺随即扣留了突厥派来联合渤海准备攻打两蕃的使者⑤，以示与突厥脱离关系。从此唐和渤海的关系稳定下来，始终维持宗藩关系，不再发生冲突。可见，唐与突厥力量的变化始终决定着渤海的政治去向。

---

① 黄约瑟：《武则天与朝鲜半岛政局》，《黄约瑟隋唐史论集》，中华书局，1997，第87页。
② 刘昫：《旧唐书》，中华书局，1975，第5363页。
③ 岑仲勉：《隋唐史》，中华书局，1982，第437页。
④ 王钦若等：《册府元龟》，中华书局，2003，第5683页。
⑤ 王钦若等：《册府元龟》，中华书局，2003，第2893页。

六 结语

综上所论，本文内容可以归纳为以下几点：

1. 唐王朝经营东北的目的能否实现，即东北诸族是否内附唐，取决于唐与突厥双方力量的消长变化。东北诸族无法根据自身利益选择，完全视双方力量的消长决定去向，非此即彼。

2. 突厥降户叛乱引起东北政局的变化，而这种变化又促成后突厥崛起，并且由突厥主导了东北诸族，将唐拒于东北政治舞台之外20年。

3. 后突厥的复兴是促使幽州成为军事重镇、平卢节度使建立乃至军力加强的直接或间接因素。虽然唐以优势兵力遏制了突厥对东北诸族的进攻，巩固了在东北的统治地位，但军事上也出现了尾大不掉的局面。

隋至唐前期是由隋唐王朝与漠北游牧政权争夺东北地区统治权的时代，唐与突厥是东北地区的主导力量。突厥不仅直接影响了东北的政局变化，而且也是造成唐东北军事格局变化的又一诱因。唐经营东北的战略目的能否实现，即东北诸族是否附唐，突厥是一个重要的甚至是一个决定性的外在因素。

（原载《陕西师范大学学报》2011年第6期）

清代新疆的内地坛庙：人口流动、政府政策与文化认同

貾建飞

贾建飞

摘　要：清朝统一新疆后，积极鼓励内地人移居新疆，以达减轻内地人口压力、开发新疆及实边之目的。随着内地人移居新疆，内地文化亦逐渐传入并扎根新疆，尤其是北疆。而内地的各种坛庙则是其中一个重要的方面，很快便充斥于新疆尤其是北疆各地，并形成了一种浓厚的内地文化氛围。这种氛围对于进一步吸引内地人向新疆流动，加强内地人对新疆的认知和认同，以及巩固清朝对新疆的统治等，起到了非常重要的作用。本文利用满、汉档案以及其他清代相关文献，对内地坛庙在新疆的发展及其影响等进行了分析。

关键词：清代新疆　内地坛庙　人口流动　文化认同

作者简介：贾建飞，1974 年生，历史学博士，中国社会科学院中国边疆史地研究中心副研究员。

清朝统一新疆后，由于新疆尤其是北疆人口大量减少，清政府出于增加新疆人口、发展新疆社会经济等之虑，积极鼓励内地人向新疆流动。这些自内地流往新疆的人群较容易依地域和文化等因素而选择居住区，这种现象在南疆尤其典型。米华健（James A. Millward）指出，南疆的内地汉人大多选择在清军驻防城市附近居住，因为这里的氛围更接近于他们在内地的家乡，这里有关帝庙和其他内地寺庙而不是穆斯林的巴扎和清真寺，居民多是汉人同胞，更能让他们感到心理上的放松和舒适。① 这种选择显然并非清政府导

---

① James A. Millward, Beyond the Pass: Ethnicity, and Empire in Qing Central Asia, 1759 – 1864, Stanford, Calif.: Stanford University Press, 1998, pp. 151 – 152.

致之结果：虽然清朝出于保护满洲八旗经济、文化之虑而在满人聚居区修建满城，汉人一般只能居于汉城而不得居住满城，但显然，清政府的这种限制措施并无法完全如其所愿。因为，虽然满、汉之间亦存在一定的文化和经济差异，但是随着社会经济生活、语言和风俗的日益融合和趋同，这种差异至乾隆时期已经大为削弱，满、汉融合的现象已经日益普遍，其混居情况颇为常见。尤其是在穆斯林聚居的南疆，更是混居一城，而无满城、汉城之别，只与穆斯林聚居的"回城"相区别。① 另外，值得指出的是，尽管前来新疆的内地回民亦信奉伊斯兰教，但是，信仰的相同也并没有让他们和当地的维吾尔人等居住在一起。这其中既存在政府的限制，也与他们本身因地域及习俗等不同而产生的隔阂和差异有关。回族亦主要与汉人共同居住在一起。而米华健强调的这种寺庙或是坛庙文化，正是不断前来的内地人在新疆复制了这种典型的中国古典文化传统，并使这种文化传统在新疆获得了新的活力和发展。

当然，与东北、台湾和四川等其他重要的内地移民目的地相比，内地人移民新疆无论是规模还是在当地社会经济的发展和内地文化的传播等方面，都还存有相当大的差距。更重要的一点是，新疆的内地移民社会在从客居向定居的转变方面，其力度也远逊于上述其他地区。究其原因：第一，缺乏家族或是宗族式的整体移民，导致难以出现具有强烈吸引力和约束力的宗族文化氛围；第二，虽然新疆的内地移民多来自于陕甘两省，但是新疆内地移民社会中的地域观念相对薄弱很多，一方面是移民中的原籍群体社会不明显，另一方面是移民目的地的地域观念也较薄弱，从而影响到地域对于移民的凝聚力，难以形成新的土著文化；第三，新疆为多民族聚居之地，尤其在北疆，各民族的杂居容易对汉文化产生一定的冲击，从而被迫做出一定的改变以适应新的形势需要；第四，在前来新疆的内地人中，虽然有一部分人口永久定居新疆，但是很多没有家眷或是没有携带家眷的内地人最终还是要返回内地，这种频繁的流动对于文化的传播和定居社会的建立等都存在消极的影响；第五，由于新疆尤其是南疆各地为信仰伊斯兰教的穆斯林聚居地，内地文化尤其是汉文化与其存在较大差异，一旦遭遇社会变乱，这种文化和族群差异极易为人利用，从而导致族群和文化间的冲突。19 世纪新疆屡屡发生

---

① 贾建飞：《满城，还是汉城——论清中期南疆各驻防城市的称呼问题》，《西域研究》2005年第 3 期；James A. Millward，Beyond the Pass，p. 132。

的变乱几乎都有这种因素影响，尤其到 19 世纪 60 年代后，随着陕甘回民起义向新疆的传播，新疆回民起义所导致的各地政权格局的变化以及浩罕军官阿古柏对新疆的入侵，导致穆斯林与汉人等其他非穆斯林族群之间发生大规模仇杀。其后果是，自 18 世纪中期逐渐建立起来的新疆内地汉人移民社会遭到了毁灭性的打击，且在相当长的时间内都没有得到有效的恢复。上述因素都会影响到内地文化在新疆的传播和新疆的内地移民社会的建立与发展壮大，尤其是在遭遇政治或是社会危机之后，遭到破坏的内地文化和内地移民社会的自我修复能力相对要弱很多。

不过，自清朝统一新疆之后，在清政府政策的鼓励下，加之有内地民人的热情参与，这些内地流动人口还是努力在新疆尤其是北疆营造出了一个内地氛围较为浓厚的移民社会。其中重要的一个方面就是将内地诸神和庙宇以及与此相关的传统文化风俗活动移植到了新疆，内地的各类寺庙神祠很快遍布新疆尤其是北疆各地，对内地人显然具有巨大的心理影响，这些地方可谓内地人在新疆的精神家园。甚至可以说，如果没有新疆日益浓厚的汉化或是内地化氛围，也不会吸引如此众多的内地人向新疆流动甚至携眷入籍新疆，并形成一种定居文化。在很大程度上，这也正是除了新疆的经济吸引力之外，又一个能够维系新疆吸引内地人或是能够让内地人定居新疆的重要因素。

对于清代新疆以坛庙为代表的内地文化在新疆的传播，今人已有研究，如齐清顺《清代新疆的关羽崇拜》① 和陈旭《新疆的关帝庙与关帝崇拜》②主要以关帝庙在新疆的发展为例，论述和介绍了关羽崇拜在新疆的发展情况；黄达远《清代镇西"庙宇冠全疆"的社会史考察》和《清代新疆北部汉人移民社区的民间信仰考察》则以巴里坤为对象，考察了汉人移民社会的建立与内地文化尤其是坛庙文化在巴里坤的发展。③ 此外，刘向权《清代新疆汉族移民民间信仰研究》④ 也较为全面地介绍了汉文化在清代新疆的发展情况。但是，上述研究或是失之过简，或是缺乏对清代满、汉档案文献的

---

① 参见齐清顺《清代新疆的关羽崇拜》，《清史研究》1998 年第 3 期。另见齐清顺《清代新疆研究文集》，新疆人民出版社，2008，第 433～441 页。
② 参见陈旭《新疆的关帝庙与关帝崇拜》，《世界宗教文化》2009 年第 4 期。
③ 参见黄达远《清代镇西"庙宇冠全疆"的社会史考察》，《新疆社会科学》2008 年第 6 期；黄达远：《清代新疆北部汉人移民社区的民间信仰考察》，《宗教学研究》2009 年第 2 期。
④ 刘向权：《清代新疆汉族移民民间信仰研究》，《丝绸之路》2010 年第 10 期。

利用，而且也缺乏对清朝相关政策的关注和研究。本文则基于上述已有研究，通过对清代满、汉档案和其他相关文献的利用，试图从清朝在新疆的统治政策、内地人口向新疆的流动及内地坛庙文化在新疆之传播，以及内地人的文化认同等方面，对清代内地坛庙文化传入新疆的背景及其发展情况等进行系统论述。

一　乌鲁木齐、伊犁的坛庙建设及祭祀情况

斯蒂芬·福伊希特旺（Stephen Feuchtwang）曾在《学宫和城隍》中认为："行政城市的建立以建造城墙为标志，其他标志还有城墙内的一座城隍庙，一所学宫和城墙外的至少一座官方露天祭坛，这似乎是县这个最低行政级别的最低标准。"① 供奉关帝和孔子的武庙、文庙也很常见，前者由民间信仰转而为官方吸收，后者则是政府受儒家思想影响或是为笼络中原士子而设立的官方崇拜。

福伊希特旺所言主要为内地城市之情形。新疆在清初为蒙古游牧者（北疆）和穆斯林（南疆）所居，文化与中原大为不同，故原无此类坛庙。不过，清朝统一新疆之后，为了宣扬统治和显示神之福佑，同时也为了鼓励和吸引内地人大量向新疆流动，在新疆建设和发展各种具有浓厚内地风味的坛庙，此可谓加强迁徙新疆的内地人凝聚力的有力措施。一方面，政府修建了很多具有官方含义的寺庙，如文庙、武庙、先农坛等，并由官府出面组织祭祀等活动；另一方面，清朝对于民间的此类行为并不限制。由于内地汉人大量向新疆流动，在发展新疆社会经济的同时，也将内地汉人的诸多传统文化习俗等带到了新疆。俄国人尼·维·鲍戈亚夫连斯基对汉族人的这种秉性曾经有过精辟的描述："汉人的秉性，十分难于改变。他们虽迁居异地，与异族相处，但他们仍然丝毫无异于居住在中原地区的汉人。他们把原有的信仰习俗全部带到异乡，甚至好像把在内地家乡所习以为常的生活摆设也都搬来了。"②

自乾隆中期统一新疆之后，随着内地军民的不断迁入，各种具有内地风

---

① 〔美〕斯蒂芬·福伊希特旺：《学宫和城隍》，〔美〕施坚雅主编《中华帝国晚期的城市》，叶光庭等译，中华书局，2000，第701页。
② 〔俄〕尼·维·鲍戈亚夫连斯基：《长城外的中国西部地区》，新疆大学外语系俄语教研室译，商务印书馆，1980，第32~33页。

格的坛庙及其崇拜之神亦逐渐西进，中原浓厚的汉人坛庙文化逐渐移植于新疆。受内地流动人口在新疆分布特点的影响，内地坛庙在新疆的分布也存在明显的地域特点，南疆数量非常稀少，多集中于北疆，尤其是乌鲁木齐、巴里坤和伊犁等地。一般来说，许多内地坛庙都是伴随着这些城市的建设和发展而得以建设起来的，随着岁月的流逝和内地民人的不断涌入，内地坛庙的数量和种类亦随之不断增加。

以内地人最为聚集的乌鲁木齐为例，来说明坛庙建设的情况。据《乌鲁木齐政略》所载，乾隆三十二年（1767），乌鲁木齐办事大臣温福奏请在乌鲁木齐迪化城和宁边城各建关帝庙，"照哈密、巴里坤之例，每岁春、秋二季并五月十三日致祭。其祭品准销银一十七两"。乾隆三十二年和三十三年（1768），巩宁城南门外和"新城东门之外"各建先农坛，"岁行耕藉之礼，以籍田所收供祭品，由办事大臣主祭，其耕藉委员推犁"。乾隆三十四年（1769），因乌鲁木齐设立学校，温福等又奏准建立文庙，"迪化、宁边二城岁销春、秋二祭银四十五两零"。在文庙修建之前，"照敦煌之例，暂行搭棚致祭"。此外，在新城西门内尚有城隍庙、八蜡庙；旧城西门外关帝庙后又有娘娘庙，"朔望与关帝庙一体行香"，东门外有马神庙，每元旦行香一次。均不开销祭品，其香烛则同知与城守营都司备办。[①]

根据《乌鲁木齐事宜》所载，在巩宁城内有万寿宫（城东门内）和关帝庙（城北门内）各一座，均"随城工建盖"，关帝庙西连城隍庙一座，东连龙王庙一座。东门瓮城内有火神庙一座，东关厢街东有文庙一座，东关厢南头灵应山坡上有龙王庙一座，社稷坛一座，坐落城外西南隅；先农坛一座，坐落城外东南隅；八蜡庙一座，坐落先农坛以东小山岗上。在迪化城，万寿宫在城内东街，城隍庙在城内西门，城北门楼有真武、文昌、奎星等神阁，瓮城内有财神庙。

上述寺庙多属官方祭祀之例。作为内地人最为聚集的地方，乌鲁木齐当时"买卖商贩市肆繁华，俨成都会"，人们在那些官方致祭的内地坛庙之外，还将更多的内地坛庙移植于乌鲁木齐，以致乌鲁木齐"环城寺庙颇多，难以备述"[②]。

---

① 参见佚名《乌鲁木齐政略》之"祀典"，载王希隆《新疆文献四种辑注考述》，甘肃文化出版社，1995，第21~22页。
② 参见达林、龙铎纂《乌鲁木齐事宜》之"城池"，载王希隆《新疆文献四种辑注考述》，第99~102页。

根据编纂于嘉庆时期的《三州辑略》，当时乌鲁木齐巩宁、迪化两城的坛庙情况见表1和表2。

表1 《三州辑略》所载巩宁城内外坛庙情况[*]

坛庙	地点	设立情况
关帝庙（6座）	北门内正大街	乾隆三十七年（1772），东傍殿有昭忠祠一座，嘉庆十年（1805）设立
	西南汉兵墙、镶红旗蒙古、东北汉兵墙、头工宣仁堡、西关各一座	
文昌宫	北门关帝庙东边	嘉庆十年（1805）建
城隍庙	北门关帝庙西边	乾隆三十七年（1772）建
无量庙（3座）	镶黄旗满洲、正蓝旗蒙古、北极山顶各一处	北极山顶无量庙，建于嘉庆三年（1798）
娘娘庙	镶蓝旗蒙古	
菩萨庙（4座）	正黄旗满洲、镶黄旗满洲、镶白旗满洲、镶白旗蒙古各一处	
赤帝宫	东门	
文庙	城外	
斗母宫	镶黄旗满洲	
龙神祠	灵应山	乾隆五十二年（1787）建，嘉庆六年（1801）重修
先农坛	灵应山	
玉皇庙	红山嘴山上	乾隆四十四年（1779）
地藏庙	红山嘴山下	
三皇庙	红山嘴西边	
虫王庙	智珠山	乾隆五十四年（1789）建，嘉庆六年（1801）重修，东院有文昌神像一座，西傍殿有风神一尊
五圣宫	西关	
牛王庙	西关	
罗真庙	西关	
老君庙	西煤窑	
社稷坛	西南	
东岳庙	南关	
财神庙	南梁	
火神庙	东南梁	

[*] 参见和宁《三州辑略》卷2"建置门"，成文出版社1968年影印本，第79~82页。

表2　《三州辑略》所载迪化城内外坛庙情况

坛庙	地点	设立情况
关帝庙（4座）	北关五凉会馆	乾隆五十年(1785)
	山西会馆	乾隆四十四年(1779)
	西南隅	乾隆二十七年(1762)
	东北梁	乾隆三十四年(1769)
三官庙（2座）	城内西南隅	乾隆四十年(1775)
	南关(三官楼)	
娘娘庙	东北梁关帝庙左边	乾隆三十四年(1769)
仙姑庙	山西会馆	乾隆四十九年(1784)
城隍庙（3座）	山西会馆	乾隆四十二年重修(1777)
	西门内	乾隆三十二年(1767)
	乾州会馆	乾隆四十三年(1778)
财神楼	西南隅	乾隆五十八年重修(1793)
菩萨庵	西南隅	乾隆四十九年(1784)
龙王庙	西南隅	乾隆二十八年(1763)
真武庙	北门	乾隆五十六年(1791)
大佛寺	西北隅	嘉庆四年(1799),报惠寺改修
罗真人庙	东北隅	乾隆三十三年(1768)
药王庙	东南隅	乾隆三十八年(1773)
老君庙	东南隅	乾隆三十六年(1771)
马王庙	东南隅	乾隆三十二年(1767)

　　在伊犁，内地坛庙以惠远、惠宁两满城最多。根据档案记载，惠远城因建城较早，驻扎满洲官兵等众多，自内地前来商民亦日多，故清王朝为适应这种情况，支持在惠远城修建了诸如关帝庙、土地庙、城隍庙、风神庙等内地坛庙，并支给官牲用以祭祀。[①]

　　根据乾隆时期编纂的《伊江汇览》对伊犁各城坛庙的记载，乾隆二十八年至乾隆四十年间（1763~1775），伊犁各城的坛庙情况如表3。

---

① 参见伊犁将军伊勒图《奏请支给官牲用以祭祀伊犁各祠庙折》，乾隆四十一年元月十五日，中国第一历史档案馆藏军机处满文录副奏折，档案号108-1859。

表 3 《伊江汇览》所载乾隆时期伊犁各城坛庙情况 *

城市	坛庙	名称设立情况
惠远	（万寿）宫	北门内，乾隆二十八年（1763）建成
	关帝庙	宫后，乾隆二十八年（1763）建成，御制"神佑新疆"匾额
	八蜡庙	步营大厅之侧，东邻学房，乾隆三十一年（1766）建成
	刘孟将军庙	八蜡庙之西，乾隆三十一年（1766）建成
	火神庙	北关，乾隆二十八年（1763）建成，供奉火神、马明王、财神
	老君庙	火神庙之东，乾隆二十八年（1763）建成，又有供奉公输子之鲁班庙、供奉儒释道之三清殿
	城隍庙	北门内西，乾隆四十年（1775）建成
	龙王庙	城东南隅，乾隆四十年（1775）建成
	风神庙	西门外，乾隆四十年（1775）建成
	子孙圣母庙	将军署大门外，乾隆三十八年（1773）建成
	喇嘛庙	乾隆二十六年（1761）建于绥定城北五里，乾隆二十八年（1763）后移于惠远城东十里，乾隆三十一年（1766）重建。乾隆五十七年（1792）再次重建。初名兴教寺，后奉旨赐名普化寺
惠宁	关帝殿	北门内，内又有观音阁、山神庙和土地庙
绥定	关帝庙	一座位于北门内，一座位于东门外，北门关帝庙中又有观音殿
空俄尔博（煤山）	老君	庙"辛巳岁"即乾隆二十六年（1761），因"窑户立以采煤之事"，建老君庙一座，"赖其神佑"
伊犁各城	清真寺	伊犁塔勒奇、绥定、宁远、惠远和惠宁五城皆有，内地回民所建

* 格琫额纂、吴丰培整理《伊江汇览》，中国社会科学院中国边疆史地研究中心编《清代新疆稀见史料汇辑》，全国图书馆文献缩微复制中心1990年版，第22～24页。惠远老君庙系商民所建。乾隆五十七年普化寺重建事，参见伊犁将军保宁《奏伊犁普化寺重修竣工折》，乾隆五十七年十月二十五日，中国第一历史档案馆藏军机处满文录副奏折，档案号154-3074。

　　根据档案所载，当时伊犁惠远城内还有土地庙一座，与刘孟将军庙一同建成于乾隆三十二年（1767）。而且，土地庙和关帝庙、刘孟将军庙同由官府支给官牲用以祭祀。乾隆四十年（1775）分别建城龙王庙、城隍庙和风神庙后，伊犁将军伊勒图同样奏请支给上述新建三座庙宇官牲用以祭祀。①
　　《伊江集载》②所载惠远城坛庙情况如表4。

①　参见伊犁将军阿桂《奏伊犁土地神、刘孟将军庙修成片》，乾隆三十二年六月十七日，中国第一历史档案馆藏军机处满文录副奏折，档案号080-0287；伊犁将军伊勒图：《奏请支给官牲用以祭祀伊犁各祠庙折》，乾隆四十一年元月十五日，中国第一历史档案馆藏军机处满文录副奏折，档案号108-1859。
②　此书记事至咸丰时期，故至少应撰于咸丰时期。

表4 《伊江集载》所载惠远城坛庙情况＊

坛庙名称	地点	坛庙名称	地点
万寿宫	北门内	先农坛	社稷坛北
关帝庙	西门大街	文昌宫	东门内
城隍庙	北门内	魁星阁	东门内
社稷坛	南门外	火神庙	北门内
八蜡庙	鼓楼东	节孝祠	东北隅
刘孟将军庙	鼓楼西	祠堂	北门内
龙王庙	南门外	喇嘛庙	寺东门外

＊参见佚名纂、吴丰培整理《伊江集载》，中国社会科学院中国边疆史地研究中心编《清代新疆稀见史料汇辑》，第98～99页。

　　通过对比不难发现，在此期间，惠远城又增加了社稷坛、先农坛、文昌宫、魁星阁、节孝祠和祠堂。而关帝庙的位置记载不一（一在宫后，一在西门大街），不知是否在此期间曾经发生变化，抑或根本就是同一座，只是记载不同。

　　由于资料所限，笔者无从得知伊犁其他各城祠庙的发展情况。不过，据档案所载，乾隆五十七年（1792），伊犁将军保宁曾经奏请，因前伊犁将军伊勒图时期，伊犁建成龙王庙、城隍庙、风神庙，皆按关帝庙之例，每月自伊犁房租银内支出二两香火银，每年春秋两次致祭，然而"惟一直未建江神、火神之庙"。鉴于伊犁地方"满营、各部兵丁经常操练"，而京城及各省皆供祀火神，因此，皆乾隆五十七年（1792）重修普化寺之际，伊犁建成火神庙一座，请照例"亦自房租银内每月支出二两香火银"，每年春秋两次致祭。① 此处保宁所言此伊犁城，想必乃惠宁满城。因为由表3可知，惠远城早在乾隆二十八年（1763）即建有火神庙。而在乾隆四十年（1775）前，惠宁城则仅有关帝殿一座。伊勒图曾数次授伊犁将军，尤其自乾隆三十八年后直至乾隆五十年间（1773～1785）一直担任伊犁将军，想必在此期间如保宁所奏，又在惠宁城建成龙神庙、城隍庙和风神庙，并如关帝庙之例每年两次由官方致祭。而保宁则在任伊犁将军时期，又在惠宁城建立火神庙等。

二　清政府的意图

　　在这些坛庙中，既有传统的宗教庙宇，也有与百姓生产、生活息息相关

---

① 伊犁将军保宁：《奏请于伊犁城建火神庙片》，乾隆五十七年十月二十五日，中国第一历史档案馆藏军机处满文录副奏折，档案号154 - 3079。

的庙宇，还有凝聚移民的地缘性会馆等。清朝对于此类坛庙之态度，由伊勒图所撰惠宁城关帝庙碑之碑文中可见一斑：

> 我朝发祥以来，神事昭显，应是于岁时报缮典礼綦隆，而天下郡邑州县，以及荒远徼外之民，亦无不立庙祀神。盖神之保，又我国家宁靖我边陲，非一朝一夕之故，百余年于兹矣。往者天兵西指，电击霆诛，准噶尔之众，不崇朝而耆定，规方二万余里，无不宾服向化。外则哈萨克、布鲁特各部落，皆延颈面内，愿为臣仆，唯恐后时。自古声教所不通，政令所不行，我皇上肤功迅奏，殊方重译，罔有不庭，此岂尽人力也哉！即以兹城之经始也，其地僻处荒徼，曩特为准夷回部往来游牧之场耳。今一旦焕然与之更始，建城郭，立制度，同文共轨，人物嬉恬，商贾辐辏，四郊内外，烟货相望，鸡犬相闻，一转移间，遂称极盛。斯固由圣人在上，祯福锡极，独能过化而存神，要其潜期启默，俾万里之外，军民安堵，年谷顺成，无一物失所之患者，岂非神威布或有以襄此太平之盛烈也乎！①

从中可见清朝建立这些坛庙，主要目的如下：第一，福佑清朝之统治，向化边徼之民。第二，祈求神灵庇护，寻求心理慰藉。由于新疆地处塞外边陲，各族军民除了要面对自然环境的考验外，还要担负戍边重任。因此，无论是官是民，客观上都会在心理上祈求神灵之佑，以维持内心的安全感。② 譬如，通过表 1 所列，巩宁城作为乌鲁木齐驻防八旗满洲和蒙古等所在之满城，许多旗均有自己所属的坛庙，而且基本上都系宗教性质的神庙，其目的自然在于祈求神灵庇护，以期保佑平安。第三，尊重并适应内地民人之传统农业生产活动。乾隆三十一年（1766），乾隆皇帝曾谕军机大臣等："闻内地农民皆祀刘猛将军及八蜡神。伊犁虽系边徼，其耕种亦与内地无异，理宜仿傚内地习俗。著传谕明瑞等，令其建祠设位供奉。"由此可见，乾隆皇帝对于此类与农业生产密切相关之神庙建设与祭祀情况采取了非常理解和支持的态度。不过，值得注意的是，乾隆皇帝同时又特别要求时任伊犁将军明瑞"亦不必特作一事声张办理"③，或许反映出乾隆皇帝对于此类神佑活动的一种略

---

① 格琫额纂、吴丰培整理《伊江汇览》，中国社会科学院中国边疆史地研究中心编《清代新疆稀见史料汇辑》，第 18 页。
② 参见黄达远《清代新疆北部汉人移民社区的民间信仰考察》，《宗教学研究》2009 年第 2 期。
③ 《清高宗实录》卷 767，乾隆三十一年八月乙卯。

微复杂的心情与认识。

出于上述各种目的，清政府不仅参与并鼓励民间在新定之疆修建各种神庙，且每年皆要开展很多神灵祭奠活动。以乌鲁木齐为例，根据《三州辑略》，当时乌鲁木齐官方除祭拜博格达山之神外，祭拜的其他神庙及规格见表5。

表5　嘉庆时期乌鲁木齐官方祭拜神庙情况*

神庙	每年祭拜次数	祭拜规格
万寿宫	一年三祭	三跪九叩
文庙	春秋二祭	三跪九叩
关帝庙	春秋二祭	三跪九叩
文昌宫	春秋二祭	三跪九叩
社稷坛	春秋二祭	三跪九叩
先农坛	每年一祭	三跪九叩
龙神庙	春秋二祭	二跪六叩

* 和宁：《三州辑略》卷6《礼仪门》，第196～203页。

上文已经谈到，各地祭神之资金多来自于各地房租银等，而建设神庙之资金除官方资金外，还有很多资金来自商人捐助。米华健以新疆各地关帝庙的建设为例指出，即使是官方所建的庙宇，其资金亦多为商人捐助，这种用捐赠资金建设的庙宇和进行的祭祀行为，目的是为了帝国的建设。①

三　关帝庙在新疆

对于迁徙新疆的内地民众而言，身处异地他乡，这些具有浓厚内地风味的坛庙和形形色色的神不仅可以给他们带来精神和心灵的慰藉，通常也是一种祖籍认同的象征。② 在新疆的这些内地移民中，不仅缺少在南方移民社会中较为常见的、有益于维护社会秩序和社会整合的那种以血缘为纽带、以宗族和家族为中心的社会形式，而且由于他们不断流动，又使其不易于形成常见于其他移民地如台湾那样的以地缘为纽带的社会团体，在新疆移民中较少发生以地域为纽带的"械斗"行为即可为证。因此，在宗族血缘和同籍地

① 参见 James A. Millward, Beyond the Pass, p. 132。
② 黄达远：《清代新疆北部汉人移民社区的民间信仰考察》，《宗教学研究》2009 年第 2 期。

缘都较为薄弱的情况下,[1] 宗教信仰或是神灵崇拜往往更容易替代宗族或是同籍地缘的功能,将不同地域的流动人口凝结在一起,最终促进和加强这些流动人口的整合、边疆的开发和社会经济的建设。也就是说,各种神灵和各种民间信仰的存在,对于新疆这样的新移民社会的稳定和秩序重建、规范移民的各种社会行为,以及发展当地的社会经济等均具有重要影响,有时甚至会超过国家的行政命令或法律的力量。

因此,当大批内地人相继来到新疆之后,一方面有官方的鼓励,另一方面又有强烈的心理需求,自然使得具有各种不同象征意义和心理慰藉功能的内地神灵亦随之相继西进,并在新疆各内地人聚居之地获得了较快的发展。而不断前来的内地人又纷纷以这些神庙为中心,进一步形成一个个聚居之地,并以此为基地开展各类社会经济活动。

在当时新疆的此类神祠中,最为普遍的是关帝庙、龙王庙和城隍庙等。在新疆设立学额之后,文庙、文昌宫等亦逐渐得到发展。上述祠庙几乎各地皆有,其中尤以关帝庙为甚。

关帝信仰本为汉人习俗,历代封建统治阶级为了巩固自己的统治地位,把关羽当做"忠义"的化身。至明代,关羽及"武庙"之地位已与文庙并列。而元、清两个王朝,其对关羽的崇拜亦不亚于汉人王朝。对关羽之崇拜至清朝达到顶峰,顺治皇帝封之为"忠义神武仁勇威显护国保民精诚绥靖翊赞宣德关圣大帝"。清朝不仅在北京修建了许多关帝庙,还下令在全国普遍建立关帝庙,予以祭祀。故关帝庙的数量远远超出文庙。关帝不仅为民间和官府共同膜拜,而且,亦为不同宗教共同崇拜,成为儒、释、道共同尊奉的神。同时,关羽又是许多行业之神,不仅是武圣人或是武王、武帝,还被视为财神和五文昌之一。

新疆建立关帝庙,始于清康熙、雍正年间。当时,驻有清军的哈密、巴里坤已经建立了关帝庙,对关帝进行祭祀。[2] 清朝统一新疆后,各驻军所在

---

① 当然,亦不可完全忽视同籍地缘在清代新疆移民中的影响。譬如,地方性的会馆就是一种因地缘因素而兴起的联系移民的纽带。另外,在移民的过程中,较早的且较为成功的移民往往会对原籍之后来者的移民心理、移民地及职业选择等产生较大的影响,而且这些同籍移民往往也更愿意居住在一起,似乎可以视为同籍地缘因素的影响。但是,由于新疆地域广阔,人口稀少,人口流动性非常强,这种对同籍地缘观念的认同相对还较为薄弱。

② 如在《回疆通志》"哈密"卷中载有两篇"关帝庙碑记",分别为雍正七年(1729)和乾隆十五年(1750)所撰,当知彼时此地已有关帝庙,且主要为兵民捐资建立及修葺。参见和宁《回疆通志》卷10,文海出版社,1966,第359~360页;袁大化修、王树楠等纂《新疆图志》卷99《奏议九》,刘锦棠:《会奏请颁巴里坤城各庙祠匾额城隍封号折》,上海古籍出版社,1992,第959~960页;齐清顺:《清代新疆的关羽崇拜》,《清史研究》1998年第3期。

地几乎皆建立关帝庙。另外，内地人在新疆的各个居住点和交通隘口等地亦多建有关帝庙，以至嘉庆初期曾流放新疆的洪亮吉曾言："余以罪戍伊犁，出嘉峪关，抵惠远城，东西六千余里，所过镇堡城戍，人户众者，多仅百家，少则十家、六七家不等。然必有庙，庙必祀神。武庙两壁必绘二神，一署曰平神，武子也……一署曰周仓……余蒙恩赦回，过长流水，值里人欲新神庙，乞为记其壁，如左云。"其所称长流水，即系哈密东南一清代驿站。洪亮吉另文又称："塞外虽三两家，村必有一庙，庙皆祀关神武，香火之盛，盖接于西海云。"① 足见清朝统一新疆后关帝庙在新疆发展之盛，其中尤以迪化和巴里坤等内地民人聚居之地关帝庙最多。

除了政府修建外，更多的关帝庙则由民间集资修建。譬如迪化城之山西会馆和北关会馆等即建有关帝庙。而在巴里坤，东街关圣帝君庙即为八大商户筹资修建。② 现存的奇台东地大庙亦为民间集资所建：乾隆五十四年（1789），由于内地民人日渐增多，民人乃集资动工修建庙宇，乾隆五十七年（1792）完工，共建成关帝庙、娘娘庙和城隍庙三座联庙，后又于嘉道年间进行了扩建，续建了马王庙等。同治年间，该庙毁于战乱，光绪年间重建。这座庙也是如今新疆地区唯一保存最为完整的关帝庙。

在北疆，关帝庙不仅是汉、满两族共同尊奉，而且关帝亦为其他一些非穆斯林族群，如蒙古族、锡伯族等的信仰。如在今新疆维吾尔自治区察布查尔锡伯自治县的纳达齐牛录乡，仍保存有一座修建于光绪三十三年（1907）的关帝庙。这是我国分布最西的一座保存较为完整的供奉关帝的庙宇。

在穆斯林聚集的南疆，城隍庙、龙王庙尤其是关帝庙是最为常见的内地坛庙，其他内地坛庙则很少，充分体现了不同文化影响下的地域文化特色。南疆各地的关帝庙大多是在清军平定南疆后修建清军驻防城镇时所建。根据嘉庆时期所纂《回疆通志》，当时南疆各城之内地坛庙情况如表6。

---

① 洪亮吉：《长流水关神武庙碑记》，《洪北江全集·更生斋文甲集》卷3，光绪丁丑（1877）孟夏授经堂重校刊；洪亮吉：《天山客话》，杨建新：《〈古西行记〉选注》，宁夏人民出版社，1987，第381页；修仲一、周轩编注《洪亮吉新疆诗文》，新疆大学出版社，2006，第275～279页。
② 参见陈旭《新疆的关帝庙与关帝崇拜》，《世界宗教文化》2009年第4期。

表6   嘉庆时期南疆各地之内地坛庙*

城市	内地坛庙	修建年代
喀什噶尔	关帝庙一座，万寿宫一座	乾隆三十五年(1770)
英吉沙尔	关帝庙二座(一在城外北一里，一在城内)，万寿宫一座(在城外北一里)，廒神庙(城内)	乾隆四十年(1775)左右
叶尔羌	关帝庙(位于叶尔羌城东南70里洗泊地方，御赐名为显佑寺，满、汉匾文)①	乾隆二十四年(1759)兆惠奏请修建
	关帝庙(叶尔羌城内)②	乾隆二十四年(1759)驻防官员、兵丁、贸易民人捐资建盖
	龙王庙(叶尔羌城南50里大河旁，敕赐"神佑濛疆")	乾隆四十二年(1777)办事大臣高朴捐盖
乌什	关帝庙一座(御书匾"灵镇岩疆"，对联"铁伦名炳千秋日，靖远威行万里风")，万寿宫一座，马祖和火神殿各一座，观音阁一座，韦驮殿一座，山川社稷坛一座	乾隆三十年(1765)
阿克苏	关帝庙一座(西门外)，万寿宫一座(西门外)，观音阁一座(北城楼)，风雨神庙一座(东门外稻屯处)③	
库车	关帝庙(西间壁)，万寿宫一座(北大街)	
喀喇沙尔	关帝庙一座(城东门外)，龙神庙一座(城东门外)	乾隆二十六年(1761)兵民建
	万寿宫一座(城东门外)	乾隆二十三年(1758)官兵建
吐鲁番	关帝庙一座(城北)，万寿宫一座，风神祠一座(东郊)，龙神庙一座(西郊)	
哈密	关帝庙，文昌宫，火神庙一座，财神庙一座(东关)，无量庙一座(西关)，罗真庙一座(西郊)，城隍庙一座(城北二里)	

*参见和宁《回疆通志》。

①嘉庆十年，嘉庆御书叶尔羌洗泊显佑关帝庙匾额"德威西被"。参见叶尔羌办事大臣达庆《奏钦奉御书关帝庙匾额字样书》，嘉庆十年十一月初四日，中国第一历史档案馆藏军机处满文录副奏折，档案号173-3234。

②乾隆二十八年，乾隆曾御赐叶尔羌关帝庙匾额"双义祠"，或许即为此关帝庙。参见《(军机处)奏将御赐叶尔羌关帝庙匾额乘便送往片》，乾隆二十八年九月，中国第一历史档案馆藏军机处满文录副奏折，档案号068-1359。

③据档案记载，以前乌什各城皆祭祀关帝及山河之神，而阿克苏城则无此祭。嘉庆元年(1796)，阿克苏办事大臣阳春保奏称，关帝乃重要神灵，阿克苏应照乌什之例每年春秋两次致祭。同时，鉴于阿克苏地区风多，会影响到阿克苏稻谷的收成，因此，又奏请建于官方稻田处的风雨神庙亦应照乌什祭山河神之例，每年致祭羊三只，所需普尔钱由房租银内支用。参见阿克苏办事大臣阳春保《奏闻阿克苏地方致祭关帝之神折》，嘉庆元年十一月三十日，中国第一历史档案馆藏军机处满文录副奏折，档案号163-1066。

可见，除和阗外，南疆其他各城皆建有内地坛庙，尤以关帝庙最多。清廷之意，自然在于希望借关帝之威名庇佑清朝在南疆之统治。相对而言，其他内地坛庙在南疆各地的发展情况较北疆要差，这与当时内地人向新疆流动的趋势是相符的。

四　坛庙与内地民人

各种坛庙在新疆的相继建立与发展，与自内地源源不断迁徙而来的各族军民在新疆的生活之间，具有非常密切的联系。在与内地存在较大文化差异的新疆，这些内地坛庙不仅能够让那些远离故土的人们在异域他乡感受到本土文化的气息，带给他们一种渴望的心理慰藉或是强烈的心理暗示，并能强化这些内地军民的群体区别意识。同时，这些坛庙也是这些内地军民在新疆开展各类祭祀或庆祝活动和精神寄托的中心，已经与内地军民的生活息息相关，是他们日常生活中非常重要的组成部分。

需要特别指出的是会馆。作为移民地缘性的象征，会馆虽与各类神庙不大相同，但是会馆一般均会设立不同地域风格、不同象征意义的神灵，如通常陕西、山西会馆均供奉武帝关羽，譬如迪化城之山西会馆和北关会馆等设立的即是关帝庙，并会在此开展各种祭祀活动，故一般来说，会馆兼具坛庙与地方会所之双重功能。会馆有助于凝聚同乡之人，寄托对乡土的思恋并寻求乡土之慰藉，同时通过进行祭祀活动，以求神灵庇护，又从民间信仰领域进一步加强了对乡土之民的吸引力。这些内地神庙以及会馆的存在，对于新疆移民社会的建立具有非常重要的促进作用。

在这些坛庙和会馆，各类祭祀活动必不可少，或是官方致祭，或是民间祭祀，人们通过开展各类祭神活动，以求或是感激神灵之庇佑。如史料记载，伊犁"空俄尔博（即煤山）"之老君庙，乃乾隆二十六年（1761）采煤窑户所建，以求神佑。同样，乾隆时期巩宁城之西煤窑亦建有老君庙。[①] 这就说明，随着采煤业在新疆的逐步兴起和发展，与此相关的具有浓厚内地传统意味的行业神灵崇拜亦同步传入新疆。这自然是那些窑户寻求神灵庇佑的重要心理需求。

---

① 格琫额纂、吴丰培整理《伊江汇览》，中国社会科学院中国边疆史地研究中心编《清代新疆稀见史料汇辑》，第 24 页；和宁：《三州辑略》卷 2《建置门》，第 81 页。

　　一般军民在日常生活中，应该也会常常前去祈求或是酬谢神灵之佑。如档案中的吐鲁番民人张守志或许就是这样。嘉庆十七年（1812），张守志与其雇工周泳年、陈计法和刘进海等相约前往社庙酬神，不料三个雇工在路上因玩笑生事，致酿人命悲剧。①

　　祭神之外，这些坛庙和会馆还是内地军民的重要娱乐中心。如纪昀曾经记载，乌鲁木齐之万寿宫"遇圣节朝贺，张乐坐班，一如内地"，军民商贾往往要在万寿宫前"演剧谢恩"，"库尔喀拉乌素亦同"。② 除了唱戏，这里还会举办其他娱乐活动。如纪昀曾有记载，乾隆时期的迪化不少地方会所便经常举行各种活动：

> 凉州会罢又甘州，箫鼓迎神日不休。
>
> 只怪城东赛罗祖，累人五日不梳头。

　　纪昀自注："诸州商贾各立一会，更番赛神，剃工所奉，曰罗祖。每赛会，则剃工皆赴祠前，四五日不能执艺，虽呼之亦不敢来。"③

　　另外，这些内地坛庙以及会馆有时还会为那些生活遭遇困难的内地军民提供一定的生活帮助，故对于这些人而言，那些熟悉的内地坛庙又具有较为不同的含义。如陕西礼泉人高成和陈柔于嘉庆年间来至伊犁惠宁，因无处居住，乃与惠宁城南城隍庙主持罗安同住一室；④ 于嘉庆二十一年（1816）来到伊犁做佣工的甘肃武威人徐镒也是住在惠远城北关的凉州庙院内，另有绿营残兵秦伯馨因家中房屋窄小，后亦移居凉州庙内。⑤

---

① 参见乌鲁木齐都统兴奎《奏为吐鲁番客民周泳年因戏谑起衅扎伤陈计法身死并伤刘进海事》，嘉庆十七年八月二十八日，中国第一历史档案馆藏军机处汉文录副奏折，档案号03－1672－073，116－1045。

② 参见纪昀《乌鲁木齐杂诗》，《纪晓岚文集》第一册，河北教育出版社，1995，第597～598页。

③ 纪昀：《乌鲁木齐杂诗》，《纪晓岚文集》第一册，第599页。

④ 参见伊犁将军松筠《奏为惠宁城民人陈柔推跌高成致毙拟绞监候事》，嘉庆十三年四月二十五日，中国第一历史档案馆藏军机处汉文录副奏折：档案号03－2292－015，167－2693。

⑤ 参见伊犁将军晋昌《奏为审明惠远城民人徐镒殴伤绿营残废兵丁秦伯馨身死一案拟绞监候事》，嘉庆二十四年三月十五日，中国第一历史档案馆藏军机处汉文录副奏折，档案号03－2331－017，170－1947。

五　余论

新疆的坛庙文化与当时的人口流动趋势是相辅相成、亦步亦趋的。内地文化在新疆的传播和影响，坛庙文化是其中最为典型的一种，而且在与当地文化相互影响和借鉴后，又进一步衍生出了具有新疆当地风格的文化特征，也体现出一种多元文化的形态。这种趋势是人为的政策和政治形势的发展变化所无法阻挡的。

同治年间及光绪初期，新疆发生大规模变乱，内地军民及内地文化均遭受毁灭性打击，各种内地坛庙多毁于战火。但是，在清朝重新收复新疆后，随着内地军民的逐渐增多，各种坛庙纷纷得以恢复和重建。以昌吉县为例，史料记载，昌吉县共有祠庙41座，内除"本城魁星楼、娘娘庙"建自乾隆时期，县署狱神、土地祠、廒神庙、南关旧有关帝庙建自道光年间，其余亦多为"同治以前未乱"时所建，但后来均遭焚毁。光绪时期，清朝实行招垦政策，"由各户民集款，就其故址陆续修复"，武庙、火神庙、城隍庙等"均系兵燹后创修"①。其他地方也大多如此。

由于在光绪时期内地人移民新疆的过程中，移民来源地更为丰富，故伴随着新的移民的到来，新疆原有之神祇亦逐渐得到了补充，各种内地坛庙更为繁多。根据清末所编《新疆乡土志稿》载，当时新疆各地共有内地坛庙如下：文庙、武庙、火神庙、城隍庙、文昌宫、定湘王庙、刘猛将军庙、万寿宫、先农坛、财神楼、地藏王庙、玉皇阁、龙神庙、社稷坛、神祇坛、方神庙、土地狱神祠、娘娘庙、马王庙、廒神庙、菩萨庙、五圣庙、三圣庙、牛王庙、二宫庙、大佛寺、山西会馆、凉州庙、秦州庙、鲁班庙、三皇庙、雷祖庙、赞化帝君阁、萧曹庙、五凉庙、地藏寺、海神祠、承化寺、三教庙、牛王宫、魁星楼、山神庙、东岳庙、吕祖庙、祈谷坛、仙姑庙、观音庙、三尊庙、三官庙、老君庙、七星庙、无量庙、药王庙。② 可以看出，较之乾、嘉、道时期，清末新疆的各种内地坛庙又得到了扩充。这充分体现了人口流动加速了文化的传播，内地的文化载体在新疆找到了繁荣发展的

---

① 参见中国社会科学院中国边疆史地研究中心编《新疆乡土志稿》之《昌吉县乡土志》，全国图书馆文献缩微复制中心，1990，第87、110页。

② 参见中国社会科学院中国边疆史地研究中心编《新疆乡土志稿》。

沃土。

这些都充分说明作为文化载体的坛庙，随人口之流动，不断体现出其特有的精神凝聚力。正如尼·维·鲍戈亚夫连斯基所述，汉人虽迁居异地，与异族相处，但无论是其精神活动还是物质生活，仍然丝毫无异于居住在中原地区的汉人。[①] 内地文化中的各种神随汉人之西进来到新疆，日益成为汉人心灵寄托的重要慰藉。这不仅有益于内地人扎根和开发新疆，更是对清朝在新疆的统治及新疆成为中国领土不可分割的一部分起到了重要的促进意义。

（原载《中国边疆史地研究》2012 年第 2 期）

---

① 〔俄〕尼·维·鲍戈亚夫连斯基：《长城外的中国西部地区》，新疆大学外语系俄语教研室译，第 32～33 页。

由俄语"чай"（茶）一词说起

——兼论蒙古语在早期中俄关系中的媒介作用

阿拉腾奥其尔

    摘　要: 本文从汉语"茶"一词是通过蒙古语进入俄语的这一命题入手，并通过蒙古地区在早期中俄关系史中的特殊地位的历史考察，着重考察了蒙古语在 17～18 世纪中叶中俄关系中所扮演角色和作用，认为蒙古人及蒙古语在早期中俄关系中扮演了的重要的角色，为早期中俄关系的发展发挥了重要的作用。

    关键词: 中俄关系　蒙古语　茶叶

    作者简介: 阿拉腾奥其尔，1962 年生，中国社会科学院中国边疆史地研究中心副研究员。

一　华茶入俄之始及俄语"чай"（茶）一词的来源

    俄语"чай"（茶）一词来源于汉语的"茶"，对此不会有人提出异议。但是"чай"（茶）一词是否"直接"从汉语进入俄语，似乎需要进一步研究。

    蔡鸿生先生《俄罗斯馆纪事》云："至崇祯三十年（1640 年），俄使瓦西里·斯达尔科夫从卡尔梅克汗廷返国，带回茶叶二百袋（每袋重三俄磅，一俄磅合 4095 克），奉献沙皇，是为华茶入俄之始。"① 据蔡先生所作注文

---

① 蔡鸿生著《俄罗斯馆纪事》（增订本），中华书局，2006，第 139 页。需要指出的是，俄使瓦西里·斯塔尔科夫访问的并非蔡先生所说"卡尔梅克（即卫拉特蒙古）汗廷"，而是喀尔喀蒙古右翼和托辉特部俄木布额尔德尼（俄国文献通常叫作阿勒坦汗）的汗廷。

看，这段记述源自英人巴德利《俄国·蒙古·中国》一书关于俄国瓦西里·斯塔尔科夫使团的记载。

1637～1638 年，俄使瓦西里·斯塔尔科夫（Василий Старков）和斯捷潘·聂维罗夫（Степан Неверов）出使阿勒坦汗，即蒙古和托辉特部俄木布额尔德尼的汗廷，其主要任务是劝导俄木布额尔德尼向沙皇宣誓效忠，结果无功而返。不过，在斯塔尔科夫准备启程回国的时候，俄木布额尔德尼汗准备了赠送俄国沙皇的礼物，其中"有相当于 100 张貂皮价格的茶叶 200 包"。斯塔尔科夫起先对茶叶不屑一顾，说在俄国"这是一种不知名的、没有人想要的物品"，希望汗"赠以相等价格的貂皮"。但不管怎样，斯塔尔科夫最终还是将这批茶叶带回了莫斯科。① 对这段史实，俄罗斯布里亚特蒙古族出身的著名学者 Ш. Б. 齐米德道尔吉耶夫（Ш. Б. Чимитдоржиев）做了如下的描述。他说："在当时的俄国，人们还不曾有关于茶叶的概念。俄国人首次品茶的时间当为 1638 年。是年，阿勒坦汗俄木布额尔德尼用这种饮料宴请了外交官瓦西里·斯塔尔科夫和斯捷潘·聂维罗夫。有趣的是，阿勒坦汗勉强说服 В. 斯塔尔科夫带 200 包茶叶作为礼物献给沙皇米哈伊尔·费奥多罗维奇（Михаил Федорович）。'茶 - 草'在莫斯科受到欢迎，于是有人开始向莫斯科少量输入茶叶。后来，茶叶得到如此的普及，以至于在货物统计当中，它仅次于金、银和宝石。"②

说到关于茶叶的概念，当时的俄国人的确还不知道茶叶究属何种植物，故有茶草（чай - трава 或 трава - чай）的说法。外交官斯塔尔科夫对其在俄木布额尔德尼汗廷受到的一次宴请所做的描述就是明证。他说："席间他们喝的是茶，茶叶是他从未耳闻目睹过的新奇东西。他们称这种饮料为茶，里面有叶子。我不知道这是树叶还是草。茶叶放在水里煮开，又掺进一些牛奶。"③ 即使是后来于 1675～1676 年出使北京的尼古拉·斯帕法里（Николай Спафарий）也称："茶草（трава - чай），既不是树，也不是草，但成细条状，长在树枝上。"④ 而此时，茶叶"业已牢固进入蒙古人的日常

---

① 〔英〕约·弗·巴德利著《俄国·蒙古·中国》（下卷第 1 册），吴持哲、吴有刚译，商务印书馆，1981，第 1115 页。
② 〔俄〕Ш. Б. 齐米德道尔吉耶夫：《17～18 世纪俄蒙关系》，莫斯科，1978，第 36 页。
③ 〔英〕约·弗·巴德利著《俄国·蒙古·中国》（下卷第 1 册），第 1113 页。
④ 转引自 Б. П. 托尔加舍夫《作为俄国茶叶供应者的中国》，哈尔滨，1925 年俄文版，第 1 页。

生活"① 有数百年之久，成为蒙古游牧民生活当中须臾不可缺少的饮品。据有的学者研究，"至少在宋辽时期，饮茶的习惯在蒙古人中就已经形成。……元代，饮茶之风在蒙古地区更成为一种嗜好，甚至'非茶则病'了。"② 然而在宋辽时代，蒙古草原上并没有流行茶饮料。据史料记载，元代蒙古人饮茶多限于蒙古贵族。茶在蒙古游牧社会的普及，则应是黄教传入蒙古地区以后的事。但不管怎么说，相对于俄国而言，茶这种饮品进入蒙古地区还是比较早的。

因此，应该说，俄国人在通过蒙古地区输入茶叶的同时，也借用了蒙古人对茶叶的称呼"čai"。换句话说，汉语的"茶"一词是通过蒙古语间接进入俄语的。否则无法解释"茶"在俄语里为什么不叫"ча"，而叫"чай"。张德彝《四述奇》卷4云："英人呼茶曰替，法人呼茶曰代，俄人呼茶曰柴。茶、柴二音相近，以其贩走北路故也。"英人呼茶曰"替"（Tea），盖因欧洲茶叶最早由闽南经海路输入，故取闽南方音。③ 俄人呼茶曰"柴"，因其"贩走北路"蒙古地方，故取蒙古方音，似乎也是可以理解的。这也许是一种语言的词通过第三方语言被借入另一种语言的又一个例证。

二　博格达汗与察罕汗

俄罗斯学者早就注意到蒙古人及蒙古语在中俄关系中所扮演的重要角色。早在 1618 年（明万历四十六年），俄使伊凡·佩特林（И. Петлин）使团出使北京途经蒙古和托辉特部硕垒乌巴什汗廷的时候，硕垒乌巴什曾提供马匹，并派以毕力克图和达尔汗两位喇嘛为首的一行人员护送至京。俄罗斯学者 Н. Ф. 杰米多娃（Н. Ф. Демидова）、В. С. 米亚斯尼科夫（В. С. Мясников）在提到此事的时候说：这些喇嘛，"在路上，他们是向导；在（俄国人）知悉情况方面，他们是帮手；在蒙古地区和中国举行接

① Ш. Б. 齐米德道尔吉耶夫前揭书，第 36 页。

② 白歌乐、王路、吴金：《蒙古族》，民族出版社，1991，第 157 页。

③ 美国学者 Kit Chou 和 Lone Kramer 称，17 世纪初，荷兰人首先将茶叶输入到了欧洲。他们从厦门购入茶叶，再转运到爪哇。这样荷兰人就学会了厦门话 TE 或 TAY（茶），并将这一名称带到了欧洲。而欧洲国家（除俄国和葡萄牙外）又都是首先从荷兰获取茶叶的，所以他们也都沿用了 TE 这个名称。葡萄牙在广州附近的澳门设港，所以他们按广东方言把茶叶称作 CHA。参见李荣林编译《茶叶传欧史话》（《农业考古》2000 年第 4 期），第 276 页。李荣林此文所依原著为 Kit Chou 与 Lone Kramer 所著：*All the Tea in China*（New York，1990）一书。

见仪式时，他们又是顾问。（而）蒙古语不仅在蒙古，而且在中国都成为俄国人进行交际的工具。"①

清朝以降，情况更是如此。我们检阅清代官、私文献，不难发现一个奇特的现象。在清朝公函、一般官方文献中，将俄国沙皇称为"察罕汗"，将俄国女皇称作"哈敦汗"或"哈屯汗"，而在俄方文献中，将清朝皇帝称作"Богды－хан"（博格达汗，亦作博格多汗或博克多汗）。但无论是"察罕汗"，还是"Богды－хан"（博格达汗），都源自蒙古语。对此，中俄两国学者都曾试图做出解释，但都是知其然不知其所以然，未能从根本上找到问题的症结所在。

最早关注这个问题的应该是于 1675～1676 年作为俄国使臣出使北京的尼古拉·加夫里洛维奇·斯帕法里②（Николай Гаврилович Спафарий），即清朝文献所载康熙十五年（1676 年）五月到达北京的俄使尼果赖·罕伯里尔鄂维策。③ 俄罗斯学者一般都认为，Н. Г. 斯帕法里虽然出使清朝并没有给俄国带来外交上的成果，但他留下来的资料有重大的科学意义。斯帕法里的出使报告和日记，提供了关于中国及其邻国的宝贵资料。④ 他在《中国介绍》⑤ 一书中写道：

无人知道博格达汗一名由何而来。当侍郎问我们为什么使用这个称呼时，我们回答说，是从喀尔木克人和布哈拉人⑥那里听来的，甚至也

---

① *Демидова Н. Ф.*, *Мясников В. С.* Первые русские дипломаты в Китае. М., 1966. 转引自齐米德道尔吉耶夫《俄国与蒙古》，莫斯科，1987，第 43 页。

② Н. Г. 斯帕法里（米列斯库）［Н. Г. Спафарий（Милеску）］（1636～1708），出身于摩尔达维亚的希腊人后裔。自 1671 年起在俄国外务衙门担任翻译官，被俄罗斯学者称作著名外交家和学者。关于斯帕法里生平，可参见英人 J. F. 巴德利著《俄国·蒙古·中国》（下卷第 2 册），商务印书馆 1981 年汉译本，第 1257～1264 页。

③ 《清朝文献通考》卷 300。

④ 《十七世纪俄中关系（1608～1683）》（第 1 卷第 3 册），商务印书馆，1978 年汉译本，第 850 页，第 156 号文件注释 1。

⑤ 该书全名为 Описание первыя части вселенныя именуемой Азии, в ней же состоит Китайское государство с прочими его городы и провинции. ［《天下第一大洲亚细亚（包括中国及其城市、行省）介绍》］，喀山，1910。

⑥ 喀尔木克人，通常译作卡尔梅克。在西方文献中，西蒙古卫拉特人通常被称作卡尔梅克人。至于"卡尔梅克"一词的来源，可另作专论，本文不再赘述。所谓布哈拉人，亦作不花拉人，凡指中亚穆斯林商人。17 世纪，新疆南部素有小布哈拉之称，因此南疆维吾尔族商人，也被冠以布哈拉人。

听他们自己的人这样说过，侍郎就曾这样称呼他（指汗）。但是，人们都熟知这是蒙古语，当他们尚未征服全国，还仅仅是台吉［王公］的时候，就使用它。后来蒙古人（应为满洲人——引者注）占领全中国，仍这样称呼自己的汗，正如现在布哈拉人和喀尔木克人一样。我们听到后，也就按这样去称呼。但汉人都不知道这个称呼，即使知道了也不愿意用它，这不知道为什么。①

1727 年随俄国东正教传教团赴京学习的第二班驻京喇嘛学生、后因从满文翻译图理琛《异域录》而著名的伊拉里昂·罗索兴（Илларион Россохин）② 指出："博格达汗一名是蒙语，相当于满语恩都里赫汗和汉语的圣君，这乃是所有皇帝都采用的一种称号。但俄国人竟然用博格达一名称呼满洲民族，纯系无知。"③

尼古拉·斯帕法里曾以其"学识渊博"，精通希腊文、拉丁文、摩尔达维亚文和俄文而谋得俄国外务衙门首席翻译的职位，也以此受命率团出使中国。④ 但他对此问题的回答却非常干脆"不知道"。而伊拉里昂·罗索兴则将俄国人用博格达一名称呼，归咎于俄国人的无知。

《俄中两国外交文献汇编（1619～1792）》一书的作者班蒂什 - 卡缅斯基（Николай Бантыш - Каменский）本人也参加了对这个问题的讨论。他在该书《中国统治者的称呼》一节中称：

中国帝王最古老称号是天子，即天的儿子，满人按照这一习惯，对满清中国的统治者也这样称呼。中国帝王的第二称号是皇帝，这个称号的意思是统治普天下的君主，即最大的帝王，王上之王，Император。

---

① J. F. 巴德利：《俄国·蒙古·中国》（下卷第 2 册），第 1630 页。
② 伊拉里昂·罗索兴（亦作罗索欣），1727 年被派往北京学习汉语和满语，1741 年回到俄国后被派到帝俄科学院供职，担任汉语和满语的翻译工作，1761 年卒。据尼古拉·班蒂什 - 卡缅斯基称，罗索兴在北京期间，曾受理藩院聘请负责翻译中俄两国往来公函，并任教习教中国学生学习俄语和翻译。图理琛《异域录》的俄译本就出自罗索兴之手。《异域录》罗索兴的俄译本及其注释，后由米勒于 1764 年刊登在《益乐月报》（7 月号至 12 月号）上。参见尼古拉·班蒂什 - 卡缅斯基《俄中两国外交文献汇编（1619～1792）》，商务印书馆 1982 年汉译本，第 527、547 页。
③ J. F. 巴德利：《俄国·蒙古·中国》（下卷第 2 册），第 1630 页。
④ J. F. 巴德利：《俄国·蒙古·中国》（下卷第 2 册），第 1262 页；尼古拉·班蒂什 - 卡缅斯基：《俄中两国外交文献汇编（1619～1792）》，第 40 页。

所有称号中，最常用的是博格德汗（蒙语），满语为延杜林格汗①，汉语为"圣主"，意即最圣明的帝王。中国的统治者只用这一称号来尊称自己，对其他任何国家的帝王概不授此尊号。因此，俄国人不但称中国的汗为博格德汗，而且还称满人为博格德人，即圣洁的人民。②

以上三位虽然未能正确说明俄国人或在俄方文献中为什么将清朝皇帝称作"Богды-хан"（博格达汗），但他们都承认这一称呼源自蒙古语。这一点无疑是正确的。要想解释清楚俄国人为什么使用蒙古语来称呼清朝皇帝，需要从俄国与蒙古的最早接触说起。我们在探讨这个问题之前，需要考察一下清朝文献如何称呼俄国皇帝，因为这同样与俄蒙早期接触的历史有关。

不论是《清实录》《清朝文献通考》等官方载籍，还是一些私家文献，一概将俄国皇帝称作"察罕汗"，将女皇称为"哈敦汗"（也作哈屯汗）。对此，当时的俄国人也不无感到奇怪。班蒂什-卡缅斯基就对此发表了感慨，其记述可谓准确无误，恰当地反映了当时的实情。他说：

> 汉人、满人和蒙古人，无论在口语中，还是在公函中，对于俄国君主的称呼均为俄国的察罕-汗，或哈敦-汗。察罕一词，表示白色之意，而哈敦则表示后妃之意。这两个词都是蒙文。汉人和满人迄今一直沿用上述蒙文称号而不加翻译。附在察罕和哈敦后面的汗这个词，表示拥有至高权力者的称号，即皇帝。③

对此，清代中国知识分子也试图做出解释。如松筠《绥服纪略》云："俄罗斯服饰、房舍，与西洋无异，其部长女人居多，谓之哈屯汗，蒙古语哈屯，夫人也；如男子为部长，谓之察罕汗，蒙古语察罕，白也。"张穆《俄罗斯事补辑》称："其国法，夫死传妻，母死传子，国王及部长皆然。女曰哈屯汗，男曰察罕汗。哈屯，华言夫人也，察罕，华言白也。"张维华、孙西二人就此得出结论，提出："清初在理藩院任职的人，大多是蒙古人，俄国人初到中国时，语言文字不同，或由蒙古人做翻译，所以在中文载

---

① 满语为：Enduringge 或 Enduringge ejen，即"圣主、圣君"。
② 尼古拉·班蒂什-卡缅斯基：《俄中两国外交文献汇编（1619~1792）》，第15页。
③ 同上书，第19页。

籍中存留了不少蒙古语名称。"① 俄国人初到中国时，确有在理藩院任职的蒙古人做翻译，但有一点可以肯定，在理藩院任职的这些蒙古人未必都会说俄语，"察罕汗"这一称呼更不是他们所首创。应该说，察罕汗这一称呼，在俄国人初到北京之前，就已经流行已久。

至于康熙年间进士方式济《龙沙纪略·方隅篇》所说"俄罗斯古大食国，历今一千七百一十余年，元太祖与其弟分收地，其弟灭俄罗斯，即以封之，曰察罕汗，白为察罕，汗即可汗之称，国仍旧名"，则纯属主观臆断，毫无根据。对此，何秋涛在《朔方备乘》卷45《考订龙沙纪略》一文中已予以驳正。不过，方式济所称"白为察罕，汗即可汗之称"，则无不对之处。

总结以上列位的记述，我们得出如下结论，即：清代官、私文献所称"察罕汗""哈敦汗"（哈屯汗）均来自蒙古语。也就说，蒙古语称俄国沙皇为"察罕汗"，称俄国女皇为"哈敦汗"（哈屯汗）；蒙古语曰"白"为"察罕"，而"汗"即"可汗"之称；"哈屯"为"女后"之意。如果用语言学的语言表述，则应为："察罕汗"（试比较俄语：Цаган‐хан）来源于蒙古语的čaγan χaan < 旧书面蒙古语：čaγan χaγan，意为"白汗"；"哈敦汗"或"哈屯汗"来源于蒙古语的 χatun χaan < 旧书面蒙古语：χatun χaγan，意为"女皇"。其中："察罕"，即为蒙古语čaγan，意为"白、白色"；"汗"，为蒙古语 χaan < χaγan，即所谓"可汗之称"；"哈敦"（哈屯），为蒙古语 χatun，意为"后、皇后"。

本文无意讨论"察罕汗""哈敦汗"（哈屯汗）在词源学上的来历，而是想着重讨论，为什么在清前期中俄两国来往公函及官方文书中要使用蒙古语称呼各自对方的君主，以及蒙古语在清代中俄关系史上扮演了怎样的角色，并回答为什么的问题。而要回答这个问题，则需要从俄国与蒙古地区的最早接触说起。

三 俄国与蒙古的早期接触及俄国人对蒙古语的学习和研究

自1581年以叶尔玛克为首的哥萨克越过乌拉尔山到1639年莫斯克维金到达鄂霍次克海边，俄国基本征服东、西西伯利亚，成为横跨欧亚大陆的大

---

① 张维华、孙西：《清前期中俄关系》，山东教育出版社，1997，第38~40页。

国。俄国人在征服西伯利亚的过程中开始与西蒙古卫拉特部和漠北喀尔喀蒙古发生了接触。

俄国人虽然在16世纪70年代就已经获得关于西蒙古卫拉特人的信息①，但与西蒙古卫拉特人的第一次真正接触却是在1604年。与蒙古和托辉特部的第一次接触是在1608年。英人巴德利在提到俄国人征服西伯利亚的时候说："但是往南去（指西伯利亚以南），却是游牧民族世代居住的，既无森林又无河流的大草原，这里情况迥然不同，地区开旷正有利于人口众多的牧民采取一致行动，他们健壮有力，脉管中充满战斗的血液，又具有征服其他民族的历史传统。他们与森林地区的部落不同，不仅善于保卫自己，而且在进攻时也是令人可畏的。喀尔木克人和蒙古人就是这样的民族。"②正是因为这个时期还仍十分强悍的蒙古各部横亘在俄国与中国内地之间，俄国人在越过乌拉尔山之后迟迟不能南下，而选择继续东进，并在短短58年的时间里将其东部边界延伸到了鄂霍次克海。既然不能迅速用武力征服蒙古地区，进行贸易、劝诱蒙古各部首领臣服俄国，就成为俄国对蒙古地区的既定方针。俄国政府派往蒙古地区的外交使团基本上都以劝诱蒙古各部首领臣服俄国为目的。

自17世纪初起，俄国与卫拉特蒙古之间开始了贸易关系，而贸易问题则一直是双方外交谈判的经常性主题。③1607年9月，卫拉特蒙古杜尔伯特部的商队来到俄国塔拉城（当时俄国西伯利亚最南端的城市），用550匹马换取了俄国人的衣物、金钱和书写用纸。④1616年，卫拉特蒙古人的第一批使者也到达莫斯科，并受到沙皇的接见。⑤1616年，莫斯科派出的使者首次来到位于乌布苏湖畔的"阿勒坦汗"硕垒乌巴什的驻地。此年，硕垒乌巴什的使者随同俄国使节到达莫斯科，也受到沙皇的款待。⑥

1644年，清军入关，攻占北京，明朝灭亡。是年，沿西伯利亚南路东侵的哥萨克武装在贝加尔湖以东首次接触蒙古喀尔喀左翼车臣汗的属民。1647年，哥萨克使者来到了车臣汗硕垒的驻地。1649年，车臣汗的第一个

---

① Ш. Б. 齐米德道尔吉耶夫：《俄国与蒙古》，第22页。
② J. F. 巴德利：《俄国·蒙古·中国》上卷第1册，第162页。
③ Ш. Б. 齐米德道尔吉耶夫：《俄国与蒙古》，第33页。
④ И. Я. 兹拉特金：《准噶尔汗国史》，马曼丽译，商务印书馆，1980，第130页。
⑤ J. F. 巴德利：《俄国·蒙古·中国》下卷第1册，第879、980~981页。
⑥ J. F. 巴德利：《俄国·蒙古·中国》下卷第1册，第998~1019、1035~1036页。

使团到达莫斯科。①

虽然远在清王朝同俄国发生接触之前，阻挡俄国势力南下扩张道路的蒙古各部，就同西伯利亚哥萨克、俄国政府开始了交往，并互通信使，但语言翻译也一直是困扰双方往来的一大难题。直到 17 世纪 70 年代末，不论是在俄国的中央机关（外交衙门、西伯利亚衙门），还是在西伯利亚各城堡，还没有蒙古语的专门翻译。因此在俄国外交使团成员中，就有了所谓"担任公职的鞑靼人"和布哈拉人。他们不仅在双方的外交谈判中扮演了翻译官的角色，而且还充当双方公文以及书信往来的翻译。②

有趣的是，1653～1656 年，俄国政府派往清朝的第一个正式外交使团——巴伊科夫使团——在北京的所有活动，正是依靠这样一位布哈拉人完成的。根据俄国档案记载，巴伊科夫在北京与清廷官员的谈判是这样进行的：先由布哈拉人伊尔基·毛拉（Ирки Мулла）把汉语译成蒙古语，然后由巴伊科夫的随从托波尔斯克哥萨克骑兵彼得·马利宁（П. Малинин）把蒙古语译成俄语。③ 巴伊科夫此次出使清廷，经由卫拉特、喀尔喀和漠南蒙古地区，并在额尔齐斯河左岸卫拉特蒙古和硕特部阿巴赖台吉的兀鲁思逗留很长时间。阿巴赖台吉为他们提供了许多骆驼和马、粮食等旅途所需，还派人一路陪同并充当翻译。④ 这位布哈拉人伊尔基·毛拉就是阿巴赖台吉派去一路陪同巴伊科夫并为其充当翻译的人。

17 世纪下半叶，情况发生了改变。俄国沙皇政府开始重视培养翻译干部。这一时期，在莫斯科和西伯利亚许多城镇，出现了第一批蒙古语的官方翻译人员，而大部分为自学成才者。波兰贵族帕维尔·库里文斯基（Павел Кульвинский）就是其中的一位。他曾在托波尔斯克和托木斯克居住多年，并有机会多次深入卫拉特蒙古地区，通晓蒙古语。1679 年，他被任命为外交衙门"卡尔梅克文、蒙古文和藏文的通译"。17 世纪 90

---

① Н. П. 沙斯季娜：《十七世纪俄蒙通使关系》，商务印书馆，1977，第 56～57、67 页；J. F. 巴德利著《俄国·蒙古·中国》下卷第 1 册，第 1131～1133 页。

② Ш. Б. 齐米德道尔吉耶夫：《俄国与蒙古》，第 169 页。

③ 古代文书档案馆：《中国事务档案》，第 4 件，第 122 张。转引自 П. Т. 雅科夫列娃《1689 年第一个俄中条约》，商务印书馆，1973，第 99 页。

④ J. F. 巴德利著《俄国·蒙古·中国》下卷第 1 册，第 1142～1179 页。

年代，又有一名蒙古语通译进入外务衙门，他叫谢苗·伊万诺夫（Семен Иванов）。同一时期，西伯利亚衙门有通译费多特·蒙加洛夫（Федот Мунгалов）和费多特·伊万诺夫（Федот Иванов），而斯皮里敦·别兹里亚多夫（Спиридон Безрядов）① 在西伯利亚衙门驻托波尔斯克的地方机构作通译。②

　　1707 年和 1719 年，根据俄国政府训令，西伯利亚都主教 Ф. 列辛斯基（Ф. Лещинский）向库伦派遣一组神学院学生，学习佛教基础知识和蒙古语。③ 1725 年，伊尔库茨克开设耶稣升天（Вознесенский）俄蒙学校。④ 1729 年，该校三名学员：伊拉里昂·罗索欣、格拉西姆·舒里金（Герасим Шульгин）和米哈伊尔·波诺马廖夫（Михаил Пономарев），作为俄国传教士团成员去了北京。

　　18 世纪下半叶，俄国色楞格驻防军学校开设蒙古语课程。18 世纪末，蒙古语进入 1790 年开办的伊尔库茨克公立学校的教学课程。19 世纪初，А. В. 伊古莫夫（А. В. Игумнов）就在伊尔库茨克开办了私立蒙古语学校。1822 年，伊尔库茨克宗教学校开办了蒙古语班。1831 年，俄国边境要塞特罗伊茨科萨夫斯克开设布里亚特军事学校。不久该校更名为俄蒙学校。此外，上乌丁斯克、尼布楚等地的一些普通学校和专业学校都教授蒙古语，培养翻译人员。所以，在 19 世纪，蒙古语研究在伊尔库茨克、后贝加尔有了一定的规模。学员人数大大增加，培养出了一大批训练有素的教师。教学质量也大大提高。这些学校的主要任务是培养在蒙古以及在俄国与蒙古接壤的地区从事翻译工作的翻译干部。⑤

　　1804 年 11 月 5 日，俄国颁布在大学里教授东方语言的大学章程。据此，

---

① 别兹利亚多夫曾于 1676 年随尼古拉·斯帕法里（米列斯库）出使中国，担任"卡尔梅克语和鞑靼语（即蒙古语）通译"，1693 年，再次以"蒙古文通译"的身份随伊兹勃兰特·伊台斯（Избрант Идес）使团使华。参见伊兹勃兰特·伊台斯和亚当·勃兰德：《俄国使团使华笔记（1692～1695）》，商务印书馆 1980 年汉译本，第 305、306 页。

② Ш. Б. 齐米德道尔吉耶夫：《俄国的蒙古学研究（18～19 世纪）》，《布里亚特东方学研究》，新西伯利亚，1981，第 7 页。

③ Н. И. 维谢洛夫斯基：《关于在俄国正式开设东方语言课程的资料》，圣彼得堡，1879，第 84 页。

④ Н. И. 维谢洛夫斯基：《关于在俄国正式开设东方语言课程的资料》，圣彼得堡，1879，第 86 页。

⑤ Ш. Б. 齐米德道尔吉耶夫：《俄国的蒙古学研究（18～19 世纪）》，《布里亚特东方学研究》，第 8 页。

19 世纪 30 年代俄国喀山大学开设了蒙古语课程。① 自 1833 年起，蒙古语被列入喀山中学的教学课程当中，1845 年起，当地神学院开设了蒙古语课程。②

1833 年，喀山大学共有四人学习蒙古语，而在 1835 年，蒙古语—鞑靼语专业共有 8 名学生。1837 年，共有 14 人；1852 年，有 16 人。③ 当时喀山大学学制为三年，完成三年的书本学习后，学生还需要继续完成两年的实践课程。两年的课程就是在大学的特别机构——东方研究所完成的。研究所共有 4 个专业，其中包括蒙古语—鞑靼语专业。1833～1843 年间，共有 75 人从这个专业毕业。④ 关于该专业毕业生的就职情况以及他们后来的命运，目前尚无详细资料。但有许多资料表明，其中有很多人成了当地各类学校，首先是中学的东方语言教师，有不少人则进入各种政府机关供职。⑤

1854 年 10 月 22 日，俄国政府批准了关于在彼得堡大学设立东方语言系的方案⑥。东方语言系于 1855 年 8 月 27 日正式成立。第一学年就有 44 人入学。喀山大学东方系几乎所有教员都迁到彼得堡，并成为彼得堡大学东方语言系的教员。

这就不难理解，清俄双方相互称呼对方君主，两国君主互通信函为什么使用蒙古语了。

四　蒙古语在早期中俄关系中的外交语言功能

1656 年（顺治十三年）3 月，俄国第一个正式外交使团巴伊科夫使团到达北京。尽管巴伊科夫因"不谙朝礼"，遭到"却其贡物，遣之还"的命

---

① 1833～1854 年间，喀山大学蒙古语教研室是俄国乃至整个欧洲第一个，也是唯一一个蒙古语教研室。在东方系于 1854 年迁至彼得堡之前，一直由科瓦廖夫斯基担任蒙古语教研室的领导。他是俄国蒙古学科学的主要奠基人之一。他的主要著作有三卷本巨著《蒙法俄词典》（1844～1849）、《蒙古语文选》（三卷本，1848）和蒙古语著作《故事海》等。波波夫则是当时非常著名的《卡尔梅克语法》（1847）的作者。参见 Ш. Б. 齐米德道尔吉耶夫《俄国的蒙古学研究（18～19 世纪）》，《布里亚特东方学研究》，新西伯利亚，1981，第 12～13 页。

② Ш. Б. 齐米德道尔吉耶夫：《俄国的蒙古学研究（18～19 世纪）》，《布里亚特东方学研究》，第 13 页。

③ Н. И. 维谢洛夫斯基：《关于在俄国正式开设东方语言课程的资料》，圣彼得堡，1879，第 16 页。

④ Н. И. 维谢洛夫斯基：《关于在俄国正式开设东方语言课程的资料》，第 16 页。

⑤ Ш. Б. 齐米德道尔吉耶夫：《俄国的蒙古学研究（18～19 世纪）》，《布里亚特东方学研究》，第 8 页。

⑥ 《国民教育部杂志》1855 年第 88 期，圣彼得堡。

运，但中俄两国毕竟从此拉开了通使关系的序幕，两国书信往来也从未间断。但在清俄外交文书往来当中，蒙古语却担当起了外交语言的角色，发挥了重要的媒介作用。

当时，清廷致俄方的文书，主要用满文或蒙古文缮写，或满文、蒙古文并行。后来又应俄方要求，同时附拉丁（"西洋"）文和俄文译件。① 如顺治十二年（1655），顺治帝致俄国察罕汗的敕书，就是满蒙并行形式缮写的。② 这应该是清朝皇帝致俄国沙皇的第一封"敕书"。另据俄国历史档案，1684～1685 年间（康熙二十三至二十四年），在俄方收到的清廷信件中就有拉丁文 3 封、俄文 3 封、蒙古文 3 封。③ 康熙二十五年（1686），康熙帝致俄罗斯察罕汗的两封信，一封为蒙古文，一封为拉丁文。④ 康熙二十六年十一月（1687 年 12 月），康熙帝致俄方《尼布楚条约》谈判代表戈洛文（Ф. А. Головин）的一封信，则为一式三份，分别用蒙古文、拉丁文、俄文写就。⑤ 康熙四十、四十一年（1701～1702），黑龙江地方官员递送俄国尼布楚当局的行文，亦有俄文、拉丁文、蒙古文 3 种文字本。⑥ 更有甚者，康熙四十二年（1703），俄国尼布楚城长官来文称："尼布楚城无人翻译满文、拉丁文书，只有能将蒙文译成俄罗斯文者。嗣后如有事来文，望寄送俄罗斯文本、蒙古文本。"经康熙帝允准，此后凡行文俄尼布楚城长官，"仅给送

---

① 参见《清代中俄关系档案史料选编》第一编上册，中华书局，1981，第 22、25～30、32～33、60 页，第 141 页注①，第 142 页注①。

② 1654 年（顺治十一年）6 月 25 日，巴伊科夫率团从西伯利亚重镇托波尔斯克出发前往清朝都城北京。途中，巴伊科夫组织以彼得·亚雷什金和赛义德库里·阿布林为首的小型队伍作为其信使先行前往北京，以便预先通报清朝俄使团即将到来的消息。于是，彼得·亚雷什金和赛义德库里·阿布林一行因得到西蒙古阿巴赖台吉的相助于顺治十二年（1655）先行抵达北京。由于彼得·亚雷什金一行因"始行贡礼"在北京受到了清廷的盛情接待，还意外得到顺治帝"赉而遣之，并赐敕命"的礼遇。据中国第一历史档案馆藏《满文俄罗斯档》证实，清内阁在这封敕书的副本上签有一段注文："俄罗斯察罕汗初次遣使来朝，请安、进贡方物。将给察罕汗敕书交来使毕西里克赉回，敕书盖降敕御宝二颗，用金龙香前黄纸，缮写满蒙文。由内阁学士叶成额、能图、祁础白，头等侍卫毛奇提特、绰克图、理藩院主事玛喇等，一同交付来使毕西里克等赉回。"参见《清代中俄关系档案史料选编》第一编上册，第 18 页。

③ 〔法〕加斯东·加恩著《彼得大帝时期的俄中关系史（1689～1730）》，江载华、郑永泰译，商务印书馆，1980，第 27 页。

④ 加斯东·加恩前揭书，第 18 页，第 31 页注 19；尼古拉·班蒂什－卡缅斯基：《俄中两国外交文献汇编（1619～1792）》，商务印书馆，1982 年汉译本，第 67～68 页。

⑤ 加斯东·加恩前揭书，第 20 页，第 33 页注 30。

⑥ 《清代中俄关系档案史料选编》第 1 编上册，第 201、203 页。

蒙文、俄罗斯文文书"。①

　　而清廷收到的俄方来文（俄文、拉丁文），除译成满文外，还需要同时译成蒙古文呈奏。康熙帝曾正式降旨，"嗣后俄罗斯国察罕汗再有奏书，则应兼写蒙古文具奏"。② 有时在俄方来信中，甚至就有蒙古文文本。如康熙三十九年（1700年），俄国政府致内大臣索额图的信函就有"俄罗斯文咨文一件、拉丁文本一件、蒙文文本一件"。③ 值得一提的是，俄方在致书清廷时，还曾使用只通行于卫拉特蒙古诸部的托忒蒙古文字。如何秋涛《朔方备乘》卷34《俄罗斯互市始末》记载："（康熙）四十四年（1701）十一月，俄罗斯贸易人至，大学士等以来文进呈。圣祖阅之，曰：此喇提诺、托忒乌珠克、俄罗斯三种文也。"④

　　另外，除清俄之间往来文书使用蒙古语以外，在两国边界谈判中，蒙古语也发挥了重要的作用。需要指出的是，甚至两国签订的边界条约有时亦采用蒙古语文本。

　　1689年缔结的中俄《尼布楚条约》是中俄关系史上的第一个重要条约，它从法律上明确肯定了中俄两国东段边界的走向，是中俄关系发展的重要里程碑。

　　1686年1月26日，俄国政府接受清朝政府提出的和平谈判解决两国边界问题的呼吁，派出了以御前大臣、总督戈洛文为首的庞大代表团，准备与清朝政府进行谈判。清廷亦于康熙二十七年三月三日（1688年4月3日），派遣领侍卫内大臣索额图等前往色楞格进行谈判。但由于此时正遇喀尔喀蒙

---

① 《清代中俄关系档案史料选编》第1编上册，第215页。
② 《清代中俄关系档案史料选编》第1编上册，页78。
③ 《清代中俄关系档案史料选编》第1编上册，第195页注①。
④ 《清圣祖实录》（卷223）康熙四十四年十一月壬申条载："大学士等以鄂罗斯贸易来使赍至原文及翻译之文进呈，上阅之，谕大学士等曰：此乃喇提诺、托多乌祖克、鄂罗斯三种文也。外国之文，亦有三十六字母者，亦有三十字、五十字母者。朕交喇嘛详考视之，其来源与中国同，但不分平声、上声、去声，而尚有入声，其两字合音甚明。中国平上去入四韵极精，两字合音不甚紧要。是以学者少，渐至弃之。问翰林官，四声无不知者，问两字合意，则不能知。中国所有之字，外国亦有之，特不全耳。"魏源《圣武记》卷6《国朝俄罗斯盟聘记》称："其书横行，自左而右，西合拉提诺，东合托忒、乌珠克，而转译蒙古、清、汉文。拉提诺者，西洋字体，托忒者，厄鲁特字体，乌珠克者，唐古特字体。"魏源关于俄罗斯文字的论述，可谓天大的误解。何秋涛《朔方备乘》卷13《俄罗斯学考》称："是年俄罗斯来文，兼用三体书写，或疑俄罗斯字乃以三种字凑合而成，失其义矣。"实际，"托忒乌珠克"（托多乌祖克）即为清代西蒙古卫拉特高僧咱雅班智达（1599～1662）于1648年所创托忒文。所谓"乌珠克"（乌祖克），蒙古语意为"文字"。这种文字自1648年诞生之日起，至今仍在我国新疆蒙古族地区使用。看来，当时这一新创制不久的文字已经同古老的拉丁文一起成为一种通用于中俄关系的外交语言了。

古与准噶尔之间的战事，道途受阻，索额图等奉命全部撤回。次年四月二十六日（1689 年 6 月 13 日），清政府代表团再次从北京出发，前往尼布楚。8 月 22 日，双方开始谈判。经过数轮艰苦谈判，双方终于达成一致。9 月 7 日，两国全权代表签订了《尼布楚条约》。① 为此次边界谈判语言交流的方便，康熙帝特派两名在清廷供职的耶稣会士张诚（1654 ~ 1707）和徐日升（1645 ~ 1708）作为清方使团的拉丁语翻译。② 因为俄国使团中也配备有拉丁语的翻译。但在双方谈判过程中，俄方代表曾以张诚等"偏袒中国人，给俄国人制造麻烦"为由，改用蒙古语直接与清方代表"交谈"。③ 这件"趣事"曾引起法国史学家加恩的感慨，他说：

> 十七世纪末叶，俄国人既不识满文，也不懂汉文；同时中国人也一点不懂俄文。在中俄官方通信和进行外交商谈时究应采用哪种语文呢？中国人是很熟悉蒙文的，俄国人由于与外贝加尔地区的布利亚特人接触的缘故，学蒙文比较方便，因此蒙文似乎是很合用的；可是，不知道是由于俄国人的无知，还是由于耶稣会教士阴谋的结果，最后却选中了拉丁文。④

正如加恩所言，《尼布楚条约》拉丁文本为双方签署的正本，另有俄文本和满文本，共 3 种文本。《尼布楚条约》签订以后，谈判双方又议定，"用满文、俄罗斯文、拉丁文镌之于石，置于两国交界之处，用为标记"。⑤ 后经议政王奏准，碑石上加刻蒙古文、汉文，成为 5 种文字，其满文、蒙古文、汉文，"勒于碑阳"，俄文、拉丁文，"勒于碑阴"。⑥ 此即魏源所称：

---

① 复旦大学历史系《沙俄侵华史》编写组：《沙俄侵华史》，上海人民出版社，1975，第 47 ~ 57 页。

② 张诚（Francis Gerbillon），1654 ~ 1707，法国人，路易十四于 1685 年派到暹罗（泰国）和中国的六位耶稣会神父之一。1688 年 2 月到北京。《尼布楚条约》签订以后，受到康熙帝的宠信。徐日升（Thomas Pereira），1645 ~ 1708，葡萄牙人，1666 年赴印度传教，不久转赴中国澳门。1673 年到北京，受聘为康熙帝的音乐教师，从此定居北京。参见约瑟夫·赛比斯著，王立人译《耶稣会士徐日升关于中俄尼布楚谈判的日记》（商务印书馆 1973 年汉译本），第 1 页；加斯东·加恩：《彼得大帝时期的俄中关系》，第 37 页注文。

③ 加斯东·加恩著《彼得大帝时期的俄中关系》，第 23 页。

④ 加斯东·加恩著《彼得大帝时期的俄中关系》，第 6 页。

⑤ 《清代中俄关系档案史料选编》第 1 编上册，第 124 页。

⑥ 《清代中俄关系档案史料选编》第 1 编上册，第 125 页。

"而立石勒会议七条，满、汉、拉提诺、蒙古、俄罗斯五种字体与黑龙江西岸。于是东北数千里化外不毛之地尽隶版图。"①

雍正五年七月十五日（1727年8月31日），中俄两国在喀尔喀边境地区的布尔河畔签订划定两国中段边界的《布连斯奇条约》。该条约有满、蒙古、俄、拉丁四种文本。② 而依据《布连斯奇条约》所定原则具体划定两国边界走向的中俄《阿巴哈依图界约》和《色楞额界约》，前者则只有蒙、俄两种文本，后者为满、蒙、俄3种文本。③ 同一时期双方签署的关于在额尔古纳河畔祖鲁海图设立贸易圈的互文，只有蒙古文和俄文两种文本。④

1768年的中俄《修改恰克图界约第十条》和1792年的中俄《恰克图市约》，当时签署的仍只有满、蒙、俄3种文本，并无汉文本。⑤ 至少到1799年（嘉庆四年），库伦办事大臣行文俄国边境长官，仍在"用蒙古文翻妥，照例钤盖红印"送达。⑥ 1802年，清政府颁铸的库伦办事大臣印信，亦"镌刻满、蒙、汉字"⑦，说明，直到19世纪初，蒙古文仍在对俄交涉事务中以清朝的正式官方文字行用。⑧

五　结语

综上所述，我们可以作出以下几点结论。

1638年，俄国人第一次从蒙古地区输入茶叶，并对这种"不知是草，还是树"的植物产生了兴趣，也正是从这个时候起，汉语的"茶"一词通过蒙古语进入了俄语。俄语"чай"（茶），应该是最早进入俄语的汉语借词之一，但它不是从汉语直接进入俄语的，而是通过蒙古语作为媒介进入俄语的，因此不可避免地带上了蒙古语的语音特征。

众所周知，"博克多汗"（Богды－хан）本是蒙古人对清朝皇帝的称呼。

---

① 魏源：《圣武记》卷6《国朝俄罗斯盟聘记》。
② 余绳武等：《沙俄侵华史》第1卷，人民出版社，1978，第264页；王铁崖编《中外旧约章汇编》第1册，三联书店，1957，第5～7、13页。
③ 王铁崖编《中外旧约章汇编》第1册，第21、26页。
④ 《俄中两国外交文献汇编》，第388~389页。
⑤ 《中外旧约章汇编》第1册，第28、29页。
⑥ 《清仁宗实录》卷41，嘉庆四年三月丙子条。
⑦ 《清仁宗实录》卷102，嘉庆七年八月甲寅条。
⑧ 白拉都格其：《1840年之前蒙古在中俄关系中的地位和作用》，《中国边疆史地研究》1996年第1期，第68页。

在俄国政府向清廷派出第一个正式外交使团之前，俄国人已经通过其出使蒙古各部的使臣，或通过蒙古诸汗派往莫斯科的历次使节知悉，清朝的皇帝叫"博克多汗"。因此，俄国在后来与清廷发生关系时一直沿用蒙古人的称呼、蒙古语的音译，称清朝皇帝为"Богды－хан"（博克多汗）。而"察罕汗"和"哈敦汗"是蒙古人对俄国沙皇和女皇的称呼。"察罕汗""哈敦汗"这两个本来只在蒙古人当中使用的称呼，后来为清廷所接受，成为清廷对俄外交的专门用语。

清俄双方这种沿用蒙古人的称呼，或者说，用蒙古语的音译来称呼对方君主的情况，与蒙古民族所处的特殊的地理位置以及当时历史条件有关。

16世纪末17世纪初，俄国人在越过乌拉尔山征服西伯利亚各民族的过程中，在其南部边界遇到的蒙古各部。由于这个时期的蒙古各部还十分强悍，俄国人自知不能迅速用武力征服蒙古地区，因此在继续东进，向东扩张领土的同时，他们与各自分立的卫拉特、喀尔喀蒙古各部发生了接触、冲突，有了长期的通使、贸易关系。俄国所获悉的有关中国（内地、中原王朝）的情况、信息，也都是从直接接触的蒙古各部获得的，并且以蒙古为中介，在蒙古各部首领的协助下实现了出使清廷和往返北京的商队贸易。

在17世纪的俄蒙交往中，如果说，前半叶主要以西伯利亚的鞑靼人、布哈拉商人充当蒙古语和俄语通译的话，那么从17世纪下半叶开始情况发生了改变。这个时期，由于俄国政府对培养翻译人才的重视，在莫斯科和西伯利亚的许多城镇，出现了第一批自学成才的俄国官方蒙古语通译。从18世纪初开始，俄国在与蒙古地区接壤的边境地区开办了各类俄蒙学校，教授蒙古语，培养蒙古语的翻译人才，而从19世纪30年代起，俄国已经在大学里开设了蒙古语课程。

从清朝方面来讲，在清朝中央政府中，负责对俄交涉的是专管蒙古事务（后来才扩为统管西北、西南边疆民族事务）的理藩院，而蒙古语又是清朝正式的官方语言之一，因此，在清政府的对俄外交事务当中，蒙古语文理所当然地作为官方语文之一发挥了重要的媒介作用。

对于清俄双方来说，蒙古语是双方相互交流和沟通的最佳选择。事实上，蒙古人及蒙古语在早期中俄关系中扮演的重要的角色，为早期中俄关系的发展发挥了重要的作用。

（原载《西部蒙古论坛》2008年第2期）

边疆地理研究

《西藏志》所载清代后期入藏路线考

房建昌

摘　要：陈观浔的《西藏志》成书于民国中期，内有关于克什米尔、和田分别至拉萨的两条路线的程站，但本文认为此乃采自清末日本人山县初男编著的《西藏通览》，并参考外文资料对部分路线进行了初步考证。

关键词：陈观浔　《西藏志》　清代后期　入藏路线

作者简介：房建昌，1955 年生，中国社会科学院中国边疆史地研究中心研究员。

陈观浔（1861～1935），字酉生、孟孚、懋甫，又名陈钟信，晚年被尊称为陈孟老。四川成都人，准确说是富顺自流井豆芽湾人。清光绪八年（1882）中举人，光绪十一年（1885）拔贡，十五年（1889）参加会试中进士［《清代四川进士征略》记载为己丑年（1889）二甲第 19 名进士］。《清代朱卷集成》收入陈钟信会试朱卷刻本，并对其先祖有详细介绍。①

陈观浔殿试后选入翰林院授庶吉士，庚寅年（1890）散馆。壬辰年（1892）任吏部文选司主事，丁酉年（1897）升文选司员外郎，庚子年（1900）升文选司掌印郎中，癸卯年（1903）晋阶鸿胪寺少卿，② 乙巳年（1905）署遣政司参议，戊申年（1908）再升光禄寺少卿，宣统二年

---

① 上海图书馆收藏的朱卷有特殊的文献价值。参见上海图书馆名誉馆长顾廷龙主编《清代朱卷集成》，成文出版社，1992。

② 参见锡良《覆奏陈钟信请整顿积谷折》（光绪三十年八月二十一日），中国科学院历史研究所第三所主编《锡良遗稿》第 1 册，中华书局，1959，第 427 页。

（1910）任顺天府府丞。《清史稿宣统皇帝本纪》载：宣统三年（1911）"十一月甲子朔，袁世凯请废臣工封奏旧制。乙丑，命前署湖北提法使施纪云、前光禄寺少卿陈钟信四川团练"。辛亥革命后，陈观浔返回四川，寓居成都文庙街前，与清朝遗老骆成骧、富顺县前清进士宋育仁（即宋芸子，1857～1931）等来往密切。被人尊称为"五老七贤"。陈观浔清末离开官场，幸爱好金石书画，珍藏甚多。民国初年，常以书画出售，以维持生计。陈观浔熟稔史、地文献，工于书法，研习书法以钟砾为宗，不断揣摩，临帖苦练，自成一体，有《敏求斋遗书》等著作传世。1920年前后，省城国民学校校长宋育仁得到四川军政首脑人物熊克武等人支持，酝酿编修《四川通志》。民国十四年（1925），四川军务督理杨森在成都设立四川通志局，正式编修《四川通志》，宋育仁被聘为总裁（即局长），宋延聘陈观浔参与编修事，为协理（即副局长）。其间，陈观浔编修的《西藏志》完成了初稿，而《四川艺文志提要》尚未完稿，陈观浔即由于年事已高，积劳成疾，于民国二十四年（1935）在成都寓所病逝，终年74岁，归葬于自流井豆芽湾。①

陈观浔逝世后，《西藏志》辗转存放，已成残稿。陈氏后人过录的抄本不分卷，依次划分为"总论""卫藏疆域考""卫藏山川考""西藏名山考""支山名义考""西藏大川考""支水名义考""西藏湖池考""西藏海子考""西藏津梁考""西藏道路交通考"等31个部分，我们现在看到的是巴蜀书社1986年出版的何金文整理、点校本。

陈观浔编修的《西藏志》，是一部非常有价值的西藏地方文献，内容涵盖了有关西藏政治、军事、历史、地理、民族、宗教、文化、交通、贸易等许多方面，与方志编修的要旨"志贵周详"契合。陈观浔长于文献考证，《西藏志》充分体现了他的治学特点，如"西藏种族及其沿革"部分："凡考种族，当考其源流，其种族乃能确定；未有不悉其源，而能区别其流者也。"因此，有人认为"民国以后，只有这部《西藏志》为正式成书的西藏方志，是诸种西藏方志中纂修较好的一种"②。

陈观浔《西藏志》中有关于清代后期克什米尔、和田分别至拉萨路线

---

① 参见王友《民国时期四川省志编修概况》，http://www.bscull.com（2010年8月4日）；张莉红：《西藏地方文献考略》，《中华文化论坛》2005年第3期。
② 王启龙、邓小咏：《二十世纪上半叶藏区地理研究述评》，《西藏研究》2001年第2期。

及其他四条入藏路线的记载。但是，笔者研究后发现，陈观浔《西藏志》主要抄录了日本人山县初男编著的《西藏通览》①的记载，对此陈观浔也多次说明，如第 90 页注明见《西藏通览》总而录之、第 95 页注明采录《西藏通览》等。不过《西藏志》的记载依然需要补充，下择《西藏志》中"由克什米尔经兰那克驼以达拉萨"的路线记载为例可以说明这个问题。

　　陈观浔《西藏志》关于这段入藏路线的记载是源出于山县初男编著的《西藏通览》，其中略有误字，《西藏通览》的记载则采自印度测绘局的工作人员绰特上尉（H. Trotter）记录的《班智达南辛格从拉达克列城到拉萨的大西藏之行，经阿萨姆返回印度》一文。②从 1863 年开始，一批印度藏系民族探险者被英印政府派赴西藏从事调查测绘，搜集西藏的政治和地理情报。他们在印度台拉登（Dehra Dun）测绘局所在地接受专门的秘密测绘训练。入藏时，他们的转经轮内装有测绘用具，佛珠是 100 颗，而不是通常的108 颗，用于数步数计里。这批人中最著名的是班智达南·辛格（Pundit Nain Singh）、班智达克瑞士那（Pundit Krishna，代号 A. - K. 取自名字的首尾两个字母）和班智达乌坚嘉措（Ugyen Gyatso，简称 U. - G.）。班智达南辛格在 1856 年和 1857 年伴随施拉金推特（Schlagintweit）兄弟对拉达克和克什米尔进行了磁力和科学考察，随后任其家乡阿尔莫拉（Almora）地区米兰（Milan）村的校长。他有两次著名的拉萨之行。第一次是 1865 年从尼泊尔首都加德满都出发，直接进入西藏未果，遂绕道阿里的玛旁雍错

---

①　山县初男，1873 年生，早年在军队服役，后任日本驻云南府总领事馆武官，最高军阶大佐。退役后于 1927～1933 年担任日本八幡制铁所驻大冶铁矿办事处第二任主任，1933 年山县初男离开大冶铁矿后，仍在上海，和汉治萍公司的日本顾问人员一起控制汉治萍公司。山县初男编著的《西藏通览》（共 330 页，附两幅大地图，丸善社 1907 年出版）是出版较早的一部关于西藏历史及文化的著作。国内最早的编译本为《西藏通览》32 开线装书，共92 页，成都文伦书局 1909 年 2 月印刷，标为作者吴嘉议，实际上是编译。现有山县初男著、西藏自治区历史档案馆编印《西藏通览》5 册全带蓝布函套本，中州古籍出版社出版。

②　Account of the Pundit's［Nain Singh's］Journey in Great Tibet from Leh in Ladakh to Lhasa, and of His Return to India via Assam), *The Journal of the Royal Geographical Society*（《皇家地理学会杂志》），1877 年，xlvi, i pp183～136。该文第 106 页以下（et seq1）记载了本波地区（Pembo Country），玉莫辛噶（Yomo Zinga）的记载见第 129 页，文部村（Ombu village or Womba）的记载见第 133 页。此文的简略本见《伦敦皇家地理学会纪要》（Proceedings of the Royal Geographical Society of London, Vol. 121, No. 14, 1876 - 1877, pp1325 - 1350）。重印于绰特上尉的《穿越喜马拉雅探险报告，1873～1875 年》（Report on Trans - Himalayan Explorations 1873, pp. 74 - 75）一书和《印度测绘记录》（Records of the Survey of India, 1915, vol. 18, part 1）第 160～196 页，地图 VI - VII 幅。

（Manasarowar Lake），然后沿着雅鲁藏布江平行线东行，于 1866 年 1 月 10 日抵达拉萨，1867 年 4 月 21 日离开。第二次为 1874 年，他从拉达克（Ladak）出发，经过荒漠的羌塘和纳木错（Tengri Nor），经过了许多大湖，11 月 18 日抵达拉萨，1875 年结束此行。他对沿途特别是拉萨情况的叙述引起了印度英国殖民者的浓厚兴趣，被奖励和分给土地。后来他被授予英国皇家地理学会金奖（gold medal of the Royal Geographical Society）和印度星章（Companionship of the Star of India）。他于 1882 年初去世。下面将《西藏志》中该路线的 76 个站名做一对勘，其中标序号"〔 〕"者是笔者补充的地名。

从列城到诺和 173 英里。以下为诺和以后的站名。

〔1〕诺和（Noh）。班智达南辛格测绘为东经 79°51′0″，北纬 33°37′0″。今日土县日土区乌江（善和）乡驻地，《西藏地名资料简编》（西藏自治区测绘局 1979 年版）曾经用汉字"诺"。

1. 寻噶（Zinga）。从列城起第 19 站，距离上一站 13 英里（班智达南辛格报告为 11 英里），海拔 13960 英尺。

2. 给查喀（Khai Tsaka / Khai Chaka），盐湖。从列城起第 20 站，距离上一站 6 英里，海拔 13960 英尺。

3. 喇嘛度独穆（Lamadodmo/Lumadodmo Spr），泉水。从列城起第 21 站，距离上一站 13 英里，海拔 14210 英尺。

4. 布衮（Bujung）。从列城起第 22 站，距离上一站 14 英里，海拔 14290 英尺。班智达南·辛格测绘为北纬 33° 25′15″。

5. 察布克仁噶（Chabuk Zinga）。从列城起第 23 站，距离上一站 16 英里，海拔 14400 英尺。

6. 冈克尼珠必克（Kangni Chumik），泉眼。从列城起第 24 站，距离上一站 14 英里，海拔 15300 英尺。

7. 岷达穆察喀（Mindum lake），盐湖。从列城起第 25 站，距离上一站 20 英里，海拔 14860 英尺。一般的路。

〔7〕岷达穆察喀（Mindum lake），湖东端。从列城起第 26 站，距离上一站 7 英里。

8. 杂察布哥（Thachap Cho），湖。从列城起第 27 站，海拔 15130 英尺，距离上一站 21 英里（班智达南·辛格报告为 14 英里）。班智达南辛格测绘为北纬 33°15′51″。

9. 杂察布（Thachap），河岸。从列城起第 28 站，距离上一站 10 英里

（班智达南辛格报告为 10.5 英里）。

10. 珠必克（珠密克，Chumik）。从列城起第 29 站，距离上一站 12 英里，海拔 14690 英尺。

11. 哥度尔藏布（Cho Dol）。从列城起第 30 站，海拔 14550 英尺，距离上一站 11 英里（班智达南·辛格报告为 11.5 英里）。

12. 比兰察喀（Parang Tsaka /Purang – chaka）。从列城起第 31 站，海拔 14270 英尺，距离上一站 13 英里。

［12］同上驿，从列城起第 32 站，距离上一站 6 英里。

13. 潘布喀部（Pang Bhup）。从列城起第 32a 站，海拔 15030 英尺，距离上一站 13 英里。

14. 希锡克察喀（Hissik lake），盐湖。从列城起第 33 站，海拔 14310 英尺，距离上一站 13 英里（班智达南·辛格报告为 12 英里）。

［14.1］同上驿，距离上一站 7 英里。

［14.2］尼穆哥察喀（Nim cho Chaka），盐湖。从列城起第 35 站，距离上一站 17 英里，海拔 14000 英尺。

［14.3］同上驿，从列城起第 36 站，距离下一站 5 英里。

15. 什玛哥（休玛哥）（Huma lake，意为牛奶湖）。从列城起第 37 站，距离上一站 12 英里，海拔 14270 英尺。班智达南辛格测绘为北纬 32°27′13″。

16. 田噶尔（由噶尔，Yugar）。从列城起第 38 站，海拔 14460 英尺，距离上一站 16 英里。

17. 曼哥（Mango）。从列城起第 39 站，海拔 14230 英尺，距离上一站 8 英里（班智达南·辛格报告为 8.25 英里）。第 166 页言 9 月 3 日抵达该村。

18. 纳林湖（Noring lake）。从列城起第 40 站，海拔 13750 英尺，距离上一站 10 英里（班智达南辛格报告为 10.25 英里）。

19. 雅喀尔（Jakar /Y akar）。从列城起第 41 站，海拔 13770 英尺，距离上一站 8 英里（班智达南辛格报告为 8.25 英里）。

20. 萨克赤（Sakti）。从列城起第 42 站，海拔 14380 英尺，距离上一站 10 英里（班智达南辛格报告为 10.25 英里）。

21. 法朗牙克达（Kezing /Phalung Yakda）。从列城起第 43 站，海拔 14690 英尺，距离上一站 5 英里。班智达南辛格测绘为北纬 32°12′4″。今改则县驻地。

22. 江度休珠（Kyangdhui Chumik/Kyangdhui Chumik，意为野马泉眼）。从列城起第44站，海拔14780英尺，距离上一站10英里。今改则县将捉曲村。

23. 重玛尔（Jom Maru，意为马鬃）。从列城起第45站，海拔15700英尺，距离上一站11.5英里。

24. 达伦噶尔（Tarnguk）。从列城起第46站，海拔14810英尺，距离上一站13英里。

25. 哥淋里布（Chering Golip）。从列城起第47站，海拔14230英尺，距离上一站16英里（班智达南辛格报告为16.5英里）。今改则县洞措乡驻地。

26. 索克马尔西拉（索克马尔些拉，Thok Marshera/Thok Dakchar）。从列城起第48站，海拔14830英尺，距离上一站18英里。今尼玛县东那勒牧点。

27. 索克珠拉克巴（Thok Daurakpa）。从列城起第49站，海拔15280英尺，距离上一站12英里（班智达南辛格报告为12.5英里）。班智达南·辛格测绘为北纬32°6′39″。第167~169、184页有记载。

28. 那尔（Nale）。从列城起第50站，海拔15960英尺，距离上一站10英里。

［28］熟喀尔嘎孛（Diokar Karpo）。从列城起第51站，海拔16090英尺，距离上一站12英里。

29. 伯达拉克珠喀（Beda Nakchuk）。从列城起第52站，海拔16330英尺，距离上一站14英里。

30. 朗那克度（Lhung Nakdo）。从列城起第53站，海拔16140英尺，距离上一站10英里。现在为尼玛县阿索乡。在曲先藏布（Chu Zan Tsan-po，现在地图这一段被称作比日藏布，而更西的上游才被称作曲先藏布）江南，现在地图册中的我穷昌村或嘎隆村位置。

31. 拉克（Ragu）。从列城起第54站，海拔15970英尺，距离上一站8英里（班智达南辛格报告为8.5英里）。

32. 直布喀拉（Gipu Khara）。从列城起第55站，海拔15840英尺，距离上一站6英里（班智达南辛格报告为16英里）。班智达南辛格测绘为北纬31°38′53″。

33. 噶剌动冈（Gara Dongkung）。从列城起第56站，海拔16560英尺，

距离上一站 14 英里（班智达南报告为 14.5 英里）。

34. 那瓦赤度莫（Nawa Chidmo）。从列城起第 57 站，海拔 15720 英尺，距离上一站 12 英里（班智达南辛格报告为 12.5 英里）。

35. 鄂穆索（布）（鄂穆孛，Yomo Zinga Ombo）。从列城起第 58 站，海拔 15240 英尺，距离上一站 12 英里（班智达南辛格报告为 1215 英里）。班智达南辛格测绘为北纬 31°21′32″。[①]

36. 散克尔（Thungru）。从列城起第 59 站，海拔 14770 英尺，距离上一站 1 英里（班智达南辛格报告为 11 英里）。

37. 珠克拉尔察（The Chiku Larcha）。从列城起第 60 站，距离上一站 4 英里（班智达南辛格报告为 415 英里）。

38. 莫巴仁（Moboding）。从列城起第 61 站，海拔 16160 英尺，距离上一站 6 英里。

39. 劳哥列（努哥列，Ngori）。从列城起第 62 站，海拔 15360 英尺，距离上一站 12 英里。

40. 嘉尔度（Gyardo）。从列城起第 63 站，海拔 15360 英尺，距离上一站 10 英里。

41. 达克动（Takdong Nama）。从列城起第 64 站，海拔 15400 英尺，距离上一站 13 英里。

42. 扎库达（札库达，Jhiakta）。从列城起第 65 站，海拔 15260 英尺，距离上一站 14 英里（班智达南辛格报告为 14.5 英里）。

43. 噶特马尔（Katmar）。从列城起第 66 站，海拔 15200 英尺，距离上一站 10 英里（班智达南辛格报告为 1015 英里）。

44. 罗马噶尔莫（Lamakarmo /Loma Karma）。从列城起第 67 站，海拔

---

① 《西藏地名资料简编》那曲地区申扎县部分仅记载文部（Vom - bu，意为红柳），曾用名文布。今后可补入清代地名鄂穆布。文部现在为尼玛县文部乡，在当惹雍错北部。1979 年 1 月正式建立县级建制的文部办事处。1983 年 8 月 1 日正式建立尼玛县。陈观浔《西藏志》第 141 页仅记载："鄂穆布，此间为大村落，人户栉比［有一寺，35 户］，附近田亩开辟尚佳，多种谷菜。此路线［从前面第 5 站察布克仁噶］见耕耘土地者［后］，盖以此为始。"英文《印度测绘记录》的记载见第 171、172、184 页。谭其骧主编《中国历史地图集》清代西藏地图只有文部这个今天地名，今后可补入清代地名鄂穆布。象雄的都城据苯教传说是在被称为琼隆银城的地方，琼隆在今阿里扎达境内，这一带的确发现了不少早期人类活动的洞窟遗址。在尼玛县文部乡办事处不远的穷宗（khyung - rdzong）也有大片遗址，也被称为象雄都城之所在。从尼玛到文部乡有 100 多公里，大概 3 个小时的车程。穷宗距文部乡约 20 公里，可由尼玛驱车到达。

15360 英尺，距离上一站 6 英里。班智达南辛格测绘为北纬 31°14′26″。

45. 嘉拉马噶（嘉嘉拉马噶，Kya Kya Rafka）。从列城起第 68 站，海拔 14770 英尺，距离上一站 11 英里。

46. 嘉零湖（Kyaring Tso）。从列城起第 69 站，距离上一站 10 英里。今申扎县格仁错。

47. 得那克（Denak）。从列城起第 70 站，海拔 15480 英尺，距离上一站 12 英里。今次扎村。

［47］Ngobo Le。从列城起第 71 站，海拔 15330 英尺，距离上一站 11.5 英里。

48. 度扎穆（度札穆，Dojam）。从列城起第 72 站，海拔 15380 英尺，距离上一站 11 英里（班智达南辛格报告为 11.5 英里）。

49. 先家城（Senja Dzong）。从列城起第 73 站，海拔 15550 英尺，距离上一站 8 英里（班智达南辛格报告为 815 英里）。今申扎县治。

50. 珠巳哥（珠巳哥，Chupgo）。从列城起第 74 站，海拔 15680 英尺同，距离上一站 5 英里。

51. 给萨尔（Kaisar/Singhua）。从列城起第 75 站，海拔 15790 英尺，距离上一站 7 英里（班智达南辛格报告为 7.25 英里）。

52. 毬（毛佳）孔哥（难孔哥，Nangongo）。从列城起第 76 站，海拔 15720 英尺，距离上一站 10 英里（班智达南辛格报告为 10.5 英里）。

53. 杨克准（Yungehen /Yungchen）。从列城起第 77 站，海拔 14790 英尺，距离上一站 10 英里（班智达南辛格报告为 14.75 英里）。班智达南辛格测绘为北纬 30°48′31″。

54. 得渐（Dheje）。从列城起第 78 站，海拔 15350 英尺，距离上一站 11 英里（班智达南辛格报告为 11.5 英里）。

55. 给拉克（Kerak）。从列城起第 79 站，海拔 15360 英尺，距离上一站 11 英里（班智达南辛格报告为 11.5 英里）。

56. 布尔珠（Bul lake），湖。从列城起第 80 站，海拔 15460 英尺，距离上一站 14 英里。

57. 朗克嘛襄（Langma Dzong）。从列城起第 81 站，海拔 15240 英尺，距离上一站 14 英里（班智达南辛格报告为 1415 英里）。

58. 受哥珠锡克（Rakyam Dongpa）。从列城起第 82 站，海拔 15260 英尺，距离上一站 13 英里（班智达南辛格报告为 13.25 英里）。

59. 拉嘉穆洞克巴（拉嘉穆动克巴）。

[59] Thuigo Chumik，泉眼。从列城起第 83 站，海拔 15440 英尺，距离上一站 16 英里。

60. 若渡而孔巴（Jador Sumdyaling My），寺院。从列城起第 84 站，海拔 15400 英尺，距离上一站 7 英里。班智达辛格测绘为北纬 30°49′12″。两大寺院靠近纳木错湖岸。

61. 阿喝巴克（阿噶巴克，Arka Bagu）。从列城起第 85 站，海拔 15430 英尺，距离上一站 9 英里。

62. 达克赤（Dukti）。从列城起第 86 站，海拔 15460 英尺，距离上一站 10 英里（班智达南辛格报告为 10.75 英里）。

63. 达克麻尔珠干（Dakmar‐chu‐chan）。从列城起第 87 站，海拔 15580 英尺，距离上一站 16 英里。班智达南辛格测绘为北纬 30°55′11″。

64. 巴克噶尔莫（Bqago Karma）。从列城起第 88 站，海拔 15710 英尺，距离上一站 16 英里（班智达南辛格报告为 16.5 英里）。

65. 哥布朗约克玛（哥布朗约克嘛，Goblung Yokma）。从列城起第 89 站，海拔 14510 英尺，距离上一站 10 英里。

66. 江朗（Kyangung）。从列城起第 90 站，海拔 14320 英尺，距离上一站 4 英里（班智达南辛格报告为 4.75 英里）。班智达南辛格测绘为北纬 30°31′30″。

67. 珍索（珍孛，Ch inbo）。从列城起第 91 站，海拔 14340 英尺，距离上一站 10 英里（班智达南辛格报告为 10.75 英里）。

68. 拉楚（La chu）。从列城起第 92 站，距离上一站 8 英里（班智达南·辛格报告为 8.75 英里）。班智达南测绘辛格为北纬 30°20′44″。

69. 襄楚（Jung‐chu）。从列城起第 93 站，海拔 14240 英尺，距离上一站 10 英里。

70. 扎兰（Jyalung）。从列城起第 94 站，海拔 14700 英尺，距离上一站 6 英里。班智达南辛格测绘为北纬 30°12′12″。

71. 罗孔克嘛（由罗孔克麻，Yolo Gongma）。从列城起第 95 站，海拔 14800 英尺，距离上一站 8 英里（班智达南辛格报告为 8.75 英里）。

72. 达朗仁克（Tulung Dinga）。从列城起第 96 站，海拔 13020 英尺，距离上一站 7 英里。

73. 杨克珠克（Yung juk），村。从列城起第 97 站，海拔 1263 英尺，距离上一站 9 英里（班智达南辛格报告为 915 英里）。

[73] 皋（Nai），村。从列城起第 98 站，海拔 12510 英尺，距离上一站 8 英里。

74. 色布（Saibu），村。从列城起第 99 站，距离上一站 6 英里。

75. 朗克动（Langdong /Lang - dong），村。从列城起第 100 站，海拔 12100 英尺，距离上一站 6 英里。

76. 拉萨。从列城起第 101 站，海拔 11910 英尺，距离上一站 14 英里。班智达南辛格测绘为北纬 29°39′23″。

陈观浔《西藏志》列举了 76 个地名，基本没有考证。

清代西藏历史地理的研究承先启后，具有重要的作用，但是对《西藏志》所载六条路线的研究还有待加强。谭其骧主编《中国历史地图集》清代西藏两幅地图是目前最好的地图，凝聚了老一代藏学家的集体心血，但是这六条路线中的大多数地名在谭其骧主编的历史地图集中基本没有体现。

（原载《中国边疆史地研究》2010 年第 3 期）

研究动态

拉铁摩尔对中国新疆的考察与研究

许建英

摘　要：拉铁摩尔是美国著名的中国边疆史研究专家，著述丰富，影响颇巨。本文简要叙述了拉铁摩尔的早年经历和两次新疆考察及其与中国新疆研究的关系，初步梳理了拉铁摩尔对新疆研究的几个理论侧面，即新疆与内地、西藏、内蒙古的结构关系，新疆的内部文明结构与交通结构和特点，新疆在现当代内陆亚洲地缘政治中的枢纽地位等。最后对拉铁摩尔的新疆研究作了简要评价，认为是其中国边疆史研究的重要组成部分，也是其从中国边疆研究中国历史的重要环节，同时他的考察与研究相结合以及广阔的地缘政治视角值得借鉴。

关键词：拉铁摩尔　中国新疆　考察　研究

作者简介：许建英，1963 年生，历史学博士，中国社会科学院中国边疆史地研究中心研究员。

作为美国著名的中国边疆史研究专家，拉铁摩尔（Owen Lattimore）及其研究成果有着颇大的影响。他对中国边疆史的研究尤以对中国内陆地区的边疆研究为突出，涉及东北边疆、北部边疆、西北边疆和西藏边疆。西北边疆主要就是今天新疆、宁夏和甘肃地区，其中尤以新疆为重点。新疆堪称既是拉铁摩尔中国边疆研究的出发点，也是其重点关注的对象，新疆研究在其中国边疆史研究中占据重要地位。本文拟就拉铁摩尔新疆考察及研究做初步的梳理和探讨，对其新疆研究的价值加以简要评述。

一 拉铁摩尔对新疆的考察

拉铁摩尔的中国边疆史研究始于其对中国内陆亚洲地区的考察，而新疆作为内陆亚洲的重要组成部分，既是拉铁摩尔的现场考察对象，更是其重要的研究对象。拉铁摩尔先后于 20 世纪 20 年代后期和 40 年代中期对新疆进行过两次考察，每次考察后都有重要的著作问世，对其相关研究也均有较大的促进作用。

拉铁摩尔于 1900 年 7 月 29 日生于美国华盛顿特区，不满周岁即随父母来到中国，先后在上海和保定等地生活。1912 年他被父亲送往欧洲接受教育，先后在瑞士与英国学习。1919 年，19 岁的拉铁摩尔从欧洲返回中国，先是在天津英租界的一家洋行工作，为欧美商人买进卖出，后又在上海的一家英国保险公司工作，有很多机会到中国各地考察企业，接触各色人等，拉铁摩尔对中国新疆的考察与研究是其"在心理上培养理解中国并与之相处的能力的关键"①。一年后，他返回天津，受聘于英国《京津泰晤士报》，做普通编辑工作。拉铁摩尔对此份编辑工作并不满意，一年后再次回到英国保险公司任职，只是工作地点在天津，负责此地的业务。此后，由于职业需要，拉铁摩尔刻苦学习汉语，加上善于和三教九流各色人等打交道，为其赴边疆地区考察打下良好基础。拉铁摩尔的工作丰富了他的阅历，也使他认识与观察中国及中国人的角度发生重大转变，"我开始把我的中国同事作为我们而不是他们来考虑"。② 同时，由于天津是新疆、内蒙古等边疆地区羊毛集聚和出口之地，这使拉铁摩尔非常想到那些遥远的边疆地区旅行与考察。

1924 年，拉铁摩尔有机会赴归化（今呼和浩特）押送货物。这次商业旅行使他对中国北部边疆地区着迷，开始钻研中国历史和边疆问题。1926 年，拉铁摩尔再次获得跟随商队考察的机会，并计划穿越内蒙古和新疆。此时，他已经结婚。其夫人埃莉诺·霍尔盖特（Eleanor Holgte）则从中国东北出境，在苏联乘火车沿西伯利亚铁路抵达靠近新疆的塞米

---

① 〔日〕矶野富士子整理《蒋介石的美国顾问——拉铁摩尔回忆录》，吴心伯译，复旦大学出版社，1996，第 10 页。
② 同上书，第 14 页。

巴拉金斯克（Semipalatinsk），再由那儿乘雪橇赴新疆，并于 1927 年 2 月与拉铁摩尔在塔城相会。随后，他们夫妻二人从北向南穿越新疆，奔赴英属印度。

拉铁摩尔及其夫人在此次旅行中，都留下考察记录。其中，拉铁摩尔有两部著作，分别是《通往突厥斯坦的沙漠之路》（*The Desert Roadto Turkestan*）和《高地鞑靼》（*High Tartar*）。第一本书 1928 年于英国伦敦出版，该书实际上记载了拉铁摩尔此次考察第一阶段的路线和活动，即从天津经张家口抵达归化，从归化西行，穿戈壁沙漠，抵达新疆之古城子。从拉铁摩尔的旅行记录来看，作者是将归化作为考察的正式起点，抵达新疆古城子的全程共计 1587 英里①，这段考察的时间是 1926 年 8 月 20 日至 1927 年 1 月 3 日。《高地鞑靼》则出版于 1930 年，主要记述两人在新疆境内的考察。拉铁摩尔从新疆首府迪化（今乌鲁木齐）辗转前往塔城，迎接从苏联塞米巴拉金斯克乘坐雪橇而来的埃莉诺；2 月的一天在塔城接上其妻子后，两人开始穿越新疆之行，1927 年 10 月翻越喀喇昆仑山抵达英属印度克什米尔。随后，两人赴欧洲整理考察笔记，分别撰写游记。

另外，拉铁摩尔夫人于 1934 年出版其游记《突厥斯坦重逢》（*Turkestan Reunion*），记述了她的此次旅行经历。

拉铁摩尔第一部著作《通往突厥斯坦的沙漠之路》出版后，很快得到学术界好评，美国学界认为它"带来一些新的地理学和其他方面的消息"②。拉铁摩尔因此获得奖学金并得以进入哈佛大学学习，这给他很大鼓舞，也坚定了他从事中国内陆边疆研究的信心，"我感到我不是不具备探索历史学的途径"。③ 可见，拉铁摩尔的首次新疆考察，收获甚丰，可以说开启了其中国边疆研究。

拉铁摩尔再次赴新疆则是 1944 年 6 月。当时正值第二次世界大战结束前夕，为协调美国与苏联和中国在战争最后阶段的行动，美国特派遣副总统亨利·华莱士（Hengry Wallace）率领使团赴苏联和中国访问，其中从莫斯科赴重庆时要途经新疆首府迪化，并作短暂停留。此时拉铁摩尔早已是中国

---

① Owen Lattimore, *The Desert Roadto Turkestan*, Little, Brown and Company, 1929, pp. 326 - 360.

② 〔日〕野富士子整理《蒋介石的美国顾问——拉铁摩尔回忆录》，吴心伯译，第 20 页。

③ 转引自〔日〕毛里和子《论拉铁摩尔》，中国社会科学院近代史研究所《国外中国近代史研究》编辑部编《国外中国近代史研究》第 5 辑，中国社会科学出版社，1984。

研究专家，又曾出任过蒋介石的顾问①，遂以战时新闻局观察员身份参加该使团，但需要说明的是他并非使团正式官员。

拉铁摩尔虽然未参与在莫斯科以及重庆的核心谈判，但是在此次出使行动中他得以从容实地考察中国边疆的外围地区。② 因为该使团从美国阿拉斯加进入苏联远东西伯利亚地区，先后访问黑龙江流域、西伯利亚、中亚的塔什干和阿拉木图等地区，返回途中还经过乌兰巴托。对拉铁摩尔来说，这些很有意义，他不但可以和所经过之处苏联及蒙古的有关专家交流，而且更重要的是获得了从中国东北、北部和西北观察中国边疆地区的机会，同时也可以从世界地缘政治角度考察中国边疆地区。此外，在新疆停留期间，拉铁摩尔还见了"新疆王"盛世才，两人长谈甚久，此次谈话对他来说极有学术价值。可以说，拉铁摩尔此行开阔了眼界。他第一次实地考察了中国边疆的广袤地域，得以从更大范围研究中国及亚洲的历史。③ 实际上此次考察也促使其从更广阔的地缘政治学角度来研究中国边疆以及亚洲当时的状况与前景。

新疆考察结束后，拉铁摩尔对新疆兴趣浓厚，不但在其游记《通往突厥斯坦的沙漠之路》和《高地鞑靼》中涉及或专门记录有关新疆的情况，而且在其重要学术著作中多方面涉及新疆研究，如拉铁摩尔的代表作《中国的亚洲内陆边疆》（Inner Asian Frontiers of China）、《亚洲腹地新的政治地理学》（The New Political Geography）、《亚洲腹地：中苏之桥》（Inner Asia：Sino - Soviet Bridge）、《中国突厥斯坦》（Chinese Turkistan）与《汉族人在新疆》（The Chineseasa Dominant Race）等论文④，以及他于 1934 年和 1935 年为有关年鉴撰写的新疆专文。另外，在《亚洲的决策》（Solutionin Asia，1945）、《亚洲的形势》（Situation in Asia，1949）等著作中，也都可见其新疆考察的痕迹。

二　拉铁摩尔新疆研究的几个理论侧面

拉铁摩尔对新疆的研究涉及很多方面，诸如历史、地理、政治、贸易、

---

① 拉铁摩尔曾经于 1941 ~ 1942 年出任蒋介石私人顾问。

② 本文所述中国东北部、北部和西北部边疆外围地区涉及外蒙古。在 20 世纪 40 年代拉铁摩尔考察外蒙古时中华民国政府并未承认其独立，但是外蒙古为苏联所控制，拉铁摩尔将其统归为中国内陆边疆的外围地区，不准确。

③ 参见陈静如《拉铁摩尔和他的中国问题研究》，《华东师范大学学报》1998 年第 2 期。

④ 这些论文均收录于 Owen Lattimore, Studies in Frontier History：Collected Papers，1928 - 1958, Oxford University，1962。

民族、宗教、文化等，本文侧重于对拉铁摩尔新疆研究的理论建构进行初步梳理。

（一）关于新疆与内地及蒙古、西藏的结构关系

在关于新疆与中国内地政治关系上，拉铁摩尔肯定新疆是中国版图的有机组成部分，并就新疆与内地、蒙古地区以及西藏地区的结构关系作了深入的研究，这些论述颇有意思。

拉铁摩尔将新疆作为中国西北边疆的重要组成部分，并将其与东北、内外蒙古和西藏一起视作研究中国内陆亚洲边疆的重要构成者。拉铁摩尔的中国边疆史研究实际上主要是集中于中国内陆亚洲边疆史，也就是他所划分的东北、内外蒙古、西北和西藏4个板块。拉铁摩尔在开展此研究时，一是将这些地区作为一个整体看待，即所谓中国内陆亚洲边疆；二是提出其研究模式，即著名的"贮存地"（或译为"蓄水池"）论；三是研究其相互关系。就新疆而言，他则进一步提出"沙漠绿洲"和"草原绿洲"的概念，以此分别论述新疆和西藏及蒙古草原的关系。此外，他还提出"内中亚"和"外中亚"概念以及与之相关的"次级绿洲"理论框架。

1. "贮存地"理论

所谓"贮存地"是拉铁摩尔论述中国内陆亚洲边疆形态时所阐述的一个基本理论模式。拉铁摩尔认为，中国历史的发展过程往往是由边疆"贮存地"地区的居民动向所决定的，各王朝的兴衰可通过对该地带控制情况的考察反映出来。该理论模式最典型的是对内蒙古边疆的论述，拉铁摩尔阐述该地区地理上之历史功能及其理由，认为两千多年来，北方民族历次南下攻击中原农耕地区，有些民族还建立王朝，占有内地部分土地，甚至有时还建立统治全中国的大帝国。在这种时候，一部分南下的民族进入到中原，但是有一部分仍然留在北部邻近长城的地区。这些民族的留守部分保护着其原有的土地，以免遭受从更北部下来的敌对部落的攻击。但是，该地区也是一个"贮存地"，供给统治"中国"所需的官吏及戍军。"贮存地"以北是不开化民族的土地，那里的民族并没有追随"贮存地"领袖们征战。因此，内蒙古地域的重要性超出其民族及文化之上：它是取得黄河流域，有时也是全中国统治权的钥匙。它既是中国强盛时候政治及文化势力向外发展的最有效地区，也是北方民族南下中原的交通要冲。地处长城北部的内蒙古地区就

是拉铁摩尔所谓的"贮存地"。① 拉铁摩尔认为此模式亦适用于包括新疆在内的整个西北地区。②

在研究西北地区时，拉铁摩尔又进一步界定与分析。拉铁摩尔以长城为标志，重新界定新疆和内地之间的关系。左宗棠在论述西北地缘形势时认为西北与新疆地理实为一体。同样，拉铁摩尔也认为甘肃、宁夏和新疆堪称一体，同属绿洲形态，只是新疆为"主绿洲"（包括南疆的"沙漠绿洲"和北疆的"草原绿洲"），而宁夏和甘肃则是"次级绿洲"。③ 此外，拉铁摩尔还使用"内中亚"④ 一词来表述宁夏和甘肃地理，而言下之意新疆当称"外中亚"。由此可见，他论述西北地区之模式与其阐述蒙古地区如出一辙，多少有些硬套的嫌疑。

2. 边疆过渡地带

与"贮存地"理论相一致，拉铁摩尔又提出"边疆过渡地带"概念。所谓"边疆过渡地带"特征可概括如下：一是地理上不同族群居住地区相互交错，二是各族群相互混居，三是生产方式多样化，四是多种生活方式交互存在，五是多元文化交互融合。在这些特征中，拉铁摩尔认为绿洲是渐进的，由"次级绿洲"过渡到真正的绿洲；在族群上，多种族群混合，彼此孤立；在生产方式上，新疆是农业和畜牧业兼具的地区；在生活方式上，游牧生活与农耕生活并存；文化上是多元交互融合的。尤其是关于文化传播方式，拉铁摩尔认为不只是中国内地征服边疆时候，内地文化才可以传播到边疆地区，相反，边疆地带民族征服和统治内地时更利于内地文化向边疆地带的传播。只是新疆内容更为丰富，这些地区的族群建立地方政权时，也颇有利于内地文化向内陆亚洲以远的地区传播。⑤

3. 关于新疆之地缘作用

新疆绿洲和所谓"次级绿洲"共同构成完整的绿洲地理区域。就纵向来看，该区域与中国内地有着重要的战略关联作用，起着呼应内地、威慑蒙

---

① 参见〔美〕拉铁摩尔著《中国的内陆亚洲边疆》，唐晓峰译，江苏人民出版社，2005，第 161～163 页。

② Owen Lattimore, "Dvigins of the Great Wall of China: A Frontier Concept in Theory and Practice", Studies in Frontier History: Collected Papers, 1928–1958, pp. 115–116.

③ 参见〔美〕拉铁摩尔著《中国的内陆亚洲边疆》，第 101～115 页。

④ Owen Lattimore, Chinese Turkistan, The Open Court, Chicago, Vol. XLVII, March, 1933.

⑤ Owen Lattimore, "Inner Asian Frontiers: Chinese and Russian Marginsof Expansion", Studies in Frontier History: Collected Papers, 1928–1958, pp. 134–159.

古高原及其以北的战略联络作用，也起着连通内地与广义内陆亚洲及其以西地区的作用；就横向来看，该地区则起着隔离蒙古地区与西藏高原地区的作用，其意义重大。

（二）关于新疆内部的结构论述

关于新疆内部文明结构，拉铁摩尔也有其划分和阐述。

1. 垂直文明"结构

拉铁摩尔认为，作为绿洲形态的新疆，其文明发展结构可以称为"垂直文明"，尤其是天山山脉两侧更为突出。[①] 拉铁摩尔认为，南疆典型绿洲处于从高山流入沙漠河流的末端附近，河流在此可以流入呈扇形分布的灌溉渠中。沿河流上溯，就可以清楚地看出这个垂直结构，即"肥沃的山区、沙岭、沙漠、绿洲，从上而下依次展开"[②]。高山可以生产木材以及黄金、玉石等多种矿藏，有着大大小小的各种山地牧场。就生产方式而言，山区的人们保留着游牧和半游牧的生产方式，而绿洲的人们则一直是农民、城镇居民和手工艺人。因为所产物品的差异巨大，使得绿洲和山区之间产生交换动力，山区的人们把羊毛、兽皮、金属和玉石等运到山下，旨在从绿洲换取粮食、布匹以及粗糙的生活器具。从绿洲平原到高山地带存在着不同的生产方式、生活方式，存在着内部互补和交换经济形式，这就是拉铁摩尔所说的新疆"垂直文明"结构，他又称之为"垂直社会结构"（verticalstructureofsociety）。[③]

2. 开放性交通与封闭性交通

需要说明的是，新疆绿洲之间存在着横向交通联系和商品交换，这属于正常的交通方式和商品交换方式。与此同时，新疆"垂直文明"结构内部还催生一种垂直交通方式，能够进行交换的产品差异越大，交换的动力也就越大。从这个角度看，山区和绿洲之间的交换要比绿洲与绿洲之间的交换更有潜力。从交通方面而言，绿洲间的横向交通和绿洲内部的垂直交通形成鲜明对比，前者促进"过境交通"发展，其实质是开放性；后者促进绿洲内

---

① Owen Lattimore, "Caravan Routes of Inner Asia", Studies in Frontier History: Collected Papers, 1928 – 1958, p. 67.

② Owen Lattimore, "Caravan Routes of Inner Asia", Studies in Frontier History: Collected Papers, 1928 – 1958, p. 68.

③ Owen Lattimore, "Caravan Routes of Inner Asia", Studies in Frontier History: Collected Papers, 1928 – 1958, p. 69.

部不同生产方式之间的交通，其特点为封闭性。① 笔者将其分别概括为开放性交通和封闭性交通。但是，拉铁摩尔认为新疆北部绿洲交通呈现为单一的开放性，致使草原征服者可以自由进出。②

后来，拉铁摩尔对新疆的生产方式又加以进一步论述，主要是关于农业、游牧业、贸易以及传统手工业等方面的论述，同时他也认为新疆受中国内地和苏联两个方向现代工业的影响，但是当时这种影响尚微不足道。③

3. "集权化"与"去集权化"

就新疆社会政治结构而言，拉铁摩尔将其描述为"集权化"（Centralization）和"去集权化"（Decentralization）的循环态势。④ 拉铁摩尔认为，新疆地理因素利于"去集权化"，人口聚居于为沙漠所分割的绿洲上，彼此情况相近，易于自给自足，如果没有超级强大的社会结构将其联合成更大的统一体的话，其趋势是发展成诸多微型社会（microcosm）。而在广阔的草原地带，草原游牧部族形成众多小的、自我满足的社会单元，而更大和更集权化的社会单元则要求游牧社会、都市社会及农业社会之间相互作用的刺激才会产生。概而言之，新疆内部呈现出"去集权化"的社会政治环境。而另一方面，征服与统治新疆的帝国则呈现为"集权化"特征。因此，拉铁摩尔认为新疆维持社会变化是在强大帝国统治下的"集权化"和新疆内部固有的"去集权化"之间不断摆动。在"集权化"和"去集权化"的反复变化中，新疆社会呈现出一种缓慢进化的封建主义。如前所述，拉铁摩尔认为新疆是由天山以南的沙漠绿洲和天山以北的草原绿洲组成，其社会政治形态可统称为绿洲社会。就总的趋势来说，绿洲社会在"集权化"时期是向更高的封建社会形态发展，而草原游牧社会在"去集权化"时期则向更早的社会形态倒退。绿洲社会和草原社会的主要差别是，草原社会变化倾向更极端，呈现出倒退到封建社会初期门槛上的动量。⑤

---

① Owen Lattimore, "Caravan Routes of Inner Asia", Studies in Frontier History: Collected Papers, 1928–1958, pp. 67–70.

② Owen Lattimore, Chinese Turkistan, The Open Court, Chicago, Vol. XLVII, March, 1933, p. 104.

③ Owen Lattimore, Pivot of Asia, Sinkiang and the Inner Asian Frontiers of China and Russia, Little, Brown and Company, 1950, pp. 152–181.

④ Owen Lattimore, Pivot of Asia, p. 183.

⑤ Owen Lattimore, Pivot of Asia, pp. 183–184.

4. 宗教与政治

就新疆内部的宗教而言，拉铁摩尔认为，新疆境内存在多种宗教，诸如汉地佛教、喇嘛教（藏传佛教）、道教、伊斯兰教以及东正教等，宗教在新疆起着政治力量难以起到的作用。新疆的绿洲结构使其在政治上从来都没有实现真正统一，尤其是对经济与社会而言。[①] 拉铁摩尔对宗教的认识不限于宗教本身，更在于其政治力量，换句话说，在新疆宗教不仅是信仰，更是政治势力。[②]

（三）关于新疆是亚洲枢纽的论述

如在第一部分所言，1944 年拉铁摩尔有机会访问苏联，并经中国新疆访问重庆，又经外蒙古返回美国。拉铁摩尔此行一是开阔了地理视野，得以对中国东北、北部和西北边疆进行考察，与其多年的中国内陆亚洲边疆的考察研究构成对应和互补；二是得以从现代国际政治高度审视泛内陆亚洲内部地缘政治的变化。这次访问后，拉铁摩尔对新疆的思考上升到更高和更为广阔的层面，代表作为《亚洲的枢纽》（*Pivot of Asia*, *Sinkiang and the Inner Asian Frontiers of China and Russia*）一书。该书是美国学界研究新疆的第一部综合性专著，也堪称是一部经典著作。

在此著作中，拉铁摩尔对新疆近现代的地缘政治作用有了新的认识。拉铁摩尔着眼于地缘政治演变，认为从 19 世纪英、俄竞争到 20 世纪中叶的冷战初期，新疆成为亚洲新的重心，在亚洲起着枢纽作用。

其一，从地理方面来看，新疆地处古老的印度帝国的后门，印、巴独立后，南亚次大陆呈现出以印度和巴基斯坦所统领的新的政治、经济和社会力量。中国新疆又临近苏联，此处是美国影响最不可进入之地。同时，从内陆边疆角度来看，几个世纪以来，新疆一直被认为是中国的后门，但是两千年前则是中国通向亚洲心脏的前门，20 世纪 40 年代后期再次成为中国陆向[③]最重要的前门。[④] 可见，在 20 世纪中期后新疆地理位置的重要性再次凸显。

其二，从近代历史来看，拉铁摩尔分析了近代英、俄在中亚竞争的历史

---

① 参见〔美〕拉铁摩尔著《中国的内陆亚洲边疆》，唐晓峰译，第 113 页。

② Owen Lattimore, Pivot of Asia, p. 3.

③ 为了便于论述，笔者在有关研究中使用"陆向"和"海向"两词，意在分别表示中国历史进程中的内陆方向或取向以及海洋方向或取向。

④ Owen Lattimore, Pivot of Asia, p. Ⅶ.

过程，认为经过 19 世纪末到 20 世纪初的 4 次事件使英、俄在新疆地区的竞争归于稳定。这 4 个事件分别是：（1）1895 年英、俄私定帕米尔边界，实现以瓦罕走廊隔离彼此；（2）1903～1904 年间荣赫鹏入侵中国西藏，英国以英藏直接接触稳定其西藏政策；（3）1907 年签订《英俄协约》，双方在中国西藏、阿富汗及伊朗等问题上达成妥协；（4）1911 年辛亥革命后，俄国在外蒙古推行类似于英国对中国西藏的政策。① 实际上，还需要加以补充说明的是，在上述诸事件基础上英国势力得以进入新疆，英、俄势力实现在新疆共存，达成了所谓平衡下的稳定。② "十月革命"后，英、苏在新疆势力几经反复，至 1943 年后英、美、苏势力在新疆实现微妙平衡。③ 可见，近现代后，在国际政治演变中，新疆地缘政治作用逐步加强。

其三，世界形势演变凸显新疆地位的重要性。第二次世界大战后，拉铁摩尔认为新疆成为世界新的重心和枢纽，其原因在于苏联对亚洲输出革命，美国则期望将自由资本主义理念传入亚洲，在某种程度上说，新疆正好处于冷战的锋线上。④ 关于第二次世界大战结束后至新中国成立这段时期，新疆在国际政治中的枢纽意义，拙著曾略作分析，认为中国政治的走向事关冷战两大集团在亚洲力量的消长，处于风口浪尖上的新疆成为美、苏角逐的前沿。⑤

此外，在印巴北部边疆、伊朗、中国西部边疆、外蒙古和苏联中亚边疆地区之内，还存在着人种及民族边疆的交错，宗教及文化边疆的纷争，这些连同上述的国际政治边疆交互影响，其形势处于极为复杂的演变中，而新疆在此变化中亦居于关键地位。

三 拉铁摩尔新疆研究之简要评价

作为研究中国边疆历史的著名学者，拉铁摩尔的新疆考察和研究在其中

---

① Owen Lattimore, "The New Political, Geography of Inner Asia", Studies in Frontier History: Collected Papers, 1928 - 1958, pp. 169 - 170.
② 参见许建英《近代英国和中国新疆（1840～1911）》，黑龙江教育出版社，2004，第 215～238 页。
③ 参见许建英《民国时期英国和中国新疆（1912～1949）》，新疆人民出版社，2008，第 236～243 页。
④ Owen Lattimore, Pivot of Asia, pp. 3 - 4.
⑤ 参见许建英《民国时期英国和中国新疆（1912～1949）》，《绪论：从英俄角斗场到亚洲枢纽的新疆》。

国边疆史研究中占有重要地位，本文只是对其新疆考察和研究初步加以梳理，而对其深入的研究还有待于搜集更为全面的资料并进行更深入的分析。通过上面的简要考察，笔者仅对拉铁摩尔之新疆研究作以下简要评价。

其一，新疆研究是拉铁摩尔整个中国边疆史研究的重要组成部分，占有独特的地位。我们知道，拉铁摩尔的中国边疆史研究主要偏重于中国内陆亚洲边疆部分，包括四大板块，分别是东北地区、蒙古地区、西北地区和西藏地区，新疆即为构成西北板块的核心。在上述四大板块中，新疆是作为绿洲板块凸现的，绿洲概念的引入、细分、整合与创新，使我们对整个西北地区的整体性和差异性有了清晰的认识，成为我们理解该地区政治、经济、社会、民族、宗教和现代国际地缘政治演变的一个理论立足点，是我们认识中国边疆各板块之间关系、绿洲板块与内地关系的一个平台，也是我们认识中国边疆史的一个新视角。

其二，拉铁摩尔的新疆研究也为我们开展中国史研究提供了一种新的范式。纵观拉铁摩尔的中国边疆研究，可见其三个特点：一是将中国内陆亚洲的边疆作为中国版图的历史组成部分，以此加以客观研究，类似于我们所谓逆序法研究中国疆域形成之方法；二是中国边疆史研究只是其观察中国历史的一个视窗、一个研究的立足点，其根本在于研究中国历史。拉铁摩尔的新疆研究亦是如此，作为边疆重要构成部分的绿洲板块是其中国历史研究的一个支点。因此，可以说，拉铁摩尔开辟了从中国边疆研究中国历史的先河。这对我们更为客观、理性地研究中国历史极具价值和意义，虽不能说拉铁摩尔就是边疆中心论者，但是它对传统的中原中心的研究范式作了建设性补充，正如今天美国"新清史"派主张从满族、从边疆来研究清代历史对重新认识和全面理解清史会别具意义一样，拉铁摩尔从边疆角度解构中国历史也带来令人耳目一新的认识，其中国史的研究方法或可称作边疆范式。至少西方汉学的中国研究方法到拉铁摩尔时开始发生重要变化，开创了后来西方汉学研究的边疆范式之先河。①

其三，拉铁摩尔新疆研究理论体现出研究与现实考察相结合的特点。如前所述，新疆考察是拉铁摩尔新疆研究的始点，也体现在其后来的研究中。拉铁摩尔的考察始于随商队旅行，他对商路、草原、绿洲等有着细腻的把握

---

① 参见姚大力《西方中国研究的"边疆范式"：一篇书目式述评》，《文汇报》2007 年 5 月 25 日。

和深入的理解，可以说是他对史料反复阅读和漫长旅途见闻相互映衬与思考的结果，诸如他关于"次级绿洲"的划分、新疆"垂直文明"结构、绿洲的开放性交通和封闭性交通、中国内陆边疆各板块内外构成与纵横关系以及"过渡地带"观点等理论假设，使人感觉到都是他对旅途渐次所见的感悟和总结的结果。至于他引入国际地缘政治的视点更是与其实地考察密不可分。

其四，新疆研究中的国际地缘政治之视野。中国新疆地处内陆亚洲腹地，与蒙古、前苏联地区、印度、巴基斯坦、阿富汗等多个国家接壤，堪称中国边疆面临国际环境最复杂之省区。拉铁摩尔的新疆研究极为关注国际地缘政治，既有对文化多样性背景的认识，也有对宗教复杂性的论述，更有对国际政治演变的分析。如果说拉铁摩尔关于新疆绿洲板块的论述是从中国边疆构成的内部来观察新疆的话，那么把国际地缘政治的视角引入其研究则是从外部环境来认识新疆，认识中国边疆。新疆既是中国的领土，又是国际势力进行地缘政治角逐的对象。

本文只是对拉铁摩尔新疆考察与研究的初步探索和简要评价。实际上，拉铁摩尔新疆考察和研究的内容相当丰富，诸如他关于新疆文化、经济、贸易和交通等方面的研究，关于新疆生态环境和贸易线路的记述和讨论，都值得我们进一步搜集资料，深入开展研究。

（原载《中国边疆史地研究》2011 年第 4 期）

拉铁摩尔"双边疆"范式的内涵及其理论和现实意义[*]

宋培军

摘　要：对于中国边疆学的建立与发展来说，拉铁摩尔的中国边疆研究都是无法一步跨过去的。既有的对拉铁摩的研究，或囿于各自理路，或碍于翻译问题，在其核心思想的把握上，都有某种难通的困境。笔者查对他的相关英文原著，集中解读其以"内边疆"（Inner Frontier）、"外边疆"（outer Frontier）为核心概念建立起来的边疆概念体系，一探其打通古今、实现中西概念对接的堂奥。笔者体会，他的上述研究框架可以用"双边疆"（double frontiers）范式来命名。拉铁摩尔"双边疆"范式的生命力在于它的预见性，但也并不是没有僵化的地方，表现就是因于"蒙古"不"属于""中国"的成见，完全漠视了喀尔喀蒙古对于清朝经略西北而言的"过渡地带"的地位，只是把它作为"外边疆"。拉铁摩尔的"双边疆"范式可以改造成为中国边疆学建构的基本认识框架。

关键词：内边疆　外边疆　双边疆

作者简介：宋培军，1971 年生，首都师范大学历史学院博士生，中国社会科学院中国边疆史地研究中心编辑部副编审。

---

* 本文为笔者主持的中国社会科学院中国边疆史地研究中心课题"唯物史观与中国边疆理论研究"阶段性成果，敬请方家指正。首先感谢李大龙、厉声、毕奥南、许建英、王双怀、张荣、叶丽贤、魏光奇、迟云飞诸老师的批评和指导。

一　引言：预见力与世界史眼光

建立中国边疆学和中国边疆学派，拉铁摩尔（1900～1989年）恐怕是无法绕开的学术重镇。但他的著作有汉译本的不过两三种，而唐晓峰先生译《中国的亚洲内陆边疆》① 自是难得的译事。但是既有研究，或囿于各自理路，或碍于翻译问题，都有难通的困境。其中一个突出问题是，无论是否把拉铁摩尔归入"对内陆亚洲的忽略"②之学者行列，如果脱离了他论述的具体语境，把他所说的"过渡地带"直接等同于他所谓"贮存地"，③ 就很容易漠视其中国边疆研究对于"内边疆""外边疆"的分野。笔者以唐译本为主要阅读文本，旁及拉铁摩尔有关英文著述④，以求对拉铁摩尔围绕"内边疆""外边疆"建立的一系列说法有一个总体的认识。笔者体会，拉铁摩尔中国边疆研究的核心思想是"双边疆"（double frontiers）范式，最大特点是以蒙古为研究范例。笔者的最大困惑也在于此，他何以架起两者之间的桥梁。

现在想来，如果拉铁摩尔的生命再延长两年，他会看到包括哈萨克在内的中亚五国的独立，其实他也无需亲见，这在他的"双边疆"范式看来并

---

① 〔美〕拉铁摩尔著《中国的亚洲内陆边疆》，唐晓峰译，江苏人民出版社，2008。Owen Lattimore, *Inner Asian Frontiers of China*, Capitol Publishing CO., Inc. and American Geographical Society, New York, 1951. 感谢王双怀教授从美国为笔者复制该书英文本，使得笔者可以核对一些重要概念尤其是"边疆"一词的英文说法。该英文本是该书1940年初版之后的第二版。

② 于逢春：《论"大漠游牧文明板块"在中国疆域最终底定过程中的地位》，《内蒙古大学学报》2010年第3期，第64页。杨晔：《试评拉铁摩尔的中国边疆史研究》，复旦大学2008年硕士学位论文，第32～33页指出："农业文明与草原文明、秦长城、边疆过渡地带，三个关键词的系统阐释，既有力地廓清了中国边疆历史研究中的种种疑团和问题，也使拉铁摩尔将一个从农业文明与畜牧文明的互动来阐释中国边疆史的崭新模式，十分清晰地呈现在我们面前。"于沛、孙宏年、章永俊、董欣洁：《全球化境遇中的西方边疆理论研究》，中国社会科学出版社2008年版，第159页把"长城边疆区域"与"黄土高原"等并列。黄达远：《边疆、民族与国家：对拉铁摩尔"中国边疆观"的思考》，《中国边疆史地研究》2011年第4期。许建英：《拉铁摩尔对中国新疆的考察与研究》，《中国边疆史地研究》2011年第4期。

③ 〔美〕拉铁摩尔著《中国的内陆亚洲边疆》，唐晓峰译，江苏人民出版社，2008，第169～170页。

④ 笔者主要参考了 Owen Lattimore, *Studies in Frontier History：Collected Papers*, 1928 - 1958, Oxford University Press, 1962, 感谢许建英、叶丽贤老师的批评和指点。

不奇怪,只是一连爆出五个"外蒙古第二"。若追索起来,这也不仅仅是拉铁摩尔的预见。在雍正四年清俄定界谈判陷入停顿之际,就因兵部右侍郎图里琛的如下表白打开了雍正五年(1727)清俄谈判的僵局:"如今我等现议之地方,昔并未归入两国,而在两中间者。而俄罗斯国,自古不通中国。我圣祖大皇帝以至圣临大中国,以大仁厚德掌理国政,开拓地方甚广。尔察罕汗向东渐占地方,始与我边相接。今我等会往定界。此等地方,使臣尔试思之,百年前皆归谁所有,千万年后又不知如何。我等两大国修好年久,我等所承担之事,关系至大。"① 这自然得益于他们的"世界历史"眼光。

首先,可以看到,拉铁摩尔是把中华帝国放在亚欧大陆各大帝国比较的整体关照之下的。他早就指出,英印帝国都兰线之外是"类似外蒙古的阿富汗"②。他还认为,黑海北岸、多瑙河、莱茵河一线乃至哈德良长城("北部边疆的西段")之于罗马帝国,与长城("内亚"作为"北部边疆的东段",还包括伊朗边墙③)之于明代中国,意义相同,并且用前者(limes)对译后者的故塞(limit)。④ 其次,对于其直接研究对象"中国的亚洲内陆边疆",则置于"亚洲内陆"的聚光灯下:"亚洲内陆(Inner Asia,翻译为'内亚'更好,因为与'内蒙古'的英文译法可以对应)作为一个区域(region)概念,虽然分布在中国、苏联和其他主权国家之间,但有其自身的特点。"⑤ "内亚位于亚洲的中心地带,基本属于内流区域。其西到里海,东至满洲,北到森林覆盖的西伯利亚,南至伊朗、阿富汗、印度—巴基斯坦边疆(frontiers)的崇山峻岭、西藏高原以及长城以南的中国(China south of the Great Wall)。"⑥ 他甚至列举说,"内亚"除了中亚(Central Asia),还

---

① 中国第一历史档案馆编《雍正朝满文朱批奏折全译》第 2671 条,黄山书社,1998,第 1487~1491 页。转引自曹雯《清朝对外体制研究》,社会科学文献出版社,2010,第 68 页。

② 〔美〕拉铁摩尔著《中国的亚洲内陆边疆》,第 167 页。

③ Owen Lattimore, "The Frontier in History" (1955), *Studies in Frontier History: Collected Papers*, 1928 – 1958, Oxford University Press, 1962, pp. 486 – 487.

④ Owen Lattimore, "Inner Asian Frontiers: Defensive Empires and Conquest Empires" (1957), *Studies in Frontier History: Collected Papers*, 1928 – 1958, Oxford University Press, 1962, p. 504.

⑤ Owen Lattimore, "Preface", *Studies in Frontier History: Collected Papers*, 1928 – 1958, Oxford University Press, 1962, p. 29.

⑥ Owen Lattimore, "Inner Asian Frontiers: Defensive Empires and Conquest Empires" (1957), *Studies in Frontier History: Collected Papers*, 1928 – 1958, Oxford University Press, 1962, p. 501.

包括甘肃、宁夏、西藏、外蒙古、阿富汗以及苏联的一些亚洲共和国。① 那么，这里所谓"长城以南的中国"，是否包括 1937 年他到访的陕北，是否延及历史上的北京城，是否属于他所谓"长城边疆"呢？拉铁摩尔确实说过，他到陕北是要观察无数世纪动荡的"边疆历史"（frontier history）留下的痕迹，想到的自然少不了延安周围地区曾是明末农民起义的策源地（hearth）。②

凡此种种新见，又不免时生疑窦，自然引发探求渴望。

二 拉铁摩尔"双边疆"范式的内涵

正如中亚五国从苏联独立，外蒙古是从中国独立出去的，这种政治认定是为人们普遍接受的，这里考察拉铁摩尔是怎么认定这个问题，又如何进行学术表述的。在《中国的亚洲内陆边疆》中，拉铁摩尔是把"蒙古"作为研究中国边疆的范例来处理的。在这种思想的主导下，在全书第一部分第二章，他把"中国""蒙古""满洲""新疆""西藏"都作为地区（region）来看待，他声明他关注的是每一个地区（each region）在长城边疆（the Great Wall Frontier）诸地区（regions）中是如何不同而又互相关联的。③ 从第三章就更可以看出，"中国"其实就是该章标题所显示的"黄土地区"（the loess region），但同页二级标题却改译"黄土地带"④，显然为避免理解歧义，应该一致起来。而把"中国"改译为"中国内地"（为避免混乱和误解，笔者认为可以翻译为"中原"）自然符合现在的国家情形，但是也因此可能掩盖了作者对关键概念使用的真实用意，容易造成时空错乱感。

他在第四章"蒙古草原与草原游牧社会的特征"一开始就指出："如果

---

① Owen Lattimore, "An Inner Asian Approach to the Historical Geographical of China" (1947), *Studies in Frontier History*: *Collected Papers*, 1928 – 1958, Oxford University Press, 1962, p. 495.

② Owen Lattimore, "Preface", *Studies in Frontier History*: *Collected Papers*, 1928 – 1958, Oxford University Press, 1962, p. 19.

③ Owen Lattimore, *Inner Asian Frontiers of China*, Capitol Publishing CO., Inc. and American Geographical Society, New York, 1951, p. 21. 〔美〕拉铁摩尔著《中国的亚洲内陆边疆》，第 16 页。

④ Owen Lattimore, *Inner Asian Frontiers of China*, Capitol Publishing CO., Inc. and American Geographical Society, New York, 1951, p. 27. 〔美〕拉铁摩尔著《中国的亚洲内陆边疆》，第 21 页。

按着地理次序，由满洲起，经蒙古、新疆以达西藏去研究长城边疆，倒不如先来研究蒙古草原，这是所有边疆（Frontier①）历史中最典型的一部分"②，继满洲、新疆、西藏分章连排之后的第八章"过渡地带"（The "Reservoir" and the Marginal Zone）则通过对"边疆"（frontier）与"边界"（boundary）的区分③来进行理论提升。不过令人困惑的是，作者何以在本章最后提出了这样的问题："农业民族、游牧民族和森林民族……在长城线上互相接触、重叠，我们进而可以推断过渡社会［intermediate societies］的形成。但在这之后，长城历史的重心应该放在什么地方——在中国，在草原，还是在边疆地带［the marginal Frontier lands④，应该相当于草原边境（steppe border⑤）或者草原边缘（steppe margin⑥）］?"而要回答何处是"过渡地带"，首先应该注意此处"Frontier"首字母何以大写。笔者体会，首字母大写的 Frontier 一般特指长城边疆（the Great Wall Frontier）或者狭义的"亚洲内陆边疆"（Inner Asian Frontiers⑦）。可以看到，拉铁摩尔对《二十五史》的征引，主要局限于《史记》《汉书》。他把《史记》卷 101 中的匈奴"复稍度河南与中国界于故塞"中的"界"对译为"boundary"，"塞"对译为"limit"。⑧自来翻译之难，不待我言，何况打通古今的对译，笔者认为其间拉铁摩尔的用意，颇值得进一步深思细考。

在笔者看来，"内边疆"（内贮存地）、"外边疆"（外贮地）这对概念的提出是拉铁摩尔的重大学术贡献，在此基础上，他初步构建了笔者为之命

① Owen Lattimore, *Inner Asian Frontiers of China*, Capitol Publishing CO., Inc. and American Geographical Society, New York, 1951, p. 53.
② 〔美〕拉铁摩尔著《中国的亚洲内陆边疆》，第 39 页。
③ Owen Lattimore, *Inner Asian Frontiers of China*, Capitol Publishing CO., Inc. and American Geographical Society, New York, 1951, p. 53.
④ Owen Lattimore, *Inner Asian Frontiers of China*, Capitol Publishing CO., Inc. and American Geographical Society, New York, 1951, p. 247.
⑤ Owen Lattimore, *Inner Asian Frontiers of China*, Capitol Publishing CO., Inc. and American Geographical Society, New York, 1951, p. 541.
⑥ Owen Lattimore, *Inner Asian Frontiers of China*, Capitol Publishing CO., Inc. and American Geographical Society, New York, 1951, p. 544.
⑦ Owen Lattimore, *Inner Asian Frontiers of China*, Capitol Publishing CO., Inc. and American Geographical Society, New York, 1951, p. 541.
⑧ Owen Lattimore, *Inner Asian Frontiers of China*, Capitol Publishing CO., Inc. and American Geographical Society, New York, 1951, p. 450. 〔美〕拉铁摩尔著《中国的亚洲内陆边疆》，第 309 页。

名的"双边疆"范式这一理论假说。虽然他在《满洲：冲突的摇篮》（1932）最早论述了"贮存地"① 问题，但最早清晰地呈现他的这一理论假说的是《中国长城的起源：理论与实践中的边疆概念》（1937）一文的如下论述：

"除非作为一个概念，线性边疆（The linear Frontier）是不存在的。跨边疆（the trans - Frontier，从与'线性边疆'对立存在的角度翻译为'带形边疆'也许更合适）的区域纵深，超越了一般所认为的线性边疆（linear Frontier），使随着时代变化而变化的一种历史区域结构（a historical structure of zones）成为可能。这些区域被一系列等级化的社会群体所占据，从邻近中国的部分汉化的游牧民和半游牧的汉人，到蒙古大草原的游牧民，北满洲和乌梁海森林的渔猎民，以及西藏高原的游牧民，他们如此遥远，与中国的联系是如此之少，几乎不能整合起来。中国突厥斯坦的绿洲人群是具有鲜明历史功能的另一群人。在这个等级化的社会群体系列中，临近长城的群体拥有对边疆（the Frontier）实施政治控制的（内）'贮存地'［the（inner）'reservoir'②］。从起源和功能上说，他们是摇摆不定的社会群体，既可以为汉人服务来控制边疆（the Frontier），也可以成为进攻中国的帮凶——这些进攻部族来自部族征服的（外）'贮存地'［the（outer）'reservoir'］，即跨边疆（the trans - Frontier）或者外边疆（Outer Frontier）的纵深腹地，与他们共同扫平所有（内）贮存地［the（inner）reservoir zone］或内边疆（Inner Frontier）的群体。"③

《中国的亚洲内陆边疆》（1940）第四章对蒙古范例的集中论述也显示：

"满族联合东蒙古，阻止察哈尔部发展成一个新的大察哈尔土默特部，阻止了一个新的蒙古对中国的直接征服。但是满族还要对付整个长城边疆，以完成其征服中国内地的事业，这个事业开始于 1644 年占领北京城之时［'They had still, however, to round off the conquest of China, beginning with the occupation of Peking in 1644, by dealing with the Great Wall Frontier as

① 〔美〕拉铁摩尔：《满洲：冲突的摇篮》，1932，第 36～42 页。转引自〔美〕拉铁摩尔著《中国的亚洲内陆边疆》，第 169 页。
② 于沛、孙宏年、章永俊、董欣洁：《全球化境遇中的西方边疆理论研究》，第 159 页，"reservoir"又译"蓄水池"。
③ Owen Lattimore, "Origins of the Great Wall of China: A Frontier Concept in Theory and Practice" (1937), *Studies in Frontier History: Collected Papers*, 1928 - 1958, Oxford University Press, 1962, p. 115.

a whole.'① 笔者认为此句英文如下翻译才准确：但是，不仅如此，满族是通过把长城边疆作为占领北京之战略整体的一部分来考虑，并于 1644 年实现了对北京的占领，才开始对中国的征服的]。

"内蒙古很快便投降满族，因为接受一个联盟臣属的地位可以分得征服者的若干利益，这比直接与满族争夺对中国的统治要容易些。因此，满洲就有了一个'内'边疆（'inner'Frontier②）结构，包括满洲的西部及南部，内蒙古以及拥有众多使用汉语的回教徒的宁夏及甘肃。在康熙年间（1662 ~ 1722）又加上一个'外'边疆（'outer'Frontier or trans - Frontier③），包括由清朝控制而非直接统治下的满洲北部、外蒙古、西蒙古、拥有众多使用突厥语的回教徒的新疆以及西藏各族。满族对这些外边疆的控制，不是来自于直接征服。它完成于一种静观政策。西蒙古自满族于 17 世纪侵入中国之前开始，直到 18 世纪，以阿尔泰及新疆北部草原为根据地，企图西向西藏，东越外蒙古，建立一个新的帝国。当西蒙古为此弄得精疲力竭时，满族才乘虚而入。"

西蒙古（最初是厄鲁特部，其后是厄鲁特东翼或准噶尔部）的失败，部分原因是在他们的压力下内蒙古各部投向了满族。其后，喀尔喀部或北蒙古也请满族援助。最后满族又在西藏及新疆绿洲的回教统治者那里找到盟友，西蒙古帝国在它能够建立之前就崩溃了。在乾隆年间（1736 ~ 1796），"满族统治的最远界线已经确定"。④

拉铁摩尔在第八章"过渡地带"指出："边界本身的自然结构，即内边疆区域和外边疆区域，在长城与内蒙古和外蒙古的关系中表现得最为清楚［英文版如下：'The physical structure of the boundary proper，the inner Frontier zone，and the outer Frontier zone is clearest in the relationship between the Great Wall and Inner and Outer Mongolia'⑤]。此外，它也存在于东北地区

---

① Owen Lattimore, *Inner Asian Frontiers of China*, Capitol Publishing CO., Inc. and American Geographical Society, New York, 1951, p.86.

② Owen Lattimore, *Inner Asian Frontiers of China*, Capitol Publishing CO., Inc. and American Geographical Society, New York, 1951, p.86.

③ Owen Lattimore, *Inner Asian Frontiers of China*, Capitol Publishing CO., Inc. and American Geographical Society, New York, 1951, p.87.

④ 〔美〕拉铁摩尔著《中国的亚洲内陆边疆》，第 61~62 页。

⑤ Owen Lattimore, *Inner Asian Frontiers of China*, Capitol Publishing CO., Inc. and American Geographical Society, New York, 1951, p.247.

[长城、汉边、柳条边、（英文版此处是对理解句意至关重要的分号［；］，不能与前边的逗号一样统改顿号）蒙族聚居的西部与西北部、满族聚居的东部和东北部]、新疆地区（甘肃和宁夏在内的'回边'也算在内）、西藏地区。在西藏地区，山岭代替了长城，所以其表现的形式也较为模糊。"①

此处用"即""和""与"所展现的所谓"自然结构"的逻辑关系令人费解，而其有助于理解的另一段话是："绝对边界的概念，在管理上及政治上就变成一个地区体系，它包括边界的本身与其不同的居民、邻近边界的边疆部落（这些部落的外缘被认为外边疆地区）、更外面的不能改良的少数民族社会［In this way the abstract concept of an absolute boundary was transformed administratively and politically into a system of zones：the boundary itself，with a more or less differentiated population adhering to it even on the hither side；the "auxiliary" tribes in the frontier zone adjacent to the boundary，the outer edge of whose territory was treated as an outer – frontier zone；and beyond that，again，unregenerate barbarism.②]。"③ 他接着指出：" '贮存地'以北是'不能进化的民族的土地'，这些民族并没有追随"贮存地"的领袖们从事征战。因为这个原因，内蒙古［边疆地区（border zones④）的一个典型］有一个超越于其民族及文化重要性的地域重要性：它是黄河流域、有时也是全中国统治权的关键。的确，在中国强盛的时候，它是中国政治及文化势力向外发展最有效力的地区，但更重要的是，它是入侵者进入中国的始发线。"⑤

他认为，中国长城边疆与印度都兰边疆的历史地理结构是相同的。在拉铁摩尔看来，印度西北边疆被都兰线分为"行政边疆"（administrative border⑥）与"政治边疆"（political frontier，或 trans – border，或都兰线即

---

① 〔美〕拉铁摩尔著《中国的亚洲内陆边疆》，第169页。
② Owen Lattimore, *Inner Asian Frontiers of China*, Capitol Publishing CO., Inc. and American Geographical Society, New York, 1951, p. 246.
③ 〔美〕拉铁摩尔著《中国的亚洲内陆边疆》，第168页。
④ Owen Lattimore, *Inner Asian Frontiers of China*, Capitol Publishing CO., Inc. and American Geographical Society, New York, 1951, p. 248.
⑤ 〔美〕拉铁摩尔著《中国的亚洲内陆边疆》，第170页。
⑥ Owen Lattimore, *Inner Asian Frontiers of China*, Capitol Publishing CO., Inc. and American Geographical Society, New York, 1951, p. 244.

Durand Line①),② 分别对应着"已治"（"administered" zone）、"未治"（"unadministered" zone）。③ 前者是"administered area"，后者就是所谓 "the outer margin"、"the marginal territories"、"policed area"。④

综合以上材料，笔者认为拉铁摩尔的"双边疆"范式可以做这样的归纳：从主权归属即已治、未治的带形边疆或跨边疆（the trans - Frontier）的角度来说，边疆的地区体系是两级：内边疆（长城线本身及邻近地区，英文对应 border⑤，或者 the Great Wall Frontier）→外边疆（内蒙古和外蒙古，尤指草原边疆，前述《中国的亚洲内陆边疆》第四章所说康熙年间内外蒙古分为内外边疆的情况应该是具体时点下的情况，不具有这里的理论意义上的纯粹性），而所谓内蒙古为"边疆地区（border zones）的一个典型"的汉译，无疑模糊了"border"与"frontier"的视界，恐怕是拉铁摩尔难以接受的。而从线性边界或线性边疆（the linear Frontier, a linear boundary⑥, the boundary proper, the boundary itself, 长城本身即 the Great Wall, 柳条边）起算，边疆的地区体系就是三级：内边疆→外边疆→不能改良或进化的少数民族地区。翻译不同的所谓"外边疆南部"（inner part of trans - Frontier）与"内边疆或者'贮存地'"（"inner" trans - Frontier or "reservoir"）⑦，其实是指同一地区，无疑可使上述层级进一步细化。

那么，拉铁摩尔的"双边疆"范式对于关照中国边疆问题有什么助益呢？最起码可以启发我们反思现代民族国家意义上的单层边疆观是不是历来如此。拉铁摩尔的"双边疆"范式作为一种理论建构，其最大的特点是具

---

① Owen Lattimore, *Inner Asian Frontiers of China*, Capitol Publishing CO., Inc. and American Geographical Society, New York, 1951, p.235.

② 〔美〕拉铁摩尔著《中国的亚洲内陆边疆》，第 167 页。

③ Owen Lattimore, *Inner Asian Frontiers of China*, Capitol Publishing CO., Inc. and American Geographical Society, New York, 1951, p.239：The "Durand Line" of the Indian Northwest Frontier has been transformed in practice into zones of "administered" and "unadministered" tribal territory which are strikingly similar to the Inner and Outer Mongolia of Chinese history.

④ Owen Lattimore, *Inner Asian Frontiers of China*, Capitol Publishing CO., Inc. and American Geographical Society, New York, 1951, pp.242、243.

⑤ Owen Lattimore, *Inner Asian Frontiers of China*, Capitol Publishing CO., Inc. and American Geographical Society, New York, 1951, p.244.

⑥ Owen Lattimore, *Inner Asian Frontiers of China*, Capitol Publishing CO., Inc. and American Geographical Society, New York, 1951, p.53.

⑦ Owen Lattimore, *Inner Asian Frontiers of China*, Capitol Publishing CO., Inc. and American Geographical Society, New York, 1951, pp.249、250.

有灵活性，即边疆的"内""外"具有相对性。一条线就分两个边疆（two frontiers）①，边疆的相对性决定边疆往往是成双配对出现的，也就意味着边疆可能不是一层两层，而完全可能是多层，传统中国的典型形态其实是三层，也就说，"双"完全可以是"两"，但"两"不等于"双"，这就是笔者选用"双边疆"（double frontiers），而不是"两边疆"（two frontiers），对拉铁摩尔的边疆研究范式加以命名的主要考虑，这一范式可以略加改造确立为中国边疆学研究的主导范式。

三 中国边疆学"双边疆"范式的理论基础和现实意义

魏光奇教授认为，马克思的社会经济形态演进理论既非"单线论"，也非"多线论"，而是两者的统一。② 在笔者看来，此论实际上提出了一个有别于革命史范式和现代化范式的新范式——"主辅线历史发展观"，而利用恩格斯和李大钊更为形象的说法，可以称为"世界历史民族红金主辅线研究范式"。"现实生活的生产和再生产"或者"经济状况"是一条经济"红线"③，而"社会革命""阶级斗争"则是一条社会"金线"。④ 简单说，前者是经济线，后者是社会线。延展开来思考：前者是经济基础线、后者是社会能动线，前者是民生线经济线、后者是军事线国防线。

魏光奇《有法与无法》通过对"秦制"的论述⑤挖掘了中国传统的历史资源，可以看到，苏轼所论匈奴"无法"之治与拉铁摩尔所说"未治"近似："古者匈奴"，"其国无君臣上下朝觐会同之节，其民无谷米丝麻耕作织纴之劳。其法令以言语为约……故战则人人自斗，败则趋牛羊远徙，不可得而破……由是观之，中国以法胜，而匈奴以无法胜"。⑥ 严复《原强》更是发挥出"无法有法并用"之治的高论："今之西洋"，"无法与法并用而皆

---

① 邹建达：《乾隆年间"云南边外土司"建置研究》，《中国边疆史地研究》2011 年第 2 期，参看"边外土司"与"内地土司"的分野线。

② 魏光奇：《承继黑格尔：马克思社会经济形态演进理论的深层结构》，《河北大学学报》2003 年第 1 期，第 77 页。

③ 《恩格斯致瓦·博尔吉乌斯》（1894 年），《马克思恩格斯选集》第 4 卷，人民出版社，1995，第 733、732 页。

④ 李大钊：《我的马克思主义观》（1919 年 10 月 11 日），《新青年》第 6 卷第 5、6 号，中国李大钊研究会编注《李大钊全集》第 3 卷，人民出版社，2006，第 19 页。

⑤ 魏光奇：《有法与无法——清代的州县制度及其运作》，商务印书馆，2010，第 2~3 页。

⑥ 苏轼：《策断三》，《苏轼文集》第一册，中华书局，1986，第 286 页。

有以胜我","以其自由平等以观之……上下之势不相悬隔,君不甚尊,民不甚贱,而联若一体者,是无法之胜也。自其官工兵商法则之明备而观之,则人知其职,不督而办……朝令夕改而人不以为烦,则是以有法胜也。"①

纵看历史中国多民族国家的形塑过程,可以发现,由于各个主体民族的生产方式不同,由其决定的交往方式自然有别,生产方式相对粗糙、交往方式相对发达的不平衡现象(前者表现为经济基础,后者表现为社会基础)反而是常有的,这样的民族也就自然充当了"世界历史民族"的某种角色,可以运用"世界历史民族红金主辅线研究范式"进行历史研究。从这个意义上说,拉铁摩尔建立在生产方式分析基础之上的"双边疆"范式,就能相对容易地被改造成为中国边疆学的主导范式,而后者是以"世界历史民族红金主辅线研究范式"为理论基础的。

可以看到,在清代中国经略周边的整体框架下,后来的右部哈萨克对于准噶尔的地位,无疑有一定的替补意义,表现之一就是夏季卡伦线、冬季卡伦线这样一外一内"双卡伦线"的设置。塔尔巴哈台夏季卡伦(自 1767 年起,每年秋八月到次年四月对哈萨克牧民有条件开放——百马抽一为贡,靠外②)与冬季卡伦(靠内)的设置,就此形成了夏线和冬线。对照谭其骧主编的《中国历史地图集》可知,在进入近代后,冬线北边的起点玛呢图噶图勒干(玛尼图噶图勒干)卡伦、鄂伦布拉克卡伦被划入了俄国,而博勒济尔卡伦仍在中国版图内。③ 按照常设卡伦、移设卡伦和添撤卡伦的三分法,夏线、冬线设置的都是移设卡伦。④ 后者作为清朝军事防御的底线,对于哈萨克来说是冬季游牧生产的上线,前者作为清朝军事防御的前线,对于哈萨克来说是夏季游牧生产的上线,虽然都不是乾隆时代大清的国境线(更靠外),虽然因季节的变换而表现为有两条线,但因为每条线都同时具有游牧生产线和军事防御线的双重意义,在一个时点看来,其实只有一条线,也就是说还没有出现"红金两线"(游牧生产线和军事防御线)性质分离的情况。

---

① 石峻主编《中国近代思想史参考资料简编》,三联书店,1957,第 448、449 页。

② 《清高宗实录》,乾隆三十二年(1767)正月癸未。参见张荣《哈萨克问题与清朝乾隆时期西北边防体系的构建》,《中国边疆史地研究》2012 年第 4 期。

③ 谭其骧主编《中国历史地图集》(第 8 册),中国地图出版社,1987,第 52~53、55~56 页。

④ 宝音朝克图:《清代北部边疆卡伦研究》,中国人民大学出版社,2005,第 17 页。

在揭示夏线、冬线这种极端设置的本质意义之后，再来看伊犁、塔尔巴哈台一线之外更为复杂的卡伦设置，就明了多了。伊犁将军明瑞在谈到中亚草原另一块容易导致越界游牧的"过冬好地"时说："今议定厄鲁特等夏季游牧之夸诺海、阿勒班锡伯尔等地，离应设卡伦地方尚近，请即于厄鲁特兵内派出，于格根色沁、都图岭二处设置卡伦……如此，则哈萨克等再不敢潜入塔尔巴哈台一带游牧。唯自勒布什南至哈喇塔勒，西至巴尔喀什湖南岸等地尚空，该处亦系过冬之好地。"① 上述夏线冬线之间、勒布什至哈喇塔勒之间作为两块优良的冬季牧场，之所以后来都成为哈萨克人冬季租地借牧之区，恐怕与准噶尔部众所剩无几，而清朝方面又没有游牧力量补充有关，而右部哈萨克的生存压力正好使之填补了这片冬季空间。可以看到，伊犁西部的夏季牧场之所以与之不同，则是因为最起码尚有厄鲁特游牧其间，在清朝方面于是出现了"红金两线"（游牧生产线和军事防御线）性质分离的情况。

厉声研究员曾指示笔者注意区分长城以及柳条边的定性问题以及南疆相对于泛农耕板块的独特性问题。对于前者，拉铁摩尔把长城界定为"塞"（limit），并且把这个内涵推及后来的柳条边，笔者体会，甚至可以推及上述卡伦线乃至海关线，为与更具现代意义的"边界"（boundary）区分，可以对应更传统的"边禁"说法，也更具生产方式分割的意义。这就涉及拉铁摩尔把南疆的绿洲与甘肃、宁夏的半绿洲两分的命题了，需要进一步研究拉铁摩尔对于内外蒙古范例是否采取单一生产方式标准以及如何贯彻到新疆研究之中的问题了。仅就哈萨克之前任准噶尔来说，也可看到拉铁摩尔的"双边疆"范式并不是没有僵化的地方，表现之一就是困于"蒙古"不"属于"（belong）②"中国"的成见，完全漠视了喀尔喀蒙古对于经营西北而言的

① 军机处满文录副奏折 2058 ~ 12，《伊犁将军明瑞等奏察哈尔官兵分别移驻博罗塔拉及塔尔巴哈台地方等情折》，中国第一历史档案馆等编《清代西迁新疆察哈尔蒙古满文档案译编》，全国图书馆文献缩微复制中心，1994，第 62 ~ 63 页。

② Owen Lattimore, "Open Door or Great Wall?" (1934), *Studies in Frontier History*: *Collected Papers*, 1928 – 1958, Oxford University Press, 1962, p. 77; Owen Lattimore, "The Historical Setting of Inner Mongolian Nationalism" (1936), *Studies in Frontier History*: *Collected Papers*, 1928 – 1958, Oxford University Press, 1962, p. 447; 1943 年拉铁摩尔为美国对外关系委员会准备了题为《美国战时与和平时期利益研究》的秘密报告，No. T – B 63, "Studies of American Interests in the War and the Peace: Territorial Series: Memorandum on Mongolia and the Peace Settlement, prepared by Owen Lattimore, 8 June 1943," Lattimore Papers, box 28, 转引自杨天石、侯中军编《战时国际关系》，社会科学文献出版社，2011，第 230 页。

"过渡地带"的地位，只是把它作为"外边疆"。康熙三十年（1691）多伦会盟之际，喀尔喀被视为"防备朔方"之"长城"①，当此之时，若笼统说"不是为防御中国多民族大家庭内北方民族"，这就不免把整个厄鲁特排除在"中国多民族大家庭内北方民族"之外了，"朔方"言下只指"俄罗斯"，其实准噶尔亦尚在"防备"之列。② 不过，在多伦会盟之前，无论从地理位置还是统治方式来讲，喀尔喀乃至准噶尔在上引《中国的亚洲内陆边疆》第四章中被拉铁摩尔归入"外边疆"应该是可以理解的。这样看来，"双边疆"范式无疑有助于我们加深对历史中国整体边疆体制的把握。

还可以看到，拉铁摩尔最能体现其学者真知灼见的地方是发现了"边疆过渡地带"的力量："可能在中国历史上很少有人注意这些内边疆地带的附属人民，如果把中国和边疆分别作为两边，他们就是两边相互冲突的副产品，他们并没有真正根植于中国、满洲森林、蒙古草原、西藏高原的经济或社会中。然而，不应该由此得出他们无足轻重的结论。尽管他们的力量十分有限，但仍然相当重要。"③ 更为难得的是，他道出了个中缘由，即"边疆过渡地带"的生态与经济的脆弱性："沿中国的草原边疆，从来没有一个建立在粗耕或农牧混合经济基础上的重要的独立社会，立足于中国的精耕经济及草原的游牧经济之间。"④

如果我们拿"边疆过渡地带"脆弱性的诸般条件考问中国大地上的"长城边疆"及其天山延长线，我们就要反思工业化浪潮本身："不属于天生才能的东西主要来自人们孩提时代的习惯。一些孩子经受锻炼，从不放弃自己的最初目标，逐渐培养了一种罗尔斯称之为'尽职工作'的能力。……我们作为成年人的能力——它们从根本上说来自作出选择的场合——很大程度上来自我们孩提时代作出的选择，而这些选择是我们不能负责的。"⑤ 对于这些"不能负责的""尽职工作"的能力的缺失，如何进行适

① 《清圣祖实录》卷151，康熙三十年五月壬辰。
② 郭成康：《清朝皇帝的中国观》，《清史研究》2005年第4期，第7、10页。
③ Owen Lattimore, "Origins of the Great Wall of China：A Frontier Concept in Theory and Practice" (1937), *Studies in Frontier History：Collected Papers*, 1928 – 1958, Oxford University Press, 1962, pp. 115 – 116.
④ 〔美〕拉铁摩尔著《中国的亚洲内陆边疆》，第223页。
⑤ 〔英〕亚当·斯威夫特著《政治哲学导论》，佘江涛译，凤凰出版传媒集团、江苏人民出版社，2008，第一部分《社会正义》，第40页。

当补偿，以便共享发展机遇和发展成果，无疑需要借鉴"合藩"的传统智慧。

也许我们此时记起拉铁摩尔1972年应邀重访中国的话正当其时："在把中国革命的经验和中国历史的漫长传统接续起来这一方面，还有大量艰苦的工作需要开展，我有理由寄希望于有远大志向的下一代人。"①

（原文刊于《云南师范大学学报》2013年第2期）

---

① 韩毓海：《天下：包纳四夷的中国》，九州出版社，2011，第131页。

特纳的"边疆假说"理论与
当代中国边疆研究

摘　要：中国拥有丰富的地缘边疆资源，也拥有悠久的边疆经营史。美国著名历史学家特纳"边疆假说"理论（"社会进化论""非均衡性发展论""环境适应论""美国例外论"等），对于当代中国边疆研究有一定的启示。特纳认为"边疆"是美国历史发展和社会进化的核心动力，并最终推动了整个美国的文明进步。事实上，边疆在中国历史的发展中也有着不可小视的作用。边疆的拓殖、经营在中国的历史上产生了无可估量的作用。

关键词：特纳　边疆假说　中国边疆研究

作者简介：周卫平，1973 年生，历史学博士，中国社会科学院中国边疆史地研究中心助理研究员。

弗雷德里克·杰克逊·特纳（Frederick. J. Turner, 1861 – 1932）是美国著名历史学家，以其"边疆假说"理论而扬名于世。国内学术界有关特纳的研究成果颇多，但多与美国的扩张及"西进运动"相联系①。也有学者对特纳的边疆学说进行评介，其中最有深度的当数杨生茂主编的《美国历史学家及其学派》（商务印书馆 1984 年版）。该书对特纳"边疆假说"产生

---

① 相关著作与文章有：何顺果：《美国边疆史——西部开发模式研究》，北京大学出版社，1992；丁则民：《美国的"自由土地"与特纳的边疆学说》，《东北师大学报》1978 年第 3 期；丁则民：《"边疆学说"与美国对外扩张政策》，《世界历史》1980 年第 3 期；乐嘉辉：《特纳边疆学说中的扩张理论对美国外交政策的影响——以 19 世纪末 20 世纪初的美国在太平洋地区的扩张政策为例》，《中央社会主义学院学报》2004 年第 5 期。

的背景、由盛而衰的过程及其原因做了分析，既指出其为美国政治服务的一面，也充分肯定其在美国史学中的重要地位。不过，该书对特纳"边疆假说"的具体内容着墨不多，更没有论及"边疆假说"对中国边疆研究会产生何种影响。中国拥有丰富的地缘边疆资源，也拥有悠久的边疆经营史。在边疆史地问题于当代中国愈发凸显其重要性的背景下，引介并深入研究特纳的"边疆假说"理论以使其有利于当代中国边疆学的研究，当是一项很有学术价值的工作。本文拟对特纳"边疆假说"的内涵及其对中国边疆研究的重大借鉴意义作一初步探讨，敬请方家不吝指正。

一 特纳与其"边疆假说"

特纳曾在许多大学和机构从事教学或研究工作，执教期间，他的边疆假说观点也得到了相当的传播，最终形成了"边疆学派"。特纳究心学问，著述宏富，发表和出版了大量论著和文章，其中以《新西部的兴起》《美国历史上的边疆》《地域在美国历史上的意义》三部著作最为重要。

特纳"边疆假说"理论发展史上一篇具有里程碑意义的文献，是他发表于1892年的《美国史诸问题》。这篇论文强调历史认识的现实性，倡导跨学科的研究方法，同时也提出了美国史上值得研究的诸多新问题。而其中最为引人注目的则是，特纳在这篇论文中明确反对以往的历史学家将视野仅仅局限于美国东海岸而忽视西部地区的研究方法，创造性地首次以"边疆"这一术语强调了美国西部殖民进程对美国历史的重要意义。特纳指出："在某种意义上，直到今日的美国历史，一直是一部殖民地史，一部大西部的殖民史，自由土地上那一直缩进的边疆，是美国发展的关键。"① 至此，"边疆假说"的主题思想已经完全确立。

发表于1893年的《边疆在美国历史上的重要性》，无疑是特纳最广为人知的代表作，也是集中体现"边疆假说"主题思想的重要文献。在这篇论文中，特纳指出："直到现在为止，一部美国史在很大程度上可说是对于大西部的拓殖史。"美国西部辽阔的土地面积及其不断地缩小，"以及美国人的定居

---

① F. J. Turner, Problems in American History. in R. A. Billingtoned. Frontier and Section: Selected Essays of Frederick Jackson Turner, New York, 1929.

点持续"西进，足以说明美利坚合众国的发展史①。他在文中总结出了边疆对于塑造美国国民特性和制度特色所具有的若干意义，从而全面地完成了"边疆假说"主题思想的建构。

大体上讲，以特纳发表于 1893 年的名文《边疆在美国历史上的重要性》为界，"边疆假说"的发展历程可以被划分为两个阶段。

1888 ~ 1893 年，是特纳酝酿和提出"边疆假说"的阶段。早期"边疆假说"的主题思想是：边疆是推动美国社会历史进步的核心动力；通过不断适应性地改造边疆地带的荒蛮环境，拓荒者将"文明"逐次向西散播于北美大陆；边疆西移的过程，造就了独具特色的美国政治文化和国民性格。

第二阶段是从 1893 年开始直至特纳去世，这一阶段他的研究重点主要包括如下三个方面：一是通过若干西部地区的实证性综合研究来深入探讨"历史性边疆问题"，并由此检验"边疆假说"的基本原理；二是通过对美国"西部民主"的继续研究来论证边疆民主遗产的丰富性及其在"后边疆"时代的现实价值；三是通过对美国"地域现象"的深入探讨来强调地域在美国历史和现实生活中的重要性。特纳的研究进一步表明，美国"地域现象"的形成正是边疆运动的结果。地域之间的对立和竞争，一方面有利于活跃美国的政治和社会生活，另一方面也容易因为地域矛盾愈演愈烈而导致国家分裂。故而，特纳强调应当以合作和妥协的机制来和平解决地域纠纷，以保社会安定和国家统一。

特纳"边疆假说"的理论主要由"社会进化论""非均衡性发展论""环境适应论"和"美国例外论"等构成。

（一）"社会进化论"

"社会进化论"是近代西方人文社会思潮中的一种重要理论。19 世纪下半叶，"社会进化论"在美国知识界风行一时，特纳接受了"社会进化论"的一些基本主张并创造性地将其融入"边疆假说"之中。在很大程度上讲，"社会进化论"是"边疆假说"的主题思想。

特纳在"边疆假说"中明确提出：推动美国历史发展和塑造美国政治制度和国民性格的力量，来自于这个国家对西部地区的拓殖、"自由土地"的开发和广袤荒野的征服，如果用特纳创造性地所使用的具有高度概括性的

---

① F. J. Turner, The Significance of the Frontier in American History, H. Holt and Company, 1959.

术语来说，这种力量就是"边疆"的不断推移。"边疆"推移所到之处，文明逐渐战胜那里的蛮荒状态，原始的经济和政治环境被改造成复杂的城市生活，"这种不断的再生，这种美国生活的流动性，这种向西扩张连同它所带来的新机会，以及由此而产生的文明社会同简单的原始社会的不断接触，提供了决定美国特性的力量。考察这个国家历史的真正视点不在大西洋沿岸，而在大西部。"① 简言之，边疆是向西移民浪潮的前沿——野蛮和文明的会合处，其最大特点即为它是一条运动着的"文明推进"和"社会进化"的前沿地带。促使边疆不断推移的动力正是美国历史发展和社会进化的核心动力。

（二）"非均衡性发展论"

特纳认为："在大西洋沿岸一隅的发展之外，我们所看到的是，扩张进程所及的每一个西部地区，都重复着这种进化过程。美国的发展不是简单地沿着一条直线推进，而是一个在不断前进的边疆地带上回复到原始状况，并在那个地方获得新发展的运动。美国的社会发展一直这样在边疆持续不断且周而复始地进行着。" 概括起来，他所主张的美国社会进化模式，是一种由"边疆"西进所引发的"非均衡"性的特殊进化模式。

一个特定区域内的进化，是由不同属性的人群前赴后继于此地拓殖开发的结果。像波浪似的一波一波地冲击着这块地域的人群，也带来了越来越先进的征服"边疆"地带蛮荒状态的技术，从而逐步提高了该地域的文明程度。一般来讲，最先到达"边疆"地带的是与印第安人做毛皮交易的商人，接踵而至的是探险家和为保护毛皮交易而设置的军事哨卡，接下来就是放牧人、拓荒农和随后跟进的土地投机商和靠深耕细作过活的定居农民，最后到来的是盖起工厂和城镇的企业主和资本家。特纳形象地称之为"印第安商人边疆""牧牛人边疆""农民边疆"，等等。这些标志着不同文明发展程度的拓荒者的"边疆"分批次地将一块荒野逐渐改造为文明之所，而北美大陆上各地域间这种此起彼伏的社会进化浪潮，则推动了整个美国的文明进步——这正是"边疆假说"的立意所在。

（三）"环境适应论"

如上所述，特纳认为美国的社会并不遵循一种常规的进化模式，而

---

① F. J. Turner, The Significance of the Frontier in American History, H. Holt and Company, 1959.

是经历着一种"非均衡"的发展,一种在一个分布着多区域的广阔内陆上所发生的渐次性进化。对于美国社会进化和文明发展起到关键性作用的环境因素到底是什么呢?特纳最终还是将答案归于推移着的"边疆"。他说:"美国制度的特征是,它们不得不使自己适应一个越来越喜欢扩张的民族所发生的变化:越过一个大陆,征服广大的原野,在发展进程的每一个阶段将边疆的原始的经济和政治环境改造成复杂的城市生活。"至于"边疆"的具体环境,正如特纳所说的,那里是文明与野蛮相互较量的地方。作为"文明先锋"的拓荒者,首先要面对的是边疆地带的自然环境。拓荒者所必须重点面对的另外一个"边疆"环境因素就是印第安部族。印第安部族的位置也影响了移民推进的路线和性质。在特纳看来,白人移民者不但要动用武力清剿前进道路上的这些"人为障碍",而且还要通过各种"和平手段"与这些"蛮族"打交道。这种白人殖民者所主导的"交往",不仅影响了土著居民的生活,而且也深刻影响了他们自身的政治制度和社会生活。拓荒者的理想是:"文明"最终要战胜自然的或人为的"蛮荒"状态,使这些"阻碍"或听从于文明的驱使,或彻底地毁灭、绝迹。正因为如此,自然地理和印第安部族才成了拓荒者所必须面对的"边疆"环境要素。

(四)"美国例外论"

拓荒者适应性地改造"边疆"环境,对于独特的美国文明的生成具有重要的意义。如果没有"边疆"的推移,没有不断进行的对西部"蛮荒"状态的适应性改造,来自欧洲的"生源"就不会在美洲的环境中发生变异,就不会有极具美国特色的制度和国民性格。具体来讲,美国区别于欧洲国家乃至世界其他各国的"例外"性,主要体现在三个方面:一是美国具有由多族裔混融而成的民族主义和由多地域整合而成的国家主义;二是美国具有由东西部共治的联邦民主制度和充分发挥个人才能的个人主义;三是美国人具有一种特殊的国民性格——信奉实用主义,向往自由,胸怀创新精神和开拓进取意识。这种精神品质得自于边疆拓荒的经历,并且由于那里特殊环境的不断锤炼而更为强化。同时,这种国民性格具有顽强的生命力。即使美国社会发展进化到更高的阶段,它们也仍然存留于民族精神传统之中,继续对美国的发展进步产生持久和巨大的影响力。归纳起来,上述这些"例外"性的形成,与美国特殊的社会进化过程和适应特殊环境的经历紧密相关。"边疆"推进造就了独树一帜的美国文明。

二 "边疆"的内涵与作用：特纳"边疆假说" 对当代中国边疆研究的启示

在"边疆假说"理论中，特纳对"边疆"这一概念并没有做出明确界定。特纳指出，"边疆"及"地域"堪称美国历史两个最基本的要素，二者密不可分。关于"边疆"对于美国历史的意义，特纳也作了相当精湛的论述，或者以自然地理学的视角把边疆当作比"西部"小的区域，或者以经济地理学的视角把边疆划分为"商业边疆""矿业边疆"或"农业边疆"。有时，特纳还会根据不同时期到达边疆地区的拓荒者将边疆称为"印第安商人边疆""牧牛人边疆""农民边疆"，等等。[①] 其中最为重要的是特纳在假说中所赋予"边疆"一词的特殊含义，他认为：传统意义上的"边疆"，尤其是欧洲人所使用的"边疆"，主要是"边界线"，那里筑有武装工事以清楚地划分出两个不同的行政区之间的界线；与之不同的是，"美国边疆的最重要的一点是，它位于自由土地的内缘"。特纳赋予"边疆"的实质性含义就是："边疆是向西移民浪潮的前沿——野蛮和文明的会合处。"其最大特点即为它是一条运动着的"文明推进"和"社会进化"的前沿地带。

虽然特纳对"边疆"一词没有作出明确界定，但从他对边疆这一概念的使用上，我们可以看出边疆不仅仅是一个自然地理概念，还具有经济、人文、政治、文化等等属性。

我国学者对边疆概念的探讨也由来已久，邢玉林先生提出应该区别对待近代以来的边疆定义和古代的边疆定义，他认为："近代边疆是指在国家陆路边界线内侧的或在国家海岸线外侧的、且属于该国主权的边缘陆路领土或海洋领土。而古代边疆则是指在本国与外国之间的习惯界线、自然界线内侧的，或在本国海岸线外侧的，且属本国主权的或为本国实际管辖的或为本民族生息繁衍的边缘陆路领土或海洋领土。"[②] 刘啸霆先生则认为："边疆是靠

---

① 何顺果：《一个具有重大意义的主题——从特纳的"边疆假说"谈起》，《美国研究》1993年第1期，第96~108页。

② 邢玉林：《中国边疆学及其研究的若干问题》，《中国边疆史地研究》1992年第1期，第1~13页。

近各国边境线的相对完整的行政区域。"① 不同领域的学者们的探讨进一步推动了这一研究的深入发展。关于边疆一词的内涵，当以马大正先生的解释最为全面②。马先生的观点主要是：

1. 边疆是一个地理概念，中国的边疆既包括陆疆，也包括海疆。

2. 边疆是一个历史概念，中国的边疆是随着统一的多民族国家的形成和发展而逐步形成并固定下来的。

3. 边疆是一个政治概念，中国历史悠久，国家政权在中国历史上往往采用两种统治方式：高度的中央集权或高度的地方自治。所以，"从某种意义上讲，历史上的中国边疆形式上是由国家政权的统治中心区到域外的过渡区域，即由治向不治过渡的特定区域"。

此外，边疆还具有军事、经济和文化等方面的意义③。

虽然美国边疆与中国边疆的产生、发展过程并不相同，但中美学者对边疆内涵的理解殊途同归，有了近乎相同的解释。从中美学者对边疆一词的诠释上，我们可以这样认为，中国边疆是一个全方位多角度的概念，只有综合地考虑政治、军事、经济、文化和地理位置等各方面的因素，才能得出一个相对明确的答案。

特纳认为"边疆"是美国历史发展和社会进化的核心动力，并最终推动了整个美国的文明进步。边疆在中国历史发展中到底起到怎样的作用呢？应该说，边疆在中国历史的发展中也有着不可小视的作用。

第一，边疆是中国历史发展的不可或缺的因素。边疆促进了我国广阔地域的形成。从空间的扩张上看，中国疆域的扩大恰恰是"边疆"的延伸。随着疆域的扩张，新的边疆地区不断形成，陆地面积及海疆面积不断扩大。可以说，不了解边疆地区形成的过程，就不能了解今日中国的疆域形成及发展的历史。从时间上看，边疆大发展的时期，正是社会发展较快的时期，也是中国历史上较为重要的时期。

---

① 刘啸霆：《现代边疆与边疆学初论》，《哈尔滨师专学报》1999 年第 1 期，第 1~4 页。

② 学术界有较多学者认同马先生的观点。如吴楚克先生在《建设当代中国边疆政治学应有的理论思考》（《中央民族大学学报》2003 年第 6 期）中认为："边疆原属于地理概念，它是国家产生后的自然结果。所以，历史上围绕边疆发生的诸多政治、军事事件，有人称它为政治地理概念，把地理'附加'在政治后面的意义，在于表明它是从政治角度研究地理，但'边疆'本身的地理学性质没有发生根本变化。"有关边疆定义详参于小秦、张晓东《边疆定义综述》，《和田师范专科学校学报》2006 年第 3 期，第 214 页。

③ 马大正：《中国古代的边疆政策与边疆治理》，《西域研究》2002 年第 1 期，第 1~15 页。

第二，边疆是统一多民族国家和多元一体中华民族的载体。我们的先辈为今人留下了两项举世瞩目、无与伦比的历史遗产：幅员辽阔的统一多民族国家和人口众多、多元一体的中华民族。统一多民族、多元一体的中国，是经过一个漫长而曲折的发展过程后大致定型的。自先秦时期起，在现代中国领土内开始形成一个核心区域，这个区域大致在中原地区至长江中下游一带。在这个区域建立政权的既有汉族，也有诸多少数民族。在国家的发展进程中，边疆对统一多民族国家的形成与发展起着关键性的作用。边疆多是少数民族聚居地区，边疆少数民族对于多元一体中华民族的形成也是至关重要的。总而言之，没有边疆就没有统一多民族的中国；没有边疆，就没有多元一体的中华民族。

第三，从经济发展上来看，由于内地移民在边疆地区的开发迅速带动了边疆地区各行各业的发展，促进了边疆地区经济的发展，同时也带动了非边疆地区的经济发展。我们以前过多地注意到内地对边疆经济的促进作用，却忽视了边疆地区经济的发展对内地经济发展的反作用力，这种作用力和反作用力形成合力，最终成为中国社会经济发展的动力。在未来中国，边疆对中国经济的发展还将提供更大的动力，可以说，边疆是 21 世纪可持续发展的战略基地。

第四，边疆和内地的民族大融合，大大丰富了中国的文化。从这个意义上说，边疆民族给多元一体的中国文化加入了各自独特的语言、宗教信仰、民族传统、风俗习惯等配料，极大地丰富了"中华文化"，并最终形成了独特的中华文明。一个又一个新"边疆"在零起点上获得新发展，如此逐渐累积才最终使文明遍布整个中国。正是在不断地适应"边疆"环境和改造"边疆"环境的过程中，中华民族创造了独特的中华文明。

总之，边疆的开拓对中国历史的发展产生了重要的推动作用，产生了深远的影响。因中国朝代更替频繁，周边环境复杂多变，中国的边疆在漫长的历史上经历了无数变化，给我们留下了相当多的研究课题。当今中国边疆也面临着严峻的形势，诸多问题需要边疆史地研究工作者进行扎实细致的考察研究，为决策层提供历史依据和现实对策。因此，无论是边疆理论还是边疆问题研究，都有相当大的拓展空间，值得边疆史地研究工作者付出巨大的努力。

（原载《甘肃社会科学》2011 年第 4 期）

清初辽、金、元三史满文、蒙古文翻译研究述评[*]

乌兰巴根

摘 要：辽、金、元三史满文、蒙古文翻译，作为清代众多汉籍翻译中成帙最早的三部，具有文化史、文字史及史学史研究价值。围绕三史满文、蒙古文翻译进行历史与文献研究，在满学、蒙古学以及辽、金、元三朝历史研究中具有特殊意义。前人的研究业已取得令人瞩目的学术成果，但仍有很多问题尚未得到充分阐发。本文试从学术评介的角度，就三史满文、蒙古文翻译的研究状况做一梳理，以便学界了解这一方面的基本情况。根据相关成果的特点，分为存本著录、译本出版及学术研究三个问题，逐一进行评述，总结得失，提出相关研究要领。

关键词：《辽史》 《金史》 《元史》 满文翻译 蒙古文翻译

作者简介：乌兰巴根，1981 年生，语言学博士，中国社会科学院中国边疆史地研究中心助理研究员。

清朝初年，清廷把一批汉籍译成了满文、蒙古文，其中包括《辽史》《金史》和《元史》。辽、金、元三史的满文、蒙古文翻译，由清太宗谕旨，大学士希福（Hife）充任总裁，查布海（Cabuhai）、能图（N engtu）、叶成格（Yecengge）等人译写满文，杜当（Dudang）、乌力吉吐（öljeit.）、塞棱（Sereng）、索纳木（Sonom）等人译写蒙古文，于崇德元年至四年间

---

* 本文获得全国博士后科学基金第四十七批面上资助金二等资助，资助编号：20100470481，民族学。

（1636～1639）完成满文译稿，四年至五年间（1639～1640）完成蒙古文译稿，顺治元年（1644）一并缮写进呈。而后，顺治三年刊印满文三史，颁赐王公群臣。三史译文，满文形成稿本、写本、精写本、刻本，蒙古文形成稿本、写本及后世诸手抄本。

三史满文、蒙古文翻译，属于清廷主持的文治活动，带有特殊的政治目的和价值取向，而且从提议到译写，受到满、汉双方的观念影响，翻译方案几经更改。梳理此一过程，可管窥当时清廷满、汉双方思想状态及其互动效应之侧面。三史满文、蒙古文译文，作为编译文本，就史学研究而言，谈不上有何史料价值，但作为 17 世纪的文献资料，它们所包含的语言学、文字学研究价值不容忽视。尤其《元史》译文所隐含的史实考据以及国语复原，足可得到《元史》研究者的重视。三史满文、蒙古文翻译，为满、蒙古文人阅读提供便利，而后世从满文刻本转译的蒙古、俄、德、朝鲜等文译本阅读，也令此三部史书的受读范围进一步扩大。

鉴于上述几点，笔者认为以学术视角深入考察清初三史满文、蒙古文翻译，对促进满族史、清史以及蒙古史的研究，尤其思想史、文化史方面的研究，具有十分重要的学术意义。三史满文、蒙古文译本尽管较早被人注意，但相关学术研究较晚出现。目前，前人在三史满、蒙翻译相关考述、文本研究、影响研究等方面，已经取得不少成就，但因基本资料的难求，仍有很多问题尚未得到充分阐发。笔者试从学术评介的角度，就三史满、蒙翻译的研究状况做一梳理，以便学界同仁了解基本情况。

一　三史满、蒙译本的发现及存本著录

三史满、蒙译文诸本，除满文刻本流行于世之外，其余写本均藏在宫中内阁大库，整个清代鲜为外传。清朝灭亡后，这些写本始为他人发现，在改朝换代的纷乱中不少本子散佚无踪，有的本子流落海外。

20 世纪 20 年代初，罗振玉在整理清宫内阁大库时发现辽、元二史满、蒙译本，从罗振玉写给王国维的书信中尚能窥知当时的情形。罗振玉的几封信中写道："弟连日整理内阁史料，竟发现奇籍二种，皆蒙文，且稿本也（有涂改处。即此二书，已值万三千金）。一为西辽史书（二册），叙述甚详，知德宗以前事尚有宣宗，改年天复。西辽事实，《辽史》中至陋，得此书，若译出，其可贵尚在蒙文《元秘史》之上。又二册为《大元例》，其一

册署第十八，他一册无汉字书题。他日当先以西法影照，原本已霉烂，不敢以付译人也。"① "库籍中满蒙文书为第一，惜无通其文者。前检得《辽史》及《西辽史》、《元例》四册外，顷又得《大元史书》一本，尚有类似者二三册，异日入都，当聘一熟悉精蒙文者来从事移译，并拟令儿辈受学。"② "蒙文《辽史》取《天祚帝纪》校之，果如公言，至佩至佩。"③ 承志在《满文〈大辽史〉稿本考》中征引上述信文并评论道："可以看出当时已知道满蒙文《辽史》、《西辽史》及《元例》等册籍。对蒙文《辽史》的部分，王国维曾指出是《天祚帝纪》的部分，罗振玉校对后，发现就是蒙文《天祚帝纪》部分，故表示'至佩至佩'。当时，罗振玉身边缺满文、蒙文的翻译人员，本计划日后找人翻译，但后来结果亦无从知。从列《元例》、《大元史书》等书题'例、史书'，可以推知这是蒙文《辽史》稿本之一。《大元史书》估计就是《元例》的一种。其中《西辽史》至今还没有发现具体收藏地点。也许是《辽史》记载西辽的部分，详情有待日后查考。"④ 罗振玉信中所提《大元例》"其一册署第十八"，大有疑问，因为已知满文、蒙古文《元史》稿本和写本多以十五册编订，只有满文刻本订为十四册，未见有十八册者。所谓第十八册，或是出于罗振玉误读原书标题，或是误将册首第一页的皇帝在位年次当作册次；或为书信的刊布者误读原札所致。现存十三册《元史》蒙译稿本中，只有第五册题为《大元第五例》（Dai Yuw an－u Tabuduɣar Qauli），除第一册和第九册散失不可考外，其余诸册有的题"章"（bülüg），有的题"册"（debter）。那么，罗振玉看到的蒙古文《大元例》只能是第一、五、九册中的两个。另外，承志所说"《大元史书》估计就是《元例》的一种"，可做进一步分析。按清初三史的蒙古文译本，有稿本和写本留存至今，其中《元史》的稿本如上所举，书题互不相同，但写本十五册书题统一，均作《大元史书》（Dai Yuw an U lus－un Bicig）。因此，罗振玉看到的《大元史书》不会是稿本《大元例》的一种，而是依据稿本缮写而成的写本的一种。不管怎么说，罗振玉等人确曾见到《辽史》

---

① 王庆祥、萧立文校注、罗继祖审订《罗振玉王国维往来书信》之"七二二罗振玉致王国维（1922年6月22日）"，东方出版社，2000，第534～535页。

② 同上书，第535～536页。

③ 《罗振玉王国维往来书信》之"七二八罗振玉致王国维（1922年7月1日）"，第538页。

④ 承志：《满文〈大辽史〉稿本考》，沈卫荣主编《西域历史语言研究集刊》（第一辑），科学出版社，2007，第303页。

和《元史》的满文、蒙古文译本，对其惊叹不已，并图译成汉文，以为史海钩沉。罗振玉从内阁大库发现三史满文、蒙古文译本后，有些本子经过他的手流到宫外，其中包括 W. 西蒙（Walter Simo n）1948 年从北京购得、后来成为伦敦大学藏品的《元史》满文稿本。据神田信夫说，伦敦藏《元史》满文稿本末尾有罗振玉癸亥年（1923 ——引者）9 月让儿子罗福颐抄录的跋文。[①]

1933 年，李德启编辑《满文书籍联合目录》，著录了故宫收藏的三史满文刻本，立目介绍三史译本的情况。该书提到："925.5 辽史：满文，［故］，dailiyoo gurun i sudur i，希福 xife 等奉敕删译，一函八册，不分卷，顺治三年刻本"；"925.6 金史：满文，［故］，aisin g ur un i suduri，希福等奉敕删译，一函九册，不分卷，顺治三年刻本"；"925.7 元史：满文，［故］，dai yuwan gurun i suduri，希福等奉敕删译，二函十四册，不分卷，顺治三年刻本"；"按上列三书，乃系三史中之本纪，余曾与汉文三史略为对阅，见其内容大体相同。是书首列顺治元年希福等进书奏折，略云：自崇德元年开始编译，至崇德四年告成。次附顺治三年祁充格等刻书奏折。按王先谦东华篆顺治元年三月条有云：大学士希福等进删译辽金元史，赏赉有差。盖即此书也，在满文翻译汉籍中，为成帙最早之刻本。"[②] 李德启为之编目的是故宫博物院和北平国立图书馆所藏满文图书，所以他介绍的三史满译刻本很可能就是清宫原藏。他还查阅译文，并以汉文三史对照，提出"余曾与汉文三史略为对阅，见其内容大体相同"，但是他的结论有所偏颇，因为三史满文译本并不只是三史中的本纪部分，而是除本纪外还有采自志、表、传的许多内容。1979 年 5 北京地区满文图书资料联合目录 6 著录了故宫明清档案部和北京图书馆所藏三史满文诸本的情况。见诸目录的有故宫明清档案部所藏满文《辽史》刻本八册、写本六册，北京图书馆所藏刻本之晒印本八册；故宫明清档案部所藏满文《金史》刻本九册、写本八册，北京图书馆所藏刻本之晒印本九册；故宫明清档案部所藏满文《元史》刻本十四册、写本十二册，北京图书馆所藏刻本之晒印

---

① 参见神田信夫《满文訳〈元史〉の稿本について》，《庆祝札奇斯钦教授八十寿辰学术论文集》，联合报文化基金会国学文献馆出版，1995，第 269～309 页。

② 李德启：《满文书籍联合目录》，国立北平图书馆、故宫博物院图书馆出版，民国二十二年（1933），第 40 页。

本十四册。① 1983 年富丽编的《世界满文联合目录》出版，其中提到北京故宫藏有三史满文刻本各一套、北京图书馆藏有三史满文刻本的几种晒印本。② 1991 年，黄润华、屈六生编的《全国满文图书资料联合目录》出版，该书著录介绍了全国各地馆藏的三史满译诸本的情况，其中包括北京故宫博物院、大连市图书馆所藏满文《辽史》刻本各一套八册、北京故宫博物院所藏写本六册，中国国家图书馆所藏刻本之晒印本一套八册；北京故宫博物院、中国第一历史档案馆所藏满文《金史》刻本各一套九册，北京故宫博物院所藏写本八册，中国国家图书馆所藏刻本之晒印本一套九册，旅顺博物馆所藏稿本一册；北京故宫博物院所藏满文《元史》刻本一套十四册，北京故宫博物院所藏写本八册，中国国家图书馆所藏刻本之晒印本九册等。③ 2008 年出版的《北京地区满文图书总目》著录了三史满文译本馆藏情况，其中包括清华大学、故宫博物院所藏满文《辽史》刻本各一套八册，故宫所藏写本七册，中国第一历史档案馆所藏稿本一册，国家图书馆所藏刻本之晒印本一套八册；国家图书馆、故宫博物院、中国第一历史档案馆所藏满文《金史》刻本各一套九册，故宫博物院、中国第一历史档案馆所藏顺治元年写本各一套八册，国家图书馆所藏刻本之晒印本一套九册，故宫博物院所藏顺治年间写本一套九册；国家图书馆、故宫博物院、中国第一历史档案馆、雍和宫所藏满文《元史》刻本各一套十四册，故宫博物院所藏精写本十五册，故宫博物院所藏写本八册，国家图书馆所藏刻本之晒印本十四册等。④ 该目录与黄润华、屈六生所编目录稍有出入，详情留待日后核查。

1959 年，蒙古人民共和国出版 L. 米谢格编撰的《乌兰巴托蒙古国家图书馆满文部所藏满文图书目录》，其中收录介绍满文《辽史》刻本一套八册、满文《金史》刻本二套十八册（每套九册）。⑤

1964 年，N. 鲍培等人编的《东洋文库满蒙文藏书目录》出版，其中提到日本东洋文库所藏满文《辽史》刻本二函八册、刻本之晒印本一函八册，

---

① 参见北京图书馆善本特藏部、故宫博物院明清档案部《北京地区满文图书资料联合目录》，油印本，1979，第 278~280 页。

② 参见富丽编《世界满文联合目录》，中国民族古文字研究会，1983，第 169~170 页。

③ 参见黄润华、屈六生编《全国满文图书资料联合目录》，书目文献出版社，1991，第 162~163 页。

④ 参见吴元丰等编《北京地区满文图书总目》，辽宁民族出版社，2008，第 99~101 页。

⑤ 参见 L. Mišig, Ulaɣan Baɣatur Qota-daki Ulus – un Nom-un Sang-un Manju Nom – un Kömörgen – dür Bayiɣa – a Manju Nom-unsarcaɣ, Ulaanbaatar, 1959, pp. 6, 7。

满文《金史》写本之晒印本一函九册，满文《元史》写本之晒印本四函十四册。①写本为顺治元年希福等人奏呈诸缮写本，刻本为顺治三年祁充格等人奏呈的诸木刻本。

1977 年，W. 西蒙等人的《伦敦藏满文书籍联合目录》出版，其中著录了伦敦大学图书馆所藏《元史》满文稿本的情况："1. 21 Dai Yuw an-i kooli Ningguci Sizu〔Y. an shih Ti-liu Shih-t su〕元史，第六，世祖；88 页加 1 空白页。1635 年皇太极敕译、1644 年进呈皇帝的《元史》满文译文的手稿的一部分。这二册涵盖元世祖统治后期——至元十六至三十一年的历史。稿本上多有涂改删补痕迹，这些涂改在刻本上得到反映。"② 此二册满文稿本就是经罗振玉之手流出宫外的清宫藏本。西蒙在卷末附录了一页稿本影印件，页面上的涂改痕迹清晰可辨。

1999 年出版的《中国蒙古文古籍总目》著录了三史蒙古文译本的馆藏情况，其中包括北京故宫博物院所藏蒙古文《辽史》写本一函七册，中国国家图书馆所藏写本之复印本一函七册，内蒙古社会科学院所藏贝叶经卷装写本一函五十页；中国第一历史档案馆所藏蒙古文《金史》稿本一册，北京故宫博物院所藏抄本二函九册，中国国家图书馆等处所藏写本之复印二函九册，内蒙古社会科学院所藏贝叶经卷装写本一函一〇七页；中国第一历史档案馆所藏蒙古文《元史》稿本十三册（第一、九册缺），北京故宫博物院所藏写本十五册，中国国家图书馆所藏写本之复印本十五册。③ 另外，还著录了内蒙古社会科学院所藏《元史》后世贝叶经卷装译本一函、内蒙古社会科学院等处所藏达姆林苏荣《元史》蒙古文译本铅印本四册。④

《中国蒙古文古籍总目》是目前出版的国内蒙古文古籍目录中著录最全的一部，也是对三史蒙古文译本著录最全的目录。尽管如此，该书三史条目仍存在一些不足之处。首先，忽略了中国第一历史档案馆所藏《元史》蒙

---

① 参见 Nicholas Poppe, Loen Hurvitz, Hidehiro Okada, Catalogue of The Manchu – Mongol Section of The Toyo Bunko, The Toyo Bunko and The University of Washington Press, 1964, pp. 227 – 228.

② W. Simon and Howard G. H. Nelson, Manchu Books in London. A Union Catalogue, London, British Museum Publications, 1977, p. 29.

③ 参见《中国蒙古文古籍总目》，北京图书馆出版社，1999，第 1485～1487、1508～1510 页。

④ 参见《Dai Yuwan Ulus-un Bicig，四册》，达姆林苏荣从满文刻本翻译，张家口，铅印，1943。

古文译本进书奏文的三张残叶。中国第一历史档案馆所藏蒙古文《元史》稿本第二册（太宗本纪、定宗本纪、宪宗本纪）页间夹有三张奏文残叶。这些残叶原本未与蒙古文译稿本放在一起，是该馆工作人员李保文在整理档案时把它们收在了一起。三张残叶实为希福等人进书奏文的两种不同抄件，它们的存在传递着一些与三史蒙古文版本有关的特殊信息。① 其次，对中国第一历史档案馆所藏三册蒙古文《元史》复原抄本认识、处理不当。所谓复原就是清代所说的国语复原，当时对三史满文、蒙古文译本中的契丹、女真和蒙古（包括畏兀儿人和回回人）人名、地名和官职进行还原，用满文和蒙古文在稿本或其他本子上改写，然后将其誊录一份，形成复原抄本。中国第一历史档案馆所藏蒙古文《元史》三册复原抄本（第六、十一和十三），是目前仅存的复原抄本实物。②《中国蒙古文古籍总目》虽然将其编入条目，但是并没有同稿本和写本归在一处，而是隔一条目，另辟一处，并且对译者、年代只字未提，容易让人产生误解。再次，未能正确判断内蒙古社会科学院所藏蒙古文《元史》（Dai Yuwan Ulus‐un Sudur）的译者和成书年代。内蒙古社会科学院现有一部蒙古文《元史》贝叶经卷装写本，当译自满文《元史》。《中国蒙古文古籍总目》（第 1485 页）介绍："共十五卷（debter）；（清）杜当等译；清初竹笔写本；41、38、25、23、18、26、12、10、17、13、18、13、16、14、6 页；11.9×40.4cm；藏式文经装抄件。"据笔者考察，译本结尾残缺，其底本为顺治三年满文《元史》刻本。卷首所附奏文实为满文《元史》刻本前附奏文之蒙译，内容包括希福奏文和祁充格奏文，文中仅见满译、誊录及雕版人员名职，不见蒙译人员名职，措辞特征和书写风格与清初译文聊不相合，所以不可能是杜当等人的译文。而且译文中将清太宗年号译作"Erkim Erdemt."，显然不属清代早期之作。因此，该本是有别于清初杜当等人译本的一种后世译文，应当视为佚名译文。2005 年，包银海编撰的《北京图书馆馆藏蒙文古旧书籍提要》出版，据他介绍，中国国家图书馆现藏辽、金、元三史蒙古文译本，系 1984 年据故宫所藏写本复制的。③

---

① 参见乌兰巴根《清初辽金元三史满、蒙古文翻译史考述》，沈卫荣主编《西域历史语言研究集刊》（第四辑），科学出版社，2010，第 306 页，注释 58。

② 参见乌兰巴根《清初辽金元三史满、蒙古文翻译史考述》，沈卫荣主编《西域历史语言研究集刊》（第四辑），第 305 页，注释 57。

③ 参见 Borjigin Möngkedalai, Begejing‐ün Nom‐un Sang‐un Mongrol Qayucin Bicig‐ün Tob ci; Öbör Mongrolun Arad‐un Keblel‐ün Qoriy‐a, 2005, pp. 291, 238, 293。

二　三史满文、蒙古文译本的出版

清初辽、金、元三史的满文、蒙古文译本，如上所述，形成满文稿本、写本、精写本和刻本，蒙古文稿本、写本、复原抄本及像贝叶经卷装写本等其他一些后世写本，还有后来从《元史》满文刻本转译的蒙古文佚名译本和达姆林苏荣译本。这些版本只有很少部分，有的以节选，有的以全文，得到了出版。后来又出现了一些外文译本，即从满文《辽史》刻本转译的德、俄、朝鲜文译本；从满文《金史》刻本转译的俄文译本；从满文《元史》刻本转译的俄文译本。各种文本的出版，均带不同程度的文献整理和历史研究性质。

1887年，《辽史》德文译本在圣彼得堡出版。俄国东方学家Г. 加别连茨在19世纪七八十年代间用德文翻译了满文《辽史》，但是未及完稿而去世，遗稿由他的儿子整理出版。① 苏联学者 В. Л. 丘柳米娜研究过Г. 加别连茨的德文译稿。据 В. Е. 拉里切夫的介绍，В. П. 丘柳米娜的考察结论是："（1）手稿的出版者、翻译者的儿子Г. 加别连茨所依据的文本只能认为是初稿，极可能是——冯·加别连茨《大辽古伦苏杜里》译著的草稿。……（2）这一没有最后完成的著作，造成了很多遗憾的后果：对隐含在很多特殊的满文语句内的深邃思想远远没有做到成功的探索；对文本中的一些语法关系过于被简化，不妥当的段落没有重拟；为了解释叙述部分中繁难的片断，用随意的复述替代了更合适的等意词句的探寻；对编年史编纂者的工作采取不加批判的态度；对简短的汉语原文没进行翻译（从种种迹象看，这些原文是人名、某种术语以及地理名称、民族名称，被直接引入满文版本）。（3）总体来说，冯·加别连茨完成的德文译著，其质量是优良的。他尊重和关注每一个单词和标点符号，没有遗漏，而且通俗易懂。直到今天，它在历史文献方面的地位仍是当之无愧的。它的优点和错误值得几代初学满语者借鉴。"② 显然，加别连茨的德文译本是尚未成熟的翻译草稿，他对满译原文的语句和语法的理解偶有所失。

---

① 参见 Herausgegeben von H . A. der Gabelent z. Geschichte der Grossen Liao. Aus dem Mandschu Ubersetzt von H . Conon von der Gabelentz, St. Petersburg, 1887。

② 〔俄〕В. Е. 拉里切夫撰《俄译满文版〈辽史〉出版前言》，王德厚译，《北方文物》2005年第3期。

1898 年，法国学者 J. 克拉普劳特编辑出版《满文文本汇刊》一书，其中收入满文刻本《元史》节选，内容包括《太祖本纪》前半部分。[①]

1971 年，韩国学者崔鹤根出版《清太宗朝颁行满文大辽国史》[②] 一书。据井黑忍、承志等人介绍，崔鹤根的书中包括对满文《辽史》的朝鲜文对译。[③]

1987 年，包银海和那顺分别出版了《元史》蒙文译本的审校本。包银海审校本题名《元史》，该书按照清初译文的编排结构，分 15 册为 15 章，从而在形式上较为完整地保留了原书概貌。那顺审订本亦题名《元史》，未收原书第一册所附进书奏文，且不按原书结构编排章节，而以在位皇帝为单位，分成十四个章节，因而未能保留史书原样。其出版说明称："《大元史书》一书为满清时代的举人图腾（按照原书落款）、乌力吉吐、塞棱、索纳木四人从 1640 年开始由满文翻译成蒙古文，大学士希福校订，1644 年左右进呈皇帝。该史以汉文《元史》（《元史》纪一、二、三、四）为主，结合译写、缩编及增补，以记述从圣主成吉思汗到妥欢帖睦尔的十四位皇帝的本纪。该史翻译成书后，虽然以木刻板刊布，但据我们所知，只有北京故宫藏有全本一套。现在我们所出版的这本《大元史书》实际上是那部刻本的铅印版。"[④] 那顺的出版说明存在几个问题。首先，《元史》（大元史书）蒙古文译者实为杜当、乌力吉吐、塞棱、索纳木四人。杜当一名，清代蒙译本以满文书写为 dudang，清代汉文文献中或作杜当，或作杜说。那顺作图腾，系误读满文 dudang 一词。其次，杜当等人从崇德四年三月开始翻译三史，五年十二月完成。那顺称 1640 年始译蒙文，时间有误。再次，天聪、崇德年间用满文、蒙古文两种文字翻译三史，形成满文、蒙古文稿本和写本，而顺治年间仅敕刻满文译本，未曾刊刻三史蒙译本。现存三史译本的各种版本，满译本有稿本、写本、精写本和刻本，蒙译本能确定者只有稿本和写本，未见刻本实物或相关著录。那顺在版本鉴定上存在疏漏。包银海和那顺的审校本，都对原书中的文字符号有所改动，把原书有意保留的

---

① 〔韩〕崔鹤根对译《清太宗朝颁行满文大辽国史》，1971。

② 参见〔日〕井黑忍《满訳正史の基礎的検討——〈满文金史〉（aisin gu run i suduri bith e）の事例をもとに）》，《满族史研究》第 3 號，2004；承志：《满文〈大辽史〉稿本考》，沈卫荣主编《西域历史语言研究集刊》（第一辑），第 306 页，注释 13。

③ 参见 Bou Yin Qai qarɣuɣulba, Dai Yuwan Ulus – un Teüke, ündüsüten – ü Keblel – ün Qoriy – a, 1987。

④ Nasun kinan tayilburilaba, Dai Yuwan Ulus – un Bicig,；Öbör Mongɣol – un Soyol – un Kebl el – ün Qoriy – a, 1987.

满文专名都改以现代蒙古文字母标音。因而，原书文字史研究价值没能体现出来。

1998 年，俄译满文《金史》在俄罗斯出版，书名题为《金帝国史》。据裘石介绍："俄罗斯出版的这部《金帝国史》由三个部分组成。第一部分包括由 B. 拉里切夫撰写的《编者的话》、B. C. 姆亚斯尼科夫撰写的《俄国的满洲学家 Г. M. 罗佐夫》和 B. 拉里切夫撰写的《金帝国建国前的女真人历史纲要》。第二部分是 Г. M. 罗佐夫翻译的满文本《金史》，题目为《1114 ～1233 年在中国北方称帝的金王朝的历史》。……应该说明的是，Г. M. 罗佐夫作为 19 世纪前半叶俄国杰出的东方学家，不但精通满文和汉文，而且对中国的历史和文化也有很高的造诣。他在翻译《金史》的过程中做了大量的考证工作。为了使俄国的读者能更明白地了解金代的历史和文化，他为该书撰写了 515 条注释。第三部分是不久前去世的俄罗斯著名的东方学家、历史学家 A. Г. 马里雅夫金为罗佐夫翻译的满文本《金史》（《1114～1233 年在中国北方称帝的金王朝的历史》）一书所做的注释。注释数量巨大，总计 773 条，共约 5 万字左右。"①

B. E. 拉里切夫的《编者的话》有汉译文，由王德厚译成汉文，题为《俄文版〈金史〉前言》。拉里切夫据 A. Г. 马里雅夫金的研究，对满文《金史》的形成及其文本特征做了简略的介绍。他说："A. Г. 马里雅夫金专门从事汉文和满文两种文本编年史的对比研究。他的结论是，满文版的编年史译述得不够准确，有时没有把汉文的正文完全译出，有时又在编辑成书时，对历史内容做了一系列的修订。满文版对《本纪》做了摘录，并从《金史》的《列传》中摘录的基本内容做了补充，还尽可能使用了《金史》之外的其他文献资料。因此，满洲人有了赞美自己的祖先——女真人及其领袖们的业绩、确立满洲民族伟大形象的简明而又易读的历史原著。"②

A. Г. 马里雅夫金早年对满文《金史》和汉文《金史》进行对比研究，1977 年发表《安春古伦——国家编年史的满文版本》一文。笔者尚未看到它的俄文原作，但从上引拉里切夫的介绍中，能够看出马里雅夫金原作的大

---

① 裘石：《满文版〈金史〉在俄罗斯翻译出版》，《北方文物》1999 年第 3 期。裘石还说："满文创制以后，在达海与额尔德尼的领导下，将《金史》、《辽史》和《明史》翻译成满文。"不确。应为"满文创制以后，在希福的领导下，将《辽史》、《金史》和《元史》翻译成满文和蒙古文"。

② 〔俄〕B. E. 拉里切夫撰：《俄文版〈金史前言〉》，王德厚译，《满族研究》1998 年第 4 期。

致轮廓。① 所谓"安春古伦",当为满文"Aisin Gurun"(金国)的汉字音写。Aisin 在清代一般写作"爱新",此作"安春",不知是在从满文译成俄文时发生的,还是从俄文译成汉文时发生的。

1999 年,蒙古国学者 П. 沙里布的《满洲文学荟萃》出版,书中收有满文刻本《元史太祖本纪》前半部分及《太宗本纪》里的一段文字。② 该书的出版,旨在提供满文文学读物,并无研究目的,所以没有注释,也没有评论。

2005 年,В. П. 丘柳米娜俄译满文《辽史》在俄罗斯出版。В. Е. 拉里切夫的《出版前言》说:"1971 年在研究生室毕业以后,В. П. 丘柳米娜被苏联科学院西伯利亚分院历史、语文和哲学研究所录用,继续进行繁忙的女真、契丹、满族历史资料的翻译工作,其中包括译自满文的《满文老档》1 卷(约 15 个印张)、冯·加别连茨的德文译著《Geschichte der Grossen Liao》(做好翻译满文《大辽古伦苏杜里》的准备)和大量的关于中亚、中国东北中世纪民族历史的汇编类型的德文出版物(O. 弗兰克、K. 魏特夫等);还有讲述与用满文翻译王朝编年史《辽史》、《金史》、《元史》的有关背景事件的原文。最后,翻译原文最复杂的《大辽古伦苏杜里》成为她一生中完成的最重要的工作。"③ 此前,丘柳米娜在 1969 年翻译清初三史满文翻译相关史料,并阐述了翻译的大致情况。④ 据拉里切夫云,丘柳米娜翻译的"相关史料",其实就是三史满文刻本前所附的两份进书奏文。

三　三史满、蒙翻译的学术研究

清初辽、金、元三史满文、蒙文翻译,无论在满学界还是蒙古学界,都没有引起足够的重视,相关研究成果所见不多。

---

① 参见〔俄〕A. 马里雅夫金《安春古伦——国家编年史的满文版本》,《苏联科学院西伯利亚分院公报》,社会科学辑,1977 年第 1 卷,第 1 分册。

② Я. Шаарийбуу, Манж Ұmҕa Зохиолын Дээж, Удаанбаатар, 1999, pp. 48 – 57.

③ 〔俄〕В. Е. 拉里切夫撰《俄译满文版〈辽史〉出版前言》,王德厚译,《北方文物》2005 年第 3 期。

④ 参见〔苏〕В. П. 丘柳米娜:《论〈辽史〉、〈金史〉和〈元史〉满文译本的创作史》,《院务委员会会议资料)〈北亚民族起源〉》第 1 卷,《新西伯利亚》,1969,第 139 ~ 140 页。

1883 年，法国学者 C. J. 哈尔莱兹写专文介绍了《元史》满译本的情况。① 1887 年，他又写专文介绍满文《金史》的情况。又如上述，1969 年，苏联学者丘柳米娜发表了《论〈辽史〉〈金史〉和〈元史〉满文译本的创作史》一文，B. E. 拉里切夫根据她的文章，在《俄译满文版〈辽史〉出版前言》里介绍清初三史翻译情况。两人依据三史满文刻本所附奏文评述了三史翻译相关史实，但很多细节问题未能充分阐发。

1973 年和 1991 年，蒙古国学者楚·达赖分别发表两篇论文，② 介绍了《元史》蒙古文翻译方面的问题。楚·达赖在《蒙古人民共和国关于元朝历史的研究和〈元史〉的蒙文翻译》一文中介绍了清初辽、金、元三史满文、蒙古文翻译的一般情况。他写道："清朝顺治皇帝元年（1644），用满、蒙古文两种语言，简要地翻译了《元史》。蒙文译本放在 600 个信封里，以木板印刷出版。"楚·达赖此言无疑以《元史》满文刻本前附祁充格等人的奏文（或为其蒙文翻译）为依据，因为该奏文有"《元史》六百套"等文字。但是原奏所指，不是蒙古文《元史》，而是满文《元史》。清代没有刊刻蒙古文三史。

1995 年，日本学者神田信夫发表《论满文翻译〈元史〉稿本》一文，专门介绍了伦敦所藏二册满文《元史》稿本，文中征引清太宗实录及世祖实录，阐述清初三史翻译的基本过程，并分析原文译自《元史·张弘范传》的文字，揭示《元史》满译稿本的文本构成情况。③ 神田信夫的论文尽管篇幅不长，但他亲自查阅了伦敦稿本，以稿本为基础，对照汉文《元史》，准确地揭示出译文构成。除此之外，他还根据《清实录》等相关文献，着重考证译文形成年份。

2004 年，日本学者井黑忍发表《满译正史初探——以满文〈金史〉为例》一文，就满文《金史》展开研究，探讨三史翻译的历史问题，并分析

---

① 参见 Charlis Joseph de Harlez, / Une page de l'histoire des Mongols . Prooemiun du Dai – Yuwan gurun – i suduri bethe, traduit du mandchou . Journal Asiatique, ser. 8, n. 2. (1883), pp. 309 – 314. Histoire de l'empire de Kin ou Em pire d 'or Aisin durum i suduri bithe, C. Peeters , Louvain, 1887。

② 参见 Ch. Dalai. Mongolian translation of Yuan Shih. Олон улсын монгол эрбэмтбийн Ⅱ их хурал. 1 боðь, УБ., 2ðµ., 1973, pp. 139 – 142;〔蒙古〕楚达赖：《蒙古人民共和国关于元朝历史的研究和 3〈元史〉4 的蒙文翻译》，《西北民族研究》1991 年第 1 期。

③ 参见〔日〕神田信夫《论满文译〈元史〉稿本》，《庆祝札奇斯钦教授八十寿辰学术论文集》，第 269 ~ 309 页。

了满文《金史》的底本及史料取舍。①

2005年，承志发表《关于满文三史的编译》一文，专门探讨围绕清初三史翻译诸方面的问题。他在文中旁征博引，不仅阐述了清初三史翻译的心理文化基础、翻译人员、翻译时间，还讨论了三史翻译与清朝的国语骑射政策之间的内在联系。② 2007年，他又发表《满文〈大辽史〉稿本考》一文，引述罗振玉书信中关于1922年发现蒙古文《大元例》《大元史书》《辽史》《西辽史》的记载，罗列三史满、蒙古文译文的现存版本，并以满文《辽史》稿本为例，比勘译文和原文，解析满文《辽史》的内容结构。他在结论中指出："满文稿本和汉文《辽史》相关部分相比，相对应的部分是把汉文《辽史》的《兴宗本纪》卷一八、一九、二〇以及人物传记内容，按年代顺序精心摘选后翻译编排的部分，并非是《辽史》之《兴宗本纪》的全文翻译。对汉文本纪和传记资料进行加工编辑后翻译，和汉文《辽史》之《兴宗本纪》在内容上并不完全一致。"③

神田信夫、井黑忍、承志三人对三史满文翻译的研究，已经超越一般著录介绍的水平，开始从学术研究的高度全面审视三史满文、蒙古文翻译。首先，他们所利用的文献资料相当充足。三人在论述中利用了《清实录》《满洲档》《满文老档》《清初内国史院满文档案译编》《天聪朝臣工奏议》《罗振玉王国维往来书信》《八旗通志》等档案文书和史籍文献，运用考据学研究方法，详细考述了三史翻译相关问题。其次，采用了文本对勘的研究方法。三人都对三史译文进行文本比勘，尽管具体文本、规模有所不同，但都已做出严谨可靠的结论。神田信夫比较满文《元史》稿本和汉文《元史》，揭示满文《元史》稿本中采自《元史》人物传记的内容，进而揭示满文《元史》文本构成的具体情况。井黑忍比较满文《金史》和《通鉴》系诸本，解释满文《金史》在翻译过程中曾参照《通鉴》诸本的现象，又通过比较满文《金史》和汉文《金史》诸本，推断满文《金史》以明南监本为底本。承志比较满文《辽史》稿本与汉文《辽史》，提出《辽史》译文并

① 参见〔日〕井黑忍《満訳正史の基礎的検討——〈満文金史〉（aisin gu run i suduri bithe）にむへて》，《满族史研究》第3號，2004年。

② 参见承志《満文三史について》，《辽文化庆陵一带调查报告书》，2005年，日本京都大学文学研究科二十一世纪GOE，第133~152页；承志：《满文〈大辽史〉稿本考》，沈卫荣主编：《西域历史语言研究集刊》（第一辑），第303~342页。

③ 承志：《満文三史の編訳について》，《辽文化庆陵一带调查报告书》，第133~152页。

非完全对应汉文《辽史》本纪部分，而是对汉文本纪和传记资料整合编译。他还比较满文《辽史》的稿本和刻本，指出刻本在正字法上进行过一系列规范作业。三人对三史满文翻译的研究，无论在研究范围还是在研究方法上，达到很高的学术水准，为后进者提供了良好的学术蓝本。只是他们都以满文三史为讨论对象，却很少论及蒙古文三史。

2009 年，笔者完成博士学位论文《〈元史〉满蒙翻译研究》，并通过论文答辩。论文由"研究篇"和"资料篇"两个部分组成。"研究篇"讨论三史满文、蒙古文翻译的文献学问题，通过对照满文《元史》和相关蒙古历史文献，获得两方面的新认识：其一，满文、蒙古文译文专名翻译曾参考利用蒙古文历史文献；其二，满文《元史》曾为后世蒙古史家所利用。"资料篇"对《元史》汉、满、蒙古文三种文本进行比勘注释，其中包括《元史》满文、蒙古文译本太祖至宪宗本纪与汉文《元史》相关部分（本纪和志、表、传中的相关文字）的对勘注释。在学位论文的基础上，笔者围绕《元史》满文、蒙古文翻译问题发表了两篇论文，一篇是《〈元史〉满文翻译和蒙古文翻译的学术意义》，[①] 另一篇是《清初辽金元三史满蒙翻译史考述》。[②] 前者探讨《元史》满文、蒙古文译文对《元史》的史实考订、国语复原以及对蒙古史学的影响。文中对勘满文、蒙古文译文和汉文原文，举例说明译文隐含的考订与编辑意义；比较分析满文、蒙古文译文与相关蒙古文献，论证译文曾参考利用蒙古文献的事实；对勘满文《元史》与《大元水晶念珠》的相关文字，阐明满文《元史》被当作史料的情况。后一篇论文，以前人的研究成果为基础，依据满文、蒙古文、汉文三种文字的文献档案，系统考述了三史满文、蒙古文翻译的历史问题，其中包括三史翻译的缘起、文化条件、翻译经过、文本特征、历史遭遇等五个论题。笔者尽管在研究过程中偶有所得，但对三史满文、蒙古文翻译整个题目而言，仍处于起步阶段。按照校勘学要求，《元史》汉文、满文、蒙古文三种文本比勘，应当依循诸本流变次序，逐个实施梳理比勘。但限于客观条件，各种版本难以凑齐，一时无法彻底完成。笔者在学位论文中不得已以满文《元史》刻本对勘蒙文《元史》写本，而这种对勘只能考出译文诸本的内容差异，对把握版本之间的文字差别及正字规范的演变则裨益不大。

---

① 参见乌兰巴根《〈元史〉满文翻译和蒙古文翻译的学术意义》，《满语研究》2009 年第 2 期。
② 参见乌兰巴根《清初辽金元三史满蒙翻译史考述》，沈卫荣主编《西域历史语言研究集刊》（第四辑），第 289～312 页。

四 结语

纵观国内外清初三史满文、蒙古文翻译的研究史，可以归纳为三个方面。第一，满文、蒙古文译本的现存状况得到较为完善的著录介绍。由于各种满文、蒙古文文献目录的陆续出版，各种译本的存世状况逐渐明朗，使得搜集查考有迹可循。第二，三史满文、蒙古文译本的内容在不同国度、不同年代，以不同形式得到出版。但是，或为节选，或为重刻，或为转译，均有缺陷。因此，影印出版现存诸满文、蒙古文译本，是进一步研究必要的基础。第三，三史翻译史研究与文本研究业已起步，并取得了令人瞩目的学术成果。经过神田信夫、井黑忍、承志以及笔者等人的研究，已经基本理清三史满文、蒙古文翻译的文化背景及其翻译由来，开始进入比勘译文和原文、剖析译文的内容结构和阐释编译特点的阶段。《元史》满文、蒙古文译文与蒙古历史文献之间的关系问题已被提出，并得到了初步探讨。尽管如此，仍有诸多问题尚未得到充分阐发与研究。另外，三史翻译在清代满文、蒙古文翻译史上的地位和作用尚未得到充分肯定和讨论。无论三史翻译采取的汉文→满文→蒙古文三联流程，还是用满文字母音写汉文专名的传统，都没有得到系统的、历史的考察。这也从另一个方面反映三史满文、蒙古文翻译研究在满学、蒙古学研究中的作用。

（原载《民族研究》2011 年第 4 期）

图书在版编目（CIP）数据

中国边疆学. 第 1 辑/邢广程主编. —北京：社会
科学文献出版社，2013.9
ISBN 978 - 7 - 5097 - 4961 - 6

Ⅰ.①中⋯　Ⅱ.①邢⋯　Ⅲ.①疆界 - 中国 - 文集
Ⅳ.①K928.1 - 53

中国版本图书馆 CIP 数据核字（2013）第 193655 号

中国边疆学（第一辑）

主　　编/邢广程

出　版　人/谢寿光
出　版　者/社会科学文献出版社
地　　址/北京市西城区北三环中路甲 29 号院 3 号楼华龙大厦
邮政编码/100029

责任部门/人文分社　（010）59367215　　　　　责任编辑/孙以年
电子信箱/renwen@ ssap. cn　　　　　　　　　责任校对/白桂芹
项目统筹/宋月华　杨春花　　　　　　　　　　责任印制/岳　阳
经　　销/社会科学文献出版社市场营销中心　（010）59367081　59367089
读者服务/读者服务中心（010）59367028

印　　装/三河市东方印刷有限公司
开　　本/787mm×1092mm　1/16　　　　　　　印　张/24.75
版　　次/2013 年 9 月第 1 版　　　　　　　　 字　数/416 千字
印　　次/2013 年 9 月第 1 次印刷
书　　号/ISBN 978 - 7 - 5097 - 4961 - 6
定　　价/98.00 元